대통령 문재인의 1년

대통령 문재인의 1년

촛불혁명으로 태어난
대통령 문재인

편집부 엮음

더휴먼

차례

문재인
명연설 베스트 15

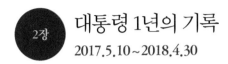

대통령 1년의 기록

2017.5.10 ~ 2018.4.30

2장

9월

유례없는 탄핵 정국 후 두 번째 도전 끝에 2017년 '제19대 대통령'으로 당선된 문재인 대통령. 그는 광화문에 모여 촛불을 밝혔던 국민들의 염원인 '공정하고 평등한 국민의 나라'를 실현하고자 온 힘을 쏟아 국정 운영에 매진하고 있다.

한국전쟁 때 흥남에서 거제로 내려온 실향민 부모님 밑에서 농부의 아들로 자란 문재인은 가난한 집안 형편에도 불구하고 좋은 성적으로 학교에서 두각을 나타냈다. 이런 문재인에게 정치에 대한 관심을 일깨워주었던 사람은 바로 아버지였다. 중·고등학교 시절 아버지가 사다 주셨던 책을 읽으며 사회를 바라보는 눈을 길렀던 문재인. 그러던 그가 불공정하고 부조리한 사회에 처음으로 의견을 표현했던 것은 고등학교 2학년 때로, 3선 개헌 반대 시위에 참여하면서 처음으로 정치에서 자신의 목소리를 냈다. 이후 경희대학교 법학과 장학생으로 입학한 뒤 얼마 지나지 않은 1975년에 유신독재 반대 시위를 이끌었고 이 일로 문재인은 징역 8월, 집행유예 1년을 선고받고 징집되어 특전사령부에 입대하게 된다. 애국심 하나만으로 길고 긴 군 복무를 마친 뒤 사법 시험 합격 소식을 유치장에서 들었던 그는 차석으로 사법연수원을 마쳤지만 유신 반대 시위 전력 탓에 판사 임용에서 탈락하고 만다. 하지만 문재인은 현실에 굴복하지 않고 곧바로 부산에 사무소를 차리고 '억울한 사람을 돕고 보람을 찾는 것'이 변호사의 소임이라고 생각하며 인권변호사의 길을 걷는다.

문재인은 인권변호사로서 약자의 편에서 그들을 대변했다. 이때 평생의 친구인 노무현을 만났고, 2003년 참여정부의 청와대 민정수석 비서관이 되어 정치계에 첫발을 내딛는다. 1년 동안 국정 운영과 행정 전반을 경험한 문재인은 모든 것을 접고 네팔로 떠나지만, 국내에서 노무현 대통령에 대한 탄핵 소추가 의결됐다는 소식을 듣고 다시 한국으로 되돌아와 대리인단으로서 탄핵을 부결시켰고 이후 참여정부의 시민사회수석과 비서실장을 역임하게 된다. '운명'을 받아들이고 본격적으로 정치계에 뛰어든 문재인은 제19대 총선 부산 사상구 국회의원 당선, 새정치민주연합 당대표, 더불어민주당 당대표로서 야권을 이끌었고 두 번의 시도 끝에 2017년 5월 대선을 거쳐 제19대 대한민국 대통령으로 취임한다.

'평범한 일상'을 회복하고자 하는 문재인 대통령의 국정 운영 방향은 많은 것을 시사한다. 지난 10여 년 동안 국익보다 사익을 중시하며 국가의 역사적 정통성마저 잊히게 만들었던 국정 운영 전반은 많은 사람들에게 아픔을 주었고 그 여파는 국민 생활 전반으로 퍼져나가 모두에게 크나큰 마음의 상처를 남겼다. 이런 병든 사회를 변화시키고자 촛불을 들었던 수많은 국민들의 바람을 담아 19대 대통령으로 당선된 문재인 대통령. 그의 지난 1년은 그야말로 숨 가쁘게 달려왔으며 현재까지도 계속되고 있다. 2017년 5월 취임 이후부터 현재까지 나라를 이끄는 정치가로서, 한 사람의 국민으로서 '문재인'이라는 사람이 바라는 '나라다운 나라'는 어떤 모습인지 또 그런 나라다운 나라를 만들기 위해 어떻게 노력하고 있는지 그의 연설문을 통해 되짚고, 진정한 국가의 주권은 국민에게 있다는 사실을 다시 떠올리는 기회가 되기를 바란다. 국민들이 촛불로 밝혔던 염원과 함께 끊임없는 소통으로 '나라다운 나라'를 만들기 위해 노력 중인 문재인 대통령의 바람이 모두 실현되기를 기대한다.

국민들의 간절한 소망과 염원, 절대로 잊지 않겠습니다.

정의가 바로 서는 나라, 국민이 이기는 나라 꼭 만들겠습니다.

상식이 상식으로 통하는 나라다운 나라, 꼭 만들겠습니다.

혼신의 힘을 다해 새로운 나라 꼭 만들겠습니다.

국민만 보고 바른 길로 가겠습니다.

위대한 대한민국, 정의로운 대한민국, 당당한 대한민국.

그 대한민국의 자랑스러운 대통령이 되겠습니다.

감사합니다.

제19대 대통령 당선 소감 중(2017.5.10)

대통령 문재인의 1년 —

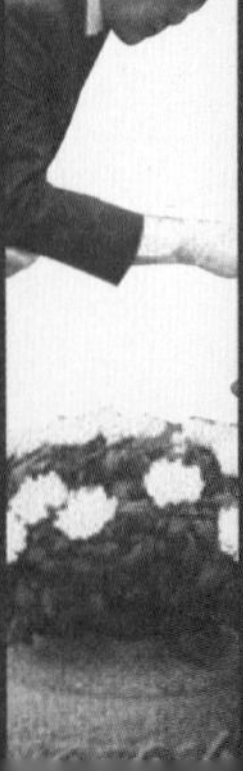

1장

문재인
명연설
베스트
15

광주의 희생이 있었기에 우리의 민주주의는
다시 일어설 수 있었습니다

5·18 민주화운동 37주년 기념사 │2017-05-18│

국립 5·18민주묘지에서 열린 기념식에서
유족을 위로하는 문재인 대통령의 모습

존경하는 국민 여러분,

오늘 5·18민주화운동 37주년을 맞아, 5·18묘역에 서니 감회가 매우 깊습니다. 37년 전 그날의 광주는 우리 현대사에서 가장 슬프고 아픈 장면이었습니다. 저는 먼저 80년 5월의 광주 시민들을 떠올립니다. 누군가의 가족이었고 이웃이었습니다. 평범한 시민이었고 학생이었습니다. 그들은 인권과 자유를 억압받지 않는, 평범한 일상을 지키기 위해 목숨을 걸었습니다. 저는 대한민국 대통령으로서 광주영령들 앞에 깊이 머리 숙여 감사드립니다. 5월 광주가 남긴 아픔과 상처를 간직한 채 오늘을 살고 계시는 유가족과 부상자 여러분께도 깊은 위로의 말씀을 전합니다. 1980년 5월 광주는 지금도 살아 있는 현실입니다. 아직도 해결되지 않은 역사입니다. 대한민국의 민주주의는 이 비극의 역사를 딛고 섰습니다. 광주의 희생이 있었기에 우리의 민주주의는 버티고, 다시 일어설 수 있었습니다. 저는 5월 광주의 정신으로 민주주의를 지켜주신 광주 시민과 전남 도민 여러분께 각별한 존경의 말씀을 드립니다.

존경하는 국민 여러분,

5·18은 불의한 국가권력이 국민의 생명과 인권을 유린한 우리 현대사의 비극이었습니다. 하지만 이에 맞선 시민들의 항쟁이 민주주의의 이정표를 세웠습니다. 진실은 오랜 시간 은폐되고, 왜곡되고, 탄압 받았습니다. 그러나 서슬 퍼런 독재의 어둠 속에서도 국민들은 광주의 불빛을 따라 한걸음씩 나아갔습니다. 광주의 진실을 알리는 일이 민주화운

동이 되었습니다. 부산에서 변호사로 활동하던 저도 다르지 않았습니다. 저 자신도 5·18 때 구속된 일이 있었지만 제가 겪은 고통은 아무것도 아니었습니다. 광주의 진실은 저에게 외면할 수 없는 분노였고, 아픔을 함께 나누지 못했다는 크나큰 부채감이었습니다. 그 부채감이 민주화운동에 나설 용기를 주었습니다. 그것이 저를 오늘 이 자리에 서기까지 성장시켜준 힘이 됐습니다. 마침내 5월 광주는 지난겨울 전국을 밝힌 위대한 촛불혁명으로 부활했습니다. 불의에 타협하지 않는 분노와 정의가 그곳에 있었습니다. 나라의 주인은 국민임을 확인하는 함성이 그곳에 있었습니다. 나라를 나라답게 만들자는 치열한 열정과 하나 된 마음이 그곳에 있었습니다. 저는 이 자리에서 감히 말씀드립니다. 새롭게 출범한 문재인 정부는 광주민주화운동의 연장선 위에 서 있습니다. 1987년 6월항쟁과 국민의 정부, 참여정부의 맥을 잇고 있습니다. 저는 이 자리에서 다짐합니다. 새 정부는 5·18민주화운동과 촛불혁명의 정신을 받들어 이 땅의 민주주의를 온전히 복원할 것입니다. 광주영령들이 마음 편히 쉬실 수 있도록 성숙한 민주주의 꽃을 피워낼 것입니다.

여전히 우리 사회의 일각에서는 5월 광주를 왜곡하고 폄훼하려는 시도가 있습니다. 용납될 수 없는 일입니다. 역사를 왜곡하고 민주주의를 부정하는 일입니다. 우리는 많은 사람들의 희생과 헌신으로 이룩된 이 땅의 민주주의의 역사에 자부심을 가져야 합니다. 새 정부는 5·18 민주화운동의 진상을 규명하는 데 더욱 큰 노력을 기울일 것입니다. 헬기 사격까지 포함하여 발포의 진상과 책임을 반드시 밝혀내겠습니다. 5·18 관련 자료의 폐기와 역사 왜곡을 막겠습니다. 전남 도청 복원 문제는 광주시와 협의하고 협력하겠습니다. 완전한 진상 규명은 결코 진보와 보수의 문제가 아닙니다. 상식과 정의의 문제입니다. 우리 국민 모두가 함께 가꾸어야 할 민주주의의 가치를 보존하는 일입니다. 5·18정신을 헌법 전문에 담겠다는 저의 공약도 반드시 지키겠습니다. 광주정신을 헌법으로 계승하는 진정한 민주공화국 시대를 열겠습니다. 5·18민주화운동은 비로소 온 국민이 기억하고 배우는 자랑스러운 역사로 자리매김될 것입니다. 5·18 정신을 헌법 전문에 담아 개헌을 완료할 수 있도록이 자리를 빌려서 국회의 협력과 국민 여러분의 동의를 정중히 요청드립니다.

존경하는 국민 여러분,

〈임을 위한 행진곡〉은 단순한 노래가 아닙니다. 5월의 피와 혼이 응축된 상징입니다. 5·18민주화운동의 정신, 그 자체입니다. 〈임을 위한 행진곡〉을 부르는 것은 희생자의 명예를 지키고 민주주의의 역사를 기억하겠다는 것입니다. 오늘 〈임을 위한 행진곡〉의 제창은 그동안 상처받은 광주정신을 다시 살리는 일이 될 것입니다. 오늘의 제창으로 불필요한 논란이 끝나기를 희망합니다.

존경하는 국민 여러분,

2년 전 진도 팽목항에 5·18의 엄마가 4·16의 엄마에게 보낸 펼침

막이 있었습니다. "당신 원통함을 내가 아오. 힘내소. 쓰러지지 마시오" 라는 내용이었습니다. 국민의 생명을 짓밟은 국가와 국민의 생명을 지키지 못한 국가를 통렬히 꾸짖는 외침이었습니다. 다시는 그런 원통함이 반복되지 않도록 하겠습니다. 국민의 생명과 사람의 존엄함을 하늘처럼 존중하겠습니다. 저는 그것이 국가의 존재 가치라고 믿습니다.

저는 오늘, 5월의 죽음과 광주의 아픔을 자신의 것으로 삼으며 세상에 알리려 했던 많은 이들의 희생과 헌신도 함께 기리고 싶습니다. 1982년 광주 교도소에서 광주 진상 규명을 위해 40일 간의 단식으로 옥사한 스물아홉 살 전남대생 박관현. 1987년 '광주사태 책임자 처벌'을 외치며 분신 사망한 스물다섯 살 노동자 표정두. 1988년 '광주학살 진상 규명'을 외치며 명동성당 교육관 4층에서 투신 사망한 스물네 살 서울대생 조성만. 1988년 "광주는 살아 있다" 외치며 숭실대 학생회관 옥상에서 분신 사망한 스물다섯 살 숭실대생 박래전. 수많은 젊음들이 5월 영령의 넋을 위로하며 자신을 던졌습니다. 책임자 처벌과 진상 규명을 촉구하기 위해 목숨을 걸었습니다. 국가가 책임을 방기하고 있을 때, 마땅히 밝히고 기억해야 할 것들을 위해 자신을 바쳤습니다. 진실을 밝히려던 많은 언론인과 지식인들도 강제 해직되고 투옥당했습니다. 저는 5월의 영령들과 함께 이들의 희생과 헌신을 헛되이 하지 않고 더 이상 서러운 죽음과 고난이 없는 대한민국으로 나아가겠습니다. 참이 거짓을 이기는 대한민국으로 나아가겠습니다. 광주 시민들께도 부탁드립니다. 광주

문재인 대통령이 5·18광주민주화운동 기념식을 마친 뒤
희생자 묘비 앞에서 유가족을 위로하고 있다.

정신으로 희생하며 평생을 살아온 전국의 5·18들을 함께 기억해주십시오. 이제 차별과 배제, 총칼의 상흔이 남긴 아픔을 딛고 광주가 먼저 정의로운 국민 통합에 앞장서주십시오. 광주의 아픔이 아픔으로 머무르지 않고 국민 모두의 상처와 갈등을 품어안을 때, 광주가 내민 손은 가장 질기고 강한 희망이 될 것입니다.

존경하는 국민 여러분,

5월 광주의 시민들이 나눈 '주먹밥과 헌혈'이야말로 우리의 자존의 역사입니다. 민주주의의 참모습입니다. 목숨이 오가는 극한 상황에서도 절제력을 잃지 않고 민주주의를 지켜낸 광주정신은 그대로 촛불광장에서 부활했습니다. 촛불은 5·18민주화운동의 정신 위에서 국민 주권시대를 열었습니다. 국민이 대한민국의 주인임을 선언했습니다. 문재인 정부는 국민의 뜻을 받드는 정부가 될 것임을 광주영령들 앞에 천명합니다. 서로가 서로를 위하고 서로의 아픔을 어루만져주는 대한민국이 새로운 대한민국입니다. 상식과 정의 앞에 손을 내미는 사람들이 많아질수록 숭고한 5·18정신은 현실 속에서 살아 숨 쉬는 가치로 완성될 것입니다. 다시 한번 삼가 5·18영령들의 명복을 빕니다. 감사합니다.

노무현 대통령님,
당신이 그립습니다

노무현 대통령 추도식 인사말 | 2017-05-23 |

8년의 세월이 흘렀는데도, 이렇게 변함없이 노무현 대통령과 함께 해주셔서, 무어라고 감사 말씀 드릴지 모르겠습니다. 제가 대선 때 했던 약속, 오늘 이 추도식에 대통령으로 참석하겠다고 한 약속을 지킬 수 있게 해주신 것에 대해서도 깊이 감사드립니다. 노무현 대통령님도 오늘만큼은, 여기 어디에선가 우리들 가운데서, 모든 분들께 고마워하면서, "야, 기분 좋다!" 하실 것 같습니다.

애틋한 추모의 마음이 많이 가실 만큼 세월이 흘러도, 더 많은 사람

노무현 전 대통령 8주기 추도식에 참석한 문재인 대통령의 모습

노무현 전 대통령 8주기 추도식 인사말을 마친 후 단상에서 내려오는 문재인 대통령의 모습

들이 노무현의 이름을 부릅니다. 노무현이란 이름은 반칙과 특권이 없는 세상, 상식과 원칙이 통하는 세상의 상징이 되었습니다. 우리가 함께 아파했던 노무현의 죽음은 수많은 깨어 있는 시민들로 되살아났습니다. 그리고 끝내 세상을 바꾸는 힘이 되었습니다.

저는 요즘 국민들의 과분한 칭찬과 사랑을 받고 있습니다. 제가 뭔가 특별한 일을 해서가 아닙니다. 그냥, 정상적인 나라를 만들겠다는 노력, 정상적인 대통령이 되겠다는 마음가짐이 특별한 일처럼 되었습니다. 정상을 위한 노력이 특별한 일이 될 만큼 우리 사회가 오랫동안 심각하게 비정상으로 병들어 있었다는 뜻입니다. 노무현 대통령님의 꿈도 다르지 않았습니다. 민주주의와 인권과 복지가 정상적으로 작동하는 나라, 지역주의와 이념 갈등, 차별의 비정상이 없는 나라가 그의 꿈이었습니다. 그런 나라를 만들기 위해 대통령부터 먼저 초법적인 권력과 권위를 내려놓고, 서민들의 언어로 국민들과 소통하고자 노력했습니다. 그러나 이상은 높았고, 힘은 부족했습니다. 현실의 벽을 넘지 못했습니다. 노무현의 좌절 이후 우리 사회, 특히 우리의 정치는 더욱 비정상을 향해 거꾸로 흘러갔고 국민의 희망과 갈수록 멀어졌습니다. 하지만 이제 그 꿈이 다시 시작됐습니다. 노무현의 꿈은 깨어있는 시민의 힘으로 부활했습니다. 우리가 함께 꾼 꿈이 우리를 여기까지 오게 했습니다. 이제 우리는 다시 실패하지 않을 것입니다. 우리는 이명박, 박근혜 정부뿐 아니라, 김대중, 노무현 정부까지, 지난 20년 전체를 성찰하며 성공의 길로 나아갈

추도식 참석자들이 묘역으로 향하고 있다.
왼쪽에서부터 차례로 노건호 씨, 권양숙 여사, 문재인 대통령, 김정숙 여사

것입니다. 우리의 꿈을, 참여정부를 뛰어넘어 완전히 새로운 대한민국, 나라다운 나라로 확장해야 합니다. 노무현 대통령님을 지켜주지 못해 미안한 마음을 이제 가슴에 묻고, 다 함께 나라다운 나라를 만들어봅시다. 우리가 안보도, 경제도, 국정 전반에서 훨씬 유능함을 다시 한번 보여줍시다. 저의 꿈은 국민 모두의 정부, 모든 국민의 대통령입니다. 무엇보다 중요한 것은 국민의 손을 놓지 않고 국민과 함께 가는 것입니다. 개혁도, 저 문재인의 신념이기 때문에, 또는 옳은 길이기 때문에 하는 것이 아니라, 국민과 눈을 맞추면서, 국민이 원하고 국민에게 이익이기 때문에 하는 것이라는 마음가짐으로 나아가겠습니다. 국민이 앞서가면 더 속도를 내고, 국민이 늦추면 소통하면서 설득하겠습니다. 문재인 정부가 못 다한 일은 다음 민주정부가 이어나갈 수 있도록 단단하게 개혁해나가겠습니다.

노무현 대통령님, 당신이 그립습니다. 보고 싶습니다. 하지만 저는 앞으로 임기 동안 대통령님을 가슴에만 간직하겠습니다. 현직 대통령으로서 이 자리에 참석하는 것은 오늘이 마지막일 것입니다. 이제 당신을 온전히 국민께 돌려드립니다. 반드시 성공한 대통령이 되어 임무를 다한 다음 다시 찾아뵙겠습니다. 그때 다시 한번, 당신이 했던 그 말, "야, 기분 좋다!" 이렇게 환한 웃음으로 반겨주십시오. 다시 한번 참석해주신 여러분께 감사드리고, 꿋꿋하게 견뎌주신 권양숙 여사님과 유족들께 위로 말씀을 드립니다. 감사합니다.

6월항쟁은 살아 있는 현재이고 미래입니다

6·10민주항쟁 30주년 기념사 | 2017-06-10 |

존경하는 국민 여러분,

오늘, 국민 여러분과 함께 6·10민주항쟁 30주년을 기념하기 위해 광장에 서니 정말 감회가 새롭습니다. 스물이 안 된 청년부터 일흔의 원로까지, 제주에서 서울까지, 모두가 하나가 되고, 영남과 호남이 한목소리로 외쳤던 함성, "호헌철폐, 독재타도", 그 뜨거웠던 구호가 지금도 귀에서 생생합니다.

30년 전 6월, 우리는 위대한 국민이었습니다. 빗발치는 최루탄 앞

제30주년 6·10민주항쟁 기념식에 참석한 문재인 대통령이 기념사를 읽고 있다.

사진작가 킴 뉴튼 씨에게 6·10민주항쟁 당시 촬영한
이한열 열사의 사진을 전달받고 있는 문재인 대통령의 모습

에서도 꺾이지 않았던 청년 학생들. 응원군에서 항쟁의 주역으로 변해간 넥타이 부대. 자동차 경적을 울리고, 손수건을 흔들고, 빵을 나눠주고, 전투경찰의 가슴에 평화의 꽃을 달아주었던 시민들. 그 모두가 역사의 주인공이었습니다. 30년 전 6월, 우리는 국민이 승리하는 역사를 경험했습니다. 엄혹했던 군부독재에 맞서 불의에 대한 분노와 민주의 열망이 만들어낸 승리였습니다. 국민은 시대의 흐름을 독재에서 민주로 바꿔냈습니다. 대통령을 내 손으로 뽑을 권리, 국민이 정부를 선택할 권리를 되찾았습니다. 바위에 계란 치기 같았던 저항들이 끝내 거대한 흐름을 만들어낸, 너무도 위대하고 감격스러운 역사였습니다. 대통령 직선제만이 아니었습니다. 6월항쟁은 우리 사회에 광장을 열었습니다. 보도 지침이 폐지되고, 언론과 시민은 말할 자유를 찾았습니다. 다양한 시민사회운동 조직이 생겼고, 억압되고 폐쇄되었던 민주주의의 공간을 확대했습니다. 민주주의가 아니었다면, 눈부신 경제 발전도, 사회 각 분야의 다양성도, 문화와 예술도 꽃피우지 못했을 것입니다. 지난 30년, 우리 사회가 이뤄온 모든 발전과 진보는 6월항쟁에서 비롯되었습니다. 문재인 정부는 우리 국민들이 이룬 그 모든 성취를 바탕으로 출범했습니다. 그런 까닭에 저는 오늘, 6월항쟁의 주역인 국민과 함께 30주년을 기념하게 된 것을 매우 뜻깊고 영광스럽게 생각합니다. 문재인 정부는 6월항쟁의 정신 위에 서 있습니다. 임기 내내 저 문재인은 대통령이라는 직책을 가진 국민의 한 사람임을 명심하겠습니다. 역사를 바꾼 두 청년, 부산의 아들 박종

철과 광주의 아들 이한열을 영원히 기억하겠습니다. 항쟁을 이끌어주신 지도부, 87년 뜨거운 함성 속에서 함께 눈물 흘리고, 함께 환호했던 모든 분들께 감사와 존경의 인사를 드립니다.

존경하는 국민 여러분,

저는 오늘, 세계가 경탄하는 우리의 민주주의가 우리 국민 스스로 만들어낸 것이라는 사실이 무엇보다 자랑스럽습니다. 우리나라 민주주의의 시작은 해방과 함께 바깥으로부터 주어졌습니다. 그러나 오늘 우리의 민주주의를 이만큼 키운 것은 국민들이었습니다. 그 길에 4·19가 있었고, 부마항쟁이 있었고, 5·18이 있었고, 6월항쟁이 있었습니다. 그리고 그 길은 지난겨울 촛불혁명으로 이어졌습니다. 촛불은 한 세대에 걸쳐 성장한 6월항쟁이 당당하게 피운 꽃이었습니다. 우리는 6월항쟁을 통해 주권자 국민의 힘을 배웠습니다. 촛불혁명을 통해 민주공화국을 실천적으로 경험했습니다. 6월의 시민은 독재를 무너뜨렸고 촛불시민은 민주사회가 나아갈 방향과 의제를 제시했습니다. 촛불은 미완의 6월항쟁을 완성시키라는 국민의 명령이었습니다.

존경하는 국민 여러분,

우리 앞의 과제는 다시 민주주의입니다. '더 넓고, 더 깊고, 더 단단한 민주주의'를 만들어가야 합니다. 6월항쟁으로 성취한 민주주의가 모든 국민의 삶에 뿌리내리도록 해야 합니다. 민주주의가 구체적인 삶의 변화로 이어질 때, 6월항쟁은 살아 있는 현재이고 미래입니다. 민주주의는 제도이고, 실질적인 내용이며, 삶의 방식입니다. 저는 이 자리에서 약속드리고 제안합니다. 제도로서의 민주주의가 흔들리고 후퇴하는 일은 이제 없습니다. 문재인 정부에서 민주주의는 발전하고 인권은 확대될 것입니다. 모든 권력은 국민에게 있습니다. 헌법, 선거제도, 청와대, 검찰, 국정원, 방송, 국민이 위임한 권한을 운용하는 제도도 마찬가지입니다. 권력기관이 국민의 의사와 의지를 감시하고 왜곡하고 억압하지 않도록 만들겠습니다.

이제 우리의 새로운 도전은 경제에서의 민주주의입니다. 민주주의가 밥이고, 밥이 민주주의가 되어야 합니다. 소득과 부의 극심한 불평등이 우리의 민주주의를 위협하고 있습니다. 일자리 위기가 근본 원인입니다. 제가 일자리 대통령이 되겠다고 거듭거듭 말씀드리는 것은 극심한 경제적 불평등 속에서 민주주의는 형식에 지나지 않기 때문입니다. 일자리는 경제의 문제일 뿐 아니라 민주주의의 문제입니다. 그러나 정부의 의지만으로는 어렵습니다. 우리 사회가 함께 경제민주주의를 위한 새로운 기준을 세워야 합니다. 양보와 타협, 연대와 배려, 포용하는 민주주의로 가야 합니다. 대기업과 중소기업, 노동자, 시민사회 모두가 힘을 모아야 합니다. 6월항쟁 30주년을 디딤돌 삼아 우리가 도약할 미래는 조금씩 양보하고, 짐을 나누고, 격차를 줄여가는 사회적 대타협에 있다고 저는 확신합니다. 결코 쉽지 않은 일이지만 반드시 해내야 할 과제입니다. 대통령과 정부가 할 수 있는 모든 노력을 다하겠습니다. 진정한 노사정 대타협을 위해 모든 경제주체의 참여를 당부드립니다. 누구나 성실하게 8시간 일하면 먹고사는 것 걱정 없어야 합니다. 실패했더라도 다시 기회를 가져야 합니다. 그렇게 함께 사회 경제적 불평등을 해소해가는 것이 민주주의입니다. 정치권에서도 함께 힘을 모아주실 것을 부탁드립니다.

존경하는 국민 여러분,

한 가지, 꼭 함께 기억하고 싶은 것이 있습니다. 6월항쟁의 중심은 특정 계층, 특정 지역이 아니었습니다. 사제, 목사, 스님, 여성, 민주정치인, 노동자, 농민, 도시 빈민, 문인, 교육자, 법조인, 문화예술인, 언론출판인, 청년, 학생, 그 모두가 '민주헌법쟁취 국민운동본부'로 모였습니다. 전국 22개 지역에서 동시에 열린 6·10국민대회가 6월 26일, 전국 34개 도시와 270여 곳에서 동시에 열린 '민주헌법 쟁취를 위한 국민평화 대행진'으로 확대되었습니다. 이처럼 6월항쟁에는 계층도 없었고, 변방도 없었습니다. 그래서 우리는 승리했습니다. 저도 부산에서 6월항쟁에 참여하며, 민주주의는 물처럼 흐를 때 가장 강력하다는 것을 배웠습니다. 독재에 맞섰던 87년의 청년이 2017년의 아버지가 되어 광장을 지키고, 도시락을 건넸던 87년의 여고생이 2017년 두 아이의 엄마가 되어 촛불을 든 것처럼, 사람에서 사람으로 이어지는 민주주의는 흔들리지 않습니다. 정치와 일상이, 직장과 가정이 민주주의로 이어질 때 우리의 삶은 흔들리지 않습니다. 그렇게 우리의 삶, 우리 사회의 민주주의 역량이 더 성숙해질 수 있도록 함께 노력해갑시다. 관행과 제도와 문화를 바꿔나갈 일은 그것대로 정부가 노력하겠습니다. 우리 주변에 일상화되어 있는 비민주적인 요소들은 우리 모두 서로 도와가며 바꿔나갑시다. 개개인이 깨어 있는 민주시민이 되기 위한 노력은 그것대로 같이 해나갑시다. 민주주의가 정치, 사회, 경제의 제도로써 정착하고 우리 한 사람 한 사람이 일상에서 민주주의로 훈련될 때, 민주주의는 그 어떤 폭풍 앞에서도 꺾이지 않을 것입니다. 6월항쟁의 이름으로 민주주의는 영원하고, 광장 또한 국민들에게 항상 열려 있을 것입니다. 감사합니다.

국민들에게 필요한 것은 '작은 정부'가 아니라 '국민에게 필요한 일을 하는 정부'입니다

추가경정예산안 국회 시정연설 | 2017-06-12 |

존경하는 국민 여러분, 정세균 국회의장님과 의원 여러분,

19대 국회 때 바로 이 자리에서 당대표 연설을 했습니다. 20대 국회에서 인사드리는 것은 처음이지만, 19대 국회에서 함께 활동했던 분들이 많아서 친근한 동료 의식을 갖고 있습니다. 지난 5월 10일, 저는 국회에서 엄숙한 마음으로 대통령 취임 선서를 했습니다. 오늘은 정부가 추가경정예산안을 편성한 이유와 주요 내용을 직접 설명드리고 의원 여러분의 이해와 협조를 부탁드리고자 이 자리에 섰습니다. 역대 가장 빠

른 시기의 시정연설이자 사상 최초의 추경 시정연설이라고 들었습니다. 국회와 더 긴밀하게 소통하고 협치하고자 하는 그리고 또 국회를 존중하고자 하는 저의 노력으로 받아들여주십시오. 그러나 그보다 더 주목해주시기를 바라는 것은 일자리 추경의 절박성과 시급성입니다.

한 청년이 있습니다. 열심히 공부해서 대학에 입학했고, 입시보다 몇 배 더 노력하며 취업을 준비했습니다. 그런데 청년은 이렇게 말합니다. "제발 면접이라도 한번 봤으면 좋겠어요." 그 청년만이 아닙니다. 우리의 수많은 아들딸들이 이력서 100장은 기본이라고, 이제는 오히려 담담하게 말하고 있습니다. 실직과 카드빚으로 근심하던 한 청년은 부모에게 보낸 마지막 문자에 이렇게 썼습니다. "다음 생에는 공부를 잘할게요." 그 보도를 보며 가슴이 먹먹했던 것은 모든 의원님들이 마찬가지였을 것입니다. 일자리가 있다고 해서 행복한 것도 아닙니다. 부상당한 소방관은 가뜩이나 인력이 부족한 상황에서 동료들에게 폐가 될까 미안해 병가도 가지 못합니다. 며칠 전에는 새벽에 출근한 우체국 집배원이 과로사로 사망했다는 안타까운 소식이 전해졌습니다. 일일이 말씀드리자면 끝이 없을 것입니다. 이렇게 국민들의 고달픈 하루가 매일매일 계속되고 있습니다. 우리 정치의 책임임을 아무도 부인하지 못할 것입니다. 이 분명한 사실을 직시하고 제대로 맞서는 것이 국민들을 위해 정부와 국회가 해야 할 일이라고 말씀드리고 싶습니다.

존경하는 국민 여러분, 의원 여러분,

국회 본회의장에서 추가경정예산안 관련 시정연설을 하고 있는 문재인 대통령의 모습

국민의 삶이 고단한 근본 원인은 바로 일자리입니다. 누구나 아시는 바와 같이 지금 우리의 고용 상황이 너무나 심각합니다. 그래서 지난 대선 때 우리 모두는, 방법론에는 차이가 있었지만, 좋은 일자리 많이 만들기가 우리 경제의 가장 시급한 과제라는 데 인식을 같이했습니다. 이미 통계청에서 발표하여 보도된 내용이지만, 우리의 고용 상황을 다시 한번 말씀드리면, 실업률은 2000년 이후 최고치, 실업자수는 역대 최고치를 기록하고 있습니다. 특히 청년 실업은 '고용 절벽'이란 말이 사용될 정도로 매우 심각합니다. 연간 청년 실업률은 2013년 이후 4년간 급격하게 높아졌고, 지난 4월 기준 청년 실업률은 통계 작성 이후 최고치인 11.2%를 기록했습니다. 체감 실업률은 최근 3개월간 24% 안팎, 청년 네 명 가운데 한 명이 실업자입니다. 베이비붐 세대의 자녀인 에코붐 세대가 주취업 연령대에 진입한 반면에 청년들이 취업을 희망하는 좋은 일자리는 오히려 줄어들었기 때문입니다. 이에 대한 특단의 대책이 시급히 마련되지 않으면 에코붐 세대의 주취업 연령대 진입이 계속되는 동안 청년 실업은 국가 재난 수준으로 확대될 것이고, 우리는 한 세대 청년들의 인생을 잃어버리게 될 것입니다. 저출산 고령화 대책도 아무리 많은 예산을 투입하더라도, 지금까지 우리가 경험했듯이, 실효성을 거두기가 어려울 것입니다.

소득분배 악화 상황도 대단히 심각합니다. 소득하위 20%에 해당하는 1분위 계층의 소득이 2016년에 무려 5.6%나 줄었습니다. 반면 같은 기간, 상위 20% 계층의 소득은 2.1% 늘었습니다. 이러한 추세는 금년 1/4분기에도 지속되고 있습니다. 제일 잘사는 계층과 못사는 계층 간에 소득 격차가 더 벌어졌습니다. 특히 주목할 것은 1분위 계층의 소득 감소가 5분기 동안, 1년 넘게 지속되고 있다는 사실입니다. 일시적인 현상이 아닙니다. 수출 대기업 중심의 경제지표는 좋아지고 있는데, 시장 상인이나 영세 자영업자, 중소기업 등은 외환위기 때보다 경기가 더 나쁘다고 호소합니다. 실제로 도소매, 음식·숙박업 같은 서비스업은 지난 1/4분기에 마이너스성장을 기록했습니다. 국민들의 지갑이 얇아지니 쓰는 돈이 줄어들었습니다. 시장이며 식당은 장사가 안 되니 종업원을 고용할 수 없습니다. 그러니 주로 저소득층이 종사하던 일자리가 줄어듭니다. 앞서 말씀드린, 1분위 계층의 소득이 감소하게 된 이유입니다. 극심한 내수 불황 속에서 제일 어려운 계층이 벼랑 끝으로 몰렸습니다. 우리나라의 경제 불평등 정도는 이미 세계적으로 심각한 수준입니다. 상위 10%가 전체 소득 가운데 차지하는 비중이 50%, 절반에 육박합니다. 통계상으로는 OECD국가 가운데 미국에 이어 2등입니다. 과세에서 누락되는 고소득자들의 소득이 많은 실정을 감안하면, 우리의 소득 불평등 정도가 미국보다도 더 심할지도 모릅니다. 그런 터에 잘사는 사람들은 더 잘살게 되고 못사는 사람들은 더 못살게 되는 현상이 가속화되는 것은 참으로 우려해야 할 일입니다. 이런 흐름을 바로잡지 않으면 대다수 국민은 행복할 수 없습니다. 지속적인 성장도 어렵습니다. 통합된 사회로 갈 수도 없습니다. 민주주의도 실질이나 내용과는 거리가 먼 형식에 그치게 됩니다. 시민들이 투표에 참여하는 대의민주주의에 만족하지 못하고 거리로 나서게 되는 근본 이유가 바로 여기에 있다고 저는 생각합니다. 해법은 딱 하나입니다. 좋은 일자리를 늘리는 것입니다. 고용 없는 성장이 계속되는 것을 막아야 합니다. 성장의 결과 일자리가 생겨나는 것이 아니라, 일자리를 늘려 성장을 이루는 경제 패러다임의 대전환이 필요합니다.

국민 여러분, 의원 여러분,

경제는 적절한 시기를 놓치지 않아야 합니다. 현재의 실업 대란을 이대로 방치하면 국가 재난 수준의 경제 위기로 다가올 우려가 있습니다. 호미로 막을 일을 가래로 막아야 할지도 모릅니다. 거듭 말씀드리지만, 문제의 중심에 일자리가 있습니다. 물론 단번에 해결하기는 어렵습니다. 그러나 지금 당장, 할 수 있는 만큼은 해야 합니다. 추경을 편성해서라도 고용을 개선하고, 소득 격차가 더 커지는 것을 막아야 합니다. 다행히 지난해에 이어 올해에도 세수 실적이 좋아 증세나 국채 발행 없이도 추경예산 편성이 가능합니다. 이렇게 대응할 여력이 있는데도 손을 놓고 있다면, 정부의 직무유기이고, 나아가서는 우리 정치의 직무유기가 될 것입니다. 이에 정부는 올해 예상 세수 증가분 8조 8000억 원과 세계 잉여금 1조 1000억 원, 기금 여유 자금 1조 3000억 원을 활용하여 총 11조 2000억 원 규모의 일자리 중심 추경예산안을 편성했습니다.

존경하는 국민 여러분, 의원 여러분,

이번 추경예산은 재난에 가까운 실업과 분배 악화 상황에 즉각 대응하기 위한 긴급 처방일 뿐입니다. 근본적인 일자리 정책은 민간과 정부가 함께 추진해야 할 국가적 과제입니다. 그러나 빠른 효과를 위해서는 공공 부문이 먼저 나서야 한다는 생각입니다. 국민들에게 필요한 것은 '작은 정부'가 아니라 '국민에게 필요한 일은 하는 정부'입니다. 그것이 책임 있는 정부입니다. 일자리 대책, 이번 하반기부터 바로 시작할 수 있도록 의원님들께서 협력해주시기를 부탁드립니다. 우선 시급한 취약계층의 생활 안정에도 도움이 될 것이라고 판단합니다. 정부의 이러한 노력이 마중물이 되어 민간 부문의 일자리 창출 노력이 촉진되기를 특별히 기대하고 요청합니다.

존경하는 국민 여러분, 의원 여러분,

이제, 추경예산을 어디에, 어떻게 쓰려고 하는지 보고드리겠습니다. 추경 목적에 맞게 일자리와 서민 생활 안정에 집중하였습니다. 항구적이고 지속가능한 일자리 창출을 위해 대규모 SOC 사업은 배제했습니다. 대신 육아휴직 급여, 국공립 어린이집 확대 등 지난 대선에서 각 당이 내놓은 공통 공약을 최대한 반영했습니다.

추경예산안의 구체적인 내용을 설명드리면, 첫째, 우리의 미래인 청년들에게 최우선 순위를 두었습니다. 공공 부문에서 일자리를 만들거나, 취업과 창업을 돕는 예산입니다. 정부가 직접 고용하는 일자리는 두 가지를 고려했습니다. 안전·복지·교육 등 국민 모두를 위한 민생 서비스 향상에 기여하면서 동시에 충원이 꼭 필요했던 현장 중심의 인력으로 한정했습니다. 먼저 소방관입니다. 2교대에서 3교대로 전환되었지만 그에 따른 인원 증원이 없었습니다. 법정 인원에 비해 턱없이 수가 부족해 소방차와 119 구조 차량이 탑승 인력조차 제대로 채우지 못하고 있습니다. 그로 인해, 지난해 태풍 때 구조대원이 부족해 대체 투입되었던 구급대원이 순직한 안타까운 일도 있었습니다.

다음은 복지 공무원입니다. 올해 초, 한 달 간격으로 세 명의 복지 공무원이 스스로 목숨을 끊은 일이 있을 정도로 살인적인 업무량과 감정노동에 시달리고 있습니다. 근로 감독관도 부족합니다. 감독관 한 명이 근로자 1만 2000여 명, 사업장 1500여 개를 담당하고 있는 실정입니다. 최저임금 위반이나 아르바이트비 체불 등은 단속할 엄두조차 내지 못합니다. 그 밖에도 경찰관, 부사관, 군무원, 집배원, 가축방역관 등까지 합쳐 국민 안전과 민생 현장에서 일할 중앙과 지방 공무원 1만 2000명을 충원해 민생 서비스를 개선하겠습니다. 보육교사, 노인돌봄 서비스, 치매관리 서비스, 아동안전지킴이 등 민간이 고용하는 공공 부문 일자리도 지원하고자 합니다. 추경이 통과되면, 취약 계층의 생활 안정을 위해 필요한 사회 서비스 분야에서 2만 4000개의 일자리를 늘릴 수 있습니다. 이상의 공공 부문 일자리는 사실상 청년 일자리입니다. 청년들이 선호하는 일자리인 동시에 민생 수요에 비해 수가 부족했던 현장 인력을 확충하는 것인 만큼 청년 실업 해소와 민생사회 서비스 향상의 일석이조 효과가 기대됩니다.

이번 추경으로 민간 부문에서도 청년 일자리가 창출되도록 돕고자 합니다. 중소기업 청년 고용 지원 제도를 신설해 중소기업의 청년 취업 문을 넓히겠습니다. 중소기업이 청년 두 명을 채용하면, 추가로 한 명을 더 채용할 수 있게끔 추가 고용 한 명의 임금을 국가가 3년간 지원하겠습니다. 이번 추경으로 5000명의 추가 채용이 이뤄질 수 있습니다. 대기업과 중소기업의 임금격차를 줄여주는 예산도 편성했습니다. 내일채움공제의 적립금과 대상 인원을 대폭 확대하는 것입니다. 중소기업에 취직하는 청년들도 목돈을 마련할 수 있고, 중소기업의 인력난 해소에도 도움이 될 것으로 기대합니다. 보다 많은 청년들이 과감하게 창업에 도전할 수 있게 돕겠습니다. 청년 창업 지원 펀드 확대 등으로 청년 창업에 대한 투자를 대폭 늘리겠습니다. 또한 실패해도 다시 도전할 수 있도록 3000억 원 규모의 '재기 지원 펀드' 신설도 포함시켰습니다. 밤낮으로 아르바이트를 하면서 구직 활동을 하는 청년들의 고단함도 조금이나마 덜 수 있습니다. 청년 구직 촉진 수당을 신설해서 구직 활동을 하는 3개월간 월 30만 원씩 우선 지급하고자 합니다. 내년도 예산에서는 보다 본격적으로 실시할 수 있을 것입니다. 청년들의 거주난도 도울 수 있습니다. 청년들이 적은 비용으로 출퇴근에 용이한 역세권에 거주할 수 있도록 다가구 임대주택을 추가로 공급하는 것입니다. 이번 추경에는 2700호분

'11만 개의 일자리'

국민의 삶이 조금이라도 나아진다면
할 수 있는 모든 일을 해야 합니다
그게 정부고 그게 국가입니다

국회 본회의장에서 추가경정예산 편성에 대한 문재인 대통령의 연설을 듣고 있는 의원들의 모습

공급 예산을 배정했습니다. 일할 기회조차 갖지 못하는 지금의 청년 세대를 두고 '부모 세대보다 못사는 첫 번째 세대'가 될 것이라는 이야기가 나옵니다. 청년들에게만 속상하는 이야기가 아닙니다. 우리 자식들만은 우리보다 잘살기를 바라는 마음으로 온갖 고생을 마다하지 않은 부모들에게도 가슴이 미어지는 이야기입니다. 청년 일자리는 자식들의 문제이자 부모들의 문제입니다. 정부와 국회가 함께 팔 걷어 부치고 나서주실 것을 간곡히 당부드립니다.

둘째, 여성들에게 일할 기회를 늘려주고 가정의 행복을 돕는 예산입니다. 육아휴직을 해도 경제적 어려움을 느끼지 않도록, 출산 첫 3개월의 육아휴직 급여를 최대 두 배까지 늘리도록 했습니다. 육아휴직은 끝났는데, 당장 아이를 돌봐줄 사람이 없으면 눈앞이 캄캄해집니다. 여성 경력 단절은 여성과 가정, 국가에 모두 손실입니다. 국공립 어린이집을 올해 예정한 지원 규모보다 두 배 늘려 360개를 신규 설치함으로써 부모들의 육아 부담을 덜어드리겠습니다. 민간 어린이집이 없는 지역에 신설하거나 운영이 어려운 민간 어린이집을 국공립으로 전환하는 방법 등으로 민간과 상생할 수 있을 것입니다. 어린이집 보조교사, 대체교사를 늘리면 일자리도 늘고, 교사들도 법정 근로시간을 지킬 수 있습니다. 아이들도 더 많은 보살핌을 받을 수 있습니다. 5000명을 충원하는 예산을 배정했습니다. 다시 일하고 싶은 여성들이 보다 쉽게 일자리를 찾도록 돕는 예산도 있습니다. 새일센터에 창업 매니저와 취업 설계사를 새로 배치하고, 직업교육과정을 확대하는 예산을 배정했습니다. 미세먼지는 아이 키우는 부모들의 가장 큰 걱정거리가 되었습니다. 전국 모든 초등학교에 미세먼지 측정 장치를 설치할 수 있도록 예산을 배정했습니다. 미세먼지가 심할 경우, 학교장이 즉시 대응하도록 하려는 것입니다.

셋째, 어르신들의 일자리와 건강을 위한 예산입니다. 어르신들도 건강이 허락하는 한 일을 할 수 있어야 활기찬 노후를 보낼 수 있습니다. 노인 빈곤률과 자살률이 OECD 최하위에 머물고 있는 불명예와 불효, 반드시 해결해야 합니다. 우선 노인 공공 일자리를 3만 개 늘리고 일자리 수당을 월 22만 원에서 월 27만 원으로 인상하는 예산을 반영했습니다. 은퇴자의 기술과 경험이 청년 창업자들과 만나면 어르신 일자리도 늘리고 청년 창업도 도울 수 있습니다. 청년 창업자와 공동 창업으로 어르신들의 지혜와 경륜을 살리는 일자리를 만들도록 했습니다. 치매는 국민 모두의 공포입니다. 어르신들도, 가족들도 그 고통을 혼자 감당해서는 안 됩니다. 치매국가 책임제, 하루라도 빨리 시작해야 합니다. 전국 통틀어 47개소에 불과한 치매안심센터를 252개로 늘리는 예산을 배정했습니다. 전국 모든 시군구에 치매안심센터가 설치되면 치매 상담은 물론 조기 검진을 통해 치매를 예방하고, 환자와 가족의 부담을 줄여드릴 것입니다.

넷째, 지역에 밀착한 일자리를 만들고, 취약한 민생과 국민 안전을 강화하는 예산입니다. 도시 재생 뉴딜 사업, 하수관거 정비 등 낙후한 주거 환경을 개선하는 예산을 배정했습니다. 지역에서 일자리를 늘리면서 주민들 삶의 질을 개선하는 사업입니다. 특히 도시 재생 뉴딜 사업은 도시 경쟁력을 강화시켜 지역 경제를 살리고 새로운 일자리를 만들어내는 효과가 기대됩니다. 기초생활보장제는 가장 취약한 계층을 위한 제도입니다. 불합리한 부양의무자 기준을 완화하여 제도 수혜자를 4만 1000가구 늘리고자 합니다. 구의역 사고 같은 비극은 다시 없어야 합니다. 스크린도어 안전 보호벽을 개선하는 예산을 배정했습니다. 국민 안전을 강화하는 동시에 관련 업종의 일자리 창출에 기여할 것입니다.

마지막으로, 이번 추경으로 지방자치단체에 지방교부세와 지방교육재정교부금이 총 3조 5000억 원 지원됩니다. 지방정부들도 이번 추경의 효과가 극대화될 수 있도록 지원 예산을 일자리 정책과 일자리 창출 효과가 있는 민생 관련 사업에 중점 사용해줄 것을 특별히 당부드립니다.

존경하는 국회의원 여러분,

정부는 이번 추경으로 약 11만 개의 일자리가 새로 생기고, 서민들의 생활이 조금은 나아질 것으로 기대하고 있습니다. 응급 처방이지만, 꼭 해야 할 일이라고 생각합니다. 일자리는 국민들에게 생명이며, 삶 그 자체입니다. 인간의 존엄을 지킬 수 있는 최소한의 국민 기본권입니다. 국민들은 버틸 힘조차 없는데 기다리라고 할 수는 없습니다. 국민이 힘들면 지체 없이 손을 내밀어야 합니다. 국민들의 삶이 조금이라도 나아진다면 할 수 있는 모든 일을 해야 합니다. 그게 정부고, 그게 국가라는 판단으로 편성한 예산입니다. 국회가 함께해주시길 바라마지 않습니다. 국회는 올해 초 환경미화원을 직접 고용했습니다. 일자리 문제 해결을 위한 선도적인 노력을 국회가 먼저 시작했습니다. 저도 단단히 마음먹고 있습니다. 단 1원의 예산도 일자리와 연결되게 만들겠다는 각오입니다. 정부의 모든 정책 역량을 일자리에 집중할 것입니다. 국회와 정부가 함께 머리를 맞대야 합니다. 야당과 여당이 함께 힘을 합해야 합니다. 공공과 민간이 함께 노력해야 합니다. 함께합시다. 마음 놓고 일하고 싶다는 국민들의 절박한 호소에 응답합시다. 서민들의 눈물을 닦아주고 고통을 껴안읍시다. 일자리에서부터 국회와 정부가 협력하고, 야당과 여당이 협력하는 정치를 한다면 국민들께도 큰 위안이 될 것입니다. 이번 추경이 빠른 시일 내에 통과되어 기대한 효과를 낼 수 있도록 적극적인 협력을 요청합니다. 정부는 국회가 추경을 확정하는 대로 바로 집행이 이루어질 수 있도록 사전 준비에 만전을 다하겠습니다. 정부는 비상 시국에 인수위 없이 출범한 상황에서 국정 공백을 최소화하기 위해 최선을 다하고 있습니다. 조속히 국정을 정상화할 수 있도록 국회의 협력을 부탁드립니다. 저와 정부도 국회를 존중하면서 허심탄회하게 대화하고 협의해나가겠습니다. 감사합니다.

대한민국의 국익이
최우선이고 정의입니다

제72주년 광복절 기념식 경축사 | 2017-08-15 |

존경하는 국민 여러분, 독립 유공자와 유가족 여러분, 해외에 계신 동포 여러분,

촛불혁명으로 국민 주권의 시대가 열리고 첫 번째 맞는 광복절입니다. 오늘, 그 의미가 유달리 깊게 다가옵니다. 국민 주권은 이 시대를 사는 우리가 처음 사용한 말이 아닙니다. 100년 전인 1917년 7월, 독립운동가 14인이 상해에서 발표한 '대동단결 선언'은 국민 주권을 독립운동의 이념으로 천명했습니다. 경술국치는 국권을 상실한 날이 아니라 오히

세종문화회관에서 열린 제72주년 광복절 기념식에서 경축사를 읽는 문재인 대통령의 모습

려 국민 주권이 발생한 날이라고 선언하며, 국민 주권에 입각한 임시정부 수립을 제창했습니다. 마침내 1919년 3월, 이념과 계급과 지역을 초월한 전 민족적 항일 독립운동을 거쳐, 이 선언은 대한민국 임시정부를 수립하는 기반이 되었습니다. 국민 주권은 임시정부 수립을 통한 대한민국 건국의 이념이 되었고, 오늘 우리는 그 정신을 계승하고 있습니다. 그렇게 국민이 주인인 나라를 세우려는 선대들의 염원은 100년의 시간을 이어왔고, 드디어 촛불을 든 국민들의 실천이 되었습니다.

광복은 주어진 것이 아니었습니다. 이름 석 자까지 모든 것을 빼앗기고도 자유와 독립의 열망을 지켜낸 3000만이 되찾은 것입니다. 민족의 자주독립에 생을 바친 선열들은 말할 것도 없습니다. 독립운동을 위해 떠나는 자식의 옷을 기운 어머니도, 일제의 눈을 피해 야학에서 모국어를 가르친 선생님도, 우리의 전통을 지켜내고 쌈짓돈을 보탠 분들도, 모두가 광복을 만든 주인공입니다. 광복은 항일의병에서 광복군까지 애국선열들의 희생과 헌신이 흘린 피의 대가였습니다. 직업도, 성별도, 나이의 구분도 없었습니다. 의열단원이며 몽골의 전염병을 근절시킨 의사 이태준 선생, 간도참변 취재 중 실종된 동아일보 장덕준 선생, 무장독립단체 서로군정서에서 활약한 독립군의 어머니 남자현 여사, 과학으로 민족의 힘을 키우고자 했던 과학자 김용관 선생, 독립군 결사대 단원이었던 영화감독 나운규 선생, 우리에게는 너무도 많은 독립운동가들이 있었습니다. 독립운동의 무대도 한반도만이 아니었습니다. 1919년 3월 1일,

연해주와 만주, 미주와 아시아 곳곳에서도 한목소리로 대한독립의 함성이 울려 퍼졌습니다. 항일 독립운동의 이 모든 빛나는 장면들이 지난겨울 전국 방방곡곡에서, 그리고 우리 동포들이 있는 세계 곳곳에서, 촛불로 살아났습니다. 우리 국민이 높이 든 촛불은 독립운동 정신의 계승입니다. 위대한 독립운동의 정신은 민주화와 경제 발전으로 되살아나 오늘의 대한민국을 만들었습니다. 그 과정에서 희생하고 땀 흘린 모든 분들, 그 한 분 한 분 모두가 오늘 이 나라를 세운 공헌자입니다.

오늘 저는 독립 유공자와 유가족 여러분 그리고 저마다의 항일로 암흑의 시대를 이겨낸 모든 분들께, 또 촛불로 새 시대를 열어주신 국민들께, 다시금 깊은 존경과 감사의 말씀을 드립니다. 아울러 저는 오늘 우리가 기념하는 이날이 민족과 나라 앞에 닥친 어려움과 위기에 맞서는 용기와 지혜를 되새기는 날이 되기를 희망합니다.

존경하는 독립 유공자와 유가족 여러분,

경북 안동에 임청각이라는 유서 깊은 집이 있습니다. 임청각은 일제강점기 전 가산을 처분하고 만주로 망명하여 신흥무관학교를 세우고, 무장독립운동의 토대를 만든 석주 이상룡 선생의 본가입니다. 무려 아홉 분의 독립투사를 배출한 독립운동의 산실이고, 대한민국 노블리스오블리제를 상징하는 공간입니다. 그에 대한 보복으로 일제는 그 집을 관통하도록 철도를 놓았습니다. 아흔아홉 칸 대저택이었던 임청각은 지금도 반 토막이 난 그 모습 그대로입니다. 이상룡 선생의 손자, 손녀는 해방

후 대한민국에서 고아원 생활을 하기도 했습니다. 임청각의 모습이 바로 우리가 되돌아봐야 할 대한민국의 현실입니다. 일제와 친일의 잔재를 제대로 청산하지 못했고, 민족정기를 바로 세우지 못했습니다. 역사를 잃으면 뿌리를 잃는 것입니다. 독립운동가들을 더 이상 잊혀진 영웅으로 남겨 두지 말아야 합니다. 명예뿐인 보훈에 머물지도 말아야 합니다. 독립운동을 하면 3대가 망한다는 말이 사라져야 합니다. 친일 부역자와 독립운동가의 처지가 해방 후에도 달라지지 않더라는 경험이 불의와의 타협을 정당화하는 왜곡된 가치관을 만들었습니다. 독립운동가들을 모시는 국가의 자세를 완전히 새롭게 하겠습니다. 최고의 존경과 예의로 보답하겠습니다. 독립운동가의 3대까지 예우하고 자녀와 손자녀 전원의 생활 안정을 지원해서 국가에 헌신하면 3대까지 대접받는다는 인식을 심겠습니다. 독립운동의 공적을 후손들이 기억하기 위해 임시정부 기념관을 건립하겠습니다. 임청각처럼 독립운동을 기억할 수 있는 유적지는 모두 찾아내겠습니다. 잊혀진 독립운동가를 끝까지 발굴하고, 해외의 독립운동 유적지를 보전하겠습니다.

이번 기회에 정부는 대한민국 보훈의 기틀을 완전히 새롭게 세우고자 합니다. 대한민국은 나라의 이름을 지키고, 나라를 되찾고, 나라의 부름에 기꺼이 응답한 분들의 희생과 헌신 위에 서 있습니다. 그 희생과 헌신에 제대로 보답하는 나라를 만들겠습니다. 젊음을 나라에 바치고 이제 고령이 되신 독립 유공자와 참전 유공자에 대한 예우를 강화하겠습니다.

살아 계시는 동안 독립 유공자와 참전 유공자의 치료를 국가가 책임지 겠습니다. 참전 명예 수당도 인상하겠습니다. 유공자 어르신 마지막 한 분까지 대한민국의 품이 따뜻하고 영광스러웠다고 느끼시게 하겠습니다. 순직 군인과 경찰, 소방 공무원 유가족에 대한 지원도 확대할 것입니다. 그것이 우리 모두의 자긍심이 될 것이라 믿습니다. 보훈으로 대한민국의 정체성을 분명히 확립하겠습니다. 애국의 출발점이 보훈이 되도록 하겠습니다.

존경하는 국민 여러분,

지난 역사에서 국가가 국민을 지켜주지 못해 국민들이 감수해야 했던 고통과도 마주해야 합니다. 광복 70년이 지나도록 일제강점기 강제 동원 고통이 지속되고 있습니다. 그동안 강제동원의 실상이 부분적으로 밝혀졌지만 아직 그 피해의 규모가 다 드러나지 않았습니다. 밝혀진 사실들은 그것대로 풀어나가고, 미흡한 부분은 정부와 민간이 협력해, 마저 해결해야 합니다. 앞으로 남북 관계가 풀리면 남북이 공동으로 강제 동원 피해 실태 조사를 하는 것도 검토할 것입니다. 해방 후에도 돌아오지 못한 동포들이 많습니다. 재일동포의 경우 국적을 불문하고 인도주의적 차원에서 고향 방문을 정상화할 것입니다. 지금도 시베리아와 사할린 등 곳곳에 강제이주와 동원이 남긴 상처가 남아 있습니다. 그분들과도 동포의 정을 함께 나누겠습니다.

존경하는 국민 여러분, 독립 유공자와 유가족 여러분, 해외 동포 여

만세삼창을 외치고 있는 참석자들과 문재인 대통령, 김정숙 여사

러분,

　오늘 광복절을 맞아 한반도를 둘러싸고 계속되는 군사적 긴장의 고조가 우리의 마음을 무겁게 합니다. 분단은 냉전의 틈바구니 속에서 우리 힘으로 우리 운명을 결정할 수 없었던 식민지 시대가 남긴 불행한 유산입니다. 그러나 이제 우리는 스스로 우리 운명을 결정할 수 있을 만큼 국력이 커졌습니다. 한반도의 평화도, 분단 극복도, 우리가 우리 힘으로 만들어가야 합니다. 오늘날 한반도의 시대적 소명은 두말할 것 없이 평화입니다. 한반도 평화 정착을 통한 분단 극복이야말로 광복을 진정으로 완성하는 길입니다. 평화는 또한 당면한 우리의 생존 전략입니다. 안보도, 경제도, 성장도, 번영도 평화 없이는 미래를 담보하지 못합니다. 평화는 우리만의 문제가 아닙니다. 한반도에 평화가 없으면 동북아에 평화가 없고, 동북아에 평화가 없으면 세계의 평화가 깨집니다. 지금 세계는 두려움 속에서 그 분명한 진실을 목도하고 있습니다. 이제 우리가 가야 할 길은 명확합니다. 전 세계와 함께 한반도와 동북아의 항구적 평화 체제 구축의 대장정을 시작하는 것입니다.

　지금 당면한 가장 큰 도전은 북한의 핵과 미사일입니다. 정부는 현재의 안보 상황을 매우 엄중하게 인식하고 있습니다. 정부는 굳건한 한미 동맹을 기반으로 미국과 긴밀히 협력하면서 안보 위기를 타개할 것입니다. 그러나 우리의 안보를 동맹국에게만 의존할 수는 없습니다. 한반도 문제는 우리가 주도적으로 해결해야 합니다. 정부의 원칙은 확고합니다. 대한민국의 국익이 최우선이고 정의입니다. 한반도에서 또다시 전쟁은 안 됩니다. 한반도에서의 군사행동은 대한민국만이 결정할 수 있고, 누구도 대한민국의 동의 없이 군사행동을 결정할 수 없습니다. 정부는 모든 것을 걸고 전쟁만은 막을 것입니다. 어떤 우여곡절을 겪더라도 북핵 문제는 반드시 평화적으로 해결해야 합니다. 이 점에서 우리와 미국 정부의 입장이 다르지 않습니다. 정부는 국제사회에서 평화적 해결 원칙이 흔들리지 않도록 외교적 노력을 한층 강화할 것입니다. 국방력이 뒷받침되는 굳건한 평화를 위해 우리 군을 더 강하게, 더 믿음직스럽게 혁신하여 강한 방위력을 구축할 것입니다.

　한편으로 남북 간 군사적 긴장이 상황을 더 악화시키지 않도록 군사적 대화의 문도 열어놓을 것입니다. 북한에 대한 제재와 대화는 선후의 문제가 아닙니다. 북핵 문제의 역사는 제재와 대화가 함께 갈 때 문제해결의 단초가 열렸음을 보여주었습니다. 북한이 미사일 발사 시험을 유예하거나 핵실험 중단을 천명했던 시기는 예외 없이 남북 관계가 좋은 시기였다는 것을 기억해야 합니다. 그럴 때 북미, 북일 간 대화도 촉진되었고, 동북아 다자외교도 활발했습니다. 제가 기회가 있을 때마다 한반도 문제의 주인은 우리라고 한 이유도 바로 여기에 있습니다. 북핵 문제해결은 핵 동결로부터 시작되어야 합니다. 적어도 북한이 추가적인 핵과 미사일 도발을 중단해야 대화의 여건이 갖춰질 수 있습니다. 북한에 대한 강도 높은 제재와 압박의 목적도 북한을 대화로 이끌어내기 위한 것이지 군사적 긴장을 높이기 위한 것이 아닙니다. 이 점에서도 우리와 미국의 입장이 다르지 않습니다. 북한 당국에 촉구합니다. 국제적인 협력과 상생 없이 경제 발전을 이루는 것은 불가능합니다. 이대로 간다면 북한에게는 국제적 고립과 어두운 미래가 있을 뿐입니다. 수많은 주민들의 생존과 한반도 전체를 어려움에 빠뜨리게 됩니다. 우리 역시 원하지 않더라도 북한에 대한 제재와 압박을 더욱 높여나가지 않을 수 없습니다. 즉각 도발을 중단하고 대화의 장으로 나와 핵 없이도 북한의 안보를 걱정하지 않을 수 있는 상황을 만들어야 합니다. 우리가 돕고 만들어가겠습니다. 미국과 주변 국가들도 도울 것입니다.

다시 한번 천명합니다. 우리는 북한의 붕괴를 원하지 않습니다. 흡수통일을 추진하지도 않을 것이고, 인위적 통일을 추구하지도 않을 것입니다. 통일은 민족 공동체의 모든 구성원들이 합의하는 '평화적, 민주적' 방식으로 이루어져야 합니다. 북한이 기존의 남북 합의의 상호 이행을 약속한다면, 우리는 정부가 바뀌어도 대북 정책이 달라지지 않도록, 국회의 의결을 거쳐 그 합의를 제도화할 것입니다. 저는 오래전부터 '한반도 신경제 지도' 구상을 밝힌 바 있습니다. 남북 간의 경제협력과 동북아 경제협력은 남북 공동의 번영을 가져오고, 군사적 대립을 완화시킬 것입니다. 경제협력의 과정에서 북한은 핵무기를 갖지 않아도 자신들의 안보가 보장된다는 사실을 자연스럽게 깨닫게 될 것입니다. 쉬운 일부터 시작할 것을 다시 한번 북한에 제안합니다. 이산가족 문제와 같은 인도적 협력을 하루빨리 재개해야 합니다. 이분들의 한을 풀어드릴 시간이 얼마 남지 않았습니다. 이산가족 상봉과 고향 방문, 성묘에 대한 조속한 호응을 촉구합니다. 다가오는 평창 동계 올림픽도 남북이 평화의 길로 한 걸음 나아갈 수 있는 좋은 기회입니다. 평창 올림픽을 '평화 올림픽'으로 만들어야 합니다. 남북 대화의 기회로 삼고, 한반도 평화의 기틀을 마련해야 합니다. 동북아 지역에서 연이어 개최되는 2018년 평창 동계 올림픽, 2020년의 도쿄 하계 올림픽, 2022년의 베이징 동계 올림픽은 한반도와 함께 동북아의 평화와 경제협력을 촉진할 수 있는 절호의 기회입니다. 저는 동북아의 모든 지도자들에게 이 기회를 살려나가기 위해 머리를 맞댈 것을 제안합니다. 특히 한국과 중국, 일본은 역내 안보와 경제협력을 제도화하면서 공동의 책임을 나누는 노력을 함께 해나가야 할 것입니다. 국민 여러분께서도 뜻을 모아주실 것을 부탁드립니다.

존경하는 국민 여러분,

해마다 광복절이 되면 우리는 한일 관계를 되돌아보지 않을 수 없습니다. 한일 관계도 이제 양자 관계를 넘어 동북아의 평화와 번영을 위해 함께 협력하는 관계로 발전해 나가야 할 것입니다. 과거사와 역사 문제가 한일 관계의 미래지향적인 발전을 지속적으로 발목 잡는 것은 바람직하지 않습니다. 정부는 새로운 한일 관계의 발전을 위해 셔틀 외교를 포함한 다양한 교류를 확대해갈 것입니다. 당면한 북핵과 미사일 위협에 대한 공동 대응을 위해서도 양국 간의 협력을 강화하지 않을 수 없습니다. 그러나 우리가 한일 관계의 미래를 중시한다고 해서 역사 문제를 덮고 넘어갈 수는 없습니다. 오히려 역사 문제를 제대로 매듭지을 때 양국 간의 신뢰가 더욱 깊어질 것입니다. 그동안 일본의 많은 정치인과 지식인들이 양국 간의 과거와 일본의 책임을 직시하려는 노력을 해왔습니다. 그 노력들이 한일 관계의 미래지향적 발전에 기여해왔습니다. 이러한 역사 인식이 일본의 국내 정치 상황에 따라 바뀌지 않도록 해야 합니다. 한일 관계의 걸림돌은 과거사 그 자체가 아니라 역사 문제를 대하는 일본 정부의 인식의 부침에 있기 때문입니다. 일본군 위안부와 강제징용 등 한일 간의 역사 문제 해결에는 인류의 보편적 가치와 국민적 합의에 기한 피해자의 명예 회복과 보상, 진실 규명과 재발 방지 약속이라는 국제사회의 원칙이 있습니다. 우리 정부는 이 원칙을 반드시 지킬 것입니다. 일본 지도자들의 용기 있는 자세가 필요합니다.

존경하는 국민 여러분, 독립 유공자와 유가족 여러분, 해외 동포 여러분,

2년 후 2019년은 대한민국 건국과 임시정부 수립 100주년을 맞는 해입니다. 내년 8·15는 정부 수립 70주년이기도 합니다. 우리에게 진정한 광복은, 외세에 의해 분단된 민족이 하나가 되는 길로 나아가는 것입니다. 우리에게 진정한 보훈은, 선열들이 건국의 이념으로 삼은 국민 주권을 실현하여 국민이 주인인 나라다운 나라를 만드는 것입니다. 지금부터 준비합시다. 그 과정에서, 치유와 화해, 통합을 향해 지난 한 세기의

역사를 결산하는 일도 가능할 것입니다. 국민 주권의 거대한 흐름 앞에서 보수, 진보의 구분이 무의미했듯이 우리 근현대사에서 산업화와 민주화를 세력으로 나누는 것도 이제 뛰어넘어야 합니다. 우리는 누구나 역사의 유산 속에서 살고 있습니다. 모든 역사에는 빛과 그림자가 있기 마련이며, 그 점에서 개인의 삶 속으로 들어온 시대를 산업화와 민주화로 나누는 것은 가능하지도 않고 의미 없는 일입니다. 대한민국 19대 대통령 문재인 역시 김대중, 노무현만이 아니라 이승만, 박정희로 이어지는 대한민국 모든 대통령의 역사 속에 있습니다. 저는 우리 사회의 치유와 화해, 통합을 바라는 마음으로 지난 현충일 추념사에서 애국의 가치를 말씀드린 바 있습니다. 이제 지난 100년의 역사를 결산하고, 새로운 100년을 위해 공동체의 가치를 다시 정립하는 일을 시작해야 합니다. 정부의 새로운 정책기조도 여기에 맞춰져 있습니다. 보수나 진보 또는 정파의 시각을 넘어서 새로운 100년의 준비에 다 함께 동참해주실 것을 바라마지 않습니다.

존경하는 국민 여러분,

오늘, 우리 다 함께 선언합시다. 우리 앞에 수많은 도전이 밀려오고 있지만 새로운 변화에 적응하고 헤쳐나가는 일은 우리 대한민국 국민이 세계에서 최고라고 당당히 외칩시다. 담대하게, 자신 있게 새로운 도전을 맞이합시다. 언제나 그랬듯이 대한민국의 이름으로 하나가 되어 이겨나갑시다. 국민의 나라, 정의로운 대한민국을 완성합시다. 다시 한번 우

리의 저력을 확인합시다. 나라를 위해 자신의 모든 것을 바친 애국선열
과 독립 유공자들께 깊은 존경의 마음을 드립니다. 오래오래 건강하시길
바랍니다. 감사합니다.

나는 촛불혁명으로 태어난 대통령입니다

세계시민상 수상 소감 | 2017-09-20 |

　　라가르드 총재님 고맙습니다. 존경하는 캠프 회장님, 트뤼도 총리님, 케이타 대통령님, 카보레 대통령님, 라니아 왕비님 그리고 행사를 준비하느라 애쓰신 애틀랜틱 카운슬 관계자들과 자리에 빛내주고 계신 귀빈 여러분, 반갑습니다.

　　뜻깊은 상을 수상하며 이 자리에 서게 되어 영광입니다. 트뤼도 캐나다 총리님과는 지난 G20에서 만나 양국의 협력과 한반도 평화에 대해 이야기를 나눴습니다. 특히 양성평등과 시리아 난민 문제에 앞장선 모습에 감명받았습니다. 세계적인 실력만큼이나 어린이에 대한 따뜻한 마음을 가진 피아니스트 랑랑의 수상도 축하합니다. 랑랑의 음악은 진정 아름다운 평화의 메시지입니다. 두 분과 함께 이 상을 받게 되어 더욱 기쁩니다.

내외 귀빈 여러분,

나는 먼저, 이 상을 지난겨울 내내 추운 광장에서 촛불을 들었던 대한민국 국민들께 바치고 싶습니다. 잘 아시다시피 우리 국민들은 지난겨울 촛불혁명으로 세계 민주주의의 역사에 새로운 희망을 만들었습니다. 가장 평화롭고 아름다운 방법으로 위기에 빠진 민주주의를 구하고, 새로운 정부를 출범시켰습니다. 나는 촛불혁명으로 태어난 대통령입니다. 2차 세계대전 후 많은 신생국가들처럼 대한민국의 현대사도 시련의 연속이었습니다. 그러나 우리 국민들은 식민지에서 분단과 전쟁, 가난과 독재로 이어지는 고단한 역사를 이겨냈습니다. 마침내 대한민국은 민주주의와 경제성장에 모두 성공한 나라가 되었습니다. 나는, 세계적으로 인정받은 우리 국민들의 성취가, 내가 오늘 우리 국민을 대표해 세계시민상을 수상하게 된 이유라고 생각합니다. 나는 한국전쟁이 휴전되던 해에 태어났습니다. 대다수 국민이 절대 빈곤에 시달렸고 민주주의는 요원한 꿈처럼 느껴졌던 시절입니다. 그 시절의 한국에 대해 외국의 어떤 칼럼리스트는 "한국에서 민주주의가 이뤄진다는 것은 쓰레기통에서 장미꽃이 피기를 기다리는 것과 같다"고 말하기도 했습니다. 그러나 세계가

뉴욕에서 열린 미국대서양협의회 주최 세계시민상 수상식에서
크리스틴 라가르드 IMF 총재가 문재인 대통령에게 트로피를 전달하고 있다.

한국 국민들의 역량을 확인하는 데는 그리 오랜 시간이 걸리지 않았습니다. 1960년 4·19혁명으로 민주화운동의 깃발을 올린 한국 국민들은 그 후 장기간 지속된 군사독재에도 굴복하지 않았습니다. 많은 사람들이 인권과 민주주의를 지키기 위해 자신을 내던졌고, 또 수많은 사람들이 '한강의 기적'으로 불리는 경제성장에 자신을 헌신했습니다. 그렇게 한국의 국민들은 민주주의와 경제성장을 온몸으로 감당하며 조금씩 앞으로 나아갔습니다.

1980년 5월, 대한민국 남쪽의 도시 광주에서 한국 민주주의 역사에 전환점을 만든 시민항쟁이 일어났습니다. 많은 희생이 있었습니다. 가장 평범한 사람들이 가장 평범한 상식을 지키기 위해 목숨을 걸었습니다. 그것은 인간으로서의 존엄을 지키려는 숭고한 실천이었습니다. 한국 민주주의의 용기와 결단은 목숨이 오가는 상황에서도 절제력을 잃지 않는 성숙함으로도 빛났습니다. 시민들은 부상자들의 치료를 위해 줄을 서서 헌혈을 했고, 주먹밥을 만들어 너나없이 나누었습니다. 한국의 민주주의에서 이 시민항쟁이 갖는 의미는 각별합니다. 국민들은 희생자를 추모하는 데서 그치지 않았습니다. 은폐된 진실을 밝히고, 광주 시민들의 용기와 결단을 민주주의 역사에 확고히 새기기 위해 노력했습니다. 한국의 민주주의는 1987년 6월항쟁으로 또 한 번 도약했습니다. 국민들 마음속에 뿌리내린 민주주의가 광장을 열었습니다. 그 광장에서 한국 국민들은 시대의 흐름을 독재에서 민주로 바꿔냈습니다. 대통령을 내 손을 뽑을 권리를 되찾았고, 그 힘으로 사회 각 분야에서 민주주의 공간을 확장했습니다. 소수의 저항에서 다수의 참여로 도약한 한국 민주주의는 경제 위기를 극복하는 힘이기도 했습니다. 무너지지 않을 것만 같았던 독재의 벽을 무너뜨린 우리 국민은 경제에서도 기적 같은 힘을 발휘했습니다. 국가 부도 사태까지 갔던 1997년 아시아 외환위기, 세계 경제를 위기에 몰아넣었던 2008년 글로벌 금융위기를 극복한 힘도 바로 그 광장의 국민들에게서 나왔습니다.

내외 귀빈 여러분,

이제 한국의 민주주의는 국민 주권의 완전한 실현을 위해 진전하고 있습니다. 우리 국민은 촛불혁명을 통해, 헌법의 절차를 통해, 국민의 뜻을 배반한 대통령을 파면했습니다. 가장 평화롭고 아름다운 방법으로 국민의 뜻을 실현한 것입니다. 우리 국민들은 독재 정권이 빼앗았던 대통령을 내 손으로 뽑을 권리도 스스로의 힘으로 되찾았고 대통령이 잘못할 때 탄핵할 권리도 스스로의 힘으로 보여줬습니다. 의회와 사법부도 국민의 뜻을 법과 제도로 뒷받침했습니다. 대한민국 국민들은 "민주공화국의 모든 권력은 국민으로부터 나온다"는 명제를 전 세계 시민들에게 보여주었고, 이를 통해 대통령이 된 나에게는 대통령도 국민의 한 사람이라는 사실을 분명하게 말해주었습니다. 나는 이 사실이 말할 수 없이 자랑스럽습니다. 그리고 자부심과 함께 책임감을 느끼고 있습니다. 촛불혁명은 여러 달에 걸쳐 1700만 명이 참여한 대규모의 시민 행동이

세계시민상을 받은 문재인 대통령의 모습

었지만, 처음부터 끝까지 단 한 건의 폭력도, 단 한 명의 체포자도 발생하지 않은, 완벽하게 평화롭고 문화적인 축제 집회로 진행되었습니다. 폭력이 아니라 평화의 힘이 세상을 바꾼다는 것을 보여주었습니다. 나는 평화의 힘을 전 세계에 보여주고, 세계적인 민주주의의 위기에 희망을 제시한 대한민국의 촛불시민들이야말로 노벨 평화상을 받아도 될 충분한 자격을 갖고 있다고 생각합니다.

내외 귀빈 여러분,

민주화운동을 했던 학생이었고, 노동·인권 변호사였으며, 촛불혁명에 함께 했던 나는 촛불정신을 계승하라는 국민의 열망을 담고 대통령이 되었습니다. 나는 대통령으로서 수많은 국민들과 악수를 나눕니다. 국민들이 먼저 손을 내밀고 반가워할 때 행복합니다. 동시에 마음이 아파오기도 합니다. 국민들이 제 손을 꼭 잡아 줄 때 전해오는 것은 공정하고 정의로운 나라, 평화로운 한반도를 만들라는 간절함입니다. 오늘 영광스러운 자리에서 나는 다시 다짐합니다. 이제 새로운 대한민국은 경제민주주의와 평화를 향해 나아갈 것입니다. 나와 우리 국민은 '사람 중심 경제'라는 새로운 경제민주주의의 패러다임을 만들어가고 있습니다. 나는 세계가 고민하는 저성장·양극화 문제에 대해서도 세계 민주주의의 역사를 새롭게 쓴 대한민국이 해법을 제시할 수 있다고 자신합니다.

오늘 내가 받는 상에는 세계 평화를 위해 한반도의 평화를 만들어내라는 세계인들의 격려와 응원도 담겨 있을 것입니다. 오늘, 대한민국의 민주주의와 경제성장의 역사를 말씀드렸듯이 한반도 평화를 이루고 나서, 대한민국이 이룩한 평화의 역사를 말씀드릴 시간이 반드시 올 것이라 약속드립니다. 오늘 이 자리에 계신 여러분께서도 대한민국이 걸어갈 경제민주주의와 평화의 길에 아낌없는 성원을 보내주십시오. 또, 함께해주십시오. 오늘 여러분이 보내주신 환대와 우의에 다시 한번 감사드립니다. 애틀랜틱 카운슬 재단의 발전과 오늘 참석하신 모든 분의 건강과 행운을 기원합니다. 감사합니다.

평화의 실현은
UN의 출발이고, 과정이며, 목표입니다

제72차 UN 총회 기조연설 | 2017-09-22 |

먼저 이 자리를 빌려 9월 19일 멕시코에서 발생한 지진으로 인해 희생당한 분들과 그 가족 그리고 멕시코 국민과 정부에 우리 국민과 정부를 대표하여 심심한 위로의 뜻을 전합니다.

세계 평화와 안보에 기여해온 모든 UN 회원국과 UN 직원들에게 존경과 감사의 인사를 드립니다. 미로슬라프 라이착(Miroslav Lajčak) 제72차 총회 의장의 취임을 축하합니다. 의장의 뛰어난 지도력으로 이번 UN 총회가 더욱 의미 있는 성과를 거두기를 기대합니다. 안토니오 구테

구테레스 사무총장에게 평창 동계 올림픽 마스코트 기념품을 전달하는 문재인 대통령의 모습

레스(António Guterres) 사무총장의 성공을 기원합니다. 대한민국은 '분쟁의 사전 예방'과 '평화의 지속화'를 추구하는 UN의 목표를 적극 지지하며, 총장의 재임 기간 동안 UN이 평화와 인류 공영에 이바지하는 더욱 강한 조직으로 거듭날 것으로 기대합니다.

의장, 사무총장 그리고 각국 대표 여러분,

나는 오늘 이 연설을 준비하면서 UN의 정신과 우리의 사명에 대해 생각했습니다. UN은 인류 지성이 만든 최고의 제도적 발명품입니다. UN은 '전쟁의 참화에서 다음 세대를 구하기' 위해 탄생했고, 지난 70여 년간 인류 앞에 제기되는 도전들에 쉼 없이 맞서 왔습니다. 국제사회에서 UN의 역할과 기여는 갈수록 더욱 커질 것입니다. 초국경적 현안이 날로 증가하고 이제 그 어떤 이슈도 한두 나라의 힘으로는 해결할 수 없게 된 오늘날, 우리는 우리 앞의 모든 문제들을 해결하기 위해 UN 정신을 더욱 전면적으로 실현해야 합니다. 나는 이를 위해, 여러분 모두가 유라시아 대륙이 시작되는 동쪽 끝 한반도와 한반도의 남쪽 나라 대한민국에 주목하기를 희망합니다. 나는 지난겨울 대한민국의 촛불혁명이야말로 UN 정신이 빛나는 성취를 이룬 역사의 현장이었다고 생각합니다. 촛불혁명은 협력과 연대의 힘으로 도전에 맞서며 인류가 소망하는 미래를 향해 나아갔습니다. 아마 미디어를 통해 목격했던 촛불혁명의 풍경을 기억하는 분들도 계실 겁니다. 거리를 가득 메운 수십만, 수백만의 불빛들, 노래와 춤과 그림이 어우러진 거리 곳곳에서 저마다 자유롭게 발언하고 평등하게 토론하는 사람들, 아이들과 손잡고 집회장을 찾는 부모들의 환한 표정, 집회가 끝난 거리에서 쓰레기를 치우는 청년들에게서 느껴지는 긍지, 그 모든 장면들이 바로 민주주의였고, 또 평화였습니다. 대한민국의 촛불혁명은 민주주의와 헌법을 회복하고자 하는 열망이 시민들의 집단지성으로 이어진 광장이었습니다. 유력한 대통령 후보였던 나 자신도 오직 시민의 한 사람으로 그 광장에 참여했습니다. 대한민국의 국민들은 가장 평화롭고 아름다운 방법으로 민주주의를 성취했습니다. 민주주의의 실체인 국민 주권의 힘을 증명했고, 폭력보다 평화의 힘이 세상을 더 크게 바꿀 수 있다는 것을 증명했습니다. 대한민국의 새 정부는 촛불혁명이 만든 정부입니다. 민주적인 선거라는 의미를 뛰어넘어, 국민들의 주인 의식, 참여와 열망이 출범시킨 정부라는 뜻입니다. 나는 지금 그 정부를 대표해 이 자리에 서 있습니다. 나는 대한민국의 민주주의가 시작은 늦었지만 세계 민주주의에 새로운 희망을 보여줬다는 사실이 매우 기쁘고, 자랑스럽습니다. 이제 대한민국은 그 힘으로 국제사회가 당면한 현안을 해결하는 데에 선도적인 역할을 하고자 합니다.

의장, 사무총장 그리고 각국 대표 여러분,

대한민국은 UN과 늘 함께해왔습니다. 대한민국은 1948년 정부 수립으로부터 한국전쟁, 전후 재건의 과정까지 UN으로부터 많은 지원을 받았습니다. 대한민국은 1991년에 이르러서야 UN 회원국이 되었지만 불과 한 세대 동안 그 어떤 나라보다 빠르게 회원국으로서 역할과 책임

을 높여왔습니다. 1993년을 시작으로 평화유지활동(PKO)에 꾸준히 참여해왔고, 올해는 UN평화구축위원회(PBC) 의장국으로서 분쟁의 근본 원인 해결에 중점을 두고 활동하고 있습니다. 대한민국은 지난 5년간 난민 지원 규모를 열다섯 배 확대했고, 작년에는 UN 난민기구(UNHCR) '2000만 불 공여국 클럽'에 합류하였습니다. 파리협정의 이행과 에너지 정책의 전환을 가속화하고 있으며, 글로벌녹색성장연구소(GGGI)와 녹색기후기금(GCF)를 통해 개도국의 기후변화 대응 지원에도 앞장서고 있습니다. 또한 우리 정부는 여성 내각 30%를 달성함으로써 '2030 지속가능개발 의제'의 양성평등 실천을 선도하고 있습니다. UN의 모든 분야에서 대한민국은 앞으로 더욱 기여를 높여나갈 것입니다. 특별히 나는 "사람을 근본으로"라는 이번 UN 총회의 주제가 대한민국 새 정부의 국정 철학과 일치한다는 점을 매우 뜻깊게 생각합니다. "사람이 먼저다"는 여러 해 동안 나의 정치철학을 표현하는 슬로건이었습니다. 새 정부의 모든 정책의 중심에 '사람'이 있습니다. 지금 우리 정부는 성장을 저해하고 사회 통합을 해치는 경제 불평등 문제에 정면으로 맞서기 위해 경제 패러다임을 과감하게 전환하고 있습니다. 경제정책의 중심을 국민과 가계의 소득 증가에 맞추고, 일자리가 주도하는 성장, 모든 국민이 공정한 기회와 성장의 혜택을 누리는 경제를 추진하고 있습니다. 우리 정부는 이것을 "사람 중심 경제"라고 부릅니다. 포용적 성장을 위해 우리가 시작한 이 담대한 노력은 국내에서만 그치지 않을 것입니다. 대한민국은 이러한 새로운 패러다임에 맞춰 개도국들의 지속가능한 개발을 지원할 것입니다.

의장, 사무총장 그리고 각국 대표 여러분,

나는 전쟁 중에 피난지에서 태어났습니다. 내전이면서 국제전이기도 했던 그 전쟁은 수많은 사람들의 삶을 파괴했습니다. 300만 명이 넘는 사람들이 목숨을 잃었고, 목숨을 건진 사람들도 온전한 삶을 빼앗겼습니다. 내 아버지도 그중의 한 사람이었습니다. 잠시 피난한다고만 생각했던 내 아버지는 끝내 고향에 돌아가지 못한 채 세상을 떠났습니다. 나 자신이 전쟁이 유린한 인권의 피해자인 이산가족입니다. 그 전쟁은 아직 완전히 끝나지 않았습니다. 세계적 냉전 구조의 산물이었던 그 전쟁은 냉전이 해체된 이후에도, 정전협정이 체결되고 64년이 지난 지금에도, 불안정한 정전 체제와 동북아의 마지막 냉전 질서로 남아 있습니다. 북한 핵과 미사일 문제로 동북아의 긴장이 고조될수록 전쟁의 기억과 상처는 뚜렷해지고 평화를 갈망하는 심장은 고통스럽게 박동치는 곳, 그곳이 2017년 9월, 오늘의 한반도 대한민국입니다. 전쟁을 겪은 지구상 유일한 분단국가의 대통령인 나에게 평화는 삶의 소명이자 역사적 책무입니다. 나는 촛불혁명을 통해 전쟁과 갈등이 끊이지 않는 지구촌에 평화의 메시지를 던진 우리 국민들을 대표하고 있습니다. 또한 나에게는 인류 보편의 가치로서 온전한 일상이 보장되는 평화를 누릴 국민의 권리를 지켜야 할 의무가 있습니다. 바로 이런 이유로 나는 북한이 스스로 평화의 길을 선택할 수 있기를 바랍니다. 평화는 스스로 선택할 때 온전하고 지속가능한 평화가 된다고 믿기 때문입니다. 나는 무엇보다 나의 이 같은 신념이 국제사회와 함께하고 있다는 점에 감사를 표합니다. 최근 북한은 국제사회의 일치된 요구와 경고에도 불구하고 기어이 6차 핵실험과 미사일 도발을 감행함으로써 우리 모두에게 말할 수 없는 실망과 분노를 안겼습니다. 북한 핵실험 후 우리 정부는 북한으로 하여금 도발을 중단하게 하고 대화의 테이블로 이끌어내기 위해 더욱 강력한 제재와 압박이 필요하다는 점을 주변국과 국제사회에 적극적으로 밝혀 왔습니다. 나는 UN 안보리가 유례없이 신속하게 그리고 무엇보다도 만장일치로, 이전의 결의보다 훨씬 더 강력한 내용으로 대북 제재를 결의한 것을 높이 평가합니다. 북한 핵과 한반도 문제에 대해 국제사회가 함께 분노하며 한목소리로 대응하고 있음을 분명하게 보여줬습니다. 한반도 문제의 당사자로서 우리 정부의 입장에 대한 국제사회의 공감과 지지에 거듭 감사드립니다. 우리 정부와 국제사회는 북한이 UN 헌장의 의무와 약속을 정면으로 위반하고 있음에도 불구하고 북핵 문제를 평화적인 방법으로 해결하기 위해 온 힘을 다해 가능한 모든 노력을 다하고 있습니다. 북핵 문제의 평화적, 외교적, 정치적 해결 원칙을 적시한 UN 안보리의 대북 제재 결의도 마찬가지입니다. 나는 세계 평화와 인류 공영을 위한 실천을 다짐하는 UN 총회의 자리에서 다시 한번 북한과 국제사회에 천명합니다.

우리는 북한의 붕괴를 바라지 않습니다. 어떤 형태의 흡수통일이나 인위적인 통일도 추구하지 않을 것입니다. 북한이 이제라도 역사의 바른 편에 서는 결단을 내린다면, 우리는 국제사회와 함께 북한을 도울 준비가 되어 있습니다. 북한은 이 모든 움직일 수 없는 사실들을 하루빨리 인정해야 합니다. 스스로를 고립과 몰락으로 이끄는 무모한 선택을 즉각 중단하고, 대화의 장으로 나와야 합니다. 나는 북한이 타국을 적대하는 정책을 버리고 핵무기를 검증 가능하게 그리고 불가역적으로 포기할 것을 촉구합니다. 국제사회의 노력도 더욱 강화되어야 합니다. 북한이 스스로 핵을 포기할 때까지 강도 높고 단호하게 대응해야 합니다. 모든 나라들이 안보리 결의를 철저하게 이행하고, 북한이 추가 도발하면 상응하는 새로운 조치를 모색해야 합니다. 안정적으로 상황을 관리하는 것도 매우 중요합니다. 우리의 모든 노력은 전쟁을 막고 평화를 유지하기 위한 것입니다. 그런 만큼 자칫 지나치게 긴장을 격화시키거나 우발적인 군사적 충돌로 평화가 파괴되는 일이 없도록 북핵 문제를 둘러싼 상황을 안정적으로 관리해나가야 할 것입니다. "평화는 분쟁이 없는 상태가 아니라 분쟁을 평화로운 방법으로 다루는 능력을 의미한다"는 레이건 전 미국 대통령의 말을 우리 모두 되새겨야 할 것입니다.

특별히 나는 안보리 이사국을 비롯한 UN의 지도자들에게 기대하고 요청합니다. 북핵 문제를 근본적으로 해결하기 위해서는 UN 헌장이 말하고 있는 안보 공동체의 기본 정신이 한반도와 동북아에서도 구현되어야 합니다. 동북아 안보의 기본 축과 다자주의가 지혜롭게 결합되어야 합니다. 다자주의 대화를 통해 세계 평화를 실현하고자 하는 UN 정신이 가장 절박하게 요청되는 곳이 바로 한반도입니다. 평화의 실현은 UN의 출발이고, 과정이며, 목표입니다. 한반도에서 UN의 보다 적극적인 역할이 필요합니다. 도발과 제재가 갈수록 높아지는 악순환을 멈출 근본적인 방안을 강구하는 것이야말로 오늘날 UN에게 요구되는 가장 중요한 역할입니다. 나는 여러 차례 '한반도 신경제 지도'와 '신북방 경제 비전'을 밝힌 바 있습니다. 한 축에서 동북아 경제 공동체의 바탕을 다져나가고, 다른 한 축에서 다자간 안보 협력을 구현할 때, 동북아의 진정한 평화와 번영을 시작할 수 있다고 믿습니다.

의장, 사무총장 그리고 각국 대표 여러분,

올림픽은 서기 394년을 마지막으로 1500년이나 역사에서 사라졌습니다. 이 올림픽을 다시 부활시킨 힘은 평화에 대한 갈구였습니다. 근대 올림픽의 역사는 분쟁의 한복판 발칸반도 아테네에서 열린 제1회 올림픽의 감동과 함께 시작되었습니다. 앞으로 5개월 후, 대한민국 평창에서 동계 올림픽이 열립니다. 2018년 평창은 2020년 도쿄, 2022년 베이징으로 이어지는 동북아 릴레이 올림픽의 문이 열리는 곳입니다. 나는 냉전과 미래, 대립과 협력이 공존하고 있는 동북아에서 내년부터 열리게 되는 이 릴레이 올림픽이 동북아의 평화와 경제협력을 증진하는 계기가 되기를 열망합니다. 대한민국은 이를 위해 할 수 있는 모든 노력을 다할 준비가 되어 있습니다. 여러분, 한번 상상해보십시오. 고작 100킬로미터를 달리면 한반도 분단과 대결의 상징인 휴전선과 만나는 도시 평창에 평화와 스포츠를 사랑하는 세계인들이 모입니다. 세계 각국의 정상들은 우의와 화합의 인사를 나눌 것입니다. 그 속에서 개회식장에 입장하는 북한 선수단, 뜨겁게 환영하는 남북 공동 응원단, 세계인들의 환한 얼굴들을 상상하면 나는 가슴이 뜨거워집니다. 결코 불가능한 상상이 아닙니다. 그 상상을 현실로 만들기 위해 북한의 평창 동계 올림픽 참가를 적극 환영하며, IOC와 함께 끝까지 노력할 것입니다. 나는 평창이 또 하나의 촛불이 되기를 염원합니다. 민주주의의 위기 앞에서 대한민국 국민들이 들었던 촛불처럼 평화의 위기 앞에서 평창이 평화의 빛을 밝히는 촛불이 될 것이라 믿고 있습니다. 나는 여러분과 UN이 촛불이 되어주시길 바랍니다. 평화와 동행하기 위해 마음을 모아주시길 바랍니다. 오늘, 그 절박한 호소를 담아 세계 각국의 정상들을 평창으로 초청합니다. 여러분의 발걸음이 평화의 발걸음이 될 것입니다. 여러분, 내년 평창에서 만나기를 기대합니다. 감사합니다.

국민과 끝까지 함께 가겠습니다

촛불집회 1년을 기억하며 | 2017-10-28 |

촛불집회 1주년 기념대회가 종로구 광화문 광장에서 열렸다.

오늘, 촛불집회 1년을 기억하며

촛불의 의미를 되새겨봅니다.

촛불은 위대했습니다.

민주주의와 헌법의 가치를 실현했습니다.

정치 변화를 시민이 주도했습니다.

새로운 대한민국의 방향을 제시했습니다.

촛불은 새로웠습니다.

뜻은 단호했지만 평화적이었습니다.

이념과 지역과 계층과 세대로 편 가르지 않았습니다.

나라다운 나라, 정의로운 대한민국을 요구하는

통합된 힘이었습니다.

촛불은 끝나지 않은 우리의 미래입니다.

국민과 함께 가야 이룰 수 있는 미래입니다.

끈질기고 지치지 않아야 도달할 수 있는 미래입니다.

촛불의 열망과 기대, 잊지 않겠습니다.

국민의 뜻을 앞세우겠습니다.

국민과 끝까지 함께 가겠습니다.

촛불집회 1주년 기념대회에서 참가자가 피켓을 들고 있다.

참석자들이 구호를 외치고 있다.

경제를 새롭게 하겠습니다

2018년도 예산안 및 기금 운용 계획안 제출 국회 시정연설 | 2017-11-01 |

존경하는 국민 여러분, 정세균 국회의장님과 국회의원 여러분,

정부가 편성한 내년도 예산안을 국민과 국회에 직접 설명드리고, 국회의 협조를 부탁드리고자 이 자리에 섰습니다. 오늘 저는, 여러분과 함께 한 가지 기억을 떠올려보는 것으로 연설을 시작하려 합니다. 우리 국민 모두의 삶을 뒤흔들었던 역사적 사건이었습니다. 정확히 20년 전입니다. 그것은 어느 날 불쑥 날아든 해고 통지였고, 가장의 실직이었으며, 구조 조정과 실업의 공포였습니다. 특정한 사람들에게만 가해진 충

격이 아니었습니다. IMF 외환위기는 우리 국민 모두에게 그때까지 경험하지 못했던 큰 충격을 주었습니다. 경제적 충격만이 아니었습니다. 심리적·정서적 충격이 국민의 삶 전체를 뒤흔들었습니다. 그로부터 20년이 지난 지금, 우리 경제는 매우 건실해졌습니다. 외환 보유액은 세계 9위 수준이 되었습니다. 금융과 기업의 수익성도 크게 나아졌습니다. 국제 신용 평가 기관들도 우리나라의 신용 등급을 역대 최고 수준으로 평가하고 있습니다. 한국 경제는 국가 부도 사태를 맞았던 그때와는 완전히 달라졌습니다. 우리 국민들의 힘이 컸습니다. 국민들은 대대적인 금모으기 운동으로 국가 경제를 살리고, 기업을 살렸습니다. 그야말로 피눈물 나는 세월을 견디고 버텨 위기를 극복해냈고, 국가 경제는 더 크게 성장했습니다.

그러나 그 후유증은 국민들의 삶을 바꾸어버렸습니다. 저성장과 실업이 구조화되었고, 중산층이라는 자부심이 사라졌습니다. 송두리째 흔들린 삶의 기반을 복구하는 것은 오로지 개인의 능력과 책임에 맡겨졌습니다. 작은 정부가 선(善)이라는 고정관념 속에서 국민 개개인은 자신과 가정을 지키기 위해 사력을 다해야 했습니다. 과로는 실직의 공포와 경쟁에서 살아남기 위해 감당해야 하는 당연한 일이었습니다. 나의 실패를 내 자식이 다시 겪지 않도록 자녀 교육과 입시에 모든 것을 쏟아부었습니다. 선배 세대들의 좌절은 청년들로 하여금 전문직이나 공공 부문 같은 안정적인 직장을 열망하도록 만들었습니다. 무한 경쟁 사회에서 나를 지켜주는 것은 상식과 원칙이 아니더라는 생각도 커져갔습니다. 한 번 실패하면 재기할 기회조차 갖기 어려운 구조에서 양보와 타협, 연대와 배려는 특별한 용기가 필요한 일이 되었습니다. 외환위기가 바꾸어 놓은 사회 경제구조는 이렇듯 국민의 삶을 무너뜨렸습니다. 세월호 광장과 촛불집회는 지난 세월 우리 사회의 부조리와 모순을 한꺼번에 드러낸 공론의 장이었습니다. 국민들은 "국가의 존재 이유가 무엇이냐"고 물었습니다. 부정부패와 단호히 결별하고, 불평등과 불공정을 바로잡을 것을 요구했습니다. 그것은 아무리 노력해도 개인의 힘만으로는 고단한 삶에서 벗어날 수 없는 현실에 대한 고발이었습니다. 국민의 삶과 민주주의를 위협하는 사회 경제적 불평등을 해소하자는 선언이었습니다. 촛불혁명은 민주주의의 회복을 넘어 새로운 민주주의의 미래를 밝힌 이정표였습니다. 국가가 국민을 위해 무엇을 해야 하는지, 나라다운 나라를 찾아나서는 과정이 시작되었습니다.

존경하는 국민 여러분,

보다 민주적인 나라, 보다 공정하고 정의로운 나라는 국민이 요구한 새 정부의 책무입니다. 저는 이 책무를 다하는 것을 저의 사명으로 여깁니다. 저는 다른 욕심이 없습니다. 제가 이 책무를 절반이라도 해낼 수 있다면 저의 시대적 소명을 다한 것으로 여길 수 있을 것입니다. 감히 바라건대 국회도, 나아가서는 우리 정치 모두가 적어도 이 책무만큼은 공동의 책무로 여겨주실 것을 간절히 바랍니다. 국민은 누구나 자기 삶의 모든 영역에서 인간으로서의 존엄성을 존중받고 보호받아야 합니다. 성실하게 하루 여덟 시간 일하면 먹고사는 걱정은 없도록 정책을 혁신해야 합니다. 아프면 돈 걱정 없이 치료받을 수 있도록 제도를 개선해야 합니다. 자신의 꿈과 재능을 펼칠 기회를 부당하게 빼앗기지 않도록 잘못된 관행을 청산해야 합니다. 저와 정부는 지난 6개월, 국민의 뜻을 받들어 대한민국을 나라답게, 또 정의롭게 혁신하기 위한 국가 혁신의 기반을 마련해왔습니다. 경제를 새롭게 하겠습니다. 경제가 성장해도 가계소득은 줄어들고 경제적 불평등이 갈수록 커지는 구조를 바꿔야 합니다. 양극화가 경제성장과 국민 통합을 가로막는 상황을 개선해야 합니다. 그래야 국민의 삶에도, 국가에도 미래가 있습니다. 새 정부가 표방하는 '사람 중심 경제'는 결코 수사가 아닙니다. 바로 이런 절박한 현실 인식에서 출발했습니다. '사람 중심 경제'는 우리 경제의 패러다임을 바꾸겠다는 것입니다. 재벌 대기업 중심 경제는 빠르게 우리를 빈곤으로부터 일으켜 세웠습니다. 2차 세계대전 이후 세계 어느 나라도 이루지 못한 놀라운 경제 발전을 가능하게 했습니다. 그러나 정체된 성장과 고단한 국민의 삶이 증명하듯이 더 이상 우리의 미래를 보장하지 못합니다. '사람 중심 경제'는 우리 자신과 우리 후대들을 위한 담대한 변화입니다. 저는 바로 지금이 변화의 적기라고 믿습니다.

　20년 전 우리는 국가 부도를 막고 외채를 상환하기 위해 많은 것을 희생해야 했습니다. 그러나 지금 우리는 스스로 변화할 준비가 되어 있습니다. 무엇보다 변화를 요구하는 국민의 뜻이 그 어느 때보다 절실합니다. 또한 변화의 기대가 우리 경제에 활력을 주고 있습니다. 우리가 가려는 방향에 세계도 공감하고 있습니다. G20 정상회의, IMF, OECD, 다보스 포럼에서도 양극화 해소와 포용적 성장 그리고 사람 중심 경제가 화두였습니다. UN 총회도 "사람을 중심으로(Focusing on people)"를 주제로 삼았습니다. 저는 세계가 고민하는 저성장과 양극화 문제에 대해 우리가 선구적으로 해답을 제시할 수 있을 것이라고 자신합니다. 국민들과 함께 '사람 중심 경제'를 이뤄내면 우리 경제가 새롭게 도약하는 것은 물론, 세계 경제에도 희망의 메시지를 던질 수 있다고 생각합니다. '사람 중심 경제'는 경제성장의 과실이 국민 모두에게 골고루 돌아가는 경제입니다. 일자리와 늘어난 가계소득이 내수를 이끌어 성장하는 경제입니다. 혁신 창업과 새로운 산업의 기회를 가질 수 있는 경제입니다. 모든 사람, 모든 기업이 공정한 기회와 규칙 속에서 경쟁하는 경제입니다. 저는 이것을 일자리와 소득 주도 성장, 혁신 성장, 공정 경제라는 세 개의 축으로 말씀드려왔습니다. 혁신적 도전과 성공에 대한 확신이 우리 경제를 바꿀 수 있습니다. 정부는 우리 국민의 저력을 믿고, 사람 중심 경제를 힘차게 추진하겠습니다. 경제와 사회가 따로일 수 없습니다. 경제와 사회 모든 영역에서 불공정과 특권의 구조를 바꾸겠습니다. 국민 누구라도 낡은 질서나 관행에 좌절하지 않도록, 또 국민 누구라도 평등하고 공정한 기회를 갖도록 바꿔나가겠습니다. 이것이 제가 말하는 적폐 청산입니다.

국가 권력기관의 개혁은 사회적 신뢰 회복을 위한 선결 과제입니다. 국정원은 국민의 정보기관으로 탈바꿈해야 합니다. 국정원이 국내 정치와 절연하고 해외와 대북 정보에만 전념하도록 개혁하겠습니다. 저의 의지는 확고합니다. 국회가 입법으로 뒷받침해주시기를 기대하고 요청합니다. 검찰도 오직 국민만을 바라보는 기관으로 다시 태어나야 합니다. 검찰의 변화를 요구하는 국민의 뜻이 하늘처럼 무겁습니다. 법무부가 고위 공직자 범죄 수사처 방안을 마련한 것은 이러한 국민들의 여망을 반영한 것입니다. 법안이 통과된다면, 대통령인 저와 제 주변부터 공수처의 수사 대상이 될 것입니다. 법안이 조속히 논의되고 법제화될 수 있도록 국회의 협조를 부탁드립니다. 권력이 국민의 기회를 빼앗는 일도 없어야 합니다. 최근 드러난 공공기관 채용 비리는 우리 청년들이 무엇 때문에 절망하고 있는지 그대로 보여줬습니다. 공공기관이 기회의 공정성을 무너뜨리는 일은 결코 용납할 수 없습니다. 구조적인 채용 비리 관행을 반드시 혁파하겠습니다. 공공기관의 전반적 채용 비리 실태를 철저히 규명하여 부정행위자는 물론 청탁자에게도 엄중한 책임을 묻는 시스템을 갖추겠습니다. 정부는 국가기관과 공공 부문, 더 나아가 사회 전반의 부정과 부패, 불공정이 국민의 삶을 억압하는 일이 없도록 모든 노력을 다해갈 것입니다. 더 이상 반칙과 특권이 용인되지 않는 나라로 정의롭게 혁신하겠습니다. 그 일에 국회가 함께해주실 것을 요청드립니다.

한반도는 우리 국민이 살고 있고 살아갈 삶의 공간입니다. 안전해야 합니다. 평화로워야 합니다. 이는 헌법이 대통령에게 부여한 책무이기도 합니다. 새 정부는 그 어느 때보다 엄중한 안보 환경에서 출범했습니다. 정부는 당면한 상황을 안정적으로 관리하는 한편, 궁극적으로 한반도에 평화를 실현하기 위해 노력하고 있습니다. 우리 정부는 출범 이래로 지금까지 확고하고도 일관된 원칙을 가지고 한반도 문제에 임해왔습니다. 앞으로도 마찬가지일 것입니다.

첫째, 한반도 평화 정착입니다. 우리가 이루려는 것은 한반도 평화입니다. 따라서 어떠한 경우에도 한반도에서 무력 충돌은 안 됩니다. 한반도에서 대한민국의 사전 동의 없는 군사적 행동은 있을 수 없습니다. 둘째, 한반도 비핵화입니다. 남북이 공동선언한 한반도 비핵화 선언에 따라 북한의 핵보유국 지위는 용납할 수도 인정할 수도 없습니다. 우리도 핵을 개발하거나 보유하지 않을 것입니다. 셋째, 남북 문제의 주도적 해결입니다. 우리 민족의 운명은 우리 스스로 결정해야 합니다. 식민과 분단처럼 우리의 의사와 무관하게 우리 운명이 결정된 불행한 역사를 반복하지 않을 것입니다. 넷째, 북핵 문제의 평화적 해결입니다. 제재와 압박은 북한을 바른 선택과 대화의 장으로 이끌기 위한 수단입니다. 우리 정부의 원칙에 미국은 물론 국제사회도 인식을 함께하고 있습니다. 다섯째, 북한의 도발에 대해서는 단호히 대응하는 것입니다. 이를 위해, 압도적인 힘의 우위를 확보해야겠습니다. 굳건한 한미 동맹을 토대로 국제사회와도 적극 공조하겠습니다. 우리 정부는 이상의 원칙을 바탕으로 한반도 문제 해결을 위해 다각도로 노력하고 있습니다. 저는 국민과 헌법 앞에 선서한 대로 국민을 보호하고, 평화로운 한반도를 실현하기 위해 할 수 있는 모든 일을 다하겠습니다. 북핵 문제 앞에서 정부와 국회, 여와 야가 따로 일 수 없습니다. 한반도 정책에 있어서만큼은 초당적인 협조가 있기를 기대합니다.

존경하는 국민 여러분, 국회의원 여러분,

정부는 '사람 중심 경제'를 본격 추진하고, 민생과 튼튼한 안보를 뒷받침하기 위해 2018년 예산안과 세법 개정안을 국회에 제출했습니다. 내년도 예산안 총지출은 429조 원입니다. 올해보다 7.1% 증가한 수준으로 세계 금융위기 이후 가장 높은 증가율입니다. 새 정부 출범 후 처음 편성한 예산입니다. 경제와 민생을 살리기 위해 재정이 보다 적극적인 역할을 해야 한다고 판단했습니다. 재정 건전성 유지에도 만전을 기했습니다. 불요불급한 예산에 대한 강도 높은 구조 조정을 통해 11조 5000억 원의 지출을 줄였습니다. 5조 5000억 원의 추가 세수가 확보되도록 세법 개정안도 제출했습니다. 국가 채무는 GDP 대비 39.6%로 올해와 비슷한 수준을 유지하도록 했습니다. 내년도 예산안과 세제 개편안은 '일자리', '가계소득 증대', '혁신 성장', '국민 안전과 안보'에 중점을 두었습니다. 먼저 일자리 예산을 대폭 증액했습니다. 올해보다 2조 1000억 원 증가한 19조 2000억 원입니다. 우리 국민들, 특히 청년들에게 가장 절실한 예산입니다. 요즘 우리 경제가 좋아지고 있는데, 고용 상황이 개선된다면 우리 경제는 더욱 상승세를 탈 수 있을 것입니다. 공공 부문이 고용 창출을 선도하고, 국민들에게 필요한 서비스를 제대로 제공할 수 있도록 했습니다. 경찰, 집배원, 근로 감독관 등 민생 현장 공무원 3만 명을 늘리고, 보육, 요양 등 사회 서비스 일자리도 1만 2000개 만들겠습니다. 민간 부문에서도 좋은 일자리가 많이 만들어지도록 지원하겠습니다. 중소기업이 청년 세 명을 정규직으로 채용할 경우 한 명분 임금을 지원하는 중소기업 추가 채용 제도를 내년에 2만 명으로 늘리겠습니다. 고용을 늘린 중견기업과 중소기업에 대한 세제 지원을 확대했습니다. 일자리의 질을 개선하기 위한 지원도 강화했습니다. 예산안이 통과되면, 비정규직을 정규직으로 전환하는 중소기업은 1인당 전환 지원금과 세제 지원이 대폭 늘어납니다. 임금을 인상한 중소기업의 세액 공제율도 두 배 확대됩니다.

둘째, 국민들의 가처분소득을 늘려주는 예산을 대폭 증액했습니다. 가계의 기초 소득을 늘리고, 생계비 부담을 줄여줌으로써 소비나 저축에 여력이 생기도록 하려는 것입니다. 서민층의 소득 증대는 소득 주도 성장의 기반이기도 합니다. 주거 급여와 교육 급여를 인상해 기초 생활 보장 급여를 현실화하겠습니다. 저소득층 청년들이 활용하도록 청년희망키움통장 제도를 신설했습니다. 가계의 의료비 부담을 대폭 줄이고 국가 책임을 높였습니다. 재난적 의료비 지원 대상을 4대 중증 질환에서 모든 질환으로 확대하고, 치매 안심 센터와 요양시설 등 치매 국가 책임제 시설을 확충하도록 했습니다. 5세 이하 아동의 아동 수당을 도입하여 내년 7월부터 월 10만 원씩 지원하겠습니다. 아이들 양육 부담을 조금이나마 덜어줄 것으로 기대합니다. 세계 최고 수준의 노인 빈곤율은 우리의 부끄러운 현실입니다. 기초 연금을 월 25만 원으로 인상하고 지급 대상을 확대하겠습니다. 어르신 일자리 지원 대상을 51만 4000명으로 확대하겠습니다. 장애인 연금을 기초 연금과 함께 25만 원으로 인상하고, 장애인 일자리도 1만 6000명으로 확대하겠습니다. 소상공인과 영세 중소기업 지원도 확대했습니다. 최저임금 인상에 따른 부담을 완화하고 고용이 유지될 수 있도록 일자리 안정 자금을 2조 9704억 원 편성했습니다. 1인 영세 자영업자에게는 2년간 고용보험료 30%를 지원합니다. 국가유공자 예우는 국가가 해야 할 최소한의 의무입니다. 참전 수당과 무공 수당을 월 8만 원씩 인상했습니다. 참전 수당은 월 22만 원에서 30만 원으로 늘어납니다. 참전 유공자 의료비 감면율도 60%에서 90%로 대폭 확대했습니다. 지금까지 지원 대상에서 제외되었던 독립 유공자 후손들께는 최대 46만 8000원까지 생활비를 지원할 것입니다. 소득 주도 성장을 뒷받침하기 위해 세법 개정도 추진합니다. 초고소득자의 소득세율과 과표 2000억 원 이상 초대기업의 법인세율을 인상하는 세법 개정안을 국회에 제출했습니다. 이를 통해, 서민·중산층, 소상공인과 중소기업 지원을 보다 강화할 수 있을 것으로 기대됩니다. 부자와 대기업이 세금을 좀 더 부담하고, 그만큼 더 존경받는 세상이 바람직하다고 생각합니다.

셋째, 4차 산업혁명과 벤처 창업으로 새로운 성장 기반과 좋은 일자리를 만들기 위해 혁신 성장 예산을 중점 반영했습니다. 우선, 4차 산업혁명의 핵심·융합기술 개발을 위해 총 1조 5000억 원을 투자하겠습니다. 특히, 중소기업 간 공동연구 지원을 확대하고, 스마트 공장 지원 등 지능 정보화에 착수하겠습니다. 성장 동력을 찾고, 좋은 일자리를 만들 수 있는 혁신 창업에 특히 많은 지원이 이루어지도록 했습니다. 추경을 통해 8000억 원을 추가 출자한 중소기업 지원 펀드에 이어서 내년에는 투융자 복합 금융 지원을 확대하고, 재도전 성공패키지 지원 대상을 늘리겠습니다. 사내 창업 프로그램 지원을 새로 도입하고, 민관 합동 창업 지원, 사회적 기업 창업 지원도 대폭 확대했습니다. 창의적인 아이디어를 사업화 또 창업으로 연결시키는 핵심 기반으로, 한국형 창작 활동 공간을 75곳 설치하겠습니다. 젊은이들의 창의적인 아이디어가 사업화될 수 있도록 하겠습니다. 아울러, 지역의 혁신 도시를 대단지 혁신 클러스터로 발전시키겠습니다.

넷째, 안전한 대한민국을 위해 환경·안전·안보 분야 예산을 확대했습니다. 국민의 생명과 안전을 지키는 일은 국가의 기본적인 책무이며, 나라다운 나라의 출발점입니다. 국민들의 염려가 큰 미세먼지 등 환경 개선을 위해 노후 경유차와 화물차 조기 폐차를 늘리고 전기차에 대한 지원을 확대했습니다. 가습기 살균제 피해자와 가족에 대해 국가도 책임을 함께하겠습니다. 피해자들이 피해 구제를 받는 데 차질이 없도록 가습기 특별 구제 계정에 정부가 100억 원을 신규 출연하도록 하였습니다. 또한 유사한 피해가 재발하지 않도록 살생물제 안전 관리 예산 183억도 반영하였습니다. 먹거리 안전 문제도 빼놓을 수 없습니다. 농수산물 안전성 조사를 확대하여 안전 관리를 강화하겠습니다. 되풀이되는 가축 질병에 조기 대응하기 위한 예산도 확대했습니다. 재해와 재난에 대한 국민의 염려를 덜어드리겠습니다. 연례적 가뭄에 대비한 저수지 간 수계 연계 사업을 실시하겠습니다. 버스와 화물차 교통사고를 예방하는 첨단 안전장치 장착을 지원하겠습니다. 국방 예산은 자주국방 능력을 갖춘 강한 군대를 만들기 위해 2009년 이후 최고 수준인 6.9%를 증액하였습니다. 특히, 방위력 개선 예산을 10.5% 대폭 확대했습니다. 북한의 위협으로부터 국민을 보호하기 위해 한국형 3축 체계를 조기에 구축하겠습니다. 아울러, 병사 봉급을 병장 기준 월 21만 6000원에서 40만 6000원으로 대폭 인상하여 사병 복지와 사기를 높이겠습니다.

존경하는 국민 여러분, 국회의원 여러분,

국가가 자신의 역할을 다할 때 국민은 희망을 놓치지 않고 살아갈 수 있습니다. 어려울 때 국가가 든든하게 지켜주고 있다는 믿음을 주어야 합니다. 그것이 국가의 존재 이유입니다. 한 사람의 국민이 대한민국에서 인간답게 살아가기 위해서는 국방 예산, 안전 예산, 일자리 예산, 아동 수당, 창업 예산 등이 씨줄과 날줄로 엮여 뒷받침되어야 한다고 저는 생각합니다. 무엇 하나 중요하지 않은 것이 없습니다. 예산은 단순한 숫자가 아닙니다. 정부의 정책 방향이며, 우리가 지향하는 가치입니다. 이번 예산은 당면한 우리 경제·사회 구조의 문제를 해결하기 위한 고민의 산물입니다. 이번 예산 편성에서 또 한 가지 의미 있는 부분은 '국민 참여 예산제'의 시범적 도입입니다. 국민 설문조사를 통해 선정된 사업들입니다. 500억 원의 범위 안에서 여성안심 임대주택 지원 사업 356억 원, 재택 원격 근무 인프라 지원 20억 원 등 여섯 개 사업이 편성되었습니다. 앞으로 재정 정보 공개를 더욱 확대하고 국민 참여 예산을 본격적으로 도입하여 국민과 함께하는 예산이 되도록 할 것입니다. 이번 예산 사업에는 지난 선거에서 야당이 함께 제안한 공통 공약 사업도 많습니다. 청년 대책, 비정규직 문제, 아동 수당 도입, 육아휴직 확대, 국공립 보육 시설 확충, 건강보험 보장성 강화 등입니다. 새 정부가 의욕적으로 추진하는 국정 과제와 지난 대선의 공통 공약, 안보 문제에 대해서 대승적 차원에서 국회의 적극적인 이해와 협조를 특별히 부탁드립니다.

존경하는 국민 여러분, 국회의원 여러분,

우리는 지금, 국가의 존재 이유를 묻는 국민들에게 성실하게 대답해야 합니다. 나라답고 정의로운 국가를 돌려드리겠다고 대답해야 합니다. 정치·경제·사회·문화 전 분야에서 대한민국을 바로 세우겠다고 약속해야 합니다. 그동안 모든 책임을 스스로 짊어져야 했던 국민들께 이제는 국가가 국민의 삶을 책임지겠다고 나서야 합니다. 안보와 민생에

문재인 대통령이 시정연설을 마친 뒤 본회의장을 나서고 있다.

는 여야가 따로 없습니다. '여야정 국정 상설 협의체'의 운영을 다시 한 번 촉구합니다. 개헌은 국민의 뜻을 받드는 일입니다. 변화한 시대에 맞게 국민의 기본권을 확대해야 합니다. 수도권과 지방이 함께 발전할 수 있도록 지방분권과 자치를 강화해야 합니다. 개헌은 내용에 있어서도, 과정에 있어서도 국민의 참여와 의사가 반영되는 국민 개헌이어야 합니다. 국민 주권을 보장하고 정치를 개혁하는 개헌이어야 합니다. 저는 내년 지방선거 때 개헌 국민투표를 함께하는 것이 바람직하다고 생각합니다. 그 시기를 놓친다면 국민들이 개헌에 뜻을 모으기가 쉽지 않을 것입니다. 국회에서 일정을 헤아려 개헌을 논의해주시기를 당부드립니다. 개헌과 함께 국민의 정치적 의사를 정확하게 반영하는 선거제도의 개편도 여야 합의로 이뤄지기를 희망합니다. 개헌과 선거제도 개편으로 새로운 국가의 틀이 완성되길 기대하며 정부도 책임 있는 역할을 다하겠습니다.

존경하는 국민 여러분, 정세균 국회의장님과 국회의원 여러분,

지난 10월 20일, 신고리 5·6호기 공론화 과정이 마무리되었습니다. 시민참여단은 반대 의견을 경청하고 배려하며 통합과 상생의 힘을 보여주셨습니다. 사회적 대화와 대타협이 얼마든지 가능하다는 것을 확인시켜주었습니다. 참으로 우리 국민들이 자랑스럽습니다. 우리 국민들은 언제나 정치의 변화를 주도해왔습니다. 지금도 국민들은 정치의 혁신을 요구하고 있습니다. 내 삶을 바꾸는 정치를 요구하며 스스로 나서고 있습니다. 이제 우리 정치권이 국민의 의지를 받들어 실천할 때입니다.

우리 정치가 뒤처지지 않게 협력하여 국민의 기대에 부응해야 합니다. 100일 앞으로 다가온 평창 동계 올림픽과 패럴림픽의 성공은 국가적 과제입니다. 오늘은 그리스에서 출발한 성화가 도착하는 날이기도 합니다. 평창 동계 올림픽과 패럴림픽은 한반도의 평화를 다질 수 있는 절호의 기회입니다. 국회와 의원님들께서 관심을 갖고 함께해주시길 부탁드립니다. 상식과 정의가 나를 지켜줄 수 있는 나라, 양보와 타협, 연대와 배려가 미덕이 되는 나라, 국민이 주인인 나라를 위해 국회가 함께해줄 것이라고 믿습니다. 국민의 희망이 반드시 국회에서 피어나길 바라마지 않습니다. 감사합니다.

'사람 중심의 국민 외교'를 펼치겠습니다

ASEAN 기업 투자 서밋(ABIS) 연설 | 2017-11-13 |

존경하는 조이 컨셉시온 아세안기업자문위원회(ABAC) 위원장님, ASEAN 경제계 지도자 여러분,

반갑습니다. 이렇게 귀한 자리에 초대해주셔서 감사합니다. 올해는 ASEAN이 출범한 지 50년이 되는 해입니다. ASEAN은 그동안 무역과 투자 자유화를 통해 지속적인 성장을 이루고, 안보 협력으로 역내 평화와 안정을 유지해왔습니다. 그리고 지난 2015년 말, 'ASEAN 공동체'를 출범시켰습니다. 다른 언어와 문화, 발전 격차를 극복한 통합이어서

더욱 값진 성과입니다. ASEAN 공동체의 출범은 인구 6억 3000만 명, GDP 2조 6000억 달러의 거대한 공동체, 중위연령 28세, 연 5% 성장의 젊고 역동적이고 잠재력이 큰 시장의 탄생을 의미합니다. ASEAN과 한국은 서로에게 아주 중요한 동반자입니다. ASEAN은 한국의 제2위 교역 상대이자 투자처입니다. 한국도 ASEAN의 다섯 번째 교역국입니다. 하지만, 단순히 경제적인 이유만은 아닙니다. ASEAN과 한국은 비슷한 경험을 공유하고, 지난 역사 속에서 서로에게 힘이 되어준 친구입니다. 식민 지배의 아픔을 딛고 일어서서 민주화와 경제성장을 추구하는 같은 길을 걷고 있습니다. 한국이 전쟁으로 고통 받을 때 ASEAN 국가들이 도움을 주었습니다. 냉전 시대, 강대국의 틈바구니에서 생존과 자존을 지켜야 했던 어려움도 함께 했습니다. 아시아 외환위기를 서로 도와가며 함께 극복하기도 했습니다. 저와 우리 정부는 ASEAN과 더욱 가까운 친구가 되려 합니다. ASEAN과의 관계를 한반도 주변 4대국 수준으로 높이겠습니다. 그 첫 번째 조치로, 취임 직후 ASEAN 주요국에 특사를 파견하였습니다. 그리고 오늘, 이 자리에서 역사의 소중한 경험을 우리의 비전으로 되살린 '한-ASEAN 미래 공동체 구상'을 밝히고자 합니다. 제가 생각하는 우리의 미래는 '3P 공동체'입니다. 사람과 사람, 마음과 마음이 이어지는 '사람(People) 공동체', 안보 협력을 통해 아시아 평화에 기여하는 '평화(Peace) 공동체', 호혜적 경제협력을 통해 함께 잘사는 '상생 번영(Prosperity)의 공동체'입니다.

ASEAN 경제인 여러분,

첫째, '사람 중심의 국민 외교'를 펼치겠습니다. "사람이 먼저다"라는 저의 정치철학은 ASEAN이 추구하는 '사람 지향, 사람 중심' 공동체 비전과 일치합니다. 미래를 함께하기 위해서는 마음이 통하는 친구가 먼저 되어야 합니다. 이를 위해, 정상과 정상, 정부와 정부 그리고 기업, 학생 간 다층적인 인적 교류를 확대하겠습니다. 우선, 저부터 임기 중에 ASEAN 10개국을 모두 방문하여 깊은 우정을 나누겠습니다. 국민들 간 빈번한 만남과 교류는 그 출발점이 될 것입니다. ASEAN 국민들이 보다 쉽게 한국을 방문 할 수 있도록 사증(visa) 제도 개선을 검토하겠습니다. 정부가 초청하는 ASEAN의 장학생과 연수생도 대폭 확대하겠습니다. ASEAN 중소기업 근로자의 역량 강화를 위한 직업기술교육훈련(TVET) 지원도 계속 확대하겠습니다. 양측의 젊은이들이 함께 공부하고, 교류하면서 미래의 지도자로 함께 성장해나가기를 희망합니다.

지난 9월 제가 자란 부산에 ASEAN 대화 상대국 중 최초로 'ASEAN 문화원'을 설립했습니다. 여기에서 세계 유일의 디지털화된 앙코르와트 사원도 만날 수 있습니다. 한국 국민들의 ASEAN에 대한 이해와 교류에 크게 기여할 것입니다. 2009년 설립한 '한-ASEAN 센터'는 무역 박람회, 상담 등을 통해 ASEAN 기업의 한국 진출을 지원하고 있습니다. 아울러, '한-ASEAN 비즈니스 협의회', '한-메콩 비즈니스 포럼' 등 양측 경제인 간 교류도 더욱 활성화될 것입니다. 정부는 '범정부

19TH ASEAN-REPUBLIC OF KOREA SUMMIT

13 November 2017 | Manila, Philippines

ASEAN-한국 정상회의에 참석한 문재인 대통령과 각국 정상의 모습

ASEAN 기획단'을 설치하여 ASEAN과의 협력을 종합적으로 지원하겠습니다. ASEAN 주재 재외공관의 기업지원 기능과 조직도 강화하겠습니다.

둘째, '모든 국민들이 안전한 평화 공동체'를 만들겠습니다. 한국에 50만 명의 ASEAN 국민이 살고, 한 해 600만 명의 한국인들이 ASEAN을 방문합니다. 인적 교류와 경제협력의 확대는 그 자체로도 서로의 안전과 평화가 중요한 이유가 됩니다. 저는 더불어 잘사는 공동체를 넘어 위기 때 힘이 되어주는 '평화를 위한 공동체'로 발전시켜 나갈 것을 제안합니다. 우리의 '평화 공동체'는 한반도 주변 4대국과 함께 아시아의 평화와 번영을 이끄는 중요한 축으로 발전할 것입니다. 이를 위해, 국방·안보 협력, 방위산업 협력을 더욱 강화해나가겠습니다. 또한, 북한의 핵과 미사일 도발, 테러와 폭력적 극단주의, 사이버 위협 등 복합적 안보 위협에도 공동으로 대응해나가야겠습니다.

셋째, '더불어 잘사는 상생 협력'을 추진하겠습니다. 저는 호혜적인 경제협력을 지향합니다. 이는 한국 새 정부가 지향하는 "사람 중심 경제"의 철학이기도 합니다. 자유무역의 혜택을 양쪽이 함께 누려야 할 것입니다. 단순한 투자가 아니라 현지인 일자리를 늘리고, 기술 공유를 통해 해당 산업의 발전을 지원하는 투자가 되어야 합니다. 한국은 성장 과정에서 수많은 시행착오를 겪었고 이를 극복한 경험이 있습니다. 성장을 위해 노력하고 있는 ASEAN 국가들에게 한국은, 경험을 함께 나눌 수 있는 최적의 파트너입니다. ASEAN과 한국의 협력 분야는 무궁무진합니다. 나는 오늘 그중에서 ASEAN이 추구하는 역내 연계성을 높일 수 있는 4대 중점 협력 분야를 제시하고자 합니다. 제1협력은 교통 분야입니다. 한국은 베트남 하노이와 호치민의 메트로를 건설하고 있습니다. 인도네시아 자카르타의 경전철 사업도 진행하고 있습니다. 세계 최고 수준의 서울시 지하철은 한국이 경제개발 과정에서 겪은 대도시 교통 문제의 해결책이었습니다. 한국은 ASEAN 대도시의 과밀화와 교통 문제를 함께 고민하겠습니다. ASEAN 국가 간 고속철도의 건설도 역내 통합을 가속화할 것입니다. 한국은 우수한 고속철도 건설과 운영 경험을 고속철도 건설을 희망하는 ASEAN 국가와 적극 공유하겠습니다. 제2협력은 에너지 분야입니다. 한국은 베트남, 인도네시아, 말레이시아, 필리핀에서 발전소 건설 협력을 추진하고 있습니다. 파리 기후변화 협정 당사국인 ASEAN과 한국은 에너지 분야에서 더 많이 협력할 수 있습니다. 인도네시아 바탐의 '에너지 자립섬 사업'은 신재생에너지 협력의 미래를 보여줄 것으로 기대합니다. 제3협력은 수자원 관리 분야입니다. 한국은 태국 후웨이루앙강 하류 유역 개발, 라오스 세남노이 수력발전, 필리핀 루존(Luzon) 지역 수력발전과 불라칸(Bulacan)주 상수도 사업, 인도네시아 까리안 세르퐁 상수도 사업을 진행하고 있습니다. 한국의 효율적인 수자원 관리와 사업 노하우도 함께 지원될 것입니다. 제4협력은 스마트 정보통신 분야입니다. 한국은 세계 최고 수준의 정보통신 인프라를

ASEAN 기업 투자 서밋에 특별 연설자로 참석한 문재인 대통령과 참가자가 기념사진을 찍고 있다.

토대로 지능 정보화와 산업의 스마트화를 적극 추진하고 있습니다. 4차 산업혁명의 기반이 될 5세대 이동통신망을 평창 올림픽 때 세계 최초로 시범 서비스하고, 내년 인도네시아 아시안 게임에도 지원할 것입니다. 한국은 다양한 스마트 시티 조성을 중점 추진하고 있습니다. 싱가포르의 스마트네이션 건설에도 참여하겠습니다. 그 경험을 다른 나라들과도 나누겠습니다. 경제협력은 재정이 뒷받침 되어야 속도 있게 이뤄집니다. 한국은 ASEAN 관련 기금도 획기적으로 늘리겠습니다. 한-ASEAN 협력 기금 출연 규모를 2019년까지 지금의 두 배 수준인 연간 1400만 달러로 확대하겠습니다. 한-메콩 협력 기금은 현재의 세 배 규모로 대폭 확대하겠습니다. 한-ASEAN FTA 협력 기금으로 자유무역의 활용도를 높이겠습니다. 2020년까지 상호 교역 규모 2000억 달러 목표를 반드시 달성할 수 있도록 하겠습니다. 또한 오늘 제시한 네 개 중점 협력 분야 지원을 위해 '글로벌 인프라 펀드'에 2022년까지 1억 달러를 추가로 조성하겠습니다.

존경하는 ASEAN 경제인 여러분,

올해는 ASEAN 출범 50주년, ASEAN+3 창설 20주년, 한-ASEAN FTA 체결 10주년의 뜻깊은 해입니다. 저는 이 행사에 이어서 ASEAN 정상들과도 제 구상을 협의할 것입니다. 정상들의 의지와 함께, 중요한 것은 양측 국민들의 참여와 협력입니다. 특히, 경제 지도자 여러분들의 관심과 협조는 필수적입니다. 한국 정부는 경제인 여러분들의 기업 활동

문재인 대통령이 ASEAN 기업 투자 서밋에 특별 연설자로 참석해
한국정부의 '한-ASEAN 미래공동체 구상'을 발표하고 있다.

을 적극 지원하겠습니다. 앞으로 세 달 후 한국 평창에서 동계 올림픽과 패럴림픽이 개최됩니다. 올림픽을 통해 화해와 평화의 메시지를 전하기 위해 정성껏 준비하고 있습니다. 성화 봉송 로봇, 자율주행 버스, 5세대 이동통신, 지상파 초고화질 방송 등 최첨단 ICT 기술도 선보일 것입니다. 한국의 평창을 찾아주십시오. 한국의 아름다운 겨울과 다양한 문화도 즐기시고, 첨단 기술과 새로운 사업 기회도 찾으시기 바랍니다. 여러분의 관심과 성원을 부탁드리겠습니다. 감사합니다.

중국과 한국은
근대사의 고난을 함께 겪고 극복한 동지입니다

베이징 대학교 강연 | 2017-12-15 |

베이징 대학 학생 여러분, 교수님과 교직원 여러분, 존경하는 하오핑 당 서기님, 린젠화 총장님,

따자하오(大家好)! 따뜻한 박수로 맞아주셔서 감사합니다. 중국에서 가장 유서 깊은 대학이며 최고의 명문 베이징 대학을 방문하게 되어 아주 기쁩니다. 약 2주 후면 새해를 맞는데, 베이징 대학 개교 120주년을 미리 축하드립니다. 참으로 아름다운 대학 캠퍼스입니다. 베이징 대학의 4대 자랑거리가 일탑호도(一塔湖圖)라고 들었습니다. 이름을 지을 수 없

을 만큼 아름답다는 캠퍼스 중앙의 호수 미명호(未名湖), 거기에 비치는 보야탑(博雅塔)의 모습은 과연 명불허전입니다. 아울러 1000만 권이 넘는 장서를 소장한 도서관이 지금의 중국을 만들었다고 해도 과언이 아닐 것입니다. 중국의 지성을 상징하는 장소로서 여러분의 큰 자랑이라 생각합니다. 그러나 아름다움 말고도 얼마나 자랑거리가 많습니까? 여러분이 공부하고 생활하는 이곳은 중국 현대사의 발자취가 켜켜이 쌓여 있습니다. 20세기 초 여러분의 선배들은 '5·4 운동'을 주도하며 중국 근대화를 이끌었습니다. 이름을 다 열거할 수 없을 만큼 수많은 인재들이 '애국, 민주, 진보, 과학'의 전통에 따라 중국의 발전에 공헌해왔습니다. 5·4운동을 주도한 천두슈, 중국 공산당을 창시한 리다자오를 비롯하여 역사적 인물들은 물론, 제가 오후에 만날 리커창 총리도 베이징 대학의 동문입니다. 한국의 근대사에 족적을 남긴 인물들 중에도 이곳 베이징 대학 출신이 있습니다. 1920년대 베이징 대학 사학과에서 수학하였던 이윤재 선생은 일제의 우리말과 글 말살 정책에 맞서 한글을 지켜냄으로써 나라를 잃은 어두운 시절 빛을 밝혀주셨습니다. 오늘날 베이징 대학에는 1000명이 넘는 한국인 유학생이 수학하고 있습니다. 한국인 유학생들이 가지고 있는 도전 정신, 창의적 발상, 다른 문화적 배경은 '두루포용(兼容幷包, 겸용병포)'하는 베이징 대학의 개방적 학풍에 기여할 것으로 확신합니다. 한국인 유학생들과 또 여러분 모두, 신시대 중국과 양국 관계를 이끌어갈 베이징 대학의 자랑이 되어주시기 바랍니다.

학생 여러분,

여러분이 베이징 대학의 자랑스러운 전통 속에서 더욱 빛나듯, 한중 관계도 수천 년에 걸친 교류와 우호친선의 역사 위에 굳건히 서 있습니다. 18세기 조선의 실학자 박제가는 베이징을 다녀온 후, 중국을 배우자는 뜻으로 《북학의》라는 책을 썼습니다. "중국은 말과 글이 일치하며 집은 금색으로 채색되었다. 수레를 타고 다니며 어느 곳이든 향기로운 냄새가 난다. 사람들이 활기차게 거니는 풍경은 한 폭의 그림과도 같다"라고 했습니다. 같은 시대 베이징에 온 홍대용이란 학자는 엄성, 육비, 반정균 등 중국 학자들과 천애지기(天涯知己)를 맺었습니다. "멀리 떨어져있지만 서로를 알아주는 각별한 친구"라는 뜻입니다. 그는 중국의 친구들이 "도량이 넓고 기운이 시원스럽다"라고 남겼습니다. 지금 이 '천애지기'가 수만으로 늘어나 있습니다. 한국에는 중국 유학생 6만 8000명이 공부하고 있습니다. 중국에는 한국 유학생 7만 3000명이 공부하고 있습니다. 작년 1년 동안 양국을 오간 사람들의 숫자는 1300여만 명에 달합니다. 이렇듯 한국과 중국은 가장 가까운 이웃입니다. 한국에는 '이웃사촌'이란 말이 있습니다. 이웃이 친척보다 더 가깝다는 뜻입니다. 중국과 한국은 지리적 가까움 속에서 유구한 세월 동안 문화와 정서를 공유해왔습니다. 지난여름, 한국에서 중국의 세계적 화가 치바이스의 전시가 열렸습니다. 제 아내도 그곳에 다녀왔습니다. 저는 치바이스의 10권짜리 도록 전집을 보면서 두 나라 사이의 문화적, 정서적 공감의 깊이를 다시 한번 느꼈습니다. 한국인들은 지금도 매일 같이 중국 문화를 접합니다. 많은 소년들이 《삼국지연의》를 읽고, 청년들은 루쉰의 《광인일기》와 《아큐정전》을 읽습니다. 《논어》와 《맹자》는 여전히 삶의 지표가 되고 있으며, 이백과 두보와 도연명의 시를 한국인들은 좋아합니다. 저도 《삼국지연의》를 좋아합니다. 가장 마음에 드는 내용은 유비가 백성들을 이끌고 신야에서 강릉으로 피난을 가는 장면입니다. 적에게 쫓기는 급박한 상황에서 하루 10리 밖에 전진하지 못하면서도 백성들에게 의리를 지키는 유비의 모습은 '사람이 먼저'라는 저의 정치철학과 통하는 부분이 있습니다.

지금 중국 청년들 사이에 '한류'가 유행한다고 하지만, 한국에서 '중류'는 더욱 오래 되고 폭이 넓습니다. 한국의 청년들은 중국의 게임을 즐기고, 양꼬치와 칭따오 맥주를 좋아합니다. 요즘은 중국의 쓰촨 요리 '마라탕'이 새로운 유행입니다. 한국은 중국의 문물을 단순히 받아들이는 데 그치지 않고 독창적으로 발전시켰습니다. 이러한 문물들은 다시 중국으로 역수출되기도 하였습니다. 비취색으로 빛나는 고려청자, 세계 최초로 발명된 고려의 금속활자, 조선의 의학을 집대성한 《동의보감》 등은 당대의 중국에서도 많은 사랑을 받았으며 중국 문화의 발전에도 기여하였습니다. 저는 이것이 한류의 바탕이 되었다고 생각합니다. 중국과 한국 사이에 공통의 정서를 바탕으로 이어온 역사가 길고, 서로 함께하는 추억이 많기 때문에 한류도 가능했다고 생각합니다. 1992년 수교 이후 한중 관계가 눈부시다는 말로 다 표현이 안 될 정도로 빠른 발전을 이룰 수 있었던 것은 양국이 오랜 세월 쌓아온 추억과 우정이 있었기 때문입니다.

학생 여러분,

1992년 한중 수교는 동북아의 냉전 구도를 허물고 끊어졌던 양국의 교류의 역사를 다시 이으려는 지도자들의 위대한 결단의 산물이었습니다. 저는 수교 직후인 1993년, 제가 변호사로 일하던 부산시 변호사회와 중국 상하이시 율사회의 자매결연을 맺기 위해 중국을 방문한 적이 있습니다. 수교 이후 비교적 일찍 중국을 방문한 셈입니다. 그 후 몇 번 더 중국을 방문했는데, 올 때마다 상전벽해 같은 변화의 모습에 놀라고 감동받습니다. 1993년 당시의 상하이시 모습과 지금의 모습이 전혀 다른 것만큼이나, 지난 25년간 양국 관계 역시, 상전벽해라 할 만큼의 큰 변화와 발전을 이루었습니다. 양국 관계의 발전은 한국과 중국 국민들이 보다 나은 삶을 살 수 있게 하였으며, 동북아가 대립과 갈등을 지양하고 협력과 평화의 길로 나아가게 하는 데에도 크게 기여했다고 평가합니다. 역사적으로도 그랬습니다. 중국이 번영하고 개방적이었을 때 한국도 함께 번영하며 개방적인 나라로 발전했습니다. 당나라와 한국의 통일신라, 송나라와 한국의 고려, 명나라와 한국의 조선 초기가 양국이 함께 찬란한 문화를 꽃피웠던 대표적인 시기입니다. 그런 시기에 중국은 세계에서 가장 발전한 나라였고, 중국이 이끄는 동양 문명은 서양 문명보다 앞섰습니다. 저는 그러한 의미에서 중국 공산당 19차 당 대회를 높이 평가합니다. 시진핑 주석의 연설을 통해 저는, 단지 경제성장뿐 아니라 인류 사회의 책임 있는 국가로 나아가려는 중국의 통 큰 꿈을 보았습니다. 민주법치를 통한 의법치국과 의덕치국, 인민을 주인으로 여기는 정치철학, 생태 문명 체제 개혁의 가속화 등 깊이 공감하는 내용들이 많았습니다. 중국이 법과 덕을 앞세우고 널리 포용하는 것은 중국을 대국답게 하는 기초입니다. 주변국들로 하여금 중국을 신뢰하게 하고 함께하고자 할 것입니다. 인간과 자연의 조화로운 공생을 추구하는 시 주석의 말에서는 중국 인민을 위해 생활환경을 바꾸겠다는 것뿐 아니라 인류가 나아갈 길에 중국이 앞장서겠다는 의지가 느껴집니다. 호혜 상생과 개방 전략 속에서 '인류 운명 공동체 구축을 견지'하겠다는 시 주석의 말에 큰 박수를 보냅니다.

중국은 단지 중국이 아니라, 주변국들과 어울려 있을 때 그 존재가 빛나는 국가입니다. 높은 산봉우리가 주변의 많은 산봉우리와 어울리면서 더 높아지는 것과 같습니다. 그런 면에서 중국몽이 중국만의 꿈이 아니라 아시아 모두, 나아가서는 전 인류와 함께 꾸는 꿈이 되길 바랍니다. 인류에게는 여전히 풀지 못한 두 가지 숙제가 있습니다. 그 첫째는, 항구적 평화이고 둘째는 인류 전체의 공영입니다. 저는 중국이 더 많이 다양성을 포용하고 개방과 관용의 중국 정신을 펼쳐갈 때 실현 가능한 꿈이 될 것이라고 믿습니다. 한국도 작은 나라지만 책임 있는 중견 국가로서

연설에 앞서 베이징 대학교 당 서기 하오핑이 문재인 대통령에게 명패를 전달하고 있다.

그 꿈에 함께할 것입니다.

베이징 대학 학생 여러분,

제가 중국에 도착한 13일은 난징대학살 80주년 국가 추모일이었습니다. 한국인들은 중국인들이 겪은 이 고통스러운 사건에 깊은 동질감과 상련의 마음을 가지고 있습니다. 이 불행했던 역사로 인해 희생되거나 여전히 아픔을 간직한 모든 분들에게 위로의 뜻을 다시 한번 전합니다. 이러한 불행한 일이 다시는 되풀이되지 않도록, 우리 모두 과거를 직시하고 성찰하면서 동북아의 새로운 미래의 문, 협력의 문을 더 활짝 열어나가야 할 것입니다.

1932년 4월 29일 상하이 훙커우 공원에서 조선 청년 윤봉길이 폭탄을 던졌습니다. 그곳에서 개최된 일제의 전승 축하 기념식을 응징하기 위해서였습니다. 윤봉길은 한국 독립운동사의 영웅 중 한 명입니다. 그의 거사로 한국의 항일운동은 중국과 더 깊게 손을 잡게 되었습니다. 현장에서 체포되고 사형되었지만, 지금 루쉰 공원으로 이름을 바꾼 훙커우 공원에는 그를 기념하기 위해 '매원'이라는 작은 공원이 조성되어 있습니다. 참으로 고마운 일입니다. 마찬가지로 한국에는 중국의 영웅들을 기리는 기념비와 사당들이 있습니다. 《삼국지연의》의 관우는 충의와 의리의 상징으로 서울의 동묘를 비롯해 여러 지방에 관제묘가 설치되어 있습니다. 한국의 완도군에서는 임진왜란 때 왜군을 격파한 조선의 이순신 장군과 명나라 진린 장군을 함께 기리는 사업을 전개하고 있습니다.

한국에는 지금 진린 장군의 후손들이 2000여 명 살고 있기도 합니다. 광주시에는 중국 〈인민해방군가〉를 작곡한 한국의 음악가 정율성을 기념하는 '정율성로'가 있습니다. 지금도 많은 중국인들이 '정율성로'에 있는 그의 생가를 찾고 있습니다. 마오쩌둥 주석이 이끈 대장정에도 조선 청년들이 함께했습니다. 그중 한 분은 한국의 항일군사학교였던 '신흥무관학교' 출신으로 광주봉기에도 참여한 김산입니다. 그는 연안에서 항일군정대학의 교수를 지낸 중국 공산당의 동지입니다. 저는 엊그제 13일, 그의 손자 까오위엔(고우원) 씨를 만났습니다. 그분은 중국인이지만 조선인 할아버지를 존경하며 중국과 한국 사이의 깊은 우정으로 살고 계셨습니다. 중국과 한국은 이렇게 근대사의 고난을 함께 겪고 극복한 동지입니다. 저는 이번 중국 방문이 이러한 동지적 신의를 바탕으로 양국 관계를 한 차원 더 발전시켜나가는 출발점이 되기를 희망합니다. 또한, 저는 중국과 한국이 '식민제국주의'를 함께 이겨낸 것처럼 지금의 동북아에 닥친 위기를 함께 극복해나가길 바랍니다.

북한은 올해 들어서만 열다섯 차례의 탄도미사일을 시험 발사하였고, 6차 핵실험도 감행했습니다. 특히 최근에 발사한 ICBM급 미사일은 한반도와 동북아를 넘어서서, 세계 평화에 대한 심각한 위협이 되고 있습니다. 북한의 핵과 미사일 문제는 비단 한국만의 문제가 아닙니다. 북한은 중국과도 이웃하고 있으며, 북한의 핵 개발 및 이로 인한 역내 긴장 고조는 한국뿐만 아니라 중국의 평화와 발전에도 큰 위협이 되고 있습니다. 한중 양국은 북한의 핵 보유는 어떠한 경우에도 용인할 수 없으며, 북한의 도발을 막기 위해 강력한 제재와 압박이 필요하다는 확고한 입장을 공유하고 있습니다. 또한 한반도에서 전쟁이 재발하는 것은 결코 있어서는 안 되며, 북핵 문제는 궁극적으로 대화를 통해 평화적으로 해결되어야 한다는 데 대해서도 깊이 공감하고 있습니다. 우리가 원하는 것은 북한과의 대립과 대결이 아닙니다. 북한이 올바른 선택을 하는 경우 국제사회와 함께 밝은 미래를 제공할 것이라는 것을 다시 한번 강조합니다. "두 사람이 마음을 함께하면, 그 날카로움은 쇠를 절단할 수 있다(二人同心, 其利斷金)"라는 말이 있습니다. 한국과 중국이 같은 마음으로 함께 힘을 합친다면 한반도와 동북아의 평화를 이루어내는 데 있어 그 어떤 어려움도 극복할 수 있을 것입니다.

우리는 한반도에서의 평화 정착을 위한 중요한 전기를 맞고 있습니다. 내년 2월 한국 평창에서 동계 올림픽과 패럴림픽이 개최됩니다. 평화를 사랑하는 세계 스포츠인들은 평창 동계 올림픽이 평화 올림픽으로 성공적으로 개최되기를 바라고 있습니다. 지난 11월 13일, UN 총회에서 올림픽 휴전 결의안이 193개 회원국 중 중국을 포함하여 157개국의 공동 제안을 통해 표결 없이 만장일치로 채택되었습니다. 이는 한반도 평화에 한 걸음 더 다가서기를 바라는 세계인들의 염원이 반영된 것이라고 생각합니다. 또한 2020년에는 일본 도쿄에서 하계 올림픽이 그리고 2022년에는 이곳 베이징에서 다음 동계 올림픽이 개최됩니다. 동북아에서 연속 개최되는 올림픽의 성공을 한반도와 동북아의 평화와 공동 번영을 도모하는 좋은 계기로 만들 것을 제안하고 싶습니다. 한국 국민들도 우다징, 판커신, 리즈쥔 등 중국 동계 스포츠 스타들의 경기를 고대하고 있습니다. 두 달 남은 평창 올림픽이 평화의 올림픽으로 개최될 수 있도록 중국 국민들의 많은 응원을 당부드립니다.

학생 여러분,

저는 지난여름 휴가 기간 중 《명견만리》라는 책을 감명 깊게 읽었습니다. 이 책에는 '중국의 3.0 시대'를 이끌어나가는 중국의 젊은이들에 대한 내용도 있었습니다. 중국의 젊은이들은 두려움 없이 창업에 도전하며, 실패에도 좌절하지 않는다고 들었습니다. 그러한 도전 정신으로 탄생한 것이 알리바바, 텐센트와 같은 세계적 기업일 것입니다. 중국과 한국에서 유학 중인 양국의 젊은이들은 자신의 나라를 넘어 세계 무대에서 뛰고자 하는 누구보다도 강한, 도전 정신의 소유자라고 생각합니다. 최근 한국의 대학들은 한국인 학생과 중국인 유학생이 한 팀으로 이뤄 한중 기업에서 실습할 수 있는 인턴십 프로그램을 도입하는 등 양국 젊은이들이 협력할 수 있도록 지원하고 있습니다. 지금 중국은 드론, 가상현실, 인공지능 같은 4차 산업혁명 분야의 중심지입니다. 한국의 젊은이들도 ICT 강국의 전통 위에서 4차 산업혁명 분야에서 미래를 찾고 있습니다. 무한한 잠재력을 가진 중국과 한국의 젊은이들이 강점을 가지고 있는 분야에서 함께 협력한다면 양국은 전 세계의 4차 산업혁명 지도를 함께 그려나갈 수 있을 것입니다.

양국은 지난 25년간 경제 통상 분야에서 놀라울 만한 협력을 이루어 왔습니다. 그러나 한중 간 경제협력의 잠재력은 더욱 무한합니다. 양국은 경제에서 경쟁 관계에 있고, 중국의 성장은 한국의 경제에 위협이 될 것이라고 전망하는 사람들도 있습니다. 저는 생각이 다릅니다. 양국의 오랜 역사에서 보듯이, 또한 수교 25년의 역사가 다시 한번 증명하듯이, 양국은 일방의 번영이 서로에게 도움이 되는 운명 공동체의 관계라고 저는 믿습니다. 그간 전통적 제조업을 중심으로 이루어져온 양국 간 경제·통상 협력을 ICT, 신재생에너지, 보건의료, 여성, 개발, 환경 등 다양한 분야로 확대해야 합니다. 또한, 한중 간 전략적 정책 협력을 확대하는 것이 필요합니다. 우리 정부는 중국의 일대일로 정책과 우리 정부가 새롭게 추진하고 있는 '신북방 정책'과 '신남방 정책' 간의 연계를 희망합니다. 중국은 제19차 당 대회에서 "새로운 시대"로의 진입을 선언했습니다. 시진핑 주석께서 전면적 소강 사회 건설과 '중국의 꿈'에 대해 이야기한 것을 인상 깊게 들었습니다. 한국 정부도 "국민의 나라, 정의로운 대한민국"을 국정 기조로 선언했습니다. 이에 따라 우리 정부는 성장을 저해하고 사회 통합을 해치는 경제 불평등 문제에 정면으로 맞서기 위해 경제 패러다임을 과감히 전환하고 있습니다. 저는 중국의 "소강 사회"의 꿈과 한국의 "사람 중심 경제" 목표가 서로 일맥상통한다고 생각합니다. 경제성장률로 대표되는 숫자보다 국민 한 사람 한 사람을 소중하게 생각하는 근본정신이 같기 때문입니다. 한중 양국이 이러한 정책 목표의 유사성을 기반으로 양국 관계를 발전시켜 나간다면 한중 양국의 공동 발전을 실현하고, 지역 평화에 기여하게 될 것입니다. 또한 아시아의 발전, 더 나아가 인류 공영을 촉진하는 동반자가 될 것입니다.

베이징 대학 학생 여러분, 교수님과 교직원 여러분, 존경하는 하오핑 서기님, 린젠화 총장님,

왕안석의 시 〈명비곡〉의 한 구절이 떠오릅니다. "인생낙재상지심(人生樂在相知心), 서로를 알아주는 것이 인생의 즐거움이다." 저는 중국과 한국의 관계가 역지사지하며 서로를 알아주는 관계로 발전하기를 바랍니다. 사람과 사람 사이의 관계처럼, 나라 사이의 관계에서도 어려움은 항상 있을 수 있습니다. 그러나 수천 년간 이어진 한중 교류의 역사는 양국 간의 우호와 신뢰가 결코 쉽게 흔들릴 수 없음을 증명합니다. 저는 '소통과 이해'를 국정 운영의 출발점으로 삼고 있으며, 이는 나라와 나라 사이의 관계에서도 마찬가지라고 생각합니다.

저는 어제 시진핑 주석께 서예 작품 한 점을 선물로 드렸습니다. "통(通)"이라는 한자가 쓰인 서예 작품입니다.《주역》에 있는 아주 유명한 구절, "궁즉변 변즉통 통즉구(窮則變 變則通 通則久), 궁하면 변하고 변하면 통하고 통하면 오래간다.", 이 말에서 '통'자를 쓴 것입니다. 양 정상 간, 양 정부가 양 국민과 소통을 강화하는 것이 양국 관계의 신뢰 구축과 관계 발전을 기본이라는 뜻으로 선물을 드렸습니다. 두 나라가 모

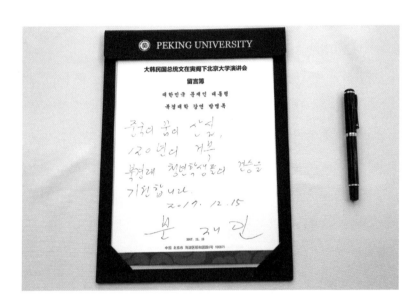

문재인 대통령이 베이징 대학교를 방문하여 방명록을 작성했다.

든 분야에서 마음을 열고 서로의 생각과 목소리에 귀를 기울일 때, 진정성 있는 '전략적 소통'이 가능할 것입니다. 지도자 간에, 정부 간에, 국민한 사람 한 사람 사이에 이르기까지 양국이 긴밀하게 소통하고 서로에 대한 이해를 높일 수 있도록 노력하고자 합니다. 저는 우리 두 나라가 어려움을 극복하고, 평화와 번영의 운명을 함께 만들어가는 것이야말로 양국 국민 공통의 염원이며, 역사의 큰 흐름이라고 믿습니다. 그러기 위해선 양국 간의 경제협력만큼 정치·안보 분야의 협력을 균형 있게 발전시켜 나가는 노력이 필요할 것입니다.

25년 전의 수교가 그냥 이루어진 것이 아니듯이, 양국이 함께 열어나갈 새로운 25년도 많은 이들의 노력과 열정을 필요로 합니다. 여기 있는 여러분들이 바로 그 주인공이 될 것입니다. 한국에도 널리 알려진 중국의 대문호 루쉰 선생은 "본래 땅 위에는 길이 없었다. 걸어가는 사람이 많으면 그게 곧 길이 되는 것이다"라고 했습니다. 미지의 길을 개척하는 여러분의 도전 정신이 중국과 한국의 '새로운 시대'를 앞당길 것이라 믿습니다. 여러분의 열정과 밝은 미래가 한중 관계의 새로운 발전으로 이어지기를 기원하면서 강연을 마칠까 합니다. 경청해주셔서 감사합니다.

약속을 지키기 위해 대통령으로서
최선을 다하겠습니다

2018년도 신년사 | 2018-01-10 |

존경하는 국민 여러분,

지난 1년, 저는 평범함이 가장 위대하다는 것을 하루하루 느꼈습니다. 촛불광장에서 저는 군중이 아닌 한 사람 한 사람의 평범한 국민을 보았습니다. 어머니에서 아들로, 아버지에서 딸로 이어지는 역사가 그 어떤 거대한 역사의 흐름보다 중요하다는 것을 깨달았습니다. 한겨울 내내 촛불을 든 후 다시 일상을 충실히 살아가는 평범한 가족들을 보면서 저는 우리의 미래를 낙관할 수 있습니다. 우리가 민주주의의 역사를 다시

문재인 대통령이 청와대 영빈관에서 개최된 기자회견에서
새해를 맞아 국정 운영을 담은 신년사를 발표하고 있다.

쓸 수 있었던 것은 그렇게 평범한 사람, 평범한 가족의 용기 있는 삶이 우리 주변에 항상 존재하고 있었기 때문입니다. 저는 그것이 너무나 자랑스럽습니다. 덕분에 우리는 오늘 희망을 다시 이야기할 수 있게 되었습니다. 국민들께서는 자신의 소중한 일상을 국가에 내어주었습니다. 나라를 바로 세울 힘을 주었습니다. 이제 국가는 국민들에게 응답해야 합니다. 더 정의롭고, 더 평화롭고, 더 안전하고, 더 행복한 삶을 약속해야 합니다. 그것이 바로 나라다운 나라입니다. 2018년 새해, 정부와 저의 목표는 국민들의 평범한 일상을 지키고, 더 나아지게 만드는 것입니다. 국민의 뜻과 요구를 나침반으로 삼겠습니다. 국민들께서 삶의 변화를 체감할 수 있게 하겠습니다.

국민 여러분,

제가 대통령이 되어 제일 먼저 한 일은 집무실에 일자리 상황판을 설치한 것입니다. "사람 중심 경제"라는 국정 철학을 실천하기 위해서였습니다. 일자리는 우리 경제의 근간이자 개개인의 삶의 기반입니다. '사람 중심 경제'의 핵심에 일자리가 있습니다. 정부는 좋은 일자리 확대를 위해 지난해 추경으로 마중물을 붓고, 정부 지원 체계를 전면 개편했습니다. 공공 부문 비정규직의 정규직화가 시작되었고, 8년만의 대타협으로 올해 최저임금 인상률을 16.4%로 결정했습니다. 일자리 문제 해결에 앞장서는 기업들도 늘어났습니다. 노사 간에도 일자리의 상생을 위한 뜻 깊은 노력들이 시작되었습니다. 정부는 올해 이러한 변화들을 확산시켜

나가겠습니다. 특히 최저임금 인상은 우리 경제의 체질을 바꾸는 의미 있는 결정입니다. 저임금 노동자의 삶의 질을 보장하고 가계소득을 높여 소득 주도 성장의 기반이 될 것입니다. 상생과 공존을 위하여, 소상공인과 영세 중소기업의 부담을 줄여주는 지원 대책도 차질 없이 실행할 것입니다. 취업 시장에 진입하는 20대 후반 청년 인구는 작년부터 2021년까지 39만 명 증가했다가, 2022년부터는 정반대로 빠르게 감소할 것으로 전망됩니다. 청년 일자리는 이러한 인구구조 문제에 직면하고 있습니다. 따라서 앞으로 3~4년간 특단의 대책이 필요합니다. 저는 청년 일자리 문제를 국가적인 과제로 삼아, 앞으로도 직접 챙기겠습니다. 일자리 격차를 해소하고, 일자리의 질을 개선하는 것도 중요합니다. 비정규직의 정규직화, 임금격차 해소, 노동시간 단축, 일자리 나누기 같은 근본적인 일자리 개혁을 달성해야 합니다. 특히 노동시간 단축은 우리의 삶을 삶답게 만들기 위해 더 이상 미룰 수 없는 과제입니다. 모든 경제주체의 참여와 협력이 있어야 가능한 일입니다. 사회적 대화와 대타협에 역점을 두고 추진하겠습니다. 노사를 가리지 않고, 대기업이든 중소기업이든, 정규직이든 비정규직이든 의지를 갖고 만나겠습니다. 노사정 대화를 복원하겠습니다. 국회도 노동시간 단축 입법 등으로 일자리 개혁을 이끌어 주시기 바랍니다. 혁신 성장과 공정 경제를 위한 정부의 노력도 계속해 나가겠습니다. 혁신 성장은 우리의 미래 성장 동력 발굴뿐만 아니라 좋은 일자리 창출을 위해서도 반드시 성공해야 합니다. 연말까지 자율주행차 실험 도시(화성 K-city)가 구축됩니다. 2000개의 스마트 공장도 새로 보급됩니다. 스마트 시티의 새로운 모델도 몇 군데 조성할 계획입니다. 국민들께서 4차 산업혁명과 혁신 성장의 성과를 직접 느낄 수 있기를 기대합니다.

공정 경제는 반칙과 특권이 없는 사회, 더불어 잘사는 나라로 가기 위한 기반입니다. 채용 비리, 우월한 지위를 악용한 갑질 문화 등 생활 속 적폐를 반드시 근절하겠습니다. 모든 국민이 공정한 기회와 경쟁을 보장받고, 억울하지 않도록 해나갈 것입니다. 재벌 개혁은 경제의 투명성은 물론, 경제성과를 중소기업과 국민에게 돌려준다는 측면에서도 중요합니다. 엄정한 법 집행으로 일감 몰아주기를 없애겠습니다. 총수 일가의 편법적 지배력 확장을 억제하겠습니다. 기업의 지배 구조 개선을 위해 주주의결권을 확대하고, 스튜어드십 코드를 도입하겠습니다. 기업 활동을 억압하거나 위축시키려는 것이 아닙니다. 오히려 재벌 대기업의 세계 경쟁력을 높여줄 것이라고 믿습니다. 금융도 국민과 산업 발전을 지원하는 금융으로 혁신해야 합니다. 금융권의 갑질, 부당 대출 등 금융 적폐를 없애고, 다양한 금융 사업이 발전할 수 있도록 진입 규제도 개선하겠습니다. 불완전 금융 판매 등 소비자 피해를 막고, 서민·중소상인을 위한 금융 기능을 대폭 강화할 것입니다.

존경하는 국민 여러분,

지난해 여러 차례 안타까운 재해와 사고가 있었습니다. 그럴 때마다 모든 게 대통령과 정부의 책임인 것 같아 마음이 무거웠습니다. 새해에는 안전한 대한민국을 만드는 데 온 힘을 다하겠습니다. 국민 안전을 정부의 핵심 국정 목표로 삼고 체계적으로 관리하겠습니다. 특히 대규모 재난과 사고에 대해서는 일회성 대책이 아니라 상시적인 대응이 가능하도록 시스템을 정비하겠습니다. 2022년까지 자살 예방, 교통 안전, 산업 안전 등 "3대 분야 사망 절반 줄이기"를 목표로 "국민 생명 지키기 3대 프로젝트"를 집중 추진하겠습니다. 감염병, 식품, 화학제품 등의 안전 문제도 정기적으로 이행 상황을 점검해 국민께 보고드리겠습니다. 아동 학대, 청소년 폭력, 젠더 폭력을 추방해야 합니다. 범정부적인 역점 사업으로 추진하겠습니다. 세월호 아이들과 맺은 약속, 안전한 대한민국을 꼭 만들겠습니다.

존경하는 국민 여러분,

지난 한 해 많은 국민을 만났습니다. 일상을 포기하고 치매 가족을 보살피는 분, 창업 실패로 인생의 막다른 골목에 처한 청년, 방과 후 혼자 있는 아이를 걱정하는 직장맘, 한 분 한 분이 소중한 우리 국민입니다. 올해 우리는 국민소득 3만 불 시대를 맞이할 것입니다. 3만이라는 수치가 중요하지 않습니다. 국민소득 3만 불에 걸맞은 삶의 질을 우리 국민이 실제로 누리는 것이 중요합니다. 이제 나라와 정부가 국민의 울타리가 되고 우산이 되겠습니다. 정부의 정책과 예산으로 더 꼼꼼하게 국민의 삶을 챙기겠습니다. 이달부터 건강보험 보장성 강화와 치매 국가

질문권을 얻기 위해 취재진이 문재인 대통령을 향해 손을 들고 있다.

책임제가 본격적으로 시작됩니다. 의료, 주거, 교육과 보육에 대한 국가 책임과 공공성을 강화해 기본 생활비 부담을 줄이겠습니다. 더 이상 과로사회가 계속되어서는 안 됩니다. 장시간 노동과 과로가 일상인 채로 삶이 행복할 수 없습니다. 노동시간 단축과 정시 퇴근을 정부의 역점 사업으로 추진하겠습니다.

2월부터는 대부업까지 포함하여 법정 최고 금리가 24%로 인하됩니다. 상환 능력이 없는 장기 소액 연체자의 채무를 줄여드립니다. 7월에는 신용카드 수수료가 추가 인하됩니다. 서민과 소상공인에게 힘이 되어줄 것으로 기대합니다. 작년에 정부가 8600억 원을 출연한 모태펀드가 시중에 지원됩니다. 3월에는 이에 이어 10조 원 조성을 목표로 하는 혁신모험펀드가 출범합니다. 창의적인 아이디어를 가진 청년들이 창업에 도전할 수 있도록 정부가 펀드를 통해 자금을 지원하고, 기술 개발, 판로 개척도 도울 것입니다. 3월에 정책 금융기관의 연대보증제도가 전면 폐지됩니다. 재창업 지원 프로그램 전용 펀드도 본격적으로 지원을 시작합니다. 두려움 없이 창업에 도전하고, 실패를 겪어도 다시 도전 할 수 있는 사회로 나아갈 것입니다. 7월에는 노동자와 기업이 여행 경비를 적립하면 정부가 추가 비용을 지원하는 노동자 휴가 지원 제도가 새로 시행됩니다. 저소득층에게 지원되는 문화 이용권이 1인당 6만 원에서 7만 원으로 늘어나고, 도서 구입, 공연 관람 등 문화 지출에 대한 소득공제도 새로 시행됩니다. 국민들께서 조금 더 문화를 향유하고, 휴식이 있는 삶을 즐길 수 있게 되기를 바랍니다.

9월부터 어르신들 기초연금이 20만 원에서 25만 원으로 인상됩니다. 어르신들의 건강도 돌보겠습니다. 지난해, 중증 치매 환자 의료비와 틀니 치료비의 본인 부담률을 대폭 낮추었습니다. 올해 하반기에는 임플란트 치료비의 본인 부담률이 50%에서 30%로 인하됩니다. 육아의 부담을 국가가 함께 지겠습니다. 9월부터 만 5세까지 아동 수당 10만 원이 새로 지급됩니다. 믿고 맡길 수 있는 국공립 어린이집이 올해 450곳 더 생깁니다. 정부가 지원하는 보육료 단가가 9.6% 인상되어, 보육 서비스의 질이 좋아질 것입니다. 온종일 돌봄 서비스를 시군구로 확대하는 시범 사업이 상반기에 시작됩니다. 직장맘의 걱정을 덜어드리겠습니다. 여성이 결혼, 출산, 육아를 하면서도 자신의 삶과 가치를 지켜나갈 수 있는 사회를 만들어가겠습니다. 국민의 삶을 개선하기 위해 정부도 혁신하겠습니다. 혁신의 방향은 다시 국민입니다. 정부 운영을 사회적 가치 중심으로 바꾸겠습니다. 국민의 참여와 협력을 통해 할 일을 하는 정부가 되겠습니다. 공직 사회의 낡은 관행을 혁신해서 신뢰받는 정부로 거듭나겠습니다. 2월말까지 '정부 혁신 종합 추진 계획'을 수립하여 추진하겠습니다.

존경하는 국민 여러분,

지난해 우리 국민들이 들었던 민주주의의 촛불이 국민들의 삶으로, 우리 사회 곳곳으로 퍼져가고 있습니다. 지난 연말, 취임 후 첫 현장 방문지였던 인천공항공사에서 기쁜 소식이 들려왔습니다. 비정규직 1만 명을 정규직으로 전환하기로 노사가 합의했습니다. 국민의 안전과 생명을 다루는 업무, 상시적이고 지속적인 업무에 종사하는 노동자들은 정규직으로 고용되어야 합니다. 그것이 촛불이 바랐던 상식이고 정의입니다. 10월 22일, 대한민국은 새로운 숙의 민주주의 장을 열었습니다. 오랜 갈등 사안이었던 신고리 5·6호기 문제를 공론화 위원회를 통해 성숙하게 해결했습니다. 대화하고 타협하며, 결과를 존중하는 성숙한 민주사회가 촛불이 염원했던 대한민국입니다. 우리 국민은 민주주의 촛불을 더 크고 넓게 밝히고 있습니다. 이제 촛불정신을 국민의 삶으로 확장하고 제도화해야 합니다.

존경하는 국민 여러분,

헌법은 국민의 삶을 담는 그릇입니다. 국가의 책임과 역할, 국민의 권리에 대한 우리 국민의 생각과 역량이 30년 전과는 크게 달라졌습니다. 30년이 지난 옛 헌법으로는 국민의 뜻을 따라갈 수 없습니다. 국민의 뜻이 국가 운영에 정확하게 반영되도록 국민 주권을 강화해야 합니다. 국민의 기본권을 확대하고, 지방분권과 자치를 강화해야 합니다. 지방선거와 개헌 국민투표 동시 실시는 국민과의 약속입니다. 지난 대선에서 모든 정당과 후보들이 약속했습니다. 사회적 비용을 줄이는 길이기도 합니다. 이번 기회를 놓치고 별도로 국민투표를 하려면 적어도 국민의 세금 1200억 원 이상을 더 써야 합니다. 개헌은 논의부터 국민의 희망이 되어야지 정략이 되어서는 안 됩니다. 산적한 국정 과제의 추진을 어렵게 만드는 블랙홀이 되어서도 안 됩니다. 지방선거와 동시에 개헌 국민투표를 하려면 남은 시간이 많지 않습니다. 국회가 책임 있게 나서주시기를 거듭 요청합니다. 개헌에 대한 합의를 이뤄주시기를 촉구합니다. 정부도 준비하겠습니다. 저는 줄곧, 개헌은 내용과 과정 모두 국민의 참여와 의사가 반영되는 국민 개헌이 되어야 한다고 강조해왔습니다. 저는 그 약속을 지키기 위해 대통령으로서 최선을 다하겠습니다. 국회의 합의를 기다리는 한편, 필요하다면 정부도 국민의 의견을 수렴한 국민 개헌안을 준비하고 국회와 협의해나가겠습니다.

존경하는 국민 여러분,

한반도의 평화 정착으로 국민의 삶이 평화롭고 안정되어야 합니다. 한반도에서 전쟁은 두 번 다시 있어선 안 됩니다. 우리의 외교와 국방의 궁극의 목표는 한반도에서 전쟁의 재발을 막는 것입니다. 저는 당장의 통일을 원하지 않습니다. 제 임기 중에 북핵 문제를 해결하고 평화를 공고하게 하는 것이 저의 목표입니다. 나라를 바로 세운 우리 국민이 외교 안보의 디딤돌이자 이정표입니다. 한반도에서 평화를 이끌어낼 힘의 원천입니다. 지난해 저는 그 힘에 의지해, 주변 4대국과 국제사회에 한반도 평화 원칙을 일관되게 주장할 수 있었습니다. 당당한 중견국으로 신북방 정책과 신남방 정책을 천명할 수 있었습니다. 남북 관계에 있어서도 대화의 필요성을 지속적으로 제기할 수 있었습니다. 어제 북한과 고위급 회담이 열렸습니다. 꽉 막혀 있던 남북 대화가 복원되었습니다. 북한의 평창 올림픽 참가를 합의했습니다. 트럼프 대통령은 남북 대화와 평창 올림픽을 통한 평화 분위기 조성을 지지했습니다. 한미 연합 훈련의 연기도 합의했습니다. 이제 시작입니다. 우리는 평창 동계 올림픽과 패럴림픽을 성공적으로 치러내야 합니다. 평화 올림픽이 되도록 끝까지 노력해야 합니다. 나아가 북핵 문제도 평화적으로 해결해야 합니다. 이를 통해 남북 관계 개선과 한반도 평화의 전기로 삼아야 합니다. 올해가 한반도 평화의 새로운 원년이 되도록 최선을 다하겠습니다. 이 과정에서 동맹국 미국과 중국, 일본 등 관련 국가들을 비롯해 국제사회와 더욱 긴밀히 협력할 것입니다. 평창에서 평화의 물줄기가 흐르게 된다면 이를 공고한 제도로 정착시켜나가겠습니다. 북핵 문제 해결과 평화 정착을 위해 더 많은 대화와 협력을 이끌어내겠습니다. 다시 한번 강조합니다. 한반도 비핵화는 평화를 향한 과정이자 목표입니다. 남북이 공동으로 선언한 한반도 비핵화가 결코 양보할 수 없는 우리의 기본 입장입니다. 한반도에 평화의 촛불을 켜겠습니다. 국민 개개인의 삶 속에 깊이 파고든 불안과 불신을 걷어내겠습니다. 한 걸음 한 걸음 국민과 함께 전쟁 걱정 없는, 평화롭고 안전한 일상을 만들어가겠습니다.

존경하는 국민 여러분,

저는 지난주 위안부 피해자 할머니들을 청와대로 모셨습니다. 80여 년 전 꽃다운 소녀 한 명도 지켜주지 못했던 국가가 피해자 할머니들에게 다시 깊은 상처를 안겼습니다. 국가의 존재 이유를 다시 생각하게 합니다. 한일 양국 간에 공식적인 합의를 한 사실은 부인할 수 없습니다. 일본과의 관계를 잘 풀어가야 하는 것도 매우 중요합니다. 그러나 잘못된 매듭은 풀어야 합니다. 진실을 외면한 자리에서 길을 낼 수는 없습니다. 진실과 정의라는 원칙으로 돌아가겠습니다. 역사를 바로 세우는 일은 다시는 그런 참혹한 일이 일어나지 않도록 인류 사회에 교훈을 남기고 함께 노력해나가는 것입니다. 대통령으로서 저에게 부여된 역사적 책무라고 생각합니다. 정부는 피해자 할머니들의 명예와 존엄을 회복해드리겠습니다. 마음의 상처를 치유할 수 있는 조치들을 취해나가겠습니다. 이 모든 과정에서 할머니들의 목소리를 듣고 또 듣겠습니다. 할머니들이 남은 생을 마음 편히 보내실 수 있기를 간절히 바랍니다.

저는 또한 일본과 마음이 통하는 진정한 친구가 되기를 바랍니다. 한국과 일본은 문화적·역사적으로 많은 부분을 공유하고 있습니다. 양국이 함께 노력하여 공동 번영과 발전을 이루어나가야 합니다. 저는 지금까지 천명해왔던 것처럼 역사 문제와 양국 간 미래지향적 협력을 분리하여 노력해나갈 것입니다. 한일 관계가 미래를 향해 나아갈 때, 북핵 문제는 물론 다양하고 실질적인 분야에서 긴밀히 협력해나갈 수 있을 것이라고 믿습니다.

존경하는 국민 여러분,

내년은 대한민국 임시정부 수립 100주년입니다. 임시정부의 법통을 계승한 대한민국 건국 100주년입니다. 국민 주권을 되찾기 위해 임시정부를 수립한 그때부터 국민 주권을 실현하기 위해 촛불을 들어 새로운 정부를 출범시키기까지 대한민국은 국민의 힘으로 여기까지 왔습니다. 대한민국이 앞으로 갈 길도 국민의 길이 되어야 합니다. 국민이 행복할 수 있는 조건과 환경을 만드는 것이 올해 우리 모두가 함께해야 할 일입니다. 새로운 100년을 다짐하며 대한민국이 가야 할 길입니다. 평범한 삶이 민주주의를 키우고 평범한 삶이 더 좋아지는 한 해를 만들어보겠습니다. 감사합니다.

지역이 살고 싶은
삶터, 쉼터, 일터가 되도록 하겠습니다

국가 균형 발전 비전과 전략 선포 | 2018-02-01 |

존경하는 국민 여러분, 시도지사님들, 정부 관계자, 지역 혁신가 여러분,

반갑습니다. 세종시에 올 때마다 저는 마음이 뿌듯하고 기쁩니다. 세종시에는 국가 균형 발전에 대한 우리의 꿈이 담겨 있습니다. 세종시가 발전하는 모습은 곧 국가 균형 발전의 희망입니다. 행정 수도를 계획할 때 터를 살펴보기 위해 원수산에 올랐었습니다. 청와대와 정부 청사가 들어설 자리를 보며 가슴 벅찼던 기억이 지금도 생생합니다. 그때 허

세종컨벤션센터에서 열린 국가 균형 발전 비전과 전략 선포식에서
문재인 대통령과 참석자들이 국기에 대한 경례를 하고 있다.

허벌판이었던 이곳에 55개의 중앙행정기관과 국책 기관이 들어섰습니다. 8만 5000여 명이던 인구는 세 배 이상 늘었습니다. 이제 28만 명이 거주하는 정주 도시로 완전히 탈바꿈해, 국가 균형 발전 정책의 상징이 되었습니다. 오늘의 세종시가 있기까지 많은 분들의 땀과 노고가 있었습니다. 먼저 세종 시민, 연기 군민, 충청 도민께 감사의 말씀을 드립니다. 초대 행복 도시 건설청장으로 수고하신 이춘희 세종 시장님과 가족과 떨어져 지내는 희생을 감내하면서 함께해주신 공무원 여러분께도 감사드립니다. 지금의 세종시를 만들어주신 모든 분들께 감사와 격려의 큰 박수를 보냅니다.

존경하는 국민 여러분,

지난 2004년 노무현 대통령은 역사적인 국가 균형 발전 시대를 선포했습니다. 그로부터 14년이 지났습니다. 그동안 정부는 사람과 산업의 물줄기를 지방으로 돌리기 위해 노력했습니다. 공공기관 이전과 혁신 도시 건설을 통해 균형 발전의 터를 닦고 기둥을 세웠습니다. 그 결과 세종시는 중부권의 새로운 활력이 되었습니다. 전국 10곳의 혁신 도시는 지역 성장의 거점이 되고 있습니다. 그러나 안타깝게도 우리는 아직 국가 균형 발전 시대를 말하기엔 까마득히 멉니다. 국가 균형 발전 정책이 일관되게 추진되지 못했습니다. 여전히 지방의 어려움이 계속되고 있습니다. 국토 면적의 12%인 수도권에 전체 인구의 50%, 상위 1000대 기업 본사의 74%가 밀집되어 있습니다. 고용보험 신규 가입자의 61%가

수도권에 분포되어 있고, 개인 신용카드 사용액의 81%가 수도권에서 발생하고 있습니다. 중앙집권적 국가 운영 방식도 크게 바뀌지 않았습니다. 이런 상황이 지속된다면 지금까지 이뤄온 국가 균형 발전의 성과마저 멈출지 모릅니다. 사회적 양극화와 함께 지역 간의 불균형이 더욱 심화될 수 있습니다. 우리는 새로운 패러다임으로 국가 균형 발전의 엔진을 다시 힘차게 돌려야 합니다. 오늘 발표하는 '국가 균형 발전 비전과 전략'이 문재인 정부 국가 균형 발전 정책의 이정표이자 의지입니다. 우리 정부는 노무현 정부보다 더 발전된 국가 균형 발전 정책을 더 강력하게 추진할 것입니다. 분권과 포용, 혁신의 가치를 기반으로 지역이 주체가 되어 균형 발전을 이끌도록 할 것입니다. 중앙정부가 주도했던 기존 방식에서 벗어나 자치단체가 정책과 사업을 기획하고 중앙정부가 지원하는 시스템으로 전환할 것입니다.

존경하는 국민 여러분,

목표도 새롭게 하겠습니다. 국민 모두가 어디서나 골고루 잘사는 '사람 중심 균형 발전'을 추진하겠습니다. 지역 주민이 구체적으로 삶이 좋아졌다고 느끼도록 하겠습니다. 지역이 살고 싶은 삶터, 쉼터, 일터가 되도록 하겠습니다. 첫째, 공공기관 지방 이전과 혁신 도시 사업을 잘 마무리하고 내실을 기하겠습니다. 지난해까지 지방이전 대상 공공기관 153개 중 147개의 이전이 완료되었습니다. 나머지 여섯 개 기관도 2019년까지 이전을 끝내겠습니다. 혁신 도시가 정주 도시로 자리 잡을

선포식에서 인사말을 전하는 문재인 대통령

수 있도록 교육, 교통, 문화, 복지 인프라를 지속적으로 확충하겠습니다. 둘째, 지역이 혁신 성장의 주체가 될 수 있도록 지역의 4차 산업혁명 대응 역량을 키우겠습니다. 지역에서 추진하고 있는 지역 전략산업을 혁신 성장 선도 사업과 연계해 발전시키겠습니다. '스마트 공장 2만 개 보급 사업'은 지역의 제조업 혁신에 큰 힘이 될 것입니다. 혁신 도시를 중심으로 지방에 혁신·창업 생태계를 조성해나가겠습니다. 셋째, 지역 일자리를 만들어내겠습니다. 혁신 도시와 지역 주요 거점을 연계하는 국가 혁신 클러스터가 지역 일자리 창출의 보고가 되게 하겠습니다. 지역에 뿌리내린 대표 중견기업을 집중적으로 육성해 지역 스스로의 힘으로 일자리를 만들도록 하겠습니다. 넷째, 지역의 청년들에게 희망이 되겠습니다. 지방 이전 공공기관의 지역 인재 채용이 지역 청년들에게 용기를 주고 있습니다. 대구에서 태어나 대학까지 지역에서 다닌 청년이 지난해, 지역 인재 채용을 통해 대구의 한국가스공사에 입사했습니다. 전북 임실에서 태어나 전북대를 졸업한 경력 단절 여성 워킹맘이 남원의 한국국토정보공사에 입사했습니다. 지난해에만 1500여 명의 청년들이 '지역 인재 목표제'로 취업에 성공했습니다. 지방 이전 공공기관의 지역 인재 채용을 더욱 높여나가겠습니다. 작년 14.2%였던 채용률을 올해 18%로 높이고 2022년에는 30%가 되도록 하겠습니다. 이전한 공공기관과 지역 대학이 '오픈 캠퍼스'를 통해 함께 교육과정을 운영하고 있습니다. 이를 확대해 지역 청년들의 취업문을 더 활짝 열겠습니다. 다섯째, 농산어촌 주민의 삶을 윤택하게 만들겠습니다. 올해 정부의 국정 목표는 국민의 삶의 질을 실질적으로 개선하는 것입니다. 농산어촌의 교육·의료·복지·문화 격차를 줄여나가는 일이 국가 균형 발전의 기반이 될 것입니다. 낙후된 지역에 더 많은 재원 배분을 위해 균형 발전 총괄 지표를 개발하겠습니다. 지자체의 복지 인력을 대폭 확충하여 어르신들을 위한, 찾아가는 복지를 지속적으로 확대하겠습니다. 어디에 살든 30분 이내에 보건·보육 등 편의 시설을 이용하고 1시간 이내에 복지, 문화 등의 서비스를 이용할 수 있도록 공공 인프라를 확대하겠습니다. 100원 택시 등 이동권 보장을 위한 지역 교통 체계 개편도 지속적으로 추진하겠습니다. 귀농·귀촌 100만 명 시대를 열기 위해 창업농과 맞춤형 정착 지원 사업도 활성화하겠습니다.

존경하는 국민 여러분,

세종시와 새만금 사업도 더 서두르겠습니다. 행정안전부와 과학기술정보통신부 이전을 조속히 추진하고 차질 없이 준비하겠습니다. 해양경찰청의 인천 환원도 올해 안에 마무리하겠습니다. 새만금은 관련 법령을 조속히 개정하여 전담 공사를 설립하고 공공 주도 매립으로 개발 사업의 속도를 높이겠습니다. 정부 관계자 여러분께도 몇 가지 당부 말씀을 드립니다. 골고루 잘사는 지역 만들기를 위한 제도와 시스템이 필요합니다. 국가 균형 발전 과제에 관하여는 앞으로 지역발전위원회를 중심으로 긴밀히 협력해주시기 바랍니다. 정부 부처 간 벽을 허물고 지역 문제의 해결과 정책 추진을 위해 힘을 모아주시기 바랍니다. 시도지사님들이 참여하는 균형발전상생회의는 본격적인 지방분권 시대를 위해 함께 발전시켜나갑시다. 지방분권 개헌이 이루어지기 이전에도 중앙과 지방정부 간 거버넌스를 위해 필요하다고 생각합니다. 이 자리에 많은 지역 혁신가분들이 함께하고 있습니다. 현장의 혁신 리더들이 함께 토론하고 고민하는 지역 혁신 체계도 조속히 구축하기 바랍니다.

존경하는 국민 여러분,

우리 정부의 국가 균형 발전에 대한 의지는 확고합니다. 저는 여러 차례, 강력한 지방분권 공화국을 만들겠다고 약속드렸습니다. 또한 지난 대선에서 모든 정당의 후보들이 지방선거와 개헌 국민투표 동시 실시를 약속했습니다. 이 기회를 놓치면 개헌이 어려울 수 있습니다. 오는 6월 지방선거에서 지방분권을 포함하는 개헌 국민투표가 함께 이뤄지기를, 국민 여러분과 함께 기대합니다. 정치권과 국회의 적극적인 협조를 부탁합니다. 저도 국민과의 약속을 지키기 위해 최선을 다하겠습니다. 국민 여러분께서도 힘을 모아주시기 바랍니다. 감사합니다.

광복은 결코 밖에서 주어진 것이 아닙니다

제99주년 3·1절 기념사 | 2018-03-01 |

존경하는 국민 여러분, 해외 동포 여러분,

3·1운동 아흔아홉 돌입니다. 3·1운동은 지금 이 순간 우리의 삶에 생생하게 살아 있습니다. 서대문 형무소의 벽돌 하나하나에는 고난과 죽음에 맞선 숭고한 이야기들이 새겨져 있습니다. '대한독립만세'의 외침이 들려오는 것 같습니다. 오늘 우리는 박제화된 기념식이 아니라 독립운동의 현장에서 역사와 함께 살아 숨 쉬는 기념식을 하고자 이 자리에 모였습니다. 일제 강점기 동안 해마다 2600여 명이 서대문 형무소에 투

옥되었습니다. 1945년 8월 15일 해방의 그날까지 10만여 명 가까이 이곳에 수감되었습니다. 열 명 중 아홉 명이 사상범이라고 불린 독립운동가였습니다. 10대 청소년부터 어르신까지, 남쪽의 제주도에서 북쪽의 함경도까지, 나이와 지역을 막론하고 조국의 독립을 위해 실천했던 분들이었습니다. 어머니와 아들, 아버지와 딸, 형제자매가 함께 투옥되기도 했습니다. 수많은 어머니와 아내들이 이곳 형무소 앞 골목에서 삯바느질과 막일을 해가며 자식과 남편의 옥바라지를 했습니다. 수감자뿐 아니라 그 가족들도 모두 독립운동가였습니다.

국민 여러분,

99년 전 오늘, 마을과 장터에 격문이 붙었습니다. 독립선언서가 손에서 손으로 전달되었습니다. 서울과 평양·진남포·안주·의주·정주·선천, 원산 등 전국 각지에서 동시에 독립선언서가 낭독되고 만세 시위가 시작되었습니다. 만세 운동은 순식간에 지방 도시와 읍면까지 확대되었습니다. 멀리 중국의 간도와 러시아의 연해주, 미국 필라델피아와 하와이 호놀룰루의 하늘에도 '독립만세'의 함성이 울려 퍼졌습니다. 그해 3월 1일부터 5월 말까지 국내에서만 무려 1542회의 만세 시위가 일어났고, 당시 인구의 10분의 1을 넘는 220만여 명이 이에 참가했습니다. 3·1운동의 경험과 기억은 일제 강점기 내내 치열했던 항일 독립투쟁의 정신적 토대가 됐습니다. 3·1운동 이후, 수백 수천 명의 독립군이 매일같이 압록강과 두만강을 건넜습니다. 대한국민회, 북로군정서, 대한독립

서대문 형무소에서 열린 제99주년 3 · 1절 기념식에서 기념사를 발표하고 있는 문재인 대통령의 모습

군, 군무도독부, 서로군정서, 대한독립단, 광복군 총영을 구성하여 일제 군경과 피 어린 전투를 벌였습니다. 한 사람이 쓰러지면 열 사람이 일어섰습니다. 안중근 의사의 뒤를 이어 강우규, 박재혁, 최수봉, 김익상, 김상옥, 나석주, 이봉창, 이루 다 열거할 수 없는 의사들이 의열투쟁을 이어갔습니다. 1932년 4월 29일 윤봉길 의사의 상해 의거가 그 정점이었습니다. 1937년 한 해 동안에만 국내에서, 무려 3600건의 크고 작은 무장 독립투쟁이 있었습니다. 1940년에는 대한민국 임시정부가 대한민국 최초의 정규 군대인 광복군을 창설했습니다. 모두 대한민국 건국의 아버지들입니다. 천안 아우내 장터에서 만세 시위를 주도한 열여덟 살 유관순 열사는 지하 독방에서 고문과 영양실조로 순국했습니다. 열일곱 꽃다운 나이의 동풍신 열사는 함경북도 명천 만세 시위에 참가했고 이곳 서대문 형무소에서 순국했습니다. 밤을 지새우며 태극기를 그린 부산 일신 여학교 학생들, 최초 여성 의병장 윤희순 의사, 백범 김구 선생의 강직한 어머니 곽낙원 여사, 3·1운동 직후인 3월 9일 46세의 나이에 압록강을 건너 서로군정서에 가입한 독립군의 어머니 남자현 여사, 근우회 사건을 주도한 후 중국으로 망명하여 의열단 활동을 한 박차정 열사, 대한민국 임시정부의 독립자금을 마련하기 위해 국경을 여섯 차례나 넘나든 정정화 의사, 우리에게는 3·1운동의 정신으로 대한민국을 세운 건국의 어머니들도 있었습니다. 우리 선조들의 독립투쟁은 세계 어느 나라보다 치열했습니다. 광복은 결코 밖에서 주어진 것이 아닙니다. 선조들이 '최후의 일각'까지 죽음을 무릅쓰고 함께 싸워 이뤄낸 결과입니다.

국민 여러분,

3·1운동의 가장 큰 성과는 독립선언서에 따른 대한민국 임시정부의 수립이었습니다. 3·1운동으로 수립된 대한민국 임시정부의 헌법은 "대한민국이 민주공화제이며 나라의 주권이 국민에게 있다"고 명백하게 새겨 넣었습니다. 그것이 지금 대한민국 헌법 제1조가 되었습니다. 왕정과 식민지를 뛰어넘어 우리 선조들이 민주공화국으로 나아갈 수 있었던 힘이 바로 3·1운동이었습니다. 3·1운동의 힘이 약해질 때, 주권자인 국민이 다시 일어났습니다. 독립운동은 애국지사들만의 몫이 아니었습니다. 상인들은 철시운동을 벌였습니다. 나무꾼, 기생, 맹인, 광부들, 이름도 없이 살던 우리의 아버지, 어머니, 누이들까지 앞장섰습니다. 국민 주권과 자유와 평등, 평화를 향한 열망이 한 사람 한 사람의 삶 속으로 들어왔습니다. 계층, 지역, 성별, 종교의 장벽을 뛰어넘어 한 사람 한 사람 당당한 국민이 되었습니다. 이렇게 대한민국을 국민이 주인인 민주공화국으로 만든 것이 바로 3·1운동입니다. 대한민국 임시정부는 우리에게 헌법 제1조뿐 아니라 대한민국이란 국호와 태극기와 애국가라는 국가 상징을 물려주었습니다. 대한민국이 임시정부의 법통을 계승하였다고 우리 헌법이 천명하고 있는 이유입니다.

지난겨울 우리는, 100년의 시간을 뛰어넘었습니다. 3·1운동으로 시작된 국민 주권의 역사를 되살려냈습니다. 1700만 개의 촛불이 가장

평화롭고 아름다운 방식으로 이 역사를 펼쳐보였습니다. 어둠을 밝혔던 하나하나의 빛은 국민 한 명 한 명이 대한민국의 주권자임을 또다시 선언했습니다. 새로운 국민 주권의 역사가 대한민국 건국 100주년을 향해 다시 써지기 시작했습니다. 저와 우리 정부는 촛불이 다시 밝혀준 국민 주권의 나라를 확고하게 지켜나갈 것입니다. 3·1운동의 정신과 독립운동가들의 삶을 대한민국 역사의 주류로 세울 것입니다. 2020년 문을 열게 될 대한민국 임시정부 기념관에는 대한민국을 세운 수많은 선조들의 이야기가 담길 것입니다. 3·1운동에 참가한 나무꾼도, 광부도, 기생들도 자랑스러운 독립운동가의 이름으로 새겨질 것입니다. 국내외 곳곳 아직 찾지 못한 독립운동의 유적들과 독립운동가들의 흔적도 계속 발굴할 것입니다. 충청의 광복군총사령부도 임시정부수립 100주년에 맞춰 복원될 것입니다.

국민 여러분,

우리에겐 3·1운동이라는 거대한 뿌리가 있습니다. 해방과 국민 주권을 가져온 민족의 뿌리입니다. 우리에겐 독립운동과 함께 민주공화국을 세운 위대한 선조가 있고, 절대 빈곤에서 벗어나 경제 발전과 민주화를 이룬 건국 2세대와 3세대가 있습니다. 또한 이 시대에 함께 걸어갈 길을 밝혀준 수많은 촛불들이 있습니다. 우리는 더 이상 우리를 낮출 필요가 없습니다. 우리 힘으로 광복을 만들어낸, 자긍심 넘치는 역사가 있습니다. 우리는 우리 스스로 평화를 만들어낼 역량이 있습니다. 저는 이러한 국민들의 역량과 자신감으로 3·1운동과 대한민국 건국 100주년을 항구적 평화 체제 구축과 평화에 기반한 번영의 새로운 출발선으로 만들어나가겠습니다. 그러기 위해서 우리는 잘못된 역사를 우리의 힘으로 바로 세워야 합니다.

독도는 일본의 한반도 침탈 과정에서 가장 먼저 강점당한 우리 땅입니다. 우리 고유의 영토입니다. 지금 일본이 그 사실을 부정하는 것은 제국주의 침략에 대한 반성을 거부하는 것이나 다를 바 없습니다. 위안부 문제 해결에 있어서도 가해자인 일본 정부가 '끝났다'라고 말해서는 안 됩니다. 전쟁 시기에 있었던 반인륜적 인권 범죄 행위는 끝났다는 말로 덮어지지 않습니다. 불행한 역사일수록 그 역사를 기억하고 그 역사로부터 배우는 것만이 진정한 해결입니다. 일본은 인류 보편의 양심으로 역사의 진실과 정의를 마주할 수 있어야 합니다. 저는 일본이 고통을 가한 이웃 나라들과 진정으로 화해하고 평화 공존과 번영의 길을 함께 걸어가길 바랍니다. 저는 일본에게 특별한 대우를 요구하지 않습니다. 그저 가장 가까운 이웃 나라답게 진실한 반성과 화해 위에서 함께 미래로 나아가길 바랄 뿐입니다.

존경하는 국민 여러분, 해외 동포 여러분,

우리는 오늘 3·1운동을 생생한 기억으로 살림으로써 한반도의 평화가 국민의 힘으로 가능하다는 것을 확인하고 있습니다. 우리는 앞으로 광복 100년으로 가는 동안 한반도 평화 공동체, 경제 공동체를 완성해

독립문 앞에서 만세삼창을 하는 문재인 대통령, 김정숙 여사의 모습

야 합니다. 분단이 더 이상 우리의 평화와 번영에 장애가 되지 않게 해야 합니다. 저는 오늘 국민들께 이 목표를 함께 이뤄갈 것을 제안합니다. 빈부, 성별, 학벌, 지역의 격차와 차별에서 완전히 해방된 나라를 만들어냅시다. 김구 선생이 꿈꾼, 세계 평화를 주도하는 문화강국으로 나아갑시다. 3·1운동이라는 이 거대한 뿌리는 결코 시들지 않습니다. 공정하고 정의로운 나라는 이미 국민들 마음 구석구석에서 99년 전부터 자라나고 있었습니다. 이 거대한 뿌리가 한반도에서 평화와 번영의 나무를 튼튼하게 키워낼 것입니다. 대한민국은 세계에서 가장 위대하고 아름다운 나라가 될 것입니다. 감사합니다.

제주에 봄이 오고 있습니다

4·3희생자 추념일 추념사 | 2018-04-03 |

제주시 봉개동의 4·3평화공원에서 열린 제70주년 제주4·3 추념식에서
추념사를 발표하는 문재인 대통령의 모습

4·3 생존 희생자와 유가족 여러분, 제주 도민 여러분,

돌담 하나, 떨어진 동백꽃 한 송이, 통곡의 세월을 간직한 제주에서 "이 땅에 봄은 있느냐?" 여러분은 70년 동안 물었습니다. 저는 오늘 여러분께 제주의 봄을 알리고 싶습니다. 비극은 길었고, 바람만 불어도 눈물이 날 만큼 아픔은 깊었지만 유채꽃처럼 만발하게 제주의 봄은 피어날 것입니다. 여러분이 4·3을 잊지 않았고 여러분과 함께 아파한 분들이 있어, 오늘 우리는 침묵의 세월을 딛고 이렇게 모일 수 있었습니다. 혼신의 힘을 다해 4·3의 통한과 고통, 진실을 알려온 생존 희생자와 유가족, 제주 도민들께 대통령으로서 깊은 위로와 감사의 말씀을 드립니다.

존경하는 제주 도민 여러분, 국민 여러분,

70년 전 이곳 제주에서 무고한 양민들이 이념의 이름으로 희생당했습니다. 이념이란 것을 알지 못해도 도둑 없고, 거지 없고, 대문도 없이 함께 행복할 수 있었던 죄 없는 양민들이 영문도 모른 채 학살을 당했습니다. 1948년 11월 17일 제주도에 계엄령이 선포되고, 중산간 마을을 중심으로 '초토화 작전'이 전개되었습니다. 가족 중 한 사람이라도 없으면 '도피자 가족'이라는 이유로 죽임을 당했습니다. 중산간 마을의 95% 이상이 불타 없어졌고, 마을 주민 전체가 학살당한 곳도 있습니다. 1947년부터 1954년까지 당시 제주 인구의 10분의 1, 3만 명이 죽은 것으로 추정됩니다. 이념이 그은 삶과 죽음의 경계선은 학살터에만 있지 않았습니다. 한꺼번에 가족을 잃고도 '폭도의 가족'이란 말을 듣지 않

기 위해 숨죽이며 살아야 했습니다. 고통은 연좌제로 대물림되기도 했습니다. 군인이 되고, 공무원이 되어 나라를 위해 일하고자 하는 자식들의 열망을 제주의 부모들은 스스로 꺾어야만 했습니다. 4·3은 제주의 모든 곳에 서려 있는 고통이었지만, 제주는 살아남기 위해 기억을 지워야만 하는 섬이 되었습니다. 그러나 말 못할 세월 동안 제주 도민들의 마음속에서 진실은 사라지지 않았습니다. 4·3을 역사의 자리에 바로 세우기 위한 눈물 어린 노력도 끊이지 않았습니다. 1960년 4월 27일 관덕정 광장에서, "잊어라, 가만히 있어라" 강요하는 불의한 권력에 맞서 제주의 청년 학생들이 일어섰습니다. 제주의 중고등학생 1500여 명이 3·15 부정선거 규탄과 함께 4·3의 진실을 외쳤습니다. 그해, 4월의 봄은 얼마 못가 5·16군부세력에 의해 꺾였지만, 진실을 알리려는 용기는 사라지지 않았습니다. 수많은 4·3단체들이 기억의 바깥에 있던 4·3을 끊임없이 불러냈습니다. 제주4·3연구소, 제주4·3도민연대, 제주민예총 등 많은 단체들이 4·3을 보듬었습니다. 4·3을 기억하는 일이 금기였고 이야기하는 것 자체가 불온시되었던 시절, 4·3의 고통을 작품에 새겨 넣어 망각에서 우리를 일깨워준 분들도 있었습니다. 유신독재의 정점이던 1978년 발표한, 소설가 현기영의 《순이 삼촌》, 김석범 작가의 《까마귀의 죽음》과 《화산도》, 이산하 시인의 장편 서사시 《한라산》, 3년간 50편의 '4·3연작'을 완성했던 강요배 화백의 〈동백꽃 지다〉, 4·3을 다룬 최초의 다큐멘터리 영화 조성봉 감독의 〈레드헌트〉, 오멸 감독의 영화 〈지

슬〉, 임흥순 감독의 〈비념〉과 김동만 감독의 〈다랑쉬굴의 슬픈 노래〉, 고
(故) 김경률 감독의 〈끝나지 않는 세월〉, 가수 안치환의 노래 〈잠들지 않
는 남도〉. 때로는 체포와 투옥으로 이어졌던 예술인들의 노력은 4·3이
단지 과거의 불행한 사건이 아니라 현재를 사는 우리들의 이야기임을
알려주었습니다. 드디어 우리는 4·3의 진실을 기억하고 드러내는 일이
민주주의와 평화, 인권의 길을 열어가는 과정임을 알게 되었습니다. 제
주 도민과 함께 오래도록 4·3의 아픔을 기억하고 알려준 분들이 있었기
에 4·3은 깨어났습니다. 국가 폭력으로 말미암은 그 모든 고통과 노력
에 대해 대통령으로서 다시 한번 깊이 사과드리고, 또한 깊이 감사드립
니다.

　4·3 생존 희생자와 유가족 여러분, 국민 여러분,

　민주주의의 승리가 진실로 가는 길을 열었습니다. 2000년, 김대중
정부는 4·3 진상규명 특별법을 제정하고, 4·3위원회를 만들었습니다.
노무현 대통령은 대통령으로서 처음으로 4·3에 대한 국가의 책임을 인
정하고, 위령제에 참석해 희생자와 유족, 제주 도민께 사과했습니다. 저
는 오늘 그 토대 위에서 4·3의 완전한 해결을 향해 흔들림 없이 나아갈
것을 약속합니다. 더 이상 4·3의 진상 규명과 명예 회복이 중단되거나
후퇴하는 일은 없을 것입니다. 그와 함께 4·3의 진실은 어떤 세력도 부
정할 수 없는 분명한 역사의 사실로 자리를 잡았다는 것을 선언합니다.
국가 권력이 가한 폭력의 진상을 제대로 밝혀 희생된 분들의 억울함을

풀고, 명예를 회복하도록 하겠습니다. 이를 위해 유해 발굴 사업도 아쉬움이 남지 않도록 끝까지 계속해나가겠습니다. 유족들과 생존 희생자들의 상처와 아픔을 치유하기 위한 정부 차원의 조치에 최선을 다하는 한편, 배·보상과 국가트라우마센터 건립 등 입법이 필요한 사항은 국회와 적극 협의하겠습니다. 4·3의 완전한 해결이야말로 제주 도민과 국민 모두가 바라는 화해와 통합, 평화와 인권의 확고한 밑받침이 될 것입니다.

제주 도민 여러분, 국민 여러분,

지금 제주는 그 모든 아픔을 딛고 평화와 생명의 땅으로 부활하고 있습니다. 우리는 오늘, 4·3영령들 앞에서 평화와 상생은 이념이 아닌, 오직 진실 위에서만 바로 설 수 있다는 사실을 다시 확인하고 있습니다. 좌와 우의 극렬한 대립이 참혹한 역사의 비극을 낳았지만 4·3희생자들과 제주 도민들은 이념이 만든 불신과 증오를 뛰어넘었습니다. 고(故) 오창기 님은 4·3 당시 군경에게 총상을 입었지만, 한국전쟁이 발발하자 '해병대 3기'로 자원입대해 인천상륙작전에 참전했습니다. 아내와 부모, 장모와 처제를 모두 잃었던 고(故) 김태생 님은 애국의 혈서를 쓰고 군대에 지원했습니다. 4·3에서 '빨갱이'로 몰렸던 청년들이 죽음을 무릅쓰고 조국을 지켰습니다. 이념은 단지 학살을 정당화하는 명분에 불과했습니다. 제주 도민들은 화해와 용서로 이념이 만든 비극을 이겨냈습니다. 제주 하귀리에는 호국 영령비와 4·3희생자 위령비를 한자리에 모아 위령단을 만들었습니다. "모두 희생자이기에 모두 용서한다는 뜻"으로

4·3희생자 추모비에 분향하는 문재인 대통령의 모습

비를 세웠습니다. 2013년에는 가장 갈등이 컸던 4·3유족회와 제주경우회가 조건 없는 화해를 선언했습니다. 제주 도민들이 시작한 화해의 손길은 이제 전 국민의 것이 되어야 합니다.

저는 오늘 이 자리에서 국민들께 호소하고 싶습니다. 아직도 4·3의 진실을 외면하는 사람들이 있습니다. 아직도 낡은 이념의 굴절된 눈으로 4·3을 바라보는 사람들이 있습니다. 아직도 대한민국엔 낡은 이념이 만들어낸 증오와 적대의 언어가 넘쳐납니다. 이제 우리는 아픈 역사를 직시할 수 있어야 합니다. 불행한 역사를 직시하는 것은 나라와 나라 사이에서만 필요한 일이 아닙니다. 우리 스스로도 4·3을 직시할 수 있어야 합니다. 낡은 이념의 틀에 생각을 가두는 것에서 벗어나야 합니다. 이제 대한민국은 정의로운 보수와 정의로운 진보가 '정의'로 경쟁해야 하는 나라가 되어야 합니다. 공정한 보수와 공정한 진보가 '공정'으로 평가받는 시대여야 합니다. 정의롭지 않고 공정하지 않다면, 보수든 진보든, 어떤 깃발이든 국민을 위한 것이 될 수 없을 것입니다. 삶의 모든 곳에서 이념이 드리웠던 적대의 그늘을 걷어내고 인간의 존엄함을 꽃피울 수 있도록 모두 함께 노력해나갑시다. 그것이 오늘 제주의 오름들이 우리에게 들려주는 이야기입니다.

4·3 생존 희생자와 유가족 여러분, 국민 여러분,

4·3의 진상 규명은 지역을 넘어 불행한 과거를 반성하고 인류의 보편 가치를 되찾는 일입니다. 4·3의 명예 회복은 화해와 상생, 평화

와 인권으로 나가는 우리의 미래입니다. 제주는 깊은 상흔 속에서도 지난 70년간 평화와 인권의 가치를 외쳐왔습니다. 이제 그 가치는 한반도의 평화와 공존으로 이어지고, 인류 전체를 향한 평화의 메시지로 전해질 것입니다. 항구적인 평화와 인권을 향한 4·3의 열망은 결코 잠들지 않을 것입니다. 그것은 대통령인 제게 주어진 역사적인 책무이기도 합니다. 오늘의 추념식이 4·3영령들과 희생자들에게 위안이 되고, 우리 국민들에겐 새로운 역사의 출발점이 되길 기원합니다.

여러분,

제주에 봄이 오고 있습니다. 감사합니다.

대통령 문재인의 1년 —

2장

대통령
1년의 기록
2017. 5. 10 ~ 2018. 4. 30

5월

대통령 취임 선서 | 2017년 5월 10일 |

제22회 바다의 날 기념사 | 2017년 5월 31일 |

대통령 취임 선서

| 2017-05-10 |

선서

나는 헌법을 준수하고 국가를 보위하며 조국의 평화적 통일과 국민의 자
유와 복리에 증진 및 민정 문화 창달에 노력하며 대통령으로서의 직책을
성실히 수행할 것을 국민 앞에 엄숙히 선서합니다.

2017년 5월 10일 대통령 문재인

존경하고 사랑하는 국민 여러분,

감사합니다. 국민 여러분의 위대한 선택에 머리 숙여 깊이 감사드
립니다. 저는 오늘 대한민국 19대 대통령으로서 새로운 대한민국을 향

해 첫걸음을 내딛습니다. 지금 제 두 어깨는 국민 여러분으로부터 부여받은 막중한 소명감으로 무겁습니다. 지금 제 가슴은 한 번도 경험하지 못한 나라를 만들겠다는 열정으로 뜨겁습니다. 그리고 지금 제 머리는 통합과 공존의 새로운 세상을 열어갈 청사진으로 가득 차 있습니다. 우리가 만들어가려는 새로운 대한민국은 숱한 좌절과 패배에도 불구하고 우리의 선대들이 일관되게 추구했던 나라입니다. 또 많은 희생과 헌신을 감내하며 우리 젊은이들이 그토록 이루고 싶어 했던 나라입니다. 그런 대한민국을 만들기 위해 저는 역사와 국민 앞에 두렵지만 겸허한 마음으로 대한민국 제19대 대통령으로서의 책임과 소명을 다할 것임을 천명합니다. 함께 선거를 치른 후보들께 감사의 말씀과 함께 심심한 위로를 전합니다. 이번 선거에서는 승자도 패자도 없습니다. 우리는 새로운 대한민국을 함께 이끌어가야 할 동반자입니다. 이제 치열했던 경쟁의 순간을 뒤로하고 함께 손을 맞잡고 앞으로 전진해야합니다.

존경하는 국민 여러분,

지난 몇 달 우리는 유례없는 정치적 격변기를 보냈습니다. 정치는 혼란스러웠지만 국민은 위대했습니다. 현직 대통령의 탄핵과 구속 앞에서도 국민들이 대한민국의 앞길을 열어주셨습니다. 우리 국민들은 좌절하지 않고 오히려 이를 전화위복의 기회로 승화시켜 마침내 오늘 새로운 세상을 열었습니다. 대한민국의 위대함은 국민의 위대함입니다. 그리고 이번 대통령 선거에서 우리 국민들은 또 다른 역사를 만들어주셨습니다. 전국 각지에서 고른 지지로 새로운 대통령을 선택해주셨습니다. 오늘부터 저는 국민 모두의 대통령이 되겠습니다. 저를 지지하지 않았던 국민 한 분 한 분도 저의 국민이고 우리의 국민으로 섬기겠습니다. 저는 감히 약속드립니다. 2017년 5월 10일, 이날은 진정한 국민 통합이 시작되는 날로 역사에 기록될 것입니다.

존경하고 사랑하는 국민 여러분,

힘들었던 지난 세월 국민들은 이게 나라냐고 물었습니다. 대통령 문재인은 바로 그 질문에서 새로 시작하겠습니다. 오늘부터 나라를 나라답게 만드는 대통령이 되겠습니다. 구시대의 잘못된 관행과 과감히 결별하겠습니다. 대통령부터 새로워지겠습니다. 우선 권위적 대통령 문화를 청산하겠습니다. 준비를 마치는 대로 지금의 청와대에서 나와 광화문 대통령 시대를 열겠습니다. 참모들과 머리와 어깨를 맞대고 토론하겠습니다. 국민과 수시로 소통하는 대통령이 되겠습니다. 주요 사안은 대통령이 직접 언론에 브리핑하겠습니다. 퇴근길에는 시장에 들러 마주치는 시민들과 격의 없는 대화를 나누겠습니다. 때로는 광화문 광장에서 대토론회를 열겠습니다. 대통령의 제왕적 권력을 최대한 나누겠습니다. 권력기관은 정치로부터 완전히 독립시키겠습니다. 그 어떤 기관도 무소불위 권력을 행사하지 못하도록 견제 장치를 만들겠습니다. 낮은 자세로 일하겠습니다. 국민과 눈높이를 맞추는 대통령이 되겠습니다. 안보 위기도 서둘러 해결하겠습니다. 한반도의 평화를 위해 동분서주하겠습니다. 필요하면 곧바로 워싱턴으로 날아가겠습니다. 베이징과 도쿄에도 가고 여건이 조성되면 평양에도 가겠습니다. 한반도의 평화 정착을 위해서라면 제가 할 수 있는 모든 일을 다하겠습니다. 한미 동맹은 더욱 강화하겠습니다. 한편으로 사드 문제 해결을 위해 미국 및 중국과 진지하게 협상하겠습니다. 튼튼한 안보는 막강한 국방력에서 비롯됩니다. 자주국방력을 강화하기 위해 노력하겠습니다. 북핵 문제를 해결할 토대도 마련하겠습니다. 동북아 평화 구조를 정착시킴으로써 한반도 긴장 완화의 전기를 마련하겠습니다. 분열과 갈등의 정치도 바꾸겠습니다. 보수와 진보의 갈등은 끝나야 합니다. 대통령이 나서서 직접 대화하겠습니다. 야당은 국정 운영의 동반자입니다. 대화를 정례화하고 수시로 만나겠습니다. 전국적으로 고르게 인사를 등용하겠습니다. 능력과 적재적소를 인사의 대원칙으로 삼겠습니다. 저에 대한 지지 여부와 상관없이 유능한 인재를 삼고초려해서 일을 맡기겠습니다.

나라 안팎으로 경제가 어렵습니다. 민생도 어렵습니다. 선거 과정에서 약속했듯이 무엇보다 먼저 일자리를 챙기겠습니다. 동시에 재벌 개혁에도 앞장서겠습니다. 문재인 정부하에서는 정경유착이라는 낱말이 완전히 사라질 것입니다. 지역과 계층과 세대 간 갈등을 해소하고 비정규직 문제도 해결의 길을 모색하겠습니다. 차별 없는 세상을 만들겠습니다. 거듭 말씀드립니다. 문재인과 더불어민주당 정부에서 기회는 평등할 것입니다. 과정은 공정할 것입니다. 결과는 정의로울 것입니다.

존경하는 국민 여러분,

이번 대통령 선거는 전임 대통령의 탄핵으로 치러졌습니다. 불행한 대통령의 역사가 계속되고 있습니다. 이번 선거를 계기로 이 불행한 역사는 종식되어야 합니다. 저는 대한민국 대통령의 새로운 모범이 되겠습니다. 국민과 역사가 평가하는 성공한 대통령이 되기 위해 최선을 다하겠습니다. 그래서 지지와 성원에 보답하겠습니다. 깨끗한 대통령이 되겠습니다. 빈손으로 취임하고 빈손으로 퇴임하는 대통령이 되겠습니다. 훗날 고향으로 돌아가 평범한 시민이 되어 이웃과 정을 나눌 수 있는 대통령이 되겠습니다. 국민 여러분의 자랑으로 남겠습니다. 약속을 지키는 솔직한 대통령이 되겠습니다. 선거 과정에서 제가 했던 약속들을 꼼꼼하게 챙기겠습니다. 대통령부터 신뢰받는 정치를 솔선수범해야 진정한 정치 발전이 가능할 것입니다. 불가능한 일을 하겠다고 큰소리치지 않겠습니다. 잘못한 일은 잘못했다고 말씀드리겠습니다. 거짓으로 불리한 여론을 덮지 않겠습니다. 공정한 대통령이 되겠습니다. 특권과 반칙이 없는 세상을 만들겠습니다. 상식대로 해야 이득을 보는 세상을 만들겠습니다. 이웃의 아픔을 외면하지 않겠습니다. 소외된 국민이 없도록 노심초사하는 마음으로 항상 살피겠습니다. 국민들의 서러운 눈물을 닦아드리는 대통령이 되겠습니다. 소통하는 대통령이 되겠습니다. 낮은 사람, 겸손한 권력이 되어 가장 강력한 나라를 만들겠습니다. 군림하고 통치하는 대통령이 아니라 대화하고 소통하는 대통령이 되겠습니다. 광화문 시대의 대통령이 되어 국민들과 가까운 곳에 있겠습니다. 따뜻한 대통령, 친구 같은 대통령으로 남겠습니다.

　사랑하고 존경하는 국민 여러분,

　2017년 5월 10일 오늘 대한민국이 다시 시작합니다. 나라를 나라답게 만드는 대역사가 시작됩니다. 이 길에 함께해주십시오. 저의 신명을 바쳐 일하겠습니다. 감사합니다

제22회 바다의 날 기념사

| 2017-05-31 |

　　존경하는 국민 여러분, 전북 도민과 군산 시민 여러분 그리고 해양 수산 종사자 여러분,

　　스물두 해를 맞은 바다의 날을 진심으로 축하합니다. 통일신라시대 장보고가 청해진을 설치한 날이 바로 오늘입니다. 청해진을 중심으로 동북아시아의 해상권을 장악하며 해양 강국으로 명성을 떨쳤던 시절이었습니다. 이러한 역사적 배경과 134만 해양 수산 종사자 여러분의 희생과 헌신으로 오늘날 대한민국은 세계 12위권의 해양 강국으로 도약할 수 있었습니다. 보유 선박수 세계 5위, 컨테이너 물동량 세계 4위의 해운 항만 산업은, 수출 물량의 99.7%를 책임지며 우리나라를 세계 6위의 수

출대국으로 키워냈습니다. 영해와 배타적경제수역(EEZ)을 포함한 우리 바다의 면적은 육지의 4.5배에 이르며, 태평양 심해저, 남극과 북극까지 외연을 넓히고 있습니다. 다시 한번 김영석 해양수산부 장관을 비롯한 134만 해양 수산 종사자 여러분의 노고에 깊은 감사의 말씀을 드립니다. 이와 같이 우리는 최고의 해양 잠재력을 가지고 있으면서도, 이를 국력으로 발현시키지 못하고 있으며, 해양 수산의 국가 경제 기여도 아직은 만족할 수 있는 수준이 아닙니다. 다시 한번 해양 수산의 도약을 준비해야 할 때입니다.

존경하는 국민 여러분,

그에 앞서 반드시 짚고 넘어가야 할 과제가 있습니다. 아직도 국민들의 가슴속에 아픔으로 남아 있는 세월호입니다. 다시는 이러한 해양 사고가 없어야 합니다. 바다의 모든 것을 새롭게 하는 재조(再造) 해양의 절박한 심정으로 임하겠습니다. 세월호 참사에 대한 깊은 반성을 시작으로 모든 분야에서 국민의 생명과 안전이 먼저인 나라다운 나라로 바꿀 것입니다. 다시 한번 세월호 희생자와 해양 산업 발전을 위해 일하다 각종 해양 사고로 순직한 모든 분들의 명복을 빕니다.

사랑하는 전북 도민과 군산 시민 여러분,

언제나 너른 마음으로 품어주신 여러분께 오늘 이 자리를 빌려 깊이 감사드립니다. 전북의 친구가 되겠다는 약속, 반드시 지키겠습니다. 새만금에 오니 이곳에 펼쳐질 농생명과 환경 생태, 국제협력과 신성장

산업, 해양 관광 레저의 멋진 그림을 생각하게 됩니다. 동북아 경제 허브, 특히 중국과의 경제협력 중심지가 될 수 있는 곳이 새만금입니다. 문제는 속도입니다. 이번에 신설한 청와대 정책실을 중심으로 직접 챙기겠습니다. 매립도 필요한 부분은 공공 매립으로 전환해서 사업 속도를 올리겠습니다. 신항만과 도로 등의 핵심 인프라를 빠른 시일 내에 확충하여 새만금이 환황해 경제권의 거점이 되도록 최선을 다하겠습니다. 환경 요소도 균형 있게 고려하여 활력 있는 녹색 수변 도시를 만들어나가겠습니다.

존경하는 국민 여러분 그리고 해양 수산 종사자 여러분,

오늘 저는 바다에 대한 새 정부의 약속과 다짐을 말씀드리고자 합니다. 먼저 해양 수산을 대하는 정부의 관점을 바꾸겠습니다. 역사 이래 바다를 포기하고 강국이 된 나라는 없습니다. 특히 삼면이 바다로 둘러싸인 우리나라에게 바다는 안보이자 경제이며 민생입니다. 먼저 우리의 해양주권을 반드시 지켜내겠습니다. 새 정부는 강력한 해양 경제력과 해군력을 바탕으로 명실상부한 해양 강국으로 입지를 굳건히 하겠습니다. 우리가 처한 안보 현실 속에서 국익과 튼튼한 안보를 함께 얻기 위해서는 바다로 과감히 눈을 돌려야 합니다. 바다를 통해 우리 안보를 든든히 하고, 바다를 통해 우리 경제가 단단해져야 합니다. 과감한 투자로 국가 해양력을 한 단계 도약시키겠습니다. 이를 위해 육지보다 다섯 배가량 넓은 관할 수역은 물론 극지와 심해저까지 빈틈없이 관리할 수 있도록

선박과 인력 등 해양조사 역량을 보강하겠습니다. 해양력의 원천은 과학 기술입니다. 현재 국가 전체 R&D의 3%에 불과한 해양 수산 R&D 비중을 주요 선진국 수준으로 확대하겠습니다. 해양 신재생에너지, 해양 바이오와 같은 미래형 신산업과 4차 산업혁명 등 일자리 창출의 모범 답안을 바다에서 찾겠습니다. 또한 국방 예산을 GDP의 3% 수준까지 높여 나간다는 목표 위에서 해군 전력에 대한 투자도 늘리겠습니다. 이를 토대로 새 정부는 동북아 해양 경쟁에서 뒤지지 않고, 평화 번영 공동체를 이루는 주춧돌을 놓겠습니다. 민생을 위협하는 외국 어선의 불법 조업은 강력히 대응하겠습니다. 해양 안보를 위협하는 그 어떤 세력도 우리 바다를 넘보지 못하도록 하겠습니다.

다음 과제는 우리 바다를 살리는 일입니다. 기후변화와 자원 감소로 병든 우리 바다를 되살리겠습니다. 기후변화로 인한 바다 생태계 변화가 가장 빠른 곳이 한반도 주변 해역입니다. 수온과 해수면 상승 속도가 세계 평균보다 빠르고, 연근해 수산물 생산량은 지난해 처음으로 100만 톤 밑으로 떨어졌습니다. 새 정부는 우리 바다를 살리기 위한 모든 수단을 강구하겠습니다. 사라졌거나 사라지는 자원은 첨단 양식 기술로 되살리고, 국가와 어업인과 더불어 시민사회도 함께 참여하도록 자원 관리 정책의 패러다임을 바꾸겠습니다. 어장 회복과 함께 세제 지원으로 어업인 소득을 높이고, 살기 좋은 어촌을 만들어 일하고 싶고, 물려주고 싶은 수산업으로 체질을 바꾸겠습니다. 수산업은 국민들께서 안심하고,

만족하는 고급 식품 산업으로 거듭나야 합니다. 소비자가 원하는 깨끗한 수산물을 제공하면서 제값에 팔도록 하겠습니다. 어업인들도 단순한 생산자가 아니라 유통과 판매, 관광까지 경영과 소득의 폭을 넓힐 수 있도록 지원하겠습니다.

다음으로 해운·조선 산업을 살리겠습니다. 해운·조선 산업은 국가 경제 핵심의 한 축이며, 전시에는 육·해·공군에 이어 제4군의 역할을 하는 안보상으로도 매우 중요한 국가 기간산업입니다. 우리 해운·조선 산업은 이미 세계 최고의 경쟁력을 갖추고 있습니다. 그 경쟁력을 살릴 수 있도록 체계적이고 안정적인 금융 지원을 위해 한국해양선박금융공사를 설립하겠습니다. 산업 정책적 고려 속에서 해운·조선 산업을 살릴 수 있도록 정부가 먼저 노력하겠습니다. 친환경 선박을 포함한 우리 선사의 선박 발주를 돕고, 과거처럼 글로벌 대형 선사 그룹과 함께 당당히 경쟁하도록 하겠습니다. 해운·항만·수산 기업의 신규 선박 발주, 노후 선박 교체, 공공 선박 발주, 금융 지원, 해외 항만 개발 등 할 수 있는 모든 정책 수단을 총동원하겠습니다. 해운과 조선이 상생하는 선순환의 구조를 만들겠습니다. 정부 내에 일관된 해운-조선-금융 지원 체계를 만들어 해양 산업 전반의 경쟁력을 획기적으로 높이겠습니다.

다행히 최근 기쁜 소식이 있었습니다. 지난 4월, 전 세계 선박 수주 경쟁에서 우리나라가 중국에 앞서 1위를 차지했습니다. 어려움 속에서도 큰 성과를 만들어낸 해운 조선 관계자 여러분께 감사드립니다. 새 정부도 경제 위기에서 해운과 조선 산업이 시금석이라 생각하고 의지를 가지고 챙겨나가겠습니다.

존경하는 국민 여러분,

선거 기간 중 전국을 다니면서 우리 해양 수산이 참으로 어렵다는 것을 절실히 느꼈습니다. 일감이 없는 조선소, 일할 사람이 없는 어촌, 일자리가 없는 연안 도시. 이런 모습들을 보면서 새로운 희망을 드려야 겠다는 다짐을 했습니다. 다시 한번 국가 해양력을 높이고, 무너진 해운과 조선 산업, 우리 바다를 되살리겠다는 약속을 드립니다. 문재인 정부에서 해양 수산하면 "대통령이 직접 챙긴다"라는 말을 듣도록 하겠습니다. 134만 해양 수산 종사자 여러분도 함께해주실 것으로 믿습니다. 감사합니다.

런던 테러 희생자 추념사

| 2017-06-05 |

　　영국 런던에서 일어난 연쇄 테러는 무고한 민간인과 어린이를 상대로 저질러진 범죄 행위입니다. 전쟁과 테러, 특히 민간인을 상대로 한 이같은 공격은 어떤 명분으로도 정당화될 수 없습니다. 저와 대한민국 국민들은 이와 같은 반인륜적 범죄에 크게 분노합니다. 테러로 인한 희생자들의 명복을 빌며 유가족들께도 깊은 위로를 전합니다.

　　인간성을 의심케 하는 잔혹한 범죄에도 불구하고 우리는 삶을 이어가야 합니다. 비인간적인 공격과 가슴 아픈 희생을 넘어 우리는 연대할 것이며 인간성에 대한 믿음 또한 잃지 않을 것입니다. 다시 한번 런던 테러 희생자들의 명복을 빕니다.

제62회 현충일 추념사

| 2017-06-06 |

존경하는 국민 여러분,

국가유공자와 유가족 여러분, 예순두 번째 현충일을 맞아 나라를 위해 희생하신 분들의 거룩한 영전 앞에 깊이 고개 숙입니다. 가족을 조국의 품에 바치신 유가족 여러분께 위로와 감사의 말씀을 드립니다. 국가유공자 여러분께 충심으로 경의를 표합니다. 저는 오늘 이곳 현충원에서 '애국'을 생각합니다. 우리 국민의 애국심이 없었다면 지금의 대한민국도 없었을 것입니다. 식민지에서 분단과 전쟁으로, 가난과 독재와의 대결로, 시련이 멈추지 않은 역사였습니다. 애국이 그 모든 시련을 극복해냈습니다. 지나 온 100년을 자랑스러운 역사로 만들었습니다.

존경하는 국민 여러분,

대한민국이라는 국호를 지킨 것은 독립운동가들의 신념이었습니다. 항일의병부터 광복군까지 국권 회복과 자주독립의 신념이 태극기에 새겨졌습니다. 살이 찢기고 손발톱이 뽑혀 나가면서도 가슴에 태극기를 품고 조국을 버리지 않았습니다. 독립운동가를 키우고, 독립운동을 지원하며 나라 잃은 설움을 굳건하게 살아냈습니다. 그것이 애국입니다. 독립운동가와 그 후손들이 국가의 예우를 받기까지는 해방이 되고도 오랜 시간이 걸렸습니다. 그러나 독립운동을 하면 3대가 망하고 친일을 하면 3대가 흥한다는 뒤집힌 현실은 여전합니다. 독립운동가의 후손들이 겪고 있는 가난의 서러움, 교육받지 못한 억울함, 그 부끄럽고 죄송스런 현실을 그대로 두고 나라다운 나라라고 할 수 없습니다. 애국의 대가가 말뿐인 명예로 끝나서는 안 됩니다. 독립운동가 한 분이라도 더, 그분의 자손들 한 분이라도 더, 독립운동의 한 장면이라도 더, 찾아내겠습니다. 기억하고 기리겠습니다. 그것이 국가가 해야 할 일입니다.

3·8선이 휴전선으로 바뀌는 동안, 목숨을 바친 조국의 아들들이 있었습니다. 전선을 따라 늘어선 수백 개의 고지마다 한 뼘의 땅이라도 더 찾고자 피 흘렸던 우리 국군이 있었습니다. 그들의 짧았던 젊음이 조국의 땅을 넓혔습니다. 전선을 지킨 것은 군인만이 아니었습니다. 태극기 위에 위국헌신을 맹세하고 후방의 청년과 학생들도 나섰습니다. 주민들은 지게를 지고 탄약과 식량을 날랐습니다. 그것이 애국입니다. 철원 '백

마고지', 양구 '단장의 능선'과 '피의 능선', 이름 없던 산들이 용사들의 무덤이 되었습니다.

전쟁의 비극이 서린, 슬픈 이름이 붙여졌습니다. 전우를 그곳에 남기고 평생 미안한 마음으로 살아오신 호국용사들에게 눈물의 고지가 되었습니다. 아직도 백골로 묻힌 용사들의 유해, 단 한 구의 유골이라도 반드시 찾아내 이곳에 모시겠습니다. 전장의 부상을 안고, 전우의 희생을 씻기지 않는 상처로 안은 채 살아가는 용사들, 그분들이 바로 조국의 아버지들입니다. 반드시 명예를 지켜드리겠습니다. 이념에 이용되지 않고 이 땅의 모든 아들딸들에게 존경받도록 만들겠습니다. 그것이 응당 국가가 해야 할 일입니다. 베트남 참전 용사의 헌신과 희생을 바탕으로 조국 경제가 살아났습니다. 대한민국의 부름에 주저 없이 응답했습니다. 폭염과 정글 속에서 역경을 딛고 묵묵히 임무를 수행했습니다. 그것이 애국입니다. 이국의 전쟁터에서 싸우다가 생긴 병과 후유장애는 국가가 함께 책임져야 할 부채입니다. 이제 국가가 제대로 응답할 차례입니다. 합당하게 보답하고 예우하겠습니다. 그것이 국가가 해야 할 일입니다.

존경하는 국민 여러분,

저는 오늘, 조국을 위한 헌신과 희생은 독립과 호국의 전장에서만 있었던 것이 아니었음을 여러분과 함께 기억하고자 합니다. 1달러의 외화가 아쉬웠던 시절, 이역만리 낯선 땅 독일에서 조국 근대화의 역군이 되어준 분들이 계셨습니다. 뜨거운 막장에서 탄가루와 땀으로 범벅이 된 채 석탄을 캔 파독 광부, 병원의 온갖 궂은일까지 견뎌낸 파독 간호사, 그분들의 헌신과 희생이 조국 경제에 디딤돌을 놓았습니다. 그것이 애국입니다. 청계천변 다락방 작업장, 천장이 낮아 허리조차 펼 수 없었던 그곳에서 젊음을 바친 여성 노동자들의 희생과 헌신에도 감사드립니다. 재봉틀을 돌리며 눈이 침침해지고, 실밥을 뜯으며 손끝이 갈라진 그분들입니다. 애국자 대신 여공이라고 불렸던 그분들이 한강의 기적을 일으켰습니다. 그것이 애국입니다. 이제는 노인이 되어 가난했던 조국을 온몸으로 감당했던 시절을 회상하는 그분들께 저는 오늘, 정부를 대표해서 마음의 훈장을 달아드립니다.

존경하는 국민 여러분, 국가유공자와 유가족 여러분,

애국은 오늘의 대한민국을 있게 한 모든 것입니다. 국가를 위해 헌신한 한 분 한 분이 바로 대한민국입니다. 보수와 진보로 나눌 수도 없고, 나누어지지도 않는 그 자체로 온전히 대한민국입니다. 독립운동가의 품속에 있던 태극기가 고지 쟁탈전이 벌어지던 수많은 능선 위에서 펄럭였습니다. 파독 광부·간호사를 환송하던 태극기가 5·18과 6월항쟁의 민주주의 현장을 지켰습니다. 서해 바다를 지킨 용사들과 그 유가족의 마음에 새겨졌습니다. 애국하는 방법은 달랐지만, 그 모두가 애국자였습니다. 새로운 대한민국은 여기서 출발해야 합니다. 제도상의 화해를 넘어서, 마음으로 화해해야 합니다. 빼앗긴 나라를 되찾는 데 좌우가 없었고 국가를 수호하는데 노소가 없었듯이, 모든 애국의 역사 한복판에는 국민이 있었을 뿐입니다. 저와 정부는 애국의 역사를 존중하고 지키겠습니다. 대한민국을 지키기 위해 공헌하신 분들께서 바로 그 애국으로, 대한민국을 통합하는데 앞장서주시기를 간절히 부탁드립니다. 여러분들이 이 나라의 이념 갈등을 끝내주실 분들입니다. 이 나라의 증오와 대립, 세대 갈등을 끝내주실 분들도 애국으로 한평생 살아오신 바로 여러분들입니다. 무엇보다, 애국의 역사를 통치에 이용한 불행한 과거를 반복하지 않겠습니다. 전쟁의 후유증을 치유하기보다 전쟁의 경험을 통치의 수단으로 삼았던 이념의 정치, 편 가르기 정치를 청산하겠습니다.

존경하는 국민 여러분, 국가유공자와 보훈 가족 여러분,

저는 오늘, 이 자리에서 보훈이야말로 국민 통합을 이루고 강한 국가로 가는 길임을 분명히 선언합니다. 그동안 우리의 보훈 정책은 꾸준히 발전해왔습니다. 군사원호에서 예우와 보상으로, 호국유공자에서 독립, 민주유공자, 공무수행 유공자까지 그 영역도 확대되어왔습니다. 국가유공자로 모시지는 못했지만 그 뜻을 함께 기려야 할 군경과 공무원, 의인들을 예우하고 지원하는 제도도 마련해왔습니다. 그러나 아직도 그분들의 공적에는 많이 못 미칩니다. 국민의 상식과 눈높이에도 미치지 못합니다. 이제 한 걸음 더 나가겠습니다. 국회가 동의해준다면, 국가보훈처의 위상부터 강화하겠습니다. 장관급 기구로 격상하겠습니다. 국가유공자와 보훈 대상자, 그 가족이 자존감을 지키며 살아가실 수 있도록 하겠습니다. 국가를 위해 헌신하면 보상받고, 반역자는 심판받는다는 흔

들리지 않는 믿음이 있어야 합니다. 그것이 국민이 애국심을 바칠 수 있는, 나라다운 나라입니다. 애국이 보상받고, 정의가 보상받고, 원칙이 보상받고, 정직이 보상받는 나라를 다 함께 만들어나갑시다. 개인과 기업의 성공이 동시에 애국의 길이 되는 정정당당한 나라를 다 함께 만들어나갑시다. 다시 한번 순국선열, 호국영령, 민주열사의 애국헌신을 추모하며, 명복을 빕니다. 감사합니다.

6 · 15 남북정상회담 17주년 기념식 축사

| 2017-06-15 |

존경하는 국민 여러분, 내외 귀빈 여러분,

우리는 오늘 6 · 15남북정상회담을 기념하기 위해 모였습니다. 김대중 대통령님의 고뇌와 용기, 그리고 역사적 결단을 기억하고, 그 정신을 되살리기 위해 모였습니다. 특별히 이희호 여사님의 건강을 기원합니다. 김대중 대통령님께서 생전에 여사님께 보냈던 존경과 사랑을 우리 모두가 기억하고 있습니다. 여사님께서 평화를 이룬 한반도를 보시는 것이 우리 모두의 기쁨이 될 것입니다. 이희호 여사님, 오래오래 건강하셔서 꼭 좋은 세상 보십시오.

오늘 이 자리에 서니, 김대중 대통령께서 짊어지셨던 역사의 무게가 깊게 느껴집니다. 김대중 대통령님은 '행동하는 양심으로', '두렵지만 나서야 하기 때문에 나서는' 참된 용기를 보여주신 분입니다. 그 용기가 대한민국의 민주화 시대를 열었습니다. 그러나 무엇보다 김대중 대통령님의 큰 발걸음은 남북 화해와 평화, 햇볕정책에 있었습니다. 김대중 대통령님은 한반도 문제의 주인은 우리 자신이라는 것을 몸소 실천적으로 보여주셨습니다. 분단 후 최초의 남북 정상회담으로 남북 관계의 대전환을 이끌어냈습니다. 남과 북의 평화 통일이 가능하다는 사실을 처음으로 확인시켜주셨습니다. 우리가 운전석에 앉아 주변국과의 협력을 바탕으로 한반도 문제를 이끌어갈 수 있음을 보여주셨습니다. IMF 위기 속에서 남북 화해와 협력의 새로운 장을 열었고 IMF 위기까지 극복하였습니다.

내외 귀빈 여러분,

오늘 우리가 겪고 있는 위기를 해결하기 위해서라도 남북 관계는 새롭게 정립되고 발전되어야 합니다. 김대중 대통령님은 6·15남북정상회담을 위해 위험을 무릅쓰고 평양에 가셨습니다. 결코 순탄대로가 아니었습니다. 김대중 대통령께서 임기를 시작하고 얼마 지나지 않아 북한은 대포동 1호 미사일을 발사했습니다. 금창리에 제2의 지하 핵시설이 있다는 의혹도 제기되었습니다. 미국이 북한의 영변 핵시설에 대한 폭격까지 검토했던 1994년 이후 또다시 한반도 정세가 긴장 국면으로 빠져들고 있었습니다. 그러나 김대중 대통령님은 이러한 위기를 극복하고 미국의 클린턴 행정부를 설득하면서 남북 관계가 발전할 수 있는 토대를 주도적으로 닦으셨습니다. 오늘 우리에게 무엇이 필요한지를 분명하게 보여주셨습니다. 북한의 핵과 미사일 개발이 지역과 국제사회의 평화와 안정을 위협하는 심각한 우려 사항으로 대두되었습니다. 이는 물론 우리의 안보에도 매우 심각한 우려가 아닐 수 없습니다. 이 자리를 빌려 다시 한번 촉구합니다. 북한은 핵개발을 포기하고 국제사회와 협력할 수 있는 길을 찾아야 합니다. 우리 모두는 분명히 기억합니다. 김대중 대통령님은 북한의 도발적 행동으로 인한 한반도 위기 속에서도 남북 화해 협력의 새로운 장을 열었습니다. 위기는 기회입니다. 미국을 비롯해 국제적 공조를 바탕으로 북한 핵 문제를 해결하고 한반도에 평화를 정착시키며 남과 북이 함께 번영을 구가할 수 있는 의지와 지혜, 역량을 우리는 갖고 있습니다. 김대중 대통령님께서 북한의 핵과 도발을 불용하겠다는 원칙을 지키면서 남북 관계 발전을 이루어냈듯이 우리도 새롭게 담대한 구상과 의지를 갖고 해결해나가야 할 것입니다.

　내외 귀빈 여러분,

　그동안 남과 북은 반목과 대결이 계속되는 속에서도 몇 차례 중요한 역사를 만들어냈습니다. 1972년 7·4남북공동성명으로부터 1991년 남북기본합의서를 지나 2000년 6·15공동선언까지 그리고 그 토대 위에서 2007년 남북 관계 발전과 평화 번영을 위한 10·4정상선언으로 발전시켜왔습니다. 남북 당국 간의 이러한 합의들이 지켜졌다면, 또 국회에서 비준되었더라면 정권의 부침에 따라 대북 정책이 오락가락하는 일은 없었을 것입니다. 그래서 남북 합의를 준수하고 법제화하는 일은 무엇보다 중요합니다. 역대 정권에서 추진한 남북 합의는 정권이 바뀌어도 반드시 존중되어야 하는 중요한 자산입니다. 정부는 역대 정권의 남북 합의를 남북이 함께 되돌아가야 할 원칙으로 대할 것입니다. 또한 당면한 남북 문제와 한반도 문제 해결의 방법을 그간의 합의에서부터 찾아나갈 것입니다.

존경하는 국민 여러분, 내외 귀빈 여러분,

6·15공동선언은 남북 문제의 주인이 우리 민족임을 천명했습니다. 남과 북은 또 10·4선언으로 분명히 약속했습니다. 남북의 군사적 적대 관계 종식, 한반도에서 긴장 완화와 평화 보장을 위한 긴밀한 협력을 약속했습니다. 한반도의 항구적인 평화 체제 구축을 위해 관련국 정상들의 종전 선언을 추진해가기로 약속했습니다. 핵 문제 해결을 위해 6자 회담, 9·19공동성명과 2·13합의가 순조롭게 이행되도록 공동으로 노력한다고 약속했습니다. 이 약속에 북한 핵 문제 해결의 해법이 모두 들어 있습니다. 우리 국민들이 안심할 수 있는 약속이 담겨 있습니다. 남과 북이 함께 발전할 수 있는 방안이 모두 담겨 있습니다.

최근 북한이 6·15 공동선언과 남북정상선언의 존중과 이행을 촉구하고 있습니다. 그러나 핵과 미사일 고도화로 말 따로 행동 따로인 것은 바로 북한입니다. 우리는 우리대로 노력할 것입니다. 북한도 그렇게 해야 할 것입니다. 북한의 핵 포기 결단은 남북 간 합의의 이행 의지를 보여주는 증표입니다. 이를 실천한다면 적극 도울 것입니다. 북한이 핵과 미사일의 추가 도발을 중단한다면, 북한과 조건 없이 대화에 나설 수 있음을 분명히 밝힙니다. 북한의 호응을 촉구합니다. 저는 무릎을 마주하고, 머리를 맞대고, 어떻게 기존의 남북 간의 합의를 이행해나갈지 협의할 의사가 있습니다. 북한 핵의 완전한 폐기와 한반도 평화 체제의 구축, 그리고 북미 관계의 정상화까지 포괄적으로 논의할 수 있을 것입니다.

내외 귀빈 여러분,

17년 전 6월 13일, 평양 순안 공항에서 김대중 대통령님과 김정일 국방위원장이 뜨겁게 포옹하던 그 모습을 여러분 모두가 기억하실 것입니다. 전 세계를 가슴 뛰게 한 장면이었습니다. 저는 또, 기억합니다. 6·15선언을 합의한 후 김대중 대통령님께서 하셨다는 그 말씀, "젖 먹던 힘까지 다했다. 내 평생 가장 길고 무겁고 보람 느낀 날이다"라는 말씀을 기억합니다. 그 가슴 뛰던 장면이, 그 혼신의 힘을 다한 노력이 우리 모두의 마음속에서 다시 살아 꿈틀거릴 때, 한반도에 새로운 역사가 열릴 것이라고 확신합니다. 남북의 온 겨레가 전쟁의 공포에서 벗어나는 역사, 남북의 온 겨레가 경제 공동체를 이뤄 함께 잘사는 역사, 한강의 기적이 대동강의 기적을 일으켜 한반도의 기적이 되는 역사, 그 모든 역사의 주인은 바로 우리 자신입니다.

너무 오랫동안 닫히고 막혀 있었습니다. 남북이 오가는 길만 아니라 우리들 마음까지 닫혀 있었는지도 모르겠습니다. 정부는 정부대로 남북 관계의 복원과 대화의 재개를 모색하겠습니다. 국민들 속에서 교류와 협력의 불씨가 살아나도록 돕겠습니다. 우리 청년들의 상상력이 한반도 북쪽을 넘어 유라시아까지 뻗어가도록 돕겠습니다. 여야와 보수·진보의 구분 없이, 초당적 협력과 국민적 지지로 남북 화해와 협력, 평화 번영의 길이 지속되게끔 하겠습니다. 여러분도 함께 노력해주십시오. 국민들 마음속의 분단이 평화로운 한반도를 향한 벅찬 꿈으로 바뀌어가도록 이 자리에 계신 여러분들께서 함께 노력해주십시오. 그렇게 정부와 국민들의 노력이 함께 어울릴 때, 그것이 김대중 대통령님의 정신과 6·15남북 정상회담이 이룬 성과를 온전히 계승하는 길이라고 생각합니다. 6·15 남북공동선언에 담긴 꿈이 반드시 이뤄지도록 함께 노력합시다. 김대중 정부의 화해 협력 정책과 노무현 정부의 평화 번영 정책을 오늘에 맞게 계승하고 발전시키는 일을 이 자리에 계신 여러분 그리고 국민 여러분과 함께 해나겠습니다. 감사합니다.

AIIB 연차 총회 축사

| 2017-06-16 |

존경하는 진리췬 아시아인프라투자은행(AIIB) 총재님, 회원국 및 국제기구 대표 여러분 그리고 내외 귀빈 여러분,

제2차 AIIB 연차 총회 개막을 축하합니다. 해외에서 오신 참석자 여러분께 우리 국민을 대표하여 따뜻한 환영의 인사를 드립니다. 이번 연차 총회는 지난해 AIIB 설립 이후 두 번째 총회입니다. 본부 소재지가 아닌 지역에서 개최되는 총회로서는 첫 번째입니다. 뜻깊은 행사를 한국에서 개최하게 되어 아주 기쁘게 생각합니다. 지난달 대통령 취임 후 처음으로 참석하는 국제 행사여서 저 개인적으로도 그 의미가 깊습니다. 지금 여러분이 계신 이곳 제주는 특별한 자연과 역사, 문화를 가진 한국

의 자랑거리입니다. 또한 세계가 인정한 환경 보물섬입니다. 유네스코는 제주를 세계 자연유산이자, 생물권 보전 지역, 세계 지질 공원으로 선정했습니다. 머무시는 동안 제주의 아름다운 자연과 한국의 문화를 마음껏 즐기시기 바랍니다.

존경하는 내외 귀빈 여러분,

오늘날 세계는 아시아의 역동성에 주목하고 있습니다. 아시아는 전 세계 인구의 60%, GDP의 3분의 1 이상을 차지합니다. 세계의 최대 시장이고, 또 중요한 생산 공장입니다. 동시에 앞으로 세계 경제를 이끌어갈 성장잠재력이 매우 큰 지역입니다. 경제만이 아닙니다. 아시아는 정치적으로도 각별한 중요성을 갖고 있습니다. 아시아 국가들의 민주주의 발전과 정치적 안정이 세계 평화와 안보에 중요한 요소가 되고 있습니다. 아시아는 인류 문명의 발원지입니다. 길고긴 시간 동안 광활한 대륙을 가로지르며 인류의 다양한 삶과 문화를 펼쳐 왔습니다. 오랜 시간 축적된 아시아의 수많은 역사와 이야기들이 21세기를 사는 인류에게 영감의 보고가 되고 있습니다. 근대화의 과정에서 아시아는 한발 늦은 걸음을 시작했지만, 아시아에는 아시아의 힘이 있습니다. 문화와 역사의 힘이고, 다양성의 힘입니다.

지금 인류는 정치, 안보, 경제, 환경 등 다양한 도전에 직면해 있습니다. 저는 아시아 국가 간 연대와 협력을 통해 오늘날 우리가 직면하고 있는 다양한 도전들을 극복해나갈 수 있다고 믿습니다. 이러한 믿음으로 취임 후 여러 아시아 정상들과 전화로 소통하였고 ASEAN을 비롯하여 인도, 호주에 특사를 파견하였습니다. 아시아의 힘이 멋지게 발휘되어 인류는 직면한 도전들을 함께 극복하고 다시 한번 도약하게 될 것입니다. 이 점에서 AIIB에 거는 기대가 큽니다. 사람과 사람을 잇고, 지역과 지역을 만나게 하며 현재를 넘어 더 나은 미래를 여는 일에 큰 역할을 해주실 것이라고 믿습니다.

존경하는 내외 귀빈 여러분,

이번 연차 총회는 "지속가능 인프라"를 주제로 열리고 있습니다. 그동안 인프라 투자는 아시아 고도성장의 원동력이었습니다. 인프라 투자 자체로 일자리가 창출되었고, 전기, 수도, 통신, 교통 등은 제조업을 비롯한 연관 산업 발전의 기반이 되었습니다. 이러한 인프라 구축은 아시아에서 여전히 중요합니다. 빈곤을 퇴치하고 경제 발전을 확대하기 위해서입니다. 아시아의 개도국, 특히 빈곤 국가들에게는 더욱 시급한 과제입니다. 다가올 4차 산업혁명 시대에 대응해서 무선 인터넷망 접근성 높이기, 사물인터넷망, 스마트 고속도로 등 새로운 ICT 인프라 구축도 필요합니다. 그래야 아시아가 더 큰 성장을 지속할 수 있을 것입니다. 향후 20년간 아시아 개도국들의 인프라 투자 수요는 연간 1조 7000억 달러에 달한다고 합니다. 높은 인프라 투자 수요와 2008년 금융위기 이후 어려워진 각국의 재정 여력을 감안할 때, 아시아 지역 인프라 확충을 지원하기 위해 설립된 AIIB는 그 의미와 역할이 매우 중요하다고 하겠습니다. 지난해 출범한 AIIB는 1년 반의 짧은 기간에도 불구하고 많은 성과를 내고 있습니다. 57개국이었던 회원국이 역외 회원국을 포함 77개국으로 확대되었고, 오늘 다시 3개국이 추가로 가입될 것이라는 이야기도 들었습니다. 이렇게 AIIB는 명실상부한 국제다자은행으로 자리매김하였습니다. 개도국의 16개 프로젝트에 25억 불 규모의 융자를 지원했고, 개도국 인프라 확대에 크게 기여하고 있습니다. 앞으로 다른 다자개발은행과 협력을 통해 개도국들의 경제 발전을 더욱 효과적으로 지원할 수 있기를 기대합니다. 이 자리를 빌려, AIIB 출범을 주도한 중국 정부와 AIIB의 안정적인 출발에 크게 기여한 진리췬 총재의 부단한 노력에 감사의 말씀을 전합니다.

존경하는 내외 귀빈 여러분,

AIIB가 추구하는 인프라 투자 방향은 우리 정부가 추구하는 경제성장 방식과도 일맥상통합니다. 저는 이 자리를 통해 앞으로 인프라 투자가 지향해야 할 방향을 제시하고자 합니다.

첫째, 인프라 투자는 지속가능 성장에 기여해야 합니다. 그동안 인프라 투자는 각국의 경제성장에 기여해왔지만, 그 과정에서 자연환경을 훼손하기도 했습니다. 한국도 그와 같은 뼈아픈 경험을 했고, 많은 반성을 얻고 있습니다. 환경을 훼손하는 개발은 미래에 더 큰 비용으로 돌아오기 마련입니다. 환경 문제는 당사국은 물론 주변국에도 영향을 미칩니다. 따라서 친환경적 개발, 국가 간 협력이 매우 중요합니다. 다행히 최근 국제사회는 환경 친화적이고, 더 나아가 환경 문제 해결에 기여할 수 있는 '지속가능 인프라' 개발의 필요성에 공감대를 형성하고 있습니다. 국제적인 공조 방안도 논의하고 있습니다. 한국은 이러한 국제적 움직임을 환영하며, 이에 적극 동참하기 위한 계획을 준비하고 있습니다. 2030년까지 신재생에너지 발전을 전체 전력의 20%까지 높일 계획입니다. 석탄 화력발전을 줄이고, 탈원전 국가로 나아가려 합니다. 전기차 등 친환경 자동차의 사용도 확대해나갈 것입니다. 신재생에너지 발전, 친환경 에너지 타운 등 우리의 "지속가능한 인프라" 구축 경험을 AIIB 회원국들과 적극적으로 공유해나가겠습니다.

둘째, 인프라 투자는 '포용적 성장'에 기여해야 합니다. 지속가능한 발전을 위해서는 사회 구성원 모두가 서로 배려하며, 함께 성장할 수 있어야 합니다. 수도, 위생, 전기 같은 기본 인프라는 "인간다운 삶"을 위한 기초적이고 필수적인 요소입니다. 교통, 통신 인프라는 지역 간 교류를 통해 균형 성장과 사회 통합에 기여합니다. 인프라 투자는 국가 간 격차를 줄이고, 지역 간 격차를 줄여서 함께 잘살고, 균형 있게 발전하는 개발로 이어져야 합니다. 앞으로 투자 방향을 결정하는 과정에서 개발될 시설이 모든 사람의 접근에 용이한지, 소외된 계층, 지역, 국가에 도움이 되는지를 중요하게 고려해야 할 것입니다. 저는 그것이 '포용적 성장'의 시작이라고 생각합니다.

셋째, 인프라 투자는 '일자리 창출'에 기여해야 합니다. 한국은 물론 전 세계가 고용 없는 성장, 청년 일자리 부족이라는 위기를 겪고 있습니다. 한국의 새 정부는 '사람 중심 경제'를 경제정책의 핵심에 두고, 좋은 일자리 창출을 최우선 과제로 추진하고 있습니다. 인프라 투자는 일자리를 창출합니다. 인프라 구축에 수반되는 건축, 토목은 그 자체로 일자리를 창출합니다. 인프라를 기반으로 발전하는 제조업, 서비스업에서도 새로운 일자리가 생깁니다. 향후 ICT 인프라 구축은 새로운 산업의 출현과 새로운 일자리 창출에 기여할 것으로 기대됩니다. 특히, 좋은 일자리에 접근할 기회가 적었던 청년, 여성, 노인 등 취약 계층에게 새로운 경제적 기회를 제공할 것입니다.

존경하는 내외 귀빈 여러분,

대한민국은 짧은 시간 동안 고도의 경제성장을 이루었습니다. '한강의 기적' 근간에는 적극적인 인프라 투자가 있었습니다. 고속도로와 고속철도 건설로 사람과 물류의 이동이 빨라졌습니다. 자동차 산업과 제철 산업을 비롯한 여러 가지 제조 산업이 함께 발전했습니다. 지방 도시가 발전하고, 지역 간 교류가 활발해졌습니다. 여러분 대부분이 인천공항을 통해서 이곳으로 오셨을 겁니다. 인천공항은 인프라 강국 한국을 대표합니다. 공항 서비스 평가에서 12년 연속 세계 1위로 평가받았습니다. 한국은 축적된 경험과 노하우를 아시아의 여러 이웃 국가들과 나누고 있습니다. 고속도로 건설 경험은 베트남의 '하노이-하이퐁 고속도로' 건설 사업으로 이어지고 있습니다. 한강의 남북을 잇는 31개의 다리 건설 경험은 필리핀 만다나오 '팡일만' 교량 건설의 바탕이 되었습니다. 인천공항 건설의 노하우는 우즈베키스탄 타슈켄트 공항의 건설에도 전수될 예정입니다.

내외 귀빈 여러분,

한국은 반세기만에 전쟁의 폐허를 딛고 경제 발전과 민주주의를 함께 실현했습니다. 전후 원조를 받는 나라에서, 주는 나라로 발전한 첫 번째 국가이기도 합니다. 최근에는 유례없는 정치적 격변기를 국민의 힘으로 극복했습니다. 우리의 경제적, 사회적 발전 경험이 아시아 개도국들에게도 실질적인 도움이 될 수 있을 것입니다. 앞으로 한국은 그동안의 경험을 토대로, 아시아 개도국의 경제·사회 발전에 함께하는 동반자가 되겠습니다. 개도국과 선진국을 연결하는 교량 국가로서 그 역할과 책임을 다할 것을 약속드립니다. 고대시대 '실크로드'가 열리니 동서가 연결되고, 시장이 열리고, 문화를 서로 나누었습니다. 아시아 대륙 극동 쪽 종착역에 한반도가 있습니다. 끊겨진 경의선 철도가 치유되지 않은 한반도의 현실입니다. 남과 북이 철도로 연결될 때 새로운 육상·해상 실크로드의 완전한 완성이 이뤄질 것입니다. 무엇보다 한반도의 평화가 아시아의 안정과 통합에 기여하게 되기를 바랍니다. 여러분들도 많은 관심을 갖고 함께해주시길 부탁드립니다. 이번 연차 총회가 AIIB의 미래 투자 방향과 정책에 대한 심도 있는 논의와 실천적인 결과를 도출하는 의미 있는 자리가 되기를 바랍니다. 인프라 투자 확대를 통해 모든 회원국이 아시아 경제성장에 기여하기를 기대합니다. 한국도 AIIB의 주요 회원국으로서 물적, 인적 기여를 높여나갈 수 있도록 최선을 다하겠습니다. 끝으로, 이번 연차 총회를 준비하느라 애쓰신 AIIB와 기획재정부, 또 제주도 관계자 여러분의 노고에 깊은 감사의 말씀을 드립니다. 감사합니다.

헬무트 콜 독일 전 총리 추모사

| 2017-06-17 |

독일 통일의 주역인 콜 총리의 죽음이 안타깝습니다. 위대한 지도자를 잃은 독일 국민들에게 애도의 마음을 보내며 오늘 조전을 전달했습니다.

베를린 장벽이 무너지자 콜 총리는 동서독 통일을 위해 빠르게 움직였습니다. 능숙하게 미국, 소련, 프랑스, 영국을 설득했고 동·서독 분단 극복을 위한 10개 조항을 발표하면서 동서독을 통합으로 이끌었습니다. 그런 배경에는 콜 총리 집권 초반 프랑스 미테랑 대통령과 세계대전 희생자들을 함께 추념하며 유럽을 화해로 이끈 힘이 있었습니다. 화해가 만들어낸 통일이었습니다. 이후 통일독일의 첫 총리가 된 콜은 유럽 통합의 주역이 됩니다.

저는 독일통일을 생각할 때마다, 콜 총리와 더불어 빌리 브란트 총리를 떠올립니다. 브란트가 서베를린의 시장이었을 때 베를린 장벽이 섰습니다. 장벽이 올라가는 것을 직접 보게 된 브란트는 독일에 두 개의 국가가 존재한다는 것을 실감했다고 합니다. 동독이라는 실체를 인정하고 교류를 시작한 것이 동방정책입니다. '작은 발걸음 정책'이라고도 불린 동방정책은 정권이 바뀌면서도 그 기조가 잘 유지되어 콜 총리에 이르러 통일을 이끌었습니다. 참으로 우리에게 시사하는 바가 큽니다.

다음 달 초 G20 행사를 위해 독일을 방문합니다. 메르켈 총리를 정치로 이끈 인물이 콜 총리라 하니 두 분의 인연이 매우 깊을 것입니다. 메르켈 총리를 만나게 되면 위로해드리겠습니다. 우리 국민들께서도 슬픔에 빠진 독일 국민들을 위로해주시고, 콜 총리의 죽음을 계기로 독일 통일을 이끈 화해의 힘에 대해 생각해주시기 바랍니다. 다시 한번 콜 총리의 죽음을 추모하며 그가 이룬 업적에 경의를 표합니다.

고리 1호기 영구 정지 기념행사 기념사

| 2017-06-19 |

2017년 6월 19일 0시, 대한민국은 국내 최초의 고리 원전 1호기를 영구 정지했습니다. 1977년 완공 이후 40년 만입니다.

지난 세월 동안 고리 1호기는 대한민국 경제성장을 뒷받침했습니다. 가동 첫해인 1978년 우리나라 전체 발전설비용량의 9%를 감당했고, 이후 늘어난 원전으로 우리는 경제 발전 과정에서 크게 늘어난 전력 수요에 대응할 수 있었습니다. 고리 1호기는 우리나라 경제 발전의 역사와 함께 기억될 것입니다. 1971년 착공을 시작한 그때부터 지금까지 고리 1호기가 가동되는 동안 많은 분들의 땀과 노력이 있었습니다. 자신의 청춘과 인생을 고리 1호기와 함께 기억하는 분들도 많으실 겁니다. 앞으로 고리 1호기를 해체하는 과정에서도 많은 분들이 땀을 흘리게 될 것입니다. 이 자리를 빌려서 관계자 여러분의 노고를 치하하며, 특히 현장에서 고리 1호기의 관리에 애써오신 분들께 깊이 감사드립니다.

존경하는 국민 여러분,

고리 1호기의 가동 영구 정지는 탈핵 국가로 가는 출발입니다. 안전한 대한민국으로 가는 대전환입니다. 저는 오늘을 기점으로 우리 사회가 국가 에너지 정책에 대한 새로운 합의를 모아나가기를 기대합니다. 그동안 우리나라의 에너지 정책은 낮은 가격과 효율성을 추구했습니다. 값싼 발전 단가를 최고로 여겼고 국민의 생명과 안전은 후순위였습니다. 지속가능한 환경에 대한 고려도 경시되었습니다. 원전은 에너지의 대부분을 수입해야 하는 우리가 개발도상국가 시기에 선택한 에너지 정책이었습니다. 그러나 이제는 바꿀 때가 됐습니다. 국가의 경제 수준이 달라졌고, 환경의 중요성에 대한 인식도 높아졌습니다. 국민의 생명과 안전이 무엇보다 중요하다는 것이 확고한 사회적 합의로 자리 잡았습니다. 국가의 에너지 정책도 이러한 변화에 발맞춰야 합니다. 방향은 분명합니다. 국민의 생명과 안전, 건강을 위협하는 요인들을 제거해야 합니다. 지속가능한 환경, 지속가능한 성장을 추구해야 합니다. 국민 안전을 최우선으로 하는 청정에너지 시대, 저는 이것이 우리의 에너지 정책이 추구할 목표라고 확신합니다.

지난해 9월, 경주 대지진은 우리에게 큰 충격이었습니다. 진도 5.8,

1978년 기상청 관측 시작 이후, 한반도에서 발생한 가장 강한 지진이었습니다. 다행히 사망자는 없었지만 스물세 분이 다쳤고 총 110억 원의 재산 피해가 발생했습니다. 경주 지진의 여진은 지금도 계속되고 있습니다. 엿새 전에도 진도 2.1의 여진이 발생했고, 지금까지 9개월째 총 622회의 여진이 이어지고 있습니다. 우리는 그동안 대한민국은 지진으로부터 안전한 나라라고 믿어왔습니다. 그러나 이제 대한민국이 더 이상 지진 안전지대가 아님을 인정해야 합니다. 우리는 당면한 위험을 직시해야 합니다. 특히 지진으로 인한 원전 사고는 너무나 치명적입니다. 일본은 세계에서 지진에 가장 잘 대비해온 나라로 평가받았습니다. 그러나 2011년 발생한 후쿠시마 원전 사고로 2016년 3월 현재 총 1368명이 사망했고, 피해 복구에 총 220조 원이라는 천문학적인 예산이 들 것이라고 합니다. 사고 이후 방사능 영향으로 인한 사망자나 암 환자 발생 수는 파악조차 불가능한 상황입니다. 후쿠시마 원전 사고는 원전이 안전하지도 않고, 저렴하지도 않으며, 친환경적이지도 않다는 사실을 분명히 보여주었습니다. 그 이후 서구 선진 국가들은 빠르게 원전을 줄이면서 탈핵을 선언하고 있습니다. 하지만 우리는 여전히 핵 발전소를 늘려왔습니다. 그 결과, 우리나라는 전 세계에서 원전이 가장 밀집한 나라가 되었습니다. 국토 면적당 원전 설비용량은 물론이고 단지별 밀집도, 반경 30킬로미터 이내 인구수도 모두 세계 1위입니다. 특히 고리 원전은 반경 30킬로미터 안에 부산 248만 명, 울산 103만 명, 경남 29만 명 등 총

382만 명의 주민이 살고 있습니다. 월성 원전도 130만 명으로 2위에 올라 있습니다. 후쿠시마 원전 사고 당시 주민 대피령이 내려진 30킬로미터 안 인구는 17만 명이었습니다. 그러나 우리는 그보다 무려 스물두 배가 넘는 인구가 밀집되어 있습니다. 그럴 가능성이 아주 낮지만 혹시라도 원전 사고가 발생한다면 상상할 수 없는 피해로 이어질 수 있습니다.

존경하는 국민 여러분,

저는 지난 대선에서 안전한 대한민국을 약속드렸습니다. 세월호 이전과 이후가 전혀 다른 대한민국을 만들겠다고 약속했습니다. 안전한 대한민국은 세월호 아이들과 맺은 굳은 약속입니다. 새 정부는 원전 안전성 확보를 나라의 존망이 걸린 국가 안보 문제로 인식하고 대처하겠습니다. 대통령이 직접 점검하고 챙기겠습니다. 원자력 안전위원회를 대통령직속위원회로 승격하여 위상을 높이고, 다양성과 대표성, 독립성을 강화하겠습니다. 원전 정책도 전면적으로 재검토하겠습니다. 원전 중심의 발전 정책을 폐기하고 탈핵 시대로 가겠습니다. 준비 중인 신규 원전 건설 계획은 전면 백지화하겠습니다. 원전의 설계 수명을 연장하지 않겠습니다. 현재 수명을 연장하여 가동 중인 월성 1호기는 전력 수급 상황을 고려하여 가급적 빨리 폐쇄하겠습니다. 설계 수명이 다한 원전 가동을 연장하는 것은 선박 운항 선령을 연장한 세월호와 같습니다. 지금 건설 중인 신고리 5·6호기는 안전성과 함께 공정률과 투입 비용, 보상 비용, 전력 설비 예비율 등을 종합 고려하여 빠른 시일 내 사회적 합의를 도출하겠습니다. 원전 안전기준도 대폭 강화하겠습니다. 지금 탈원전을 시작하더라도 현재 가동 중인 원전의 수명이 다할 때까지는 앞으로도 수십 년의 시간이 더 소요될 것입니다. 그때까지 우리 국민의 안전이 끝까지 완벽하게 지켜져야 합니다. 지금 가동 중인 원전들의 내진 설계는 후쿠시마 원전 사고 이후 보강되었습니다. 그 보강이 충분한지, 제대로 이루어졌는지 다시 한번 점검하겠습니다. 새 정부 원전 정책의 주인은 국민입니다. 원전 운영의 투명성도 대폭 강화하겠습니다. 지금까지 원전 운영 과정에서 크고 작은 사고가 있었고, 심지어는 원자로 전원이 끊기는 블랙아웃 사태가 발생하기도 했습니다. 그러나 과거 정부는 이를 국민에게 제대로 알리지 않고 은폐하는 사례도 있었습니다. 새 정부에서는 무슨 일이든지 국민의 안전과 관련되는 일이라면 국민께 투명하게 알리는 것을 원전 정책의 기본으로 삼겠습니다. 탈원전을 둘러싸고 전력 수급과 전기료를 걱정하는 산업계의 우려가 있습니다. 막대한 폐쇄 비용을 걱정하는 의견도 있습니다. 그러나 탈원전은 거스를 수 없는 시대의 흐름입니다. 수만 년 이 땅에서 살아갈 우리 후손들을 위해 지금 시작해야만 하는 일입니다. 저의 탈핵, 탈원전 정책은 핵 발전소를 긴 세월에 걸쳐 서서히 줄여가는 것이어서 우리 사회가 충분히 감당할 수 있습니다. 국민들께서 안심할 수 있는 탈핵 로드맵을 빠른 시일 내에 마련하겠습니다.

존경하는 국민 여러분,

새 정부는 탈원전과 함께 미래에너지 시대를 열겠습니다. 신재생에너지와 LNG 발전을 비롯한 깨끗하고 안전한 청정에너지 산업을 적극 육성하겠습니다. 4차 산업혁명과 연계하여 에너지 산업이 대한민국의 새로운 성장 동력이 되도록 하겠습니다. 지금 세계는 에너지 전쟁을 벌이고 있습니다. 지구 온난화에 따른 이상 고온, 파리기후협정 등 국제환경 변화에 능동적으로 대처해야 합니다. 석유의 나라 사우디아라비아가 '탈석유'를 선언하고 국부 펀드를 만들어 태양광 같은 신재생에너지 사업에 힘을 쏟고 있습니다. 애플도 태양광 전기 판매를 시작했고 구글도 구글 에너지를 설립하고 태양광 사업에 뛰어든지 오래입니다. 우리도 세계적 추세에 뒤떨어져서는 안 됩니다. 원전과 함께 석탄 화력발전을 줄이고 천연가스 발전설비 가동률을 늘려가겠습니다. 석탄 화력발전소 신규 건설을 전면 중단하겠습니다. 노후된 석탄 화력발전소 열 기에 대한 폐쇄 조치도 제 임기 내에 완료하겠습니다. 이미 지난 5월 15일 미세먼지 대책으로 30년 이상된 노후 석탄 화력발전소 여덟 기를 일시 중단한 바 있습니다. 석탄 화력 발전을 줄여가는 첫 걸음을 이미 시작했습니다. 태양광, 해상 풍력 산업을 적극 육성하고 4차 산업혁명에 대비한 에너지 생태계를 구축해가겠습니다. 친환경 에너지 세제를 합리적으로 정비하고 에너지 고소비 산업구조도 효율적으로 바꾸겠습니다. 산업용 전기 요금을 재편하여 산업 부분에서의 전력 과소비를 방지하겠습니다. 산업 경쟁력에 피해가 없도록 중장기적으로 추진하고 중소기업은 지원하겠습니다.

존경하는 국민 여러분,

오늘 고리 1호기 영구 정지는 우리에게 또 다른 기회입니다. 원전 해체에 대한 노하우를 축적해 원전 해체 산업을 육성할 수 있는 계기가 되기 때문입니다. 원전 해체는 많은 시간과 비용과 첨단 과학기술을 필요로 하는 고난도 작업입니다. 탈원전의 흐름 속에 세계 각국에서 원전 해체 수요가 많이 발생하고 있습니다. 그러나 현재까지 원전 해체 경험이 있는 국가는 미국, 독일, 일본뿐입니다. 현재 우리나라의 기술력은 미국 등 선진국의 80% 수준이며, 원전 해체에 필요한 상용화 기술 58개 중에 41개를 확보하고 있습니다. 좀 더 서두르겠습니다. 원전 해체 기술력 확보를 위해 동남권 지역에 관련 연구소를 설립하고 적극 지원하겠습니다. 대한민국이 원전 해체 산업 선도 국가가 될 수 있도록 정부는 노력과 지원을 아끼지 않겠습니다.

존경하는 국민 여러분,

우리는 지금 새로운 도전을 시작하고 있습니다. 익숙한 것과 결별하고 새로운 것을 창조해야 합니다. 국민의 생명과 안전을 지키면서 안정적인 전력 공급도 유지해야 합니다. 원전과 석탄 화력을 줄여가면서 이를 대체할 신재생에너지를 제때에 값싸게 생산해야 합니다. 국가 에너지 정책의 대전환, 결코 쉽지 않은 일입니다. 정부와 민간, 산업계와 과학기술계가 함께해야 합니다. 국민들의 에너지 인식도 바뀌어야 합니다. 탈원전, 탈석탄 로드맵과 함께 친환경에너지 정책을 수립하겠습니다. 많은 어려움이 있을 것입니다. 그러나 분명히 가야 할 길입니다. 건강한 에너지, 안전한 에너지, 깨끗한 에너지 시대로 가겠습니다. 국민의 안전과 생명을 최고의 가치로 생각하는 안전한 대한민국을 만들겠습니다. 감사합니다.

국군및UN군참전유공자위로연

| 2017-06-23 |

존경하는 6 · 25 참전 용사 여러분, 내외 귀빈 여러분,

반갑습니다. 여러분의 건강하신 모습을 뵙게 되어 기쁩니다. 특히 멀리 해외에서 오신 참전 용사와 가족, 외교사절 여러분을 진심으로 환영합니다. 올해 67주년, 긴 시간이 흘렀습니다. 그렇지만 대한민국과 우리 국민들은 국내외 참전 용사 여러분의 희생과 헌신을 결코 잊지 않고 있다는 말씀을 먼저 드립니다. 저는 앞으로 대한민국의 역사 속에서 여러분의 공헌이 더욱 귀하고 값지게 기억될 수 있도록, 힘껏 노력할 것입니다.

존경하는 참전 용사 여러분,

오늘의 자랑스러운 대한민국은 이 자리에 함께하고 계신 국군과 UN군 참전 용사들의 빛나는 투혼 위에 서 있습니다. 우리 국군과 UN군은 자유와 평화를 지키기 위해 목숨을 걸고 싸웠습니다. 그 용기와 결단이 대한민국을 지켰고, 눈부신 경제성장과 성숙한 민주주의로 결실을 맺었습니다. 나라의 위기 앞에 분연히 일어선 의용군, 학도병과 소년병의 헌신이 조국을 지킨 힘이 되었고, 오늘 대한민국의 성숙한 시민 의식으로 성장했습니다. 올해는 특별히 여군과 여자 의용군, 교포 참전 용사, 민간인 수송단과 노무사단, 국군 귀환 용사를 처음으로 모셨습니다. 나라를 위기에서 구하기 위해 기꺼이 나섰던 한 분, 한 분 귀한 마음으로 챙기겠습니다. 참전 용사 여러분은 대한민국의 자랑이고, 여러분 한 분 한 분이 대한민국의 역사입니다. 참전 용사들께서 그 분명한 사실에 자긍심을 가질 수 있도록 만드는 것이 대통령으로서 제가 해야 할 일이라고 생각합니다. 최고의 성의를 가지고 보훈으로 보답하겠습니다. 참전 명예 수당과 의료, 복지, 안장 시설 확충은 국가가 책임져야 할 기본적인 도리입니다. 참전 명예 수당 인상과 의료 복지 확대를 추진해 그 희생과 공헌에 합당한 예우가 이뤄지도록 하겠습니다. 참전 용사의 이름을 기억하는 것도 중요합니다. 미처 등록되지 못한 참전 용사도 끝까지 발굴하여 국가 기록으로 남기겠습니다. 최고의 보훈이 튼튼한 안보의 바탕이고 국민 통합과 강한 국가로 가는 길임을 실천으로 증명하겠습니다.

참전 용사 여러분 그리고 내외 귀빈 여러분,

지금 이 자리에는 UN군 참전 용사와 가족들도 함께하고 있습니다. 널리 알려진 문구 그대로 "알지도 못하는 나라, 만난 적도 없는 사람들"을 위해 기꺼이 달려와 희생하고 헌신한 분들입니다. 저는 대한민국을 대표해 UN 참전국과 참전 용사들께 특별한 존경과 감사의 인사를 전합니다. 이 자리에도 그 영웅들이 계십니다만, 장진호 전투와 흥남 철수 작전은 전쟁을 경험하지 못한 한국의 전후 세대들에게도 널리 알려진 역사가 되었습니다. 그때 그 덕분에 흥남에서 피난온 피난민의 아들이 지금 대한민국의 대통령이 되어서 이 자리에 여러분과 함께 있습니다. 이 사실이 UN군 참전 용사 여러분께 기쁨과 보람이 되기를 바라는 마음입니다. 대한민국은 함께 피 흘리며 맺었던 우리의 우정을 영원히 기억하고 발전시켜나갈 것입니다. 여러분께서 헌신적으로 실천한 인류애가 더욱 빛나도록 세계 평화와 번영에 기여하는 나라가 될 것을 약속드립니다.

존경하는 참전 용사 여러분,

6·25전쟁은 아픈 역사입니다. 한반도 땅 대부분이 전쟁의 참상을 겪었고, 수백만 명에 이르는 사람들이 목숨을 잃거나 부상을 당했습니다. 온 국민의 노력으로 폐허가 되었던 국토는 복구되었지만 우리의 마음은 다 회복되지 못했습니다. 분단의 상처와 이산가족의 아픔은 오늘도 계속되고 있습니다. 서로를 향해 겨누었던 총부리는 아직도 원한으로 남았습니다. 아무리 세월이 흘렀다한들 가족을 잃고, 전우를 잃고, 고향을 잃은 아픔이 쉽사리 씻기기는 어려울 것입니다. 그럼에도 우리는 앞

으로 나아가야 합니다. 우리 자신과 미래 세대를 위해 다시 용기와 결단이 필요한 때가 바로 지금이라고 생각합니다. 평화를 위한 우리와 국제 사회의 노력에도 불구하고 북한은 한반도의 안전을 위협하고 도발을 반복하고 있습니다. 규탄받아 마땅한 일입니다. 저와 정부는 우리 국민과 조국의 안위를 지키는 일에 그 어떤 주저함도 없을 것입니다. 확고한 한미 동맹과 압도적 국방력으로 안보를 지키겠습니다. 평화는, 강하고 튼튼한 안보 위에서만 가능하다는 것을 우리 모두가 잘 알고 있습니다. 동시에, 저와 정부는 북한 스스로가 핵을 포기하고 평화와 번영의 길을 선택할 수 있도록 대화의 문도 열어두겠습니다. 많은 어려움과 우여곡절이 있겠지만 대화와 협력을 통해 만드는 평화라야 온전하고 지속가능한 평화가 될 것이기 때문입니다. 참전 용사 여러분들께서 함께해주시기를 바랍니다. 참전 용사 여러분께서 안보 대통령의 지원군이자 평화 대통령의 든든한 벗이 되어주신다면 한반도의 평화와 번영이 좀 더 앞당겨질 것입니다.

존경하는 참전 용사 여러분, 내외 귀빈 여러분,

저는 다음 주에 미국을 방문하여 한미 정상회담을 갖습니다. 한미 동맹 강화와 북핵 문제 해결을 위해 트럼프 대통령과 머리를 맞대겠습니다. 국제사회와의 공조도 더 단단하게 맺을 것입니다. 자유와 민주주의를 더욱 굳건히 지키고 발전시키는 일, 전쟁 걱정이 없는 평화로운 한반도를 만드는 일, 그리하여 세계 평화에 기여하는 것이 참전 용사 여러분의 희생과 헌신에 보답하는 길이라고 믿습니다. 다시 한번 참전 용사 여러분께 존경과 감사의 마음을 전하며, 여러분 모두 행복하고 편안한 시간되시기를 바랍니다. 감사합니다.

2017 무주 WTF 세계태권도선수권대회 축사

| 2017-06-24 |

제23회 무주 세계태권도선수권대회 개막을 진심으로 축하합니다. 함께해주신 유자이칭 IOC 부위원장님과 IOC 위원 여러분, 세계태권도연맹(WTF) 조정원 총재님, 세계 183개국에서 오신 선수단 여러분께 따뜻한 환영의 인사를 드립니다. 그리고 오늘, 제일 가까이 있지만 가장 먼 길을 오셨을 것 같습니다. 어려운 여건 속에서도 민족 화해와 한반도 평화를 위해 대한민국을 방문하신 장웅 IOC 위원님과 리용선 국제태권도연맹(ITF) 총재님, ITF 시범단에게도 진심 어린 환영의 말씀을 드립니다.

사랑하는 태권도 가족 여러분,

저는 먼저, 태권도 정신을 닮은 이곳 무주를 자랑하고 싶습니다. 무주는 이름부터 통합과 화해의 마음을 담고 있습니다. 2000년 전 신라의 무풍과 백제의 주계로 나뉘었던 땅이 합쳐져 무주라는 이름이 탄생했습니다. 무주는 예로부터 무예인의 땅이었습니다. 이곳에 있는, 대한민국에서 가장 아름다운 계곡 구천동은 호국무사 9000명이 무술을 연마했다고 하여 붙여진 이름입니다. 무주에서 신라와 백제가 하나가 되었듯이 오늘 이곳에서 세계태권도연맹과 국제태권도연맹이 하나가 되고 남과 북이 하나 되고 세계가 하나 되기를 바랍니다. 무예인의 정기도 흠뻑 받아가시기 바랍니다.

태권도 가족 여러분,

지난 반세기 동안 태권도는 눈부신 성장을 이뤘습니다. 한국의 무예에서, 8000만 명이 수련하는 세계인의 무예 스포츠로 발전했습니다. 세계 232개 나라의 청소년들이 흰 도복을 입고 체력과 인성을 키워가고 있습니다. 검은 띠를 두른 민간 외교관으로, 태권도를 세계에 알린 수많은 사범과 수련생, 세계 태권도 가족의 땀과 눈물이 만들어낸 성과입니다. 이 자리를 빌려 원로 태권도인과 세계 태권도 가족 여러분께 진심으로 감사의 말씀을 드립니다.

태권도는 예의에서 시작해 예의로 끝나는 무예입니다. 수련을 통해 강건한 신체를 만들지만 백절불굴의 정신으로 그 능력을 선하고 정의로운 곳에 사용하도록 배웁니다. 이런 정신에 따라 태권도 가족들은 인류의 평화와 공존, 번영에 이바지하고 있습니다. 특별히 세계태권도연맹이 펼치고 있는 세계 평화와 화합을 위한 노력에 감사드립니다. 세계태권도연맹은 박애재단을 만들어 전 세계 난민촌과 재난 지역, 개발도상국 청소년들에게 꿈을 키워주고 있습니다. 토마스 바흐 IOC 위원장이 꼽은 가장 모범적인 국제경기 단체로 인정받고 있습니다. 또한 이번 대회에 이어, 올해 9월 평양에서 열리는 국제태권도연맹대회에도 세계태권도연맹 시범단의 답방을 추진한다고 들었습니다. 그 답방이 꼭 성사되어 한반도 평화의 큰 전기가 마련되기를 기대합니다. 아울러 세계태권도연맹이 추진하고 있는 이스라엘과 팔레스타인 친선경기도 성사되어 세계 평화의 반석 위에 태권도의 이름이 새겨지기를 바랍니다.

사랑하는 태권도 가족 여러분,

스포츠는 모든 장벽과 단절을 허무는 가장 강력한 평화의 도구입니다. 함께 흘리는 땀은 화해와 통합을 만드는 촉매제가 되고 있습니다. 적대국이었던 미국과 중국, 미국과 베트남이 핑퐁 외교로 평화를 이뤘습니다. 남아프리카공화국에서 흑백 통합 리그가 출범할 수 있었던 것도 세계축구연맹(FIFA)의 노력이 있었기 때문입니다. 저는 평화를 만들어온 스포츠의 힘을 믿습니다. 이번 대회를 통해서 새 정부의 첫 남북 체육 교류 협력이 이뤄진 것을 대단히 기쁘게 생각합니다. 특히 한국에서 치러지는 세계태권도연맹대회에서 국제태권도연맹이 시범을 보이는 것은 역사상 처음 있는 일입니다. 양 연맹의 화합과 친선은 물론 남북 화해 협력과 한반도 평화에도 큰 도움이 될 것입니다.

저는 태권도에서 이뤄낸 이번 성과가 내년 평창 동계 올림픽으로 이어지기를 기대합니다. 평창 동계 올림픽에 북한 선수단이 참여한다면 인류 화합과 세계 평화 증진이라는 올림픽의 가치를 실현하는 데 크게 기여하리라 생각합니다. 바라건대 최초로 남북 단일팀을 구성하여 최고의 성적을 거뒀던 1991년 세계탁구선수권대회와 세계청소년축구대회의 영광을 다시 보고 싶습니다. 남북 선수단 동시 입장으로 세계인의 박수갈채를 받았던 2000년 시드니 올림픽의 감동을 다시 느껴보고 싶습니다. 북한 응원단도 참가하여 남북 화해의 전기를 마련하면 좋겠습니다. 함께하고 계신 국제올림픽위원회와 장웅 위원님의 많은 관심과 협조를 부탁드립니다. 여러분 다 같은 마음이시죠? 그렇게 될 수 있도록 다시 한번 큰 격려의 박수 보내주십시오. 대한민국 정부도 필요한 노력을 다할 것이며 적극적인 지원에 나설 것을 약속드립니다.

사랑하는 태권도 가족 여러분,

이번 대회는 대한민국에서 개최되는 일곱 번째 대회입니다. 그러나 대회조직위원회와 대한태권도협회가 처음이란 마음으로 정성껏 준비했습니다. 대회가 진행되는 동안 아무런 불편함 없이 최상의 컨디션으로, 최고의 실력을 발휘해주시기 바랍니다. 아울러, 머무시는 동안 무주의 아름다운 자연과 한국의 문화도 마음껏 즐기시기 바랍니다. 대회 준비에 열과 성을 다해오신 이연택 조직위원장님과 관계자 여러분, 성심으로 지원해주신 송하진 전북 도지사님과 전북 도민 여러분 그리고 551명의 자원봉사자 여러분께 깊이 감사드리며 참가한 모든 선수들의 선전과 건승을 기원합니다. 감사합니다.

제2차 유라시아 국회의장회의 환영사

| 2017-06-27 |

존경하는 정세균 국회의장님, 볼로딘 러시아 하원의장님, 각국 대표 여러분,

멀리서 한국을 찾아주신 여러분을 진심으로 환영합니다. 오전 회의는 어떠셨는지 궁금합니다. 저의 든든한 동반자인 총리께서 축하 인사를 대신 전해주셨는데, 오찬 자리에서라도 직접 뵙게 되어 참으로 기쁩니다. 저는 유라시아의 다른 이름이 '다양성'이라고 생각합니다. 여기 모인 우리들의 모습과 언어만 보아도 그렇습니다. 그러나 우리들에게는 한 가지 공통점이 있습니다. 이웃 나라 사이에 더 교류하고 더 협력할수록 각국이 함께, 더 번영할 수 있다는 사실입니다. 유라시아 지역의 공동 번영

이야말로 우리 모두가 각국 국민들로부터 부여받은 사명이라고 생각합니다. 저는 무엇보다 유라시아 의회 대표 여러분께 북한 핵 문제 해결을 위한 관심과 지지를 부탁드립니다. 한국 정부 역시 국제사회와 함께 제재와 대화, 모든 수단을 동원하여 한반도에 항구적인 평화를 정착시키기 위해 노력할 것입니다.

저는 지난 5월 대통령에 취임한 이후 국정 운영의 소중한 파트너인 국회와 협력하기 위해 노력하고 있습니다. 저는 이러한 협치의 정신이 유라시아 지역의 공동 성장과 발전에도 꼭 필요한 일이라고 생각합니다. 물류 네트워크 구축, ICT 인프라 확충 등 유라시아 국가들이 함께 풀어가야 할 과제들이 적지 않습니다. 국제적인 협력과 긴밀한 공조가 새길을 여는 원동력이 될 것입니다. 그 길에 유라시아 국회의장회의가 큰 역할을 해주기를 기대합니다. 유라시아 평화와 번영의 산실이 될 것으로 믿습니다. 우리 정부도 지원을 아끼지 않겠습니다.

모쪼록 서울에 머무르시는 동안 많은 성과를 거두시기를 바라며 한국의 멋과 매력을 흠뻑 느끼는 기회도 갖게 되기를 기원합니다. 감사합니다.

장진호 전투 기념비 헌화 기념사

| 2017-06-28 |

　　존경하는 로버트 넬러 해병대 사령관님, 옴스테드 장군님을 비롯한 장진호 전투 참전 용사 여러분, 흥남 철수 작전 관계자와 유족 여러분, 특히 피난민 철수에 결정적인 역할을 하신 알몬드 장군님과 현봉학 박사님의 가족분들 모두 반갑습니다. 장진호 전투 기념비 앞에서 여러분을 뵙게 되니 감회가 깊습니다. 꼭 한번 와보고 싶었던 곳에 드디어 왔습니다. 오늘 대한민국 대통령으로서 첫 해외 순방의 첫 일정을 이곳에서 시작하게 돼 더욱 뜻이 깊습니다.

　　67년 전인 1950년, 미 해병들은 '알지도 못하는 나라, 만난 적도 없는 사람들'을 위해 숭고한 희생을 치렀습니다. 그들이 한국전쟁에서 치렀던 가장 영웅적인 전투가 장진호 전투였습니다. 장진호 용사들의 놀라운 투혼 덕분에 10만여 명의 피난민을 구출한 흥남 철수 작전도 성공할 수 있었습니다. 그때 메러디스 빅토리 호에 오른 피난민 중에 저의 부모님도 계셨습니다. "피난민을 구출하라"는 알몬드 장군의 명령을 받은 고(故) 라루 선장님은 단 한 명의 피난민이라도 더 태우기 위해서 무기와 짐을 바다에 버렸습니다. 무려 1만 4000명을 태우고 기뢰로 가득한 '죽음의 바다'를 건넌 자유와 인권의 항해는 단 한 명의 사망자 없이 완벽하게 성공했습니다. 1950년 12월 23일 흥남 부두를 떠나 12월 25일 남쪽 바다 거제도에 도착할 때까지 배 안에서 다섯 명의 아기가 태어나기도 했습니다. 크리스마스의 기적, 인류 역사상 최대의 인도주의 작전이었습니다. 2년 후, 저는 빅토리 호가 내려준 거제도에서 태어났습니다. 장진호의 용사들이 없었다면 그리고 흥남 철수 작전의 성공이 없었다면, 제 삶은 시작되지 못했을 것이고, 오늘의 저도 없었을 것입니다. 그러니 여러분의 희생과 헌신에 대한 고마움을 세상 그 어떤 말로 표현할 수 있겠습니까? 존경과 감사라는 말로는 너무나 부족한 것 같습니다.

저의 가족사와 개인사를 넘어서서, 저는 그 급박한 순간에 군인들만 철수하지 않고 그 많은 피난민들을 북한에서 탈출시켜준 미군의 인류애에 깊은 감동을 느낍니다. 장진호 전투와 흥남 철수 작전이 세계 전쟁 사상 가장 위대한 승리인 이유입니다. 제 어머니의 말씀에 의하면, 항해 도중 12월 24일, 미군들이 그 배 속에 피난민들에게 크리스마스 선물이라며 사탕을 한 알씩 나눠줬다고 합니다. 알려지지 않은 이야기입니다. 비록 사탕 한 알이지만 그 참혹한 전쟁통에 그 많은 피난민들에게 크리스마스 선물을 나눠준 그 따뜻한 마음씨가 저는 늘 고마웠습니다.

존경하는 장진호 용사와 후손 여러분,

대한민국은 여러분과 부모님의 희생과 헌신을 기억하고 있습니다. 감사와 존경의 기억은 영원히 계속될 것입니다. 한미 동맹은 그렇게 전쟁의 포화 속에서 피로 맺어졌습니다. 몇 장의 종이 위에 서명으로 맺어진 약속이 아닙니다. 또한 한미 동맹은 저의 삶이 그런 것처럼 양국 국민한 사람 한 사람의 삶과 강하게 연결되어 있습니다. 그렇기 때문에 저는한미 동맹의 미래를 의심하지 않습니다. 한미 동맹은 더 위대하고 더 강한 동맹으로 발전할 것입니다.

존경하는 장진호 용사와 후손 여러분,

67년 전, 자유와 인권을 향한 빅토리 호의 항해는 앞으로도 계속되어야 합니다. 저 또한 기꺼이 그 길에 동참할 것입니다. 트럼프 대통령과 굳게 손잡고 가겠습니다. 위대한 한미 동맹의 토대 위에서 북핵 폐기와 한반도 평화, 나아가 동북아 평화를 함께 만들어가겠습니다. 이 자리에 함께하고 계십니다만, 메러디스 빅토리 호의 선원이었던 로버트 러니변호사님의 인터뷰를 봤습니다. "죽기 전에 통일된 한반도를 꼭 보고 싶다"라는 말씀에 가슴이 뜨거워졌습니다. 그것은 저의 꿈이기도 합니다.

오늘 저는 이곳에 한 그루 산사나무를 심습니다. 산사나무는 별칭

이 '윈터 킹(Winter King)'입니다. 영하 40도의 혹한 속에서 영웅적인 투혼을 발휘한 장진호 전투를 영원히 기억하기 위해서입니다. 이 나무처럼 한미 동맹은 더욱 풍성한 나무로 성장할 것입니다. 통일된 한반도라는 크고 알찬 결실을 맺을 것입니다. 이제 생존해 계신 분이 50여 분 뿐이라고 들었습니다. 오랫동안 건강하고 행복하십시오. 다시 한번 장진호 참전 용사와 흥남 철수 관계자 그리고 유족 여러분께 감사와 존경의 인사를 드립니다. 감사합니다.

한미 비즈니스 서밋 기조연설

| 2017-06-28 |

토머스 도너휴 미국상공회의소 회장님, 박용만 대한상공회의소 회장님 그리고 이 자리에 함께하신 경제계 지도자 여러분,

만나서 반갑습니다. 따뜻하게 환영해주시고, 또 성대한 만찬을 베풀어주셔서 감사합니다. 대통령 취임 이후 첫 순방지로 미국을 방문했습니다. 60년 넘게 굳건하게 이어온 한미 동맹의 재확인입니다. 경제 파트너로서의 중요성에 대한 재확인이기도 합니다. 한국은 최근 유례없는 정치적 격변기를 경험했습니다. 그러나 여러분께서 보신 것처럼 한국 국민들은 훌륭하게 위기를 극복했고 새 정부를 출범시켰습니다. 이것은 한국의 새 정부가 국가와 사회의 모든 영역에서 국민의 요구를 수렴하고 실

현할 책무를 부여받았다는 것을 의미합니다. 그간 한국 경제는 눈부시게 성장했습니다. 하지만 성장의 혜택이 일부 계층에만 집중되는 경제적 불평등이 심화되었고, 결국은 경제성장을 가로막는 요인이 되었습니다. 경제적 불평등을 심화시킨 불공정 시장 질서를 바로잡고, 양질의 일자리를 늘려 소득을 개선하라는 것이 새 정부를 향한 국민의 요구입니다. 우리 정부의 경제정책은 바로 여기서 출발하고 있습니다. 나는 이러한 경제정책 방향이 한국 경제의 도약과 지속적인 성장을 도모할 뿐만 아니라 한국을 더욱 매력적인 투자처로 만들 것이라고 기대합니다. 불합리한 관행의 개선과 공정한 시장 질서 확립은 한국 시장의 예측 가능성과 신뢰를 높이게 될 것입니다.

한미 경제계 지도자 여러분,

이제 새 정부의 경제정책 방향을 소개하겠습니다. 우리 정부의 새 경제정책은 '사람 중심의 경제'를 지향합니다. 국민과 가계를 경제정책의 중심에 놓겠다는 발상의 전환입니다. 핵심은 일자리입니다. 일자리를 늘리면 가계소득이 높아집니다. 늘어난 가계소득이 내수를 활성화해 경제성장을 견인하고, 경제성장이 다시 일자리로 이어지는 선순환 구조를 만들려는 것입니다. 트럼프 대통령께서도 미국 내 좋은 일자리 창출의 중요성을 강조하고 있습니다. 나는 양국 정부가 이 점에서도 뜻을 같이하고 있다는 사실을 소중하게 생각합니다. 우리 정부는 일자리를 늘리고, 격차를 줄이고, 질을 높이는 종합적인 일자리 정책을 준비하고 있습니다. 재정, 세제, 금융, 인허가 등 가용한 모든 정책 수단을 동원하고, 여타 정책도 일자리 중심으로 재편할 계획입니다. 일자리의 중요성에 공감하여 그동안 단절되었던 노사정 대화 채널도 복원되고 있습니다. 노사정 간 대화와 타협, 연대와 협력의 문화가 확산되면, 기업의 경쟁력을 높이는 데도 기여할 것으로 기대됩니다. '사람 중심의 경제'는 일자리 경제인 동시에 공정한 경제입니다. 모든 경제주체에게 공평한 기회와 공정한 경쟁을 보장하여 경제의 활력과 성장 가능성을 높이려는 것입니다. 기업 지배 구조를 투명화하고, 일감 몰아주기, 불공정 거래 행위 등을 근절할 것입니다. 진입 장벽, 가격 규제 같은 경쟁 제한적 요소도 재점검하여 개선하고자 합니다. '사람 중심의 경제'의 또 다른 축은 '혁신 성장'입니다. 한국은 4차 산업혁명으로 불리는 지능정보사회로의 전환을 기회의 요인으로 삼을 것입니다. 우수한 인적자원은 한국 경제를 이끈 원동력이었습니다. 창의적 인재를 육성하는 교육 혁신으로 4차 산업혁명을 선도할 인적 기반을 만들 것입니다. 세계 최고 수준의 정보통신 기반을 토대로 사물인터넷(IoT), 빅데이터, 인공지능 분야에 투자할 계획입니다. 혁신적인 창업과 신산업 창출이 이어지도록 규제 체계 개편도 준비하고 있습니다.

한미 경제계 지도자 여러분,

최근의 정치적 격랑과 북한의 미사일 도발 등 어려움 속에서도 한국 경제 체질에 대한 시장의 믿음은 확고합니다. 정부 출범 이후 50일

동안 한국 증시는 연일 역대 최고치를 갱신하고 있습니다. 주요 선진국과 신흥국 중에 최고의 상승률을 기록하였습니다. 한미 동맹에 기초한 안보 태세를 기반으로 새로운 경제정책 방향에 대한 시장의 기대도 더욱 높아지고 있습니다. 이번 미국 방문이 한미 동맹의 견고함을 다시 확인하고, 양국 간 경제협력을 한 단계 발전시키는 계기가 되기를 기대합니다. 한미 양국은 한미 동맹을 토대로 상호 번영의 역사를 함께 써온 불가분의 경제 동반자입니다. 한국에게 미국은 두 번째로 큰 교역 상대국이며, 최대의 투자처입니다. 한국 역시 미국의 여섯 번째 교역 상대국입니다. 최근 세계적인 경제 침체로 세계 교역이 5년간 12%나 감소하는 가운데서도 양국 간 교역은 12%나 증가하였습니다. 한국 수입 시장에서 미국의 점유율이 높아졌고, 미국의 수입 시장에서 한국의 점유율 역시 높아졌습니다. 오랜 친구들의 우정을 나누는 식탁에는 오래 묵은 향긋한 와인이 잘 어울립니다. 요즘 한국의 식탁에서도 미국산 와인이 인기입니다. 교역의 확대가 양국 국민의 실생활을 윤택하게 만들고 있습니다. 한미 양국 기업인들의 활발한 상호 투자는 양국의 일자리 창출에도 크게 기여하고 있습니다. 한국의 자동차 회사가 미국의 생산 공장에서 투자와 고용을 창출하고 있습니다. 미국의 유수기업이 한국에서 산업 혁신과 연구 개발 일자리를 만들고 있습니다. 한국은 성장세가 가장 빠른 동아시아 지역의 관문이고, 미국은 혁신적 아이디어가 넘치는 세계 비즈니스의 중심입니다. 양국 간 경제협력은 미래의 변화에 발맞춰 앞으로도 무궁무진하게 늘어날 것이라 생각합니다.

한미 경제계 지도자 여러분,

나는 한미 경제협력이 그동안의 상호간 교역과 투자 확대를 넘어 세계시장을 함께 개척하는 '전략적 경제 동반자'로 발전하기를 기대합니다. 새로운 아이디어와 융합이 경쟁력의 원천이 되는 시대입니다. 양국 기업의 강점을 결합하여 새로운 제품과 서비스를 만들 수 있습니다. 이미 전기차, 스마트 가전과 같은 신산업 분야에서 양국 기업들 간에 성공적인 비즈니스 모델을 만들어가고 있습니다. 매우 고무적인 일입니다. 한국의 플랜트 건설 경험과 미국의 사업 개발, 엔지니어링 기술이 결합하면 해외 발전소 건설·운영에도 동반 진출의 기회가 생길 것입니다. 양국 기업의 글로벌 시장에 대한 전략적 동반 진출은 양국 경제 발전의 새로운 돌파구가 될 것입니다. 경제인 여러분들이 양국 경제협력의 중심입니다. 나의 오늘 방문이 그리고 오늘 밤 여러분과의 만남이 양국 경제계 간의 우호와 실질적 협력을 증진시키는 중요한 계기가 되기를 희망합니다. 나와 우리 정부는 양국 경제인들이 창의와 기업가 정신으로 새로운 성장 동력을 만들어낼 수 있도록 최대한 뒷받침하겠습니다.

한미 경제계 지도자 여러분,

한미 동맹의 역사는 발전에 발전을 거듭해왔습니다. 안보 위주의 전통적인 동맹이 경제적 협력을 통해 더욱 확대되고 견고해졌습니다. 앞으로의 한미 동맹은 정치, 경제, 사회, 문화 모든 분야에서 포괄적인 동맹으로 한 단계 더 도약할 것으로 믿습니다. 나는 오늘, 양국의 경제인들에게 한반도 평화가 가져올 새로운 기회에 대해서도 말씀드리고 싶습니다. 분단된 한반도는 경제 분야에서도 아픈 부분입니다. 안보 리스크는 우리가 넘어야 할 과제이지만, 그것을 넘어서면 우리는 새로운 기회와 만날 수 있습니다. 한국의 대한상공회의소 조사에 따르면, 한국의 많은 기업들이 새로운 성장 출구로 북한을 생각하고 있습니다. 그러나 한반도의 평화가 전제되지 않으면 안 됩니다. 핵 문제부터 해결하지 않으면 안 됩니다. 새 정부는 견고한 한미 동맹을 토대로 북핵 문제 해결에 최선을 다할 것입니다. 나는 이를 위한 구상과 확고한 의지를 갖고 있습니다. 우리 정부의 구상이 실현되는 과정에서 여러분은 안심하고 한국에 투자할 수 있고, 더 나아가 북한에 투자할 수 있는 기회도 제공될 수 있을 것입니다. 한미 양국 경제인 여러분의 관심과 지지를 기대합니다.

한미 경제인 여러분,

양국 모두 새로운 정부가 출범했습니다. 경제협력을 통해 양국에 새로운 일자리를 만들고, 미래 먹거리를 창출하는 최고의 동반자가 됩시다. 두 나라가 더불어 잘살고, 함께 발전하는 공동 번영의 길로 손잡고 나아갑시다. 여러분과 여러분의 가족들 모두 건강하시기를 바랍니다. 감사합니다.

CSIS 연설 : 위대한 동맹으로

| 2017-06-30 |

존경하는 존 햄리(John Hamre) 회장님 그리고 내외 귀빈 여러분,

미국은 취임 후 나의 첫 해외 방문지입니다. 오늘 이렇게 여러분을 만나 뵙게 된 것을 기쁘게 생각합니다. 취임 직후, 나는 트럼프 대통령과 전화로 먼저 대화했습니다. 트럼프 대통령은 나와 통화에서 한미 동맹을 단순히 좋은 동맹이 아니라 "위대한 동맹"이라고 강조했습니다. 그 말씀이 매우 인상적이었습니다. 그래서 이 연설문의 주제도, 한미 정상 공동성명의 서문에도 위대한 동맹이 포함되도록 했습니다.

내외 귀빈 여러분,

나는 이 자리에서 먼저, 한미 양국이 한 세기가 넘는 시간 동안 쌓아온 우정을 여러분과 함께 재확인하고 싶습니다. 1885년, 한국에 최초의 서양식 병원인 광혜원을 설립한 사람은 미국인 선교사 호레스 알렌(Horace Allen)이었습니다. 미국인 선교사들은 한국에서 근대적 교육기관과 의료 기관의 설립을 주도했고, 항일 독립운동을 지원했습니다. 미국 정보국은 우리 임시정부와 협력해 군사훈련을 지원하기도 했습니다.

1950년, 한국에서는 역사상 가장 비극적인 전쟁이 일어났습니다. 이틀 전 미국에 도착해 제일 처음 방문한 곳은 장진호 전투 기념비입니다. 한국전쟁에서 가장 치열했던 전투의 하나로 기록된 이 전투에서 미 제1해병사단은 '지옥보다 더한 추위'를 견디며 싸웠습니다. 무려 열 배가 넘는 적의 포위망을 뚫었고 덕분에 그 유명한 흥남 철수가 가능했습니다. 흥남 철수는 북한을 탈출하기 위해 흥남 부두로 몰려온 10만여 명의 피난민을 미군이 무사히 철수시킨 대규모 작전이었습니다. 인류 역사상 유례없는 최대의 인도주의적 작전이었습니다. 그때 미국 화물선 메러디스 빅토리 호는 무기와 전쟁 물자를 모두 버리고 화물창에 피난민을 태웠습니다. 무려 1만 4000명의 피난민이 살기 위해 그 배에 올라탔습니다. 그 가운데 나의 부모님도 있었습니다. 빅토리 호는 내 누님의 생일인 12월 23일 흥남을 출발해 12월 25일 대한민국 남쪽 땅, 거제도에 도착했습니다. 단 한 명의 희생자도 없었던 자유와 인권의 항해였습니다. 다섯 명의 새 생명이 항해 중에 태어나기도 했습니다. 그야말로 크리스마스의 기적이었습니다. 2년 후 빅토리 호가 도착한 거제에서 제가 태어났습니다. 그리고 오늘 이렇게, 그때 미군이 구출했던 피난민의 아들이 대통령이 되어 여러분과 만나고 있습니다.

　내외 귀빈 여러분,

　전쟁이 끝난 후 한국이 전 세계에 보여준 눈부신 발전과 성장은 이미 여러분께서 잘 알고 계신 그대로입니다. 국의 발전을 이끈 두 바퀴, 민주주의와 시장경제는 미국이 한국에 전파한 것이자 양국이 공유하고 있는 핵심 가치입니다. 지난 70년간 한미 동맹은 한반도 평화와 안정의 근간이 되었을 뿐만 아니라 한국의 경제 발전과 민주화에 크게 기여했습니다. 우리 국민들은 그 사실을 잘 알고 있습니다. 대한민국의 성장과 발전에 토대를 제공한 미국은 우리에게 고마운 동맹입니다. 미국의 아태 지역 리더십 유지와 번영에 기여한 한국 역시 미국에게 중요한 동맹입니다. 한미 동맹이 발전하고 확대되어 오는 동안 양국의 많은 국민들이 교류했고, 종교와 문화, 학문을 비롯한 다방면에서 영향을 주고받았습니다. 장진호 전투에서 진지를 지켰던 어느 병사, 빅토리 호를 운항했던 어느 선원이 오늘 저의 삶과 연결되어 있듯이 한미 양국의 관계는 국가와 국가, 정부와 정부만이 아니라 사람과 사람으로도 이어져 있습니다.

　내외 귀빈 여러분,

　한국에는 "뿌리 깊은 나무는 바람에 흔들리지 않고, 샘이 깊은 물은 마르지 않는다"는 말이 있습니다. 한미 양국 관계가 그렇습니다. 오랜 시간에 걸쳐 우정을 쌓고 뿌리를 내려왔습니다. 한미 동맹은 대한민국의 역사와 함께 발전해왔습니다. 깊고 굳건한 동맹입니다. 양국의 동맹 관계는 흔들리지 않을 것이며, 이에 대한 나의 의지도 확고합니다.

내외 귀빈 여러분,

최근 우리나라는 유례없던 정치적 위기를 겪었습니다. 그러나 우리 국민들은 위기를 기회로 바꿔냈습니다. 가장 평화롭고 아름다운 방법으로, 민주주의와 헌법을 회복하고 새로운 정부를 출범시켰습니다. 우리 국민들은 이것을 '촛불혁명'이라고 부릅니다. 이 자리에 계신 여러분들께서도 우리 국민들의 촛불혁명이 세계 광장 민주주의의 모범이었다는 평가에 동의하실 것이라 믿습니다. 촛불혁명은 대통령으로서 나의 출발점입니다. 한국은 지금, 보다 민주적인 나라, 보다 공정하고 정의로운 나라로 나아가기 위한 변화를 실천하고 있습니다. 이것은 촛불혁명을 통해 국민들이 요구한 것이고, 그 요구에 화답하는 것이 대통령으로서 나의 책무입니다. 사드 배치 문제로 한미 동맹의 장래를 걱정하는 시선이 있습니다. 사드 배치에 관한 한국 정부의 논의는 민주적 정당성과 절차적 투명성이 담보되는 절차에 관한 것입니다. 이것은 촛불혁명으로 탄생한 우리 정부에게 대단히 중요합니다. 나는 한미 간의 결정을 존중합니다. 그러나 정당한 법 절차를 지키려는 한국 정부의 노력이 한미 동맹의 발전에도 유익할 것이라고 생각합니다. 여러분의 깊은 이해와 공감을 바랍니다.

내외 귀빈 여러분,

이제 이 연설의 주제인 "위대한 동맹"에 대한 나의 생각을 말씀드리겠습니다. 한미 동맹은 이미 위대한 동맹입니다. 그러나 한미 동맹은 더 위대해질 수 있습니다. 나는 그 정신을 장진호 전투에서 발견했습니다. 그 영웅적인 전투를 지휘한 스미스 사단장은 함흥 철수 작전을 후퇴가 아닌 "새로운 방향으로의 공격"이라고 명명했습니다. 이것이 바로 한미 동맹의 정신입니다.

지금 우리 앞에는 특별한 과제가 있습니다. 지난 20년간 풀지 못한 역사적 난제입니다. 바로 북한의 핵과 미사일 문제입니다. 위협은 이미 한반도를 넘어서서 미국을 향하고 있습니다. 세계적으로 가장 급박하고 위험한 이 위협 앞에 더 이상 후퇴하지 않고 미래를 향해 새롭게 도약하는 것, 나는 이것이 한미 동맹이 좋은 동맹을 넘어 위대한 동맹으로 나아가는 길이라고 생각합니다. 위대한 동맹은 평화를 이끌어내는 동맹입니다. 한미 양국은 이미 한반도 평화 구상에 합의한 적이 있습니다. 2005년 6자 회담에서 채택한 9·19공동성명, 그리고 이를 재확인한 2007년 남북 정상회담의 10·4정상선언, 이들 합의는 북한 핵의 완전한 폐기와 한반도 평화 체제 구축을 한꺼번에 포괄적으로 이루도록 하는 내용입니다. 한미 양국의 긴밀한 공조가 있었음은 물론입니다. 평화를 역설하는 것은 쉽지만 그것을 실현하는 것은 매우 어렵다는 것을 잘 압니다. 9·19공동성명의 이행 절차까지 합의하고도 실행에 실패한 지난 10년의 세월이 보여준 사실이기도 합니다. 더구나 북한의 김정은 정권은 핵과 미사일이 북한의 체제와 정권을 지켜줄 것이라는 잘못된 믿음을 갖고 있습니다. 그럼에도 불구하고 나는 바로 지금이 그 어려운 일을 다시 시작할 기회라고 확신합니다. 트럼프 대통령이 미국 외교 문제의 최우선 순위를 북한 핵과 미사일 문제 해결에 둔 것은 역대 미국 정부가 하지 않았던 일입니다. 이 사실이 북핵 문제 해결 가능성을 높여주고 있습니다. 나는 최선의 노력을 다해 이 기회를 살리고자 합니다. 그 확고한 전제는 바로 굳건한 한미 동맹입니다. 북한의 도발을 억제하고 철저한 연합 방위 태세를 유지하는 바탕 위에서 한국은 미국과 함께 한반도의 평화와 번영을 위한 여정을 시작할 것입니다.

내외 귀빈 여러분,

이 여정은 위대한 한미 동맹의 여정입니다. 한반도의 비핵화에서 출발해 동북아 전체의 안정과 평화로 나아가는 긴 여정입니다. 우리의 새로운 방향은 "전략적 인내"에서 벗어나 북한을 협상 테이블로 끌어내기 위해 모든 수단을 동원하는 것입니다. 북한의 도발에는 단호하고 강력하게 대응해야 합니다. 동시에 김정은 위원장과 대화하는 것도 필요합니다. 그가 북한에서 핵 폐기를 결정할 수 있는 유일한 인물이기 때문입니다. 대화의 목표는 분명합니다. 북한이 스스로 핵 폐기를 결정하는 것입니다. 한국은 한반도 문제의 직접적인 당사국입니다. 당사국으로서, 또한 참혹한 전쟁의 비극을 다시는 겪지 않기 위해 한국은 보다 주도적인 역할을 해나갈 것입니다. 한국이 미국과 긴밀한 공조하에 남북 관계를 개선해나가면 그 과정에서 미국을 포함한 국제사회도 북한과의 관계를 개선할 수 있을 것입니다.

내외 귀빈 여러분,

나는 어제 이러한 비전에 대해 트럼프 대통령과 깊이 있는 대화를 나누었습니다. 우리는 보다 적극적으로 평화를 지키고 만들어나가기로 했습니다. 이 자리에서 분명히 말합니다. 나와 트럼프 대통령은 북한에 대한 적대시 정책을 추진하지 않습니다. 우리는 북한을 공격할 의도가 없으며, 북한 정권의 교체나 정권의 붕괴를 원하지도 않습니다. 인위적으로 한반도 통일을 가속화하지도 않을 것입니다. 그러나 우리는 북한에게 분명히 요구합니다. 비핵화야말로 안보와 경제 발전을 보장받는 유일한 길입니다. 북한 또한 스스로의 운명을 결정해야 합니다. 자신의 운명을 다른 나라의 탓으로 돌릴 수는 없습니다. 대화의 문은 활짝 열려 있습니다. 중요한 선택의 기로에서 올바른 판단을 내려 평화와 번영의 기회를 잡을 수 있기를 진심으로 촉구합니다. 북한이 올바른 선택을 한다면 나는 한반도 평화와 번영의 길을 북한과 함께 걸어갈 준비가 되어 있습니다.

내외 귀빈 여러분,

우리 앞에는 북핵 문제를 넘어 많은 과제가 놓여 있습니다. 동북아지역의 안정과 번영을 증진시켜야 합니다. 테러리즘, 환경 문제, 난민, 기아, 전염병과 같은 초국경적 현안에 대해서도 힘을 합쳐야 합니다. 동북아와 전 세계에서 민주, 평화, 인권, 민주주의 가치를 재건하는 것은 한미 동맹이 세계 평화에 기여하는 동맹임을 입증하는 일입니다. 한미 양국은 굳건한 한미 동맹을 기반으로 글로벌 파트너십을 더욱 강화해나갈 것입니다. 국제 테러리즘 척결을 위한 연대를 강화하고, 이라크, 시리아, 아프간 등에서의 평화 정착과 재건 노력을 확대할 것입니다.

내외 귀빈 여러분,

동맹의 가장 큰 장애물은 현실 안주입니다. 우리가 직면한 과제는 결코 쉬운 것들이 아니며 예상치 못한 어려움이 나타날 수도 있습니다. 그러나 우리에게는 공통의 목표가 있고 수많은 역경을 극복해온 경험과 지혜가 있습니다. 우리 자신을 믿고 새로운 구상을 담대하게 실천해가야 합니다. 북한이 스스로 평화의 길을 선택할 수 있게 해야 합니다. 평화는 스스로 선택할 때, 온전하고 지속가능한 평화가 된다는 나의 믿음을 여러분이 지지하고 함께해주시기를 바랍니다. 한미 동맹이 한미 양국을 넘어 동북아와 국제 평화의 번영, 가치의 재건에 기여하는 위대한 동맹으로 도약할 수 있도록 함께 힘을 모아주시기 바랍니다.

특별히, 웜비어 씨의 유족과 미국 국민들에게 깊은 위로의 말씀을 드립니다. 가족은 우리 삶의 뿌리이고, 또 열매입니다. 나 역시 자식을 둔 부모로서 그리고 미국의 동맹국 정상으로서 북한 당국의 가혹한 처사가 웜비어 씨의 가족과 미국 국민들에게 던진 충격과 비통함에 공감합니다. 웜비어 씨와의 이별이 그 가족들에게 모든 것을 잃은 것이 되지 않도록 해야 할 책임을 느낍니다. 어떤 경우에도 가족의 가치와 인권이 훼손되어서는 안 되며 나는 여러분과 함께, 우리가 소중하게 생각하는 가치를 지키기 위한 노력을 멈추지 않을 것입니다. 주한 미군을 비롯한 미국 국민과 우리 국민을 지키기 위해서라도 북한 핵 문제는 반드시 해결하고 말 것입니다. 오늘 함께해주신 여러분께 다시 한번 깊은 감사의 말씀을 드립니다. 감사합니다.

7월

동포 간담회 인사말

| 2017-07-01 |

감사합니다. 사회 보신 김미화 씨에게도 감사합니다. 지난 정권에서 블랙리스트 방송인이라는 거 잘 아시죠? 격려의 박수 부탁드립니다.

동포 여러분,

반갑습니다. 미국 경호원이 경호를 하고 있어서 다들 손잡아드리지 못했습니다. 사랑하는 250만 재미 동포 여러분, 반갑습니다. 방미 마지막 일정으로 여러분을 뵙습니다. 방미 성과도 아주 좋았고, 여러분께 인사를 드리고 돌아갈 수 있게 돼서 정말 기분이 좋습니다. 여러분도 좋으시죠? 방문 첫날 일정으로, 장진호 전투 기념비 가는 길부터 시작해서, 제가 가는 곳곳에서 동포 여러분께서 저를 환영해주셨습니다. 그리고 오늘 이렇게 많은 동포 여러분과 자리를 함께하게 되니 이것만으로도 제 마음이 아주 든든합니다. 여러분, 고맙습니다. 오늘 이 자리에 여기 워싱턴뿐 아니라 멀리 알래스카와 마이애미 그리고 바다 건너 하와이에서도 오셨다고 들었습니다. 제일 먼 하와이에서 오신 동포분들, 어디 계십니까? 여러분, 큰 박수 한번 부탁드립니다. 이렇게 여러분 앞에서 대통령으로 인사드리게 돼서 정말로 기쁩니다. 2012년 대선 때도, 그리고 지난 대선 때도 해외 동포 여러분은 저에게 정말 큰 힘이 됐습니다. 마음 깊이 감사드립니다.

지난 대선 때 새로운 기록이 많았습니다. 역대 최고의 재외 국민투표율도 그중의 하나입니다. 지난 2012년보다 투표자 수가 무려 40%나 늘었습니다. 그 높은 투표율의 중심에 동포 여러분의 간절한 염원이 있었다고 생각합니다. "내 조국은 대한민국이다.", 누구에게나 자랑할 수 있는 당당하고 품격 있는 나라를 함께 만들자는 염원, 여러분, 맞습니까?

조국의 새 정부는 해외에서도 함께 촛불을 들어준 동포 여러분의 염원으로 출범했습니다. 그 힘이 국제사회에서 대한민국의 위상을 높이고 있습니다. 세계가 우리의 민주주의 역량에 박수를 보냅니다. 제가 이번 정상회담에서 당당할 수 있었던 것도, 기대 이상의 성과를 거둘 수 있었던 것도 그 힘이 크게 작용했다고 생각합니다. 트럼프 대통령을 비롯해서, 제가 만난 미국 정부 관계자와 정치인 모두가 촛불혁명으로, 평화적으로 정권을 교체한 대한민국을 존중해주었고, 그런 대한민국의 대통령인 저를 대접해주었습니다. 여러분, 우리 스스로 자부할 만하다고 생각하는데, 어떻습니까?

사랑하는 동포 여러분,

이번 미국 방문은 여러모로 의미 있는 방문이었고 값진 성과도 얻었습니다. 트럼프 대통령과 저는 이틀 동안 허심탄회한 대화를 나눴습니다. 저는 그 과정에서 한미 동맹의 발전과 북핵 문제의 해결, 더 나아가 한반도의 항구적 평화 정착에 대한 트럼프 대통령의 확고한 의지를 확인할 수 있었습니다. 그리고 우리 두 정상 간에 깊은 우의와 신뢰가 형성되었습니다. 특히 트럼프 대통령과 저는 북핵 문제 해결에 최우선 순위를 두고 관련 정책을 긴밀히 협의해나가기로 했습니다. 제재와 대화를 모두 활용하여, 단계적이고 포괄적인 접근으로 북핵 문제를 근원적으로 해결하자는 데 뜻을 같이했습니다. 무엇보다 대화의 문을 열어놓고 평화적으로 해결하기로 한 것은 큰 성과였습니다.

동포 여러분께서 잘 알고 계신 것처럼, 미국 정부가 북핵 문제 해결에 최우선 순위를 두기로 한 것은 미국 외교정책의 커다란 변화입니다. 저는 이 변화와, 트럼프 대통령과 저 사이에 형성된 신뢰를 바탕으로, 북핵 문제를 반드시 해결하고 한반도 평화 체제를 구축하겠습니다. 그런 의미에서 트럼프 대통령으로부터 한반도의 평화 통일 환경 조성에서 대한민국의 주도적 역할과 남북 대화 재개에 대한 지지를 확보한 것은 매우 중요한 성과입니다. 사드 문제에서도 민주적, 절차적 정당성이 필요하다는 점에 대해 미국 정부의 공감을 얻었습니다.

어떻습니까? 한미 동맹, 앞으로도 이렇게 흔들림 없이 튼튼하게 해 나가면 되겠습니까? 사실 이번 방미 전까지 국내외에서 지난 여러 달 동안 정상 외교 공백에 따른 우려가 있었습니다. 그러나 이번 방미를 통해 한미 동맹의 굳건함이 확인되었고 앞으로의 발전 방향에 대한 폭넓은 공감대가 확보되었습니다. 이렇게 한미 동맹이 위대한 동맹으로 발전할 수 있었던 데에는 동포 여러분의 기여와 헌신이 있었습니다. 1903년 1월 하와이 호놀룰루에 첫 발을 내디딘 102명의 사탕수수 노동자들의 눈물과 땀이 있었습니다. 5~60년대 한국전쟁이 남긴 상처와 가난을 이기기 위해 청소부로, 세탁원으로 이국땅에서 고생하셨습니다. 1세대 부모님의 노고와 헌신이 2세대, 3세대 동포들의 눈부신 활약으로 결실을 맺고 있습니다. 이제 우리 동포들은 정치, 경제, 문화 모든 분야에서 미국사회 발전에 크게 기여하고 있습니다. 한인 사회의 위상도 크게 높아졌습니다. 덕분에 양국 관계도 더욱 발전할 수 있었습니다.

저는 우리 해외 동포 여러분의 마음속에 늘 조국 대한민국이 있다는 것을 느낄 때마다 가슴이 벅찬데, 여러분은 어떻습니까? 3·1운동 때에는 동포들이 있는 세계 곳곳마다 태극기가 펄럭였습니다. 87년 6월항쟁에 이어 이번 촛불혁명까지 대한민국 민주주의 여정에는 늘 동포 여러분이 계셨습니다. 최근에는 병역의무가 없는 동포 청년들이 조국에 자원입대하는 일이 늘면서 국민들에게 큰 감동을 주고 있습니다.

이번 제 귀국길에는 오랫동안 고향을 떠나 있었던 우리 문화재 두 점이 함께 돌아갑니다. 조선왕조의 정통성을 상징하는 문정왕후어보와 현종어보입니다. 많은 분들의 열성적인 노력이 있었습니다. 이 자리에 함께하고 있는 안민석 의원이 수고를 많이 해주셨고, 무엇보다 국내 시민단체와 재미 동포 사회의 노력이 거둔 결실입니다. 동포 여러분께서 잃어버린 우리 문화재를 찾는 과정에서도 힘을 모아주신 것에 대해 진심으로 감사드립니다. 여러분, 안민석 의원과 수고해주신 모든 분들께 큰 박수 부탁드립니다. 이렇게 동포 여러분과 국내의 국민들은 사는 곳은 떨어져 있지만 대한민국의 역사 속에서 하나로 연결되어 있습니다. 동포 여러분이 살고 계신 바로 이곳에서 조국에 대한 자긍심이 더 높아질 수 있도록 정부가 할 수 있는 모든 노력을 다하겠습니다.

동포 여러분께 약속드립니다. 민주주의를 더욱 발전시키겠습니다. '이게 내 조국이냐', 한탄하는 일이 없도록 하겠습니다. 다시는 흔들리지 않도록 민주주의를 더 튼튼하고 단단하게 세워놓겠습니다. 경제에서도 민주주의를 실현하겠습니다. 조금씩 양보하고, 짐을 나누고, 격차를 줄여가면서 더 평등하고 정의로운 대한민국을 만들겠습니다. 남북 관계에서도 주변국에 기대지 않고 우리가 운전석에 앉아 주도해나가겠습니다. 재외 동포 지원에도 적극 나서겠습니다. 지금 재외 동포가 720만 명에 달하고 한 해 해외여행객도 2000만 명을 넘었습니다. 가장 중요한 것은 우리 국민과 동포들의 안전입니다. 재외 국민보호법을 만들고 지원 조직을 확대하겠습니다. 테러와 범죄, 재난으로부터 여러분을 안전하게 지키겠습니다. 재외공관을 재외공관답게 만들겠습니다. 재외공관이 없거나 부실해서, 또 인력이 부족하다는 이유로 그동안 충분한 지원을 받지 못하셨을 것입니다. 통역이나 수감자 지원 법률 서비스를 위해 영사 인력을 확충해가겠습니다. 전자행정으로 영사 서비스도 혁신해서 동포 여러분의 불편을 덜어 드리겠습니다. 또한 우리 동포들이 거주국와 거주 지역에서 역량이 더 커질 수 있도록 뒷받침하겠습니다. 특히 재미 동포들의 정치적 역량이 커진다면 대한민국의 미래와 양국의 관계 발전에 큰 도움이 될 것입니다. 젊은 동포들이 차세대 인재로 성장할 수 있도록 적극 지원하겠습니다. 재외 동포분들을 만나보면 후손들의 민족 정체성을 걱정하는 분들이 많습니다. 우리말과 글을 지킬 수 있도록 한글 학교를 지원하고, 한국 문화를 접할 수 있는 기회를 확대하겠습니다. 자녀들이 민족 정체성을 잃지 않으면서 글로벌 리더로 성장해갈 수 있도록 우리 정부가 뒷받침하겠습니다.

사랑하는 동포 여러분,

저는 여러분이 정말 자랑스럽습니다. 몸은 떨어져 있지만 우리는 늘 함께였습니다. 대한민국이 기쁠 때 함께 웃어주셨고 대한민국이 아플 때 함께 울어주셨습니다. 세계 어디에 이토록 조국을 사랑하고 헌신하는 동포가 있겠습니까? 이제 대한민국 정부가 보답하겠습니다. 지금 대한민국은 완전히 새로운 나라로 거듭나고 있습니다. 동포 여러분께 기쁨과 자부심을 주는 대한민국을 만들겠습니다. 완전히 새로운 대한민국으로 동포 여러분의 자랑이 되겠습니다. 동포 여러분 다시 만날 때까지 늘 건강하시고 행복하십시오. 감사합니다.

쾨르버재단 초청 연설

| 2017-07-06 |

존경하는 독일 국민 여러분, 고국에 계신 국민 여러분, 하울젠 쾨르버재단 이사님과 모드로 전 동독 총리님을 비롯한 내외 귀빈 여러분,

먼저, 냉전과 분단을 넘어 통일을 이루고 그 힘으로 유럽 통합과 국제 평화를 선도하고 있는 독일과 독일 국민에게 무한한 경의를 표합니다. 오늘 이 자리를 마련해주신 독일 정부와 쾨르버재단에도 감사드립니다. 아울러, 얼마 전 별세하신 고(故) 헬무트 콜 총리의 가족과 독일 국민들에게 깊은 애도와 위로의 마음을 전합니다. 대한민국은 냉전 시기, 어려운 환경 속에서도 적극적이고 능동적인 외교로 독일 통일과 유럽 통합을 주도한 헬무트 콜 총리의 위대한 업적을 기억할 것입니다.

친애하는 내외 귀빈 여러분,

이곳 베를린은 지금으로부터 17년 전, 한국의 김대중 대통령이 남북 화해·협력의 기틀을 마련한 '베를린 선언'을 발표한 곳입니다. 여기 알테스 슈타트하우스(Altes Stadhaus)는 독일 통일 조약 협상이 이뤄졌던 역사적 현장입니다. 나는 오늘, 베를린의 교훈이 살아 있는 이 자리에서 대한민국 새 정부의 한반도 평화 구상을 말씀드리고자 합니다.

내외 귀빈 여러분,

독일 통일의 경험은 지구상 마지막 분단국가로 남은 우리에게 통일에 대한 희망과 함께 우리가 나아가야 할 방향을 말해주고 있습니다. 그것은 우선, 통일에 이르는 과정의 중요성입니다. 독일 통일은 상호 존중에 바탕을 둔 평화와 협력의 과정이 얼마나 중요한지를 일깨워주었습니다. 독일 국민들은 이 과정에서 축적된 신뢰를 바탕으로 스스로 통일을 결정할 수 있었습니다. 동서독의 시민들은 다양한 분야에서 교류, 협력했고 양측 정부는 이를 제도적으로 보장했습니다. 비정치적인 민간 교류가 정치 이념의 빗장을 풀었고 양측 국민들의 닫힌 마음을 열어나갔습니다. 동방정책이 20여 년간 지속되었다는 사실도 중요합니다. 정권이 바뀌어도 일관된 정책이 가능했던 것은 국민의 지지와 더불어 국제사회의 협력이 바탕이 되었기 때문입니다.

독일은 유럽에 평화 질서가 조성될 때, 그 틀 안에서 독일의 통일도 가능할 것이라고 보았습니다. 국제사회와 보조를 맞추고, 때로는 국제사회를 설득해서 튼튼한 안보를 확보하고, 양독 관계에 대한 지지를 보장받았습니다. 빌리 브란트 총리가 첫 걸음을 뗀 독일의 통일 과정은 다른 정당의 헬무트 콜 총리에 이르러 완성되었습니다. 나는 한반도의 평화와 공동 번영을 위해서도 마찬가지로 정당을 초월한 협력이 이어져나가야 한다고 믿습니다.

내외 귀빈 여러분,

한반도의 평화와 통일을 바라는 우리 국민들에게 베를린은 김대중 대통령의 '베를린 선언'과 함께 기억됩니다. 김대중 대통령의 베를린 선언은 2000년 제1차 남북 정상회담으로 이어졌고, 분단과 전쟁 이후 60여 년간 대립하고 갈등해온 남과 북이 화해와 협력의 길로 들어서는 대전환을 이끌어냈습니다. 그 뒤를 이어 노무현 대통령은 2007년 제2차 남북 정상회담을 통해 남북 관계의 발전과 평화·번영을 위한 이정표를 세웠습니다. 김대중 대통령과 노무현 대통령은 한반도에 평화를 정착시키기 위한 국제협력도 추진해나갔습니다. 그 기간 동안 6자 회담은 북핵 문제 해결 원칙과 방향을 담은 9·19성명과 2·13합의를 채택했습니다. 북미 관계, 북일 관계에도 진전이 있었습니다. 나는 앞선 두 정부의 노력을 계승하는 동시에 대한민국의 보다 주도적인 역할을 통해 한반도에 평화 체제를 구축하는 담대한 여정을 시작하고자 합니다.

존경하는 내외 귀빈 여러분,

한반도가 직면하고 있는 가장 큰 도전은 북핵 문제입니다. 북한은 핵과 미사일 도발을 계속하며 한반도와 동북아, 나아가 세계의 평화를 위협하고 있습니다. 특히 바로 이틀 전에 있었던 미사일 도발은 매우 실망스럽고 대단히 잘못된 선택입니다. UN 안보리 결의를 명백히 위반했을 뿐만 아니라 국제사회의 거듭된 경고를 정면으로 거부한 것입니다. 무엇보다 한미 정상회담을 통해 모처럼 대화의 길을 마련한 우리 정부로서는 더 깊은 유감을 느끼지 않을 수 없습니다. 북한의 이번 선택은 무모합니다. 국제사회의 응징을 자초했습니다. 북한이 도발을 멈추고 비핵화 의지를 보여준다면, 국제사회의 지지와 협력을 받을 수 있도록 앞장서서 돕겠다는 우리 정부의 의지를 시험하고 있습니다. 나는 북한이 돌아올 수 없는 다리를 건너지 않기를 바랍니다. 북한은 핵과 미사일 개발을 포기하고 국제사회와 협력할 수 있는 길을 찾아야 합니다. 완전하고 검증 가능하며 불가역적인 한반도 비핵화는 국제사회의 일치된 요구이자 한반도 평화를 위한 절대 조건입니다. 한반도 비핵화를 위한 결단만이 북한의 안전을 보장하는 길이라는 뜻입니다. 그래서 나는 바로 지금이 북한이 올바른 선택을 할 수 있는 마지막 기회이고, 가장 좋은 시기라는 점을 강조합니다. 점점 더 높아지는 군사적 긴장의 악순환이 한계점에 이른 지금, 대화의 필요성이 과거 어느 때보다 절실해졌기 때문입니다. 중단되었던 한반도 평화 프로세스를 다시 시작할 수 있는 기본 여건이 마련되었다는 점도 중요합니다. 최근 한미 양국은, 제재는 외교적 수단이며, 평화적인 방식으로 한반도 비핵화를 달성한다는 큰 방향에 합의했습니다. 북한에 대해 적대시 정책을 갖고 있지 않다는 사실을 천명했습니다. 북한의 선택에 따라 국제사회가 함께 보다 밝은 미래를 제공할 수 있음을 확인했습니다. 한미 양국은 또한, 당면한 한반도 위기를 타개하기 위해서도 남북 관계 개선이 중요하다는 점에 인식을 같이했습니다. 트럼프 대통령은 한반도 평화 통일 환경을 조성함에 있어서 대한민국의 주도적 역할을 지지했고, 남북 대화를 재개하려는 나의 구상을 지지했습니다. 중국의 시진핑 주석과도 같은 공감대를 확인했습니다. 이제 북한이 결정할 일만 남았습니다. 대화의 장으로 나오는 것도, 어렵게 마련된 대화의 기회를 걷어차는 것도 오직 북한이 선택할 일입니다. 그러나 만일, 북한이 핵 도발을 중단하지 않는다면 더욱 강한 제재와 압박 외에는 다른 선택이 없습니다. 한반도의 평화와 북한의 안전을 보장할 수 없게 될 것입니다. 나는 한반도 평화를 위한 우리 정부와 국제사회의 의지를, 북한이 매우 중대하고 긴급한 신호로 받아들일 것을 기대하고 촉구합니다.

내외 귀빈 여러분,

이제, 한반도의 냉전 구조를 해체하고 항구적인 평화 정착을 이끌기 위한 우리 정부의 정책 방향을 말씀드리겠습니다.

첫째, 우리가 추구하는 것은 오직 평화입니다. 평화로운 한반도는 핵과 전쟁의 위협이 없는 한반도입니다. 남과 북이 서로를 인정하고 존중하며, 함께 잘사는 한반도입니다. 우리는 이미 평화로운 한반도로 가는 길을 알고 있습니다. '6·15공동선언'과 '10·4정상선언'으로 돌아가는 것입니다. 남과 북은 두 선언을 통해 남북 문제의 주인이 우리 민족임을 천명했고 한반도에서 긴장 완화와 평화 보장을 위한 긴밀한 협력을 약속했습니다. 경제 분야를 비롯한 사회 각 분야의 협력 사업을 통해 남북이 공동 번영의 길로 나아가자고 약속했습니다. 남과 북이 상호 존중의 토대 위에 맺은 이 합의의 정신은 여전히 유효합니다. 그리고 절실합니다. 남과 북이 함께 평화로운 한반도를 실현하고자 했던 그 정신으로 돌아가야 합니다. 나는 이 자리에서 분명히 말합니다. 우리는 북한의 붕괴를 바라지 않으며, 어떤 형태의 흡수통일도 추진하지 않을 것입니다. 우리는 인위적인 통일을 추구하지도 않을 것입니다. 통일은 쌍방이 공존·공영하면서 민족 공동체를 회복해 나가는 과정입니다. 통일은 평화가 정착되면 언젠가 남북 간의 합의에 의해 자연스럽게 이루어질 일입니다. 나와 우리 정부가 실현하고자 하는 것은 오직 평화입니다.

둘째, 북한 체제의 안전을 보장하는 한반도 비핵화를 추구하겠습니다. 지난 4월, '전쟁 위기설'이 한반도와 세계를 휩쓸었습니다. 한반도를 둘러싼 군사적 긴장은 세계의 화약고와도 같습니다. 한반도의 군사적 긴장을 시급히 완화해야 합니다. 남북 간의 무너진 신뢰를 다시 회복해야 합니다. 우리는 이를 위해 교류와 대화를 모색해나갈 것입니다. 북한도 더 이상의 핵 도발을 중단해야 합니다. 우발적인 충돌을 방지하기 위한 군사 관리 체계도 구축해나가야 합니다. 보다 근본적인 해법은 북핵 문제의 근원적 해결입니다. 북핵 문제는 과거보다 훨씬 고도화되고 어려워졌습니다. 단계적이고 포괄적인 접근이 필요합니다. 우리 정부는 국제사회와 함께 북한 핵의 완전한 폐기와 평화 체제 구축, 북한의 안보·경제적 우려 해소, 북미 관계 및 북일 관계 개선 등 한반도와 동북아의 현안을 포괄적으로 해결해나가겠습니다. 그러나 손뼉도 마주쳐야 소리가 나는 법입니다. 북한이 핵 도발을 전면 중단하고, 비핵화를 위한 양자대화와 다자대화에 나서야만 가능한 일입니다.

셋째, 항구적인 평화 체제를 구축해나가겠습니다. 1953년 이래 한반도는 60년 넘게 정전 상태에 있습니다. 불안한 정전 체제 위에서는 공고한 평화를 이룰 수 없습니다. 남북의 소중한 합의들이 정권이 바뀔 때마다 흔들리거나 깨져서도 안 됩니다. 평화를 제도화해야 합니다. 안으로는 남북 합의의 법제화를 추진하겠습니다. 모든 남북 합의는 정권이 바뀌어도 계승돼야 하는 한반도의 기본 자산임을 분명히 할 것입니다. 한반도에 항구적 평화 구조를 정착시키기 위해서는 종전과 함께 관련국이 참여하는 한반도 평화협정을 체결해야 합니다. 북핵 문제와 평화 체제에 대한 포괄적인 접근으로 완전한 비핵화와 함께 평화협정 체결을 추진하겠습니다.

넷째, 한반도에 새로운 경제 지도를 그리겠습니다. 남북한이 함께 번영하는 경제협력은 한반도 평화 정착의 중요한 토대입니다. 나는 '한반도 신경제 지도' 구상을 가지고 있습니다. 북핵 문제가 진전되고 적절한 여건이 조성되면 한반도의 경제 지도를 새롭게 그려나가겠습니다. 군사분계선으로 단절된 남북을 경제 벨트로 새롭게 잇고 남북이 함께 번영하는 경제 공동체를 이룰 것입니다. 끊겼던 남북 철도는 다시 이어질 것입니다. 부산과 목포에서 출발한 열차가 평양과 베이징으로, 러시아와 유럽으로 달릴 것입니다. 남·북·러 가스관 연결 등 동북아 협력 사업들도 추진될 수 있을 것입니다. 남과 북은 대륙과 해양을 잇는 교량 국가로 공동 번영할 것입니다. 남과 북이 10·4정상선언을 함께 실천하기만 하면 됩니다. 그때 세계는 평화의 경제, 공동 번영의 새로운 경제모델을 보게 될 것입니다.

다섯째, 비정치적 교류 협력 사업은 정치·군사적 상황과 분리해 일관성을 갖고 추진해나가겠습니다. 남북 간의 교류 협력 사업은 한반도 모든 구성원의 고통을 치유하고 화합을 이루는 과정이자 안으로부터의 평화를 만들어가는 일입니다. 남북한에는 분단과 전쟁으로 고향을 잃고 헤어진 가족들이 있습니다. 그 고통을 60년 넘게 치유해주지 못한다는 것은 남과 북 정부 모두에게 참으로 부끄러운 일입니다. 대한민국 정부에 가족 상봉을 신청한 이산가족 가운데 현재 생존해 계신 분은 6만여 명, 평균 연령은 81세입니다. 북한도 사정은 마찬가지일 것입니다. 이분들이 살아 계신 동안에 가족을 만날 수 있게 해야 합니다. 어떤 정치적 고려보다 우선해야만 하는 시급한 인도적 문제입니다. 분단으로 남북의 주민들이 피해를 보는 일들도 남북 간이 함께 해결해나가야 합니다. 북한의 하천이 범람하면 남한의 주민들이 수해를 입게 됩니다. 감염병이나 산림 병충해, 산불은 남북한의 경계를 가리지 않습니다. 남북이 공동 대응하는 협력을 추진해나가겠습니다. 민간 차원의 교류는 당국 간 교류에 앞서 남북 간 긴장 완화와 동질성 회복에 공헌해왔습니다. 민간 교류의 확대는 꽉 막힌 남북 관계를 풀어갈 소중한 힘입니다. 다양한 분야의 민간 교류를 폭넓게 지원하겠습니다. 지역 간의 교류도 적극 지원하겠습니다. 인간 존중의 보편적 가치와 국제 규범은 한반도 전역에서 구현되어야 합니다. 북한 주민의 열악한 인권 상황에 대해서는 국제사회와 함께 분명한 목소리를 낼 것입니다. 아울러, 북한 주민들에게 실제 도움이 되는 방향으로 인도적인 협력을 확대하겠습니다.

내외 귀빈 여러분,

나와 우리 정부는 이상의 정책 방향을 확고하게 견지하면서 실천할 준비가 되어 있습니다. 남북이 함께 손을 잡고 한반도 평화의 돌파구를 열어가야 합니다. 먼저 쉬운 일부터 시작해 나갈 것을 북한에 제안합니다.

첫째, 시급한 인도적 문제부터 해결하는 것입니다. 올해는 '10·4정상선언' 10주년입니다. 또한 10월 4일은 우리 민족의 큰 명절인 추석입니다. 남과 북은 10·4선언에서 흩어진 가족과 친척들의 상봉을 확대하기로 합의한 바 있습니다. 민족적 의미가 있는 두 기념일이 겹치는 이날에 이산가족 상봉 행사를 개최한다면 남북이 기존 합의를 함께 존중하고 이행해나가는 의미 있는 출발이 될 것입니다. 북한이 한 걸음 더 나갈 용의가 있다면, 이번 이산가족 상봉에 성묘 방문까지 포함할 것을 제안합니다. 분단 독일의 이산가족들은 서신 왕래와 전화는 물론 상호 방문과 이주까지 허용되었습니다. 우리도 못할 이유가 없습니다. 더 많은 이산가족이 우리 곁을 떠나기 전, 그들의 눈물을 닦아주어야 합니다. 만약 북한이 당장 준비가 어렵다면 우리 측만이라도 북한 이산가족의 고향 방문이나 성묘를 허용하고 개방하겠습니다. 북한의 호응을 바라며, 이산가족 상봉을 논의하기 위한 남북적십자회담 개최를 희망합니다.

둘째, 평창 동계 올림픽에 북한이 참가하여 '평화 올림픽'으로 만드는 것입니다. 2018년 2월, 한반도의 군사분계선에서 100킬로미터 거리에 있는 대한민국 평창에서 동계 올림픽이 개최됩니다. 2년 후 2020년엔 하계 올림픽이 도쿄에서, 2022년엔 베이징에서 동계 올림픽이 개최됩니다. 우리 정부는 아시아에서 이어지는 이 소중한 축제들을 한반도의 평화, 동북아와 세계의 평화를 만들어가는 계기로 만들 것을 북한에 제안합니다. 스포츠에는 마음과 마음을 잇는 힘이 있습니다. 남과 북 그리고 세계의 선수들이 땀 흘리며 경쟁하고 쓰러진 선수를 일으켜 부둥켜안을 때, 세계는 올림픽을 통해 평화를 보게 될 것입니다. 세계의 정상들이 함께 박수를 보내면서, 한반도 평화의 새로운 시작을 함께 열 수 있기를 기대합니다. 북한의 평창 동계 올림픽 참가에 대해 IOC에서 협조를 약속한 만큼 북한의 적극적인 호응을 기대합니다.

셋째, 군사분계선에서의 적대 행위를 상호 중단하는 것입니다. 지금 이 순간에도 한반도의 군사분계선에서는 총성 없는 전쟁이 계속되고 있습니다. 양측 군에 의한 군사적 긴장 고조 상태가 변하지 않고 있습니다. 이는 남북한 무력 충돌의 위험성을 고조시키고 접경 지역에서 생활하는 양측 국민의 안전을 위협하는 일입니다. 올해 7월 27일은 휴전협정 64주년이 되는 날입니다. 이날을 기해 남북이 군사분계선에서 군사적 긴장을 고조시키는 일체의 적대 행위를 중지한다면 남북 간의 긴장을 완화하는 의미 있는 계기가 될 것입니다.

넷째, 한반도 평화와 남북 협력을 위한 남북 간 접촉과 대화를 재개하는 것입니다. 한반도 긴장 완화는 가장 시급한 문제입니다. 지금처럼 당국자 간 아무런 접촉이 없는 상황은 매우 위험합니다. 상황 관리를 위한 접촉으로 시작하여 의미 있는 대화를 진전시켜나가야 합니다. 나아가, 올바른 여건이 갖춰지고 한반도의 긴장과 대치 국면을 전환시킬 계기가 된다면 나는 언제 어디서든 북한의 김정은 위원장과 만날 용의가 있습니다. 핵 문제와 평화협정을 포함해 남북한의 모든 관심사를 대화 테이블에 올려놓고 한반도 평화와 남북 협력을 위한 논의를 할 수 있습니다. 한번으로 되지 않을 것입니다. 시작이 중요합니다. 자리에서 일어서야 발걸음을 뗄 수 있습니다. 북한의 결단을 기대합니다.

존경하는 내외 귀빈 여러분,

독일은 한국보다 먼저 냉전을 극복하고 통일을 달성했지만 지금은 지역주의와 테러, 난민 문제 등 평화에 대한 또 다른 도전에 직면해 있습니다. 나는 독일이 베를린의 민주주의와 평화 공존의 정신으로 새로운 도전을 극복하고 독일 사회와 유럽의 통합을 완성해나갈 것을 믿습니다. 대한민국도 성숙한 민주주의의 힘으로 평화로운 한반도를 반드시 실현해나갈 것입니다. 베를린에서 시작된 냉전의 해체를 서울과 평양에서 완성하고 새로운 평화의 비전을 동북아와 세계에 전파할 것입니다. 독일과 한국은 평화를 향한 전진을 멈추지 않을 것입니다. 양국은 언제나 서로를 지지하고 응원하며 연대할 것입니다. 인류의 더 나은 삶, 세계의 더 좋은 미래를 향해 굳세게 함께 나아갑시다. 감사합니다.

G20 정상회의 리트리트(Retreat) 발언

| 2017-07-07 |

감사합니다. 여러분 반갑습니다.

취임 후 처음으로 참석하는 G20 회의에서 처음으로 발언하게 되었습니다. 테러에 대한 여러 정상들의 의견에 공감하며 되풀이할 필요가 없는 것 같습니다. 테러에 대한 폭력적 극단주의는 무고한 사람들을 해칠 뿐 아니라 세계 평화와 안보에 심각한 위협입니다. 국제적인 연대를 통해 단호히 대응해나가겠다는 강력한 의지를 천명하고 실천할 필요가 있습니다. 그동안 G20에서 합의된 사항들과 UN 안보리 결의 등을 다 함께 충실히 이행해나가야 합니다. 한국도 적극 동참하고 특히 피해 국가들에 대한 인도적 지원을 확대해나갈 것입니다. 테러 집단들의 자금

조달 원천 차단을 위한 국제자금세탁방지기구(FATF)의 역량 강화 노력을 지지합니다.

G20 정상 여러분,

원래 예정된 주제는 아니지만 대한민국의 대통령으로서 G20 공동의 관심과 행동이 시급히 요구되는 또 하나의 중대한 도전에 대해 말씀드리지 않을 수 없습니다. 바로 북한의 핵과 미사일 도발입니다. 북한은 G20 정상회의를 불과 며칠 앞두고 지금까지 가장 고도화된 탄도미사일을 발사함으로써 전 세계를 위협했습니다. 북한의 시대착오적인 핵과 탄도미사일 개발이야말로 안보리 결의 등 국제 규범과 세계의 평화에 대한 가장 심각한 도전이 아닐 수 없습니다. 글로벌 차원의 위협이 되어버린 북핵 문제 해결을 위해 국제사회는 새로운 UN 안보리 결의를 포함하여 더욱 강화된 압박을 가해야 할 것입니다. 그렇게 함으로써 북한 정권으로 하여금 핵과 미사일이 결코 생존을 보장해주지 못한다는 점을 깨닫고 조속히 비핵화를 위한 대화로 나오지 않을 수 없도록 만들어야 합니다. 북한의 도발에 대해 단호히 대처하면서 북한이 비핵화의 길을 선택하면 오히려 안전과 발전을 보장받을 것이라는 메시지도 함께 전달할 필요가 있습니다. 국제사회는 완전하고 검증 가능하며 불가역적인 한반도 비핵화를 평화적인 방식으로 달성한다는 목표를 공유하고 있습니다. 나는 북한이 더 이상의 핵 도발을 중단하고 비핵화를 위한 진지한 대화의 테이블로 조속히 복귀할 것을 촉구합니다. 핵 문제의 심각성과 긴급성을 감안할 때 오늘 이렇게 한자리에 모인 G20 정상들이 이 문제에 공동 대응하는 분명한 의지를 보여주는 것이 바람직하다고 생각합니다. 한반도의 완전한 비핵화와 평화 체제가 이루어져야 동북아 전체, 나아가 전 세계의 평화와 안정을 이룰 수 있습니다. G20 정상 여러분의 전폭적인 관심과 지지를 부탁드립니다.

G20 정상회의 세션 I 선도 발언

| 2017-07-07 |

감사합니다. 의장님.

저는 이번 기회를 빌려, 한국 새 정부의 경제정책 기조를 말씀드리고 싶습니다. 한국은 성공적인 산업화로 급속한 경제성장을 이루었습니다. 그러나 그 이면에 소득 양극화가 심각해졌습니다. 이제는 극심한 경제적 불평등이 성장을 저해하고 국민 통합을 가로막고 있습니다. 이에 우리 정부는 '사람 중심 경제'로 경제 패러다임의 대전환을 모색하고 있습니다. 모든 국민이 공정한 기회를 갖도록 하여 창의성과 기업가 정신을 살리고, 국민과 가계를 중심으로 경제정책을 운용하는 발상의 전환입니다. 이는 G20의 '강하고 지속가능하며 균형 잡힌 포용적 성장'을 한국의 실정에 맞게 구체화한 것이기도 합니다. 새 경제정책은 첫째 일자리 주도 성장, 둘째 공정 경제, 셋째 혁신 성장으로 요약됩니다.

첫째, 일자리 창출을 통한 성장입니다. 좋은 일자리를 늘려 가계소득을 높여줌으로써 내수를 활성화시켜 경제성장을 이끌고, 이것이 다시 일자리로 이어지는 선순환 구조를 만드는 것입니다. 새 정부는 고용 없는 성장에서 벗어나기 위해 공공 부문에서 먼저 공공서비스 일자리 창출을 선도하고, 이를 마중물 삼아 민간 부문 일자리 확대를 유도하고자 합니다.

둘째, 모두에게 공평한 기회와 공정한 경쟁이 보장되는 공정 경제입니다. 시장 감시 기능을 강화하여 불공정 거래 관행을 근절하고, 불합리한 기업 지배 구조도 개선해나가고자 합니다. 아울러, 노사가 함께 발전할 수 있도록 노사정 대타협을 도모하고 기업 내 합리적인 노사 협력 문화 정착을 지원할 것입니다.

셋째, 창의와 도전 정신으로 경제가 살아나는 혁신 성장입니다. 교육 혁신으로 창의적 인재를 육성하고, 사물인터넷, 빅데이터, 인공지능 등 신기술에 대한 투자를 확대할 것입니다. 창업 지원을 강화하고, 규제 체계를 개편해 혁신적인 창업과 신산업 성장이 이어지도록 할 것입니다.

세계경제는 최근 회복세를 보이고 있지만, 통화정책 정상화, 정치적 요인에 따른 정책 불확실성 등 위험 요소가 여전히 남아 있습니다. 이러한 도전을 극복하기 위해 올해 의장국인 독일의 지도력으로 G20이 마련한, '회복력 원칙(resilience principle)'을 적극 환영하고 지지합니다. 국제금융시장 불안은 경제정책 수단을 제한하고, 효과를 불확실하게 만듭니다. G20이 글로벌 금융 안전망 강화를 위한 구체적인 결과물을 도출해야 합니다. 글로벌 자본 유출입의 변동성이 높아지면 신흥국 경제가 위험에 노출되고, 선진국으로까지 파급될 수 있다는 점을 감안하여, 관련 국제 규범을 보다 탄력적으로 도입하고 운영해나갈 것을 제안합니다. 한국은 보호무역주의를 반대하며, WTO 중심의 다자무역체제를 강화하고 자유무역주의 질서를 확대하기 위한 G20의 노력을 적극 지지합니다. 이번 함부르크 정상회의에서 이에 대한 우리의 공동 의지가 재천명되기를 기대합니다. 또한 올해 말 11차 WTO 각료회의 성공을 위해 G20 국가들이 함께 노력하기를 희망합니다.

작년 G20 정상회의 선언문에서 지적한 바와 같이 자유무역의 혜택이 보다 공평하게 분배되어야 합니다. 한국 정부는 자유무역 과정에서 중소기업이나 농업 분야가 받을 수 있는 피해를 최소화하기 위해 적극 지원할 것입니다. 감사합니다.

G20 정상회의 세션 IV 발언

| 2017-07-08 |

감사합니다, 의장님.

의장국이 지난 5월 G20 최초로 보건장관회의를 개최하고, 보건 이슈를 G20의 주요 의제로 다룬 노력을 높게 평가합니다. 신종 감염병과 항생제 내성 문제 등 글로벌 보건 위기에 대응하기 위해 국제적 협력이 필요합니다. 또한, 세계보건기구(WHO)의 역할을 높여야 합니다. 한국은 WHO의 '긴급대응기금'에 적극 기여할 예정입니다. 의료 취약국에 대한 인도적 지원을 늘려야 합니다. 한국은 개발도상국들을 위해 2020년까지 13개국에 총 1억 불을 지원할 계획을 세우고 있습니다. 보건 의료 분야에 대한 인도적 지원은 정치적 상황과 연계하지 않아야 합니다. 한국은 북한 영유아 영양실조 문제에 주목하고 있습니다. 북한의 경우, 2017년 UN 보고에 따르면 전체 인구의 41%, 특히 5세 미만 아동의 28%가 영양실조 상태입니다. 국제사회의 대북 제재 틀 내에서 체계적이고 엄밀한 모니터링과 함께 지원이 이루어지도록 국제기구 및 민간 단체와 협력하고자 합니다. G20 회원국들의 많은 관심을 당부드립니다. 한국은 분단과 한국전쟁으로 대량 난민 사태를 겪었던 경험이 있고, 지금도 적지 않은 탈북자가 있습니다. 이러한 경험과 연대감을 바탕으로 전 세계 난민 문제 해결을 위한 노력에 동참하고자 합니다.

아프리카는 기후변화의 영향을 가장 크게 받고 있고, 그것이 아프리카를 더욱 빈곤하게 만들고 있습니다. 한국은 전 세계의 균형적 발전을 위해 의장국이 제안한 "아프리카 파트너십" 구상과 아프리카 연합의 "어젠다 2063"을 전적으로 지지합니다. 기후변화는 아프리카만의 문제는 아닙니다. 모든 국제사회가 함께 대응해야 할 문제입니다. 기후변화 대응은 미래 세대를 위한 투자이자 새로운 일자리와 성장 동력을 창출할 기회입니다. 한국은 파리협정을 충실히 이행할 것입니다. UN에 제출한 2030 온실가스 감축 목표를 차질 없이 달성하겠습니다. 에너지 정책의 패러다임을 바꿔 친환경·저탄소에너지로 대체하는 작업을 이미 시작했습니다. 새로운 기후 체제에 적극 대응해 지속가능한 성장 기반을 마련할 것입니다.

여성의 경제활동 증진을 위한 특별한 노력에 대해 말씀드리고자 합니다. 한국 정부는 일과 가정 양립 기반을 만들어, 여성들의 경력 단절 요인을 제거하고, 더 나아가 성별에 따른 임금격차를 점차 줄여나갈 계획입니다. 여성 지도자도 더 많이 배출되어야 합니다. 저는 지금 새 내각 장관의 30%를 여성으로 임명하기 위해 노력 중이고, 앞으로도 임기 내내 다양한 분야에서 여성의 대표성을 확대해나갈 계획입니다. 한국은 이번 정상회의에서 개발도상국 여성 기업인 지원을 위해 설립된 "여성 기업가 기금"에 참여했습니다. 이 기금이 여성의 경제활동 참여 증진과 개발도상국의 경제 발전 및 일자리 창출에 기여하기를 기대합니다. 감사합니다.

국정 과제 보고대회 연설

| 2017-07-19 |

존경하는 국민 여러분,

정부 출범 70여 일이 지난 오늘, 국정기획 자문위원회가 새 정부 5년의 국정 운영 계획을 보고드리게 되어 매우 기쁘게 생각합니다. 많은 분들의 노고가 있었습니다. 김진표 위원장님, 김태년·홍남기 부위원장님 그리고 함께해주신 위원님들 수고 많으셨습니다. 역대 인수위원회에 비해 인력과 예산이 턱없이 부족했는데도 값진 결과물을 만들어주셨습니다. 모두 함께 감사와 격려의 박수를 보내주시면 좋겠습니다.

특별히 이번 국정 과제를 선정하는 과정은 정부가 주도하던 과거의 관행에서 탈피하여 최초로 국민 참여형으로 이뤄졌습니다. 매우 뜻깊게 생각합니다. 국민의 목소리를 직접 듣기 위해 운영한 '광화문 1번가'에 총 16만여 건의 국민 제안이 접수 되었습니다. 홈페이지 방문자수도 79만 명을 넘었습니다. 예상을 훌쩍 뛰어넘는 놀라운 참여가 아닐 수 없습니다. 현장의 요구도 적극적으로 수렴했습니다. 세월호의 아픔이 있는 목포 신항과 해양금융센터 등 17곳의 현장을 찾았습니다. 이렇게 새 정부의 국정 운영 계획은 주권자인 국민의 참여 속에 만들어졌습니다. 함께해주신 국민 여러분께 깊은 감사의 말씀을 드립니다.

존경하는 국민 여러분,

지난 두 달, 많은 변화가 있었습니다. 국정 농단 사태로 무너진 대한민국을 다시 세우고 있습니다. 국민과 소통하면서 민생을 살리기 위해 노력했습니다. 한미 정상회담, G20 정상회의를 통해 외교 공백을 복원하고 세계 속에 대한민국의 위상을 공고히 했습니다. 인수위 없이 어려운 여건에서 출발했지만 이제 나라다운 나라의 기틀이 잡혀가고 있다는 보고의 말씀을 드립니다. 국민과 손잡고 더 힘차게 달려가겠습니다. 오늘 발표하는 국정기획자문위의 국정 운영 5개년 계획이 새로운 대한민국으로 향하는 설계도가 되고 나침반이 될 것입니다. 새 정부는 촛불혁명의 정신을 이을 것입니다. 국민이 주인으로 대접받는 국민의 나라, 모든 특권과 반칙, 불공정을 일소하고, 차별과 격차를 해소하는 정의로운 대한민국을 만들겠습니다. 이미 변화가 시작되었습니다. 〈임을 위한 행진곡〉 제창, 국정교과서 폐지, 미세먼지 감축 등 시급한 과제는 '대통령

업무 지시'를 통해 처리해왔습니다. 적폐와 부정부패 청산을 위한 조치도 시작했습니다. 대통령 주재 '반부패 관계기관 협의회'를 다시 가동하고 '방산 비리 근절 관계기관 협의회'를 운영하여 국민의 여망에 부응할 것입니다. 국민의 삶을 바꾸는 구체적인 실천도 시작됐습니다. 최저임금 인상으로 최저임금 1만 원 시대의 청신호를 켰고, 소상공인·영세중소기업에 대한 지원 대책도 함께 마련했습니다. 국민 생활과 밀접한 보육과 교육, 환경, 안전 분야에서 국가의 책임을 더 높여가고 있습니다. 국가의 모든 역량을 일자리 창출로 집중하고 있습니다. 일자리위원회를 구성했고, 제 집무실에 '일자리 상황판'을 설치하여 직접 점검하고 있습니다. 남북 관계에서도 변화를 모색하고 있습니다. 대한민국이 한반도 문제의 주인임을 분명히 하고 북핵 문제 해결을 위해 국제사회와 굳건하게 공조하고 있습니다. 한편으로 이산가족 상봉, 남북 군사 회담 제의 등 남북 관계 개선을 위한 조치들도 시작하고 있습니다. 남북 관계의 개선은 북핵 문제 해결에도 도움이 될 것입니다. 국정기획자문위의 5대 국정목표, 20대 국정 전략, 100대 국정 과제에는 더 많은 약속이 담겨 있습니다. 새 정부는 이 안을 부처별로 실천 가능하게 다듬고 확정하는 절차를 거쳐 국민과의 약속을 책임 있게 실천할 것입니다. 매년 말 대통령 주재 국정 과제 보고회를 열어 꼼꼼하게 점검하고 국민께 보고드리겠습니다. 이행 과정도 국민과 함께하겠다는 약속을 드립니다.

존경하는 국민 여러분,

정부는 내일과 모레 이틀 동안, 국정 운영 계획을 뒷받침할 새 정부 5년의 국가 재정 전략을 논의할 예정입니다. 이제 곧 새 정부 국정 운영의 얼개를 완성하고 속도감 있게 실천해가겠습니다. 촛불혁명을 통해 국민들이 염원했던 공정하고 정의로운 나라를 위해 열심히 일하겠습니다. 늘 국민을 우선하겠습니다. 오직 국민과 민생만 생각하면서 국민의 손을 굳게 잡고 앞으로 가겠습니다. 지금까지 여러 가지 어려움이 있었지만 국민 여러분의 지지와 성원이 있었기에 잘 헤쳐올 수 있었습니다. 앞으로도 많은 관심과 참여를 부탁드립니다. 감사합니다.

8월

건강보험 보장 강화 정책 발표

| 2017-08-09 |

여러분, 반갑습니다.

힘든 투병 생활 속에서도 희망을 지키고 계신 환자와 보호자 그리고 가족 여러분께 가슴 깊이 존경과 위로의 말씀을 드립니다. 국민의 건강과 생명을 지키기 위해 애쓰고 계신 의료인들께도 감사의 인사를 드립니다. 오늘 여러분들을 만나니 촛불로 빛나던 광장이 떠오릅니다. 지난겨울, 촛불을 높이 들었던 우리 국민들 마음속에는 아플 때나 건강할 때나 나와 내 가족의 삶을 든든하게 지켜주는, 나라다운 나라에 대한 간절한 열망이 있었습니다. 그런 나라를 만들고 싶습니다. 열심히 살아가는 가족이 있습니다. 어느 날 갑자기 아이가 아프면, 아이 간병에 밤낮

없이 매달립니다. 병원비 마련을 위해 야근에 부업까지 합니다. 그래도, 아이만 다시 건강할 수 있다면 이런 일 아무것도 아니라며 부모는 웃을 것입니다. 이제 그 짐을 국가가 나누어지겠습니다. 아픈 국민의 손을 정부가 꼭 잡아드리겠습니다.

국민 여러분,

의료비 부담이 계속 늘어나고 있습니다. 의료비로 연간 500만 원 이상을 지출하는 국민이 46만 명에 달합니다. 의료비 때문에 가정이 파탄 나고 있습니다. 기초생활 수급자들을 조사해보니, 빈곤층 가정으로 떨어진 가장 큰 이유 중 첫 번째가 실직이었고 두 번째가 의료비 부담이었습니다. 간병은 환자를 둔 가족들의 가장 큰 걱정거리입니다. 간병이 필요한 환자는 약 200만 명에 달합니다. 그런데 그중 75%가 건강보험 혜택을 받지 못해, 가족이 직접 간병하거나 간병인을 고용해야 합니다. 간병을 위해 지방에서 올라와 병실에서 함께 생활하는 가족도 34만 명에 이릅니다. 간병이 환자 가족의 생계와 삶까지 파탄 내고 있는 것입니다. 하지만 의료비 중 건강보험이 부담하는 보장률은 60% 수준으로, OECD 평균인 80%에 한참 못 미칩니다. 국민의 의료비 본인 부담률은 OECD 평균의 두 배입니다. 또한 건강보험 보장률이 낮다 보니, 가구당 월 평균 건강보험료가 9만 원인 데 비해, 민간 의료보험료 지출이 28만 원에 달합니다. 국민의 건강과 생명을 지키는 것은 국가의 가장 기본적인 책무입니다. 국민이 아픈데 지켜주지 못하는 나라, 의료비 부담으로 가계가 파탄 나는 나라, 환자가 생기면 가족 전체가 함께 고통받는 나라, 이건 나라다운 나라가 아닙니다. 아픈 것도 서러운데, 돈이 없어서 치료를 못 받는 것은 피눈물이 나는 일입니다. 아픈데도 돈이 없어서 치료를 제대로 못 받는 일이 없도록 하겠습니다. 환자와 가족의 눈물을 닦아드리고, 국민의 건강을 지키는 나라다운 나라를 만들겠습니다.

존경하고 사랑하는 국민 여러분,

저는 오늘, 환자와 보호자, 가족, 의료진 모두가 온 힘을 다해 삶에 대한 희망을 지키고 키워가는 현장에서 새 정부의 건강보험 보장성 강화 정책을 기쁜 마음으로 보고드립니다. 새 정부는 건강보험 하나로 큰 걱정 없이 치료받고, 건강을 되찾을 수 있도록 건강보험의 보장성을 획기적으로 높이겠습니다. 이는 국민의 존엄과 건강권을 지키고, 국가 공동체의 안정을 뒷받침하는 일입니다. 올해 하반기부터 바로 시작해서 2022년까지 국민 모두가 의료비 걱정에서 자유로운 나라, 어떤 질병도 안심하고 치료받을 수 있는 나라를 만들어가겠습니다.

첫째, 치료비의 많은 부분을 차지하는 비급여 문제를 해결하겠습니다. 지금까지는 명백한 보험 적용 대상이 아니면 모두 비급여로 분류해서 비용 전액을 환자가 부담했습니다. 국민의 의료비 부담이 커질 수밖에 없었습니다. 앞으로는 미용, 성형과 같이 명백하게 보험 대상에서 제외할 것 이외에는 모두 건강보험을 적용하겠습니다. 꼭 필요한 치료나 검사인데도 보험 적용이 안 돼서, 포기하는 일이 없도록 하겠습니다. 특히, 환자의 부담이 큰 3대 비급여를 단계적으로 해결하겠습니다. 예약도 힘들고, 비싼 비용을 내야 했던 대학병원 특진을 없애겠습니다. 상급 병실료도 2인실까지 보험을 적용하겠습니다. 1인실의 경우에도 1인실 입원이 꼭 필요한 환자에게는 건강보험 혜택을 드리겠습니다. 환자와 보호자 모두를 더욱 힘들게 만드는 간병의 굴레로부터 벗어나도록 하겠습니다. 간병이 필요한 모든 환자의 간병에 대해 건강보험을 적용하겠습니다. 보호자가 안심하고 생업에 종사할 수 있도록 '보호자 없는 병원'을 늘려가겠습니다.

둘째, 고액 의료비 때문에 가계가 파탄 나는 일이 없도록 만들겠습니다. 당장 내년부터 연간 본인 부담 상한액을 대폭 낮추겠습니다. 본인 부담 상한제 인하의 혜택을 받는 환자가 현재 70만 명에서 2022년 190만 명으로 세 배 가까이 늘어나게 될 것입니다. 특히, 하위 30% 저소득층의 연간 본인 부담 상한액을 100만 원 이하로 낮추고, 비급여 문제를 적극적으로 해결해서 실질적인 의료비 100만 원 상한제를 실현하겠습니다. 어르신과 어린이처럼 질병에 취약한 계층은 혜택을 더 강화하겠습니다. 당장 올해 하반기 중으로, 15세 이하 어린이 입원 진료비의 본인 부담률을 현행 20%에서 5%로 낮추고, 중증 치매 환자의 본인 부담률을 10%로 낮추겠습니다. 어르신들 틀니 부담도 덜어드리겠습니다.

셋째, 절박한 상황에 처한 환자를 한 명도 빠뜨리는 일이 없도록 의료 안전망을 촘촘하게 짜겠습니다. 4대 중증 질환에 한정되었던 의료비 지원 제도를 모든 중증 질환으로 확대하고, 소득하위 50% 환자는 최대 2000만 원까지 의료비를 지원받을 수 있게 하겠습니다. 지원이 필요한데도 잘 모르거나 억울하게 탈락해서 지원받지 못하는 일이 없도록 하겠습니다. 개별 심사 제도를 신설해 한 분 한 분 꼼꼼하게 지원하겠습니다. 대학병원과 국공립 병원의 사회복지팀을 확충해서, 도움이 필요한 중증 환자를 먼저 찾고 퇴원 후에도 지역 복지시설과 연계해 끝까지 세심하게 돌봐드리도록 하겠습니다. 2022년까지 이런 계획을 차질 없이 시행하면, 160일을 입원 치료 받았을 때 1600만 원을 내야 했던 중증 치매 환자는 앞으로는 같은 기간 150만 원만 내면 충분하게 됩니다. 어린이 폐렴 환자가 10일 동안 입원했을 때 내야 하는 병원비도 130만 원에서 40만 원으로 줄어들게 될 것입니다. 전체적으로는 전 국민의 의료비 부담이 평균 18% 감소하고, 저소득층은 46% 감소하는 효과가 있을 것입니다. 또한 민간 의료보험료 지출 경감으로 가계 가처분소득이 늘게 됩니다.

존경하는 국민 여러분,

지금까지 말씀드린 병원비 걱정 없는 든든한 나라를 만들기 위해서는 앞으로 5년간 30조 6000억 원이 필요합니다. 그동안 쌓인 건강보험 누적 흑자 21조 원 중 절반가량을 활용하고, 나머지 부족 부분은 국가가 재정을 통해 감당하겠습니다. 동시에 앞으로 10년 동안의 보험료 인상이 지난 10년간의 평균보다 높지 않도록 관리해나갈 것입니다. 국민의 세금과 보험료가 한 푼도 허투루 쓰이지 않도록 비효율적이고 낭비적인 지출은 철저히 관리해나가겠습니다. 국민 부담은 최소화하면서 국민 혜택을 극대화하기 위해 전력을 다하겠습니다. 의료계의 걱정도 잘 알고 있습니다. 비보험 진료에 의존하지 않아도 정상적으로 운영될 수 있도록 적정한 보험수가를 보장하겠습니다. 의료계와 환자가 함께 만족할 수 있는 좋은 의료 제도를 만들겠습니다.

국민 여러분, 환자와 가족 여러분,

저는 오늘 투병 중인 청소년들을 만났습니다. 참으로 힘든 고통 속에서도 작곡가가 되고, 검사가 되겠다는 꿈과 희망을 키우고 있었습니다. 저는 오늘 말씀드린 새 정부의 건강보험 정책이 희망을 지켜가고 있는 우리 아이들의 용기에 대한 우리 모두의 응답이 되길 간절히 기원합니다. 이 나라의 주인이 국민이라는 사실을, 자라나는 이 땅의 모든 아이들과 아프고 힘든 사람들이 피부로 느낄 수 있게 되기를 바랍니다. 국민이 아플 때 같이 아파하고 국민이 웃을 때 비로소 웃는 국민의 나라, 공정하고 정의로운 대한민국을 향해 한 걸음 한 걸음 굳건히 나아가겠습니다. 아픔은 덜고 희망은 키우겠습니다. 감사합니다.

독립 유공자 및 유족과의 오찬 모두 발언

| 2017-08-14 |

여러분, 반갑습니다.

입추가 지났지만 아직도 덥습니다. 또 비도 오고 해서 연로한 분들이 혹시나 오시는 길이 불편하시지는 않을까 걱정했습니다. 편안하게 잘 오셨는지 모르겠습니다.

시간이 많이 흘렀습니다. 내일 광복 72주년을 맞게 되는데, 독립 유공자와 유족, 멀리 해외에서 오신 독립 유공자 후손 여러분을 뵙게 되어 매우 기쁩니다. 또 오늘 오찬 행사에 처음으로 모셨는데요. 일본군 위안부 피해자이신 김복동 할머님과 강제징용으로 후쿠오카 탄광에서 고생하신 최한영 선생님이 이 자리에 함께하고 계십니다. 총칼로 항거했던 독립투사와 강제징용으로 희생당한 국민들, 3000만의 한결같은 염원은 오직 조국의 해방이었습니다. 광복절을 맞아 한마음으로 자주독립을 기원했던 여러분을 함께 모시고 따뜻한 식사 한번 대접하고 싶었습니다. 이 자리에 계신 모든 분들은 최고의 존경과 감사의 인사를 받으셔야 할 분들이십니다. 여러분의 희생이 있었기에 우리의 말과 글을 쓰고, 우리의 문화를 즐기는 오늘의 소중한 일상이 가능했습니다. 또 여러분의 숭고한 애국심이 병역의무가 없는 해외 동포 청년들의 자원입대로, 연평해전 젊은 용사의 심장으로 이어져 오늘도 조국을 지키고 있습니다. 어떤 말로도 충분한 위로와 보답이 되지 못하겠지만 대한민국 국민 모두가 여러분의 희생과 헌신을 기억하고 있다는 말씀을 드리고, 국민을 대표하여 감사와 존경의 인사를 드립니다.

새 정부가 가장 중요하게 생각하는 일 중에 하나가 보훈 정책을 제대로 하는 것입니다. 무엇보다 독립운동가와 독립운동의 현장을 폭넓게 발굴하고 기리는 것이 중요하다고 생각합니다. 제때에 제대로 된 보훈을 하는 것도 중요합니다. 보훈 정책은 선열들을 기리는 동시에 안보를 튼튼히 하고 국민을 통합하는 지름길입니다. 보훈처를 장관급으로 격상했고, 현수막의 글처럼, "국가를 위한 헌신을 잊지 않고 보답하는 나라"를 100대 국정 과제로 선정하여 힘을 쏟고 있습니다. 이제 독립 유공자 1만 5000여 분 중에 생존해 계신 분이 쉰여덟 분밖에 되지 않습니다. 한 분이라도 더 살아 계실 때 제대로 보답해야 한다고 생각합니다. 예산을 다

툴 일이 아닙니다. 시간이 지나면 하고 싶어도 못하게 됩니다. 그래서 보훈처와 관련 정부 부처가 함께 '보훈 보상 체계 개선 방안'을 준비하고 있습니다. 내일 8·15경축사에서도 말씀드리겠지만 유공자 여러분의 건강과 후손들의 안정적인 생활 보장, 장례 의전 확대 등 마지막까지 예우를 다하는 국가를 만들겠다는 각오로 대책을 마련했습니다.

먼저 독립운동하면 3대가 망하고, 친일하면 3대가 흥한다는 말이 사라지게 하겠습니다. 독립 유공자 3대까지 합당한 예우를 받도록 하겠습니다. 지금까지는 자녀, 손자녀 보상금이 선순위자 한 사람에게만 지급이 돼서 다른 자녀, 손자녀에게 도움을 주지 못했습니다. 앞으로는 보상금은 현재대로 지급하면서 생활이 어려운 모든 자녀, 손자녀를 위해 생활 지원금 사업을 새로 시작하고 500여억 원을 투입하겠습니다. 독립 유공자 안장식이 국가의 충분한 예우 속에 품격 있게 진행되도록 장례와 해외 독립 유공자 유해 봉송 의전을 격상하고, 지원도 확대하겠습니다. 지금까지 영구용 태극기를 택배로 보내줬다는 얘기를 들었습니다. 연평해전 때 중상을 입은 문병옥 일병 아버님으로부터도 비슷한 얘기를 들은 적이 있습니다. 연평해전에서 중경상을 입은 장병들의 전역증이 등기우편으로 와서 설움이 북받쳤다는 말씀이었습니다. 정말 면목이 없고 부끄러운 일입니다. 앞으로는 인편으로 직접 성의 있게 태극기를 전하고, 대통령 명의의 근조기와 조화 지원 대상도 확대하겠습니다. 돈으로 할 수 있는 일보다 더 중요한 것이 뜻을 기리고 명예를 회복해드리는 일이라고 생각합니다.

　2년 뒤 2019년은 대한민국 건국과 임시정부 수립 100주년이 되는 뜻깊은 해입니다. '임시정부 기념관'을 건립하여 후손들이 독립운동 정신을 기억하게 하고, 보훈 문화가 확산되도록 하겠습니다. 늦기 전에 독립 유공자와 유적을 더 많이 발굴하고 연구하여, 역사에 기록되게 하겠습니다. 대한민국 건국 100년을 되돌아보면서 앞으로 100년을 준비해나가겠습니다. 무엇보다 진정한 보훈은 대한민국을 나라다운 나라로 만드는 것이라고 생각합니다. 독립운동의 정신을 받들어 국민이 주인인 나라를 만들겠습니다.

　몸이 불편한 분들도 계신데 오늘 귀한 발걸음 해주셔서 진심으로 감사드립니다. 특히 김우전 고문님께서는 제가 참여정부 청와대에 있었던, 지난 2004년에 광복회 회장으로 오늘 행사에서 대표 인사를 하셨는데 오늘 휠체어까지 타시고 이렇게 참석해주셔서 정말 감사드립니다. 또 멀리 미국에서 44년 만에 한국을 방문하신 도산 안창호 선생의 손자 로버트 안과 아내 헬렌 안 부부께도 감사드립니다. 안창호 선생이 유품으로 남긴 '대동단결선언'을 통해 우리는 대한민국 건국의 근원이 되는 임시정부의 시작을 확인할 수 있었습니다.

　여러분께 더 위대한 대한민국을 만들어 보답하겠다는 다짐의 말씀을 드립니다. 아울러, 오늘이 1년에 하루 있는 날이 아니라 1년 365일 내내 오늘처럼 국가로부터 예우받고 있다는 마음이 드실 수 있도록 보훈 잘하는 나라를 만들겠다는 각오도 말씀드립니다. 오늘 즐거운 시간되시기를 바라고 건강 잘 관리하서서 내년에도 건강한 모습으로 만나 뵐 수 있게 되기를 빌겠습니다. 감사합니다.

취임 100일 기자회견 모두 발언

| 2017-08-17 |

존경하는 국민 여러분, 기자 여러분,

오늘로 새 정부 출범 100일을 맞았습니다. 그동안 부족함은 없었는지 돌아보고 각오를 새롭게 다지기 위해 자리를 마련했습니다. 먼저 국민 여러분께 감사의 말씀을 드립니다. 국민 여러분의 지지와 성원 덕분에 큰 혼란 없이 국정을 운영할 수 있었습니다. 공식 출범은 100일 전이었지만 사실 새 정부는 작년 겨울 촛불광장으로부터 시작되었다고 생각합니다. '이게 나라냐'는 탄식이 광장을 가득 채웠지만, 그것이 나라다운 나라를 만들자는 국민의 결의로 모아졌습니다. 국민의 나라, 정의로운 대한민국을 만들자는 국민의 희망, 이것이 문재인 정부의 출발이었습니다.

국민 여러분,

지난 100일 동안 국가 운영의 물길을 바꾸고 국민이 요구하는 개혁 과제를 실천해왔습니다. 취임사의 약속을 지키기 위해 노력했습니다. 상처받은 국민의 마음을 치유하고 통합하여 국민 모두의 대통령이 되고자 했습니다. 5·18 유가족과 가습기 피해자, 세월호 유가족을 만나 국가의 잘못을 반성하고, 책임을 약속드리고 아픔을 함께 나누었습니다. 현충일 추념사를 통해 모든 분들의 희생과 헌신이 우리가 기려야 할 애국임을 확인하고 공감했습니다. 잘못된 것을 바로잡고 새 정부 5년의 국정 운영 청사진을 마련하는 일도 차질 없이 준비해왔습니다. 국가의 역할을 다시 정립하고자 했던 100일이었습니다. 모든 특권과 반칙, 부정부패를 청산하고 공정하고 정의로운 대한민국으로 중단 없이 나아갈 것입니다. 국민을 감시하고 통제했던 권력기관들이 국민을 위한 조직으로 거듭나기 위해 노력하고 있습니다. 국정원이 스스로 개혁의 담금질을 하고 있고, 검찰은 역사상 처음으로 과거의 잘못을 반성하고 국민께 머리 숙였습니다. 그러나 이제 물길을 돌렸을 뿐입니다. 구체적인 성과를 만들기 위해서는 더 많은 시간이 필요하고 더 많은 과제와 어려움을 해결해가야 합니다.

국민 여러분,

요즘 새 정부의 가치를 담은 새로운 정책을 말씀드리고 있어 매우 기쁩니다. 국민의 삶을 바꾸고 책임지는 정부로 거듭나고 있습니다. 보훈 사업의 확대는 나라를 위해 희생하고 헌신하신 분들에 대한 국가의 책무입니다. 건강보험 보장성 강화와 치매 국가 책임제, 어르신들 기초 연금 인상, 아이들의 양육을 돕기 위한 아동 수당 도입은 국민의 건강과 미래를 위한 국가의 의무입니다. 사람답게 살 권리의 상징인 최저임금 인상, 미래 세대 주거 복지 실현을 위한 부동산 시장 안정 대책, 모두 국민의 기본권을 위한 정책입니다. 앞서 마련된 일자리 추가경정예산도 국가 예산의 중심을 사람과 일자리로 바꾸는 중요한 노력이었습니다. 그러나 더 치밀하게 준비하겠습니다. 정부의 정책이 국민의 삶을 실질적으로 개선하지 못한다면 아무 의미가 없을 것입니다. 국민들께서 변화를 피부로 느끼실 수 있도록 더 세심하게 정책을 살피겠습니다. 당면한 안보와 경제의 어려움을 해결하고 일자리, 주거, 안전, 의료 같은 기초적인 국민 생활 분야에서 국가의 책임을 더 높이고 속도감 있게 실천해가겠습니다.

존경하는 국민 여러분, 기자 여러분,

지난 100일을 지나오면서 저는 진정한 국민 주권 시대가 시작되었다는 확신을 갖게 되었습니다. 우리 국민은 반년에 걸쳐 1700만 명이 함께한 평화적인 촛불혁명으로 세계 민주주의 역사를 새로 썼습니다. 새 정부 국민 정책 제안에도 80만 명 가까운 국민들이 함께해주셨습니다. 우리 국민들은 스스로 국가의 주인임을 선언하고 적극적인 참여로 구체적인 변화를 만들어왔습니다. 그래서 저는, 오늘 우리에게 닥친 어려움과 위기도 잘 극복할 수 있다고 자신합니다. 국민 여러분이 국정 운영의 가장 큰 힘입니다. 국민과 함께 가겠습니다. 다시 한번 함께해주신 국민

여러분께 감사드리며, 국민의 마음을 끝까지 지켜가겠다는 다짐의 말씀
을 드립니다. 감사합니다.

고(故) 김대중 대통령 서거 8주기 추도사

| 2017-08-18 |

존경하는 내외 귀빈 여러분,

우리는 오늘 김대중 대통령님을 추모하면서 대통령님이 평생 동안 걸었던 민주화와 인권, 서민 경제와 평화 통일의 길을 되새기기 위해 모였습니다. 작년 4월, 저는 김홍걸 국민통합위원장과 하의도를 찾았습니다. 생가와 모교를 방문했고, 마을분들과 대통령님의 이야기를 나눴습니다. 방파제에 앉아 대통령님이 그토록 사랑했던 하의도 바다를 바라보았습니다. "섬에 자라면서 그토록 원 없이 바닷바람을 맞고 바다를 바라보았지만 지금도 바다가 그렇게 좋다"라고 대통령님이 자서전에서 하신 말씀이 생각났습니다. 제가 태어난 거제도 바다, 제가 자란 부산 영도의 바다도 거기에 함께 있었습니다. 작은 섬 하의도에서 시작한 김대중의 삶은 목포에서 서울로, 평양으로, 세계로 이어져 마침내 하나의 길이 되었습니다. 개인적으로는 본받고 싶은 정의로운 삶의 길이고, 국가적으로는 한반도의 평화와 번영을 위해 뒤따라야 할 길입니다. 고난과 역경을 이겨낸 대통령님의 삶에는 이희호 여사님이 계십니다. 여사님은 대통령님과 함께 독재의 온갖 폭압과 색깔론과 지역 차별에도 국민과 역사에 대한 믿음을 굳건히 지켜낸 동지입니다. 다시 한번, 이희호 여사님과 가족분들께 깊은 존경과 위로의 인사를 드립니다.

존경하는 내외 귀빈 여러분,

저는, 무너진 나라를 다시 일으켜 세우겠다는 각오로 대통령 직무를 수행해오고 있습니다. 20년 전, 전대미문의 국가 부도 사태에 직면했던 김대중 대통령님의 심정도 같았을 것입니다. 1998년 취임 연설 중 국민의 고통을 말씀하시면서 목이 메어 말을 잇지 못하던 모습이 또렷합니다. 국민을 사랑하는 마음이 절로 배어나오는 그 모습에 국민도 같이 눈물을 흘렸습니다. 대통령님을 믿고 단합했습니다. 나라 빚 갚는데 보태라며 아이 돌반지까지 내놓은 국민의 애국심과 뼈를 깎는 개혁으로 국가적 위기를 극복했습니다. 대통령님은 벼랑 끝 경제를 살리는 데만 그치지 않았습니다. 햇볕정책을 통해 얼어붙은 남북 관계를 개선해나갔습니다. 2000년 6월 역사적인 남북 정상회담과 6·15공동선언으로 남북 화해 협력의 빛나는 이정표를 세웠습니다.

두 번에 걸친 연평해전을 승리로 이끈 분도 김대중 대통령님입니다. 대통령님은, 안보는 안보대로 철통같이 강화하고 평화는 평화대로 확고하게 다지는 지혜와 결단력을 발휘했습니다. 이후 참여정부가 끝날 때까지 남북 간에 단 한 건도 군사적 충돌이 발생하지 않는 평화가 지켜졌습니다. 우리의 외교 안보 상황이 다시 엄중해진 지금, 저는 김대중 대통령님의 영전과 자랑스러운 민주정부의 전통 앞에서 다짐합니다. 김대중 대통령님이 보여주신 통일을 향한 담대한 비전과 실사구시의 정신, 안보와 평화에 대한 결연한 의지로 한반도 문제 해결의 주인은 바로 우리 자신이라는 원칙을 흔들림 없이 지켜나갈 것입니다. 나아가, 평화를 지키는 안보를 넘어 평화를 만드는 안보로 한반도의 평화와 경제 번영을 이뤄가겠습니다. 국민 통합과 적폐 청산, 양극화와 불평등 해소의 과제도 민주정부의 자부심, 책임감으로 온 힘을 다해 해결할 것입니다.

존경하는 내외 귀빈 여러분,

80여 년 전, 하의도의 소년은 청운의 뜻을 품고 설레는 가슴으로 목포로 향하는 배에 올랐다고 김대중 자서전은 말하고 있습니다. 세월이 지나 소년의 이름 '김대중'은 민주주의와 평화를 염원하는 모든 이들에게 참된 용기가 되었습니다. 아무리 먹구름이 몰려오더라도, 한반도 역사에 새겨진 김대중의 길을 따라 남북이 다시 만나고 희망이 열릴 것이라고 저는 믿습니다.

당신이 하셨던 말이 생각납니다. "인생은 아름답고, 역사는 발전한다." 발전하는 역사에서 김대중이라는 이름은 항상 기억될 것입니다. 김대중 대통령님 그립습니다. 그리고 고맙습니다. 감사합니다.

합참 의장 이·취임식 및 전역식 축사

| 2017-08-20 |

먼저, 지난 18일 자주포 사격 훈련 중 사고로 희생된 장병들과 유가족들께 깊은 애도를 표합니다. 아울러, 부상을 당해 치료 중인 장병들과 가족들께도 깊은 위로의 말씀을 드리며 조속한 회복을 기원합니다. 나라를 위해 복무하다 훈련 중 순직하고 다친 장병들은 우리들의 진정한 영웅입니다. 이들의 숭고한 희생과 헌신이 헛되지 않도록 합당한 예우와 보상, 부상 장병들의 치료와 철저한 사고 원인 규명 등 후속 조치에 만전을 기하겠습니다.

친애하는 국군 장병 여러분, 빈센트 브룩스 주한 미군 사령관을 비롯한 내외 귀빈 여러분,

육·해·공 전군을 지휘하는 대한민국 합참 의장 이·취임식을 여러분과 함께하게 되어 매우 뜻깊게 생각합니다. 지금 이 자리는 우리 군의 현역부터 예비역까지, 장성부터 사병까지 모두가 함께하고 있습니다. 그리고 우리 군과 주한 미군이 함께하고 있습니다. 대한민국 국군과 한미 연합군의 역사와 무훈이 고통과 인내와 영광이 함께했을 여러분의 삶 속에 있습니다. 나는 이 사실을 언제나 기억할 것입니다. 국민을 대표해 여러분의 노고와 공헌에 감사드리며, 여러분과 함께 국가에 헌신해온 가족들께도 경의를 표하고 싶습니다. 나는 지금 대한민국 대통령이자 '육군 병장 출신의 국군 통수권자'로서 이 자리에 서 있습니다. 그 사실을 매우 뜻깊게 여기면서, 우리 60만 국군 장병 모두에게 든든한 힘이 되고 자부심이 되기를 바랍니다. 조국의 안보와 평화를 수호하는 전선에서 여러분과 나는 시공간을 뛰어넘어 전우입니다.

국군 장병 여러분,

국방은 국가 존립의 기초이고, 국민 생존의 기반입니다. 어느 한순간도 빈틈이 있어서는 안 됩니다. 돌이켜 보면 우리는 불과 수개월 전, 유례없는 정치 상황의 급변을 겪었습니다. 그러나 세계가 놀랄 만큼 평화적이고 민주적으로 이겨냈습니다. 최근 북한의 지속적인 도발로 안보 상황이 엄중한 가운데서도 우리 국민들은 대단히 의연하게 대처하고 있습니다. 군이 국방을 잘 관리하고 안보를 튼튼히 받쳐준 덕분입니다. 그 중심에 합참 의장 이순진 대장의 노고가 있었습니다. 단 한 치의 빈틈도 허용하지 않는 완벽한 군사 대비 태세로 우리 군의 위기관리 능력을 확인해주었습니다. 이순진 대장이 합참 의장으로서 보여준 책임감과 열정에 감사드립니다. "대인춘풍 지기추상(待人春風 持己秋霜)", 자신에겐 엄격하면서 부하들에게선 늘 '순진 형님'으로 불린 부하 사랑 모습은, 자식을 군대에 보낸 부모님들이 바라는 참군인의 표상이었습니다. 이순진 대장은 훌륭하게 임무를 수행했고 오늘 명예롭게 전역합니다. 조국은 '작은 거인' 이순진 대장이 걸어온 42년 애국의 길을 기억할 것입니다. 이제 조국은 정경두 대장에게 새로운 임무를 부여합니다. 나는 정경두 대장과 우리 군을 믿습니다. 정경두 신임 합참 의장을 중심으로 전군이 하나가 되어 정부의 국정 목표인 평화와 번영의 한반도를 실현하고 싸워 이길 수 있는 강한 군을 만드는 데 진력해주길 바랍니다.

장병 여러분, 내외 귀빈 여러분,

강한 군대를 만들라는 국방 개혁은 더 지체할 수 없는 국민의 명령입니다. 국방 개혁의 목표는 분명합니다. 첫째, 싸워서 이기는 군대를 만드는 것입니다. 둘째, 지휘관부터 사병까지 애국심과 사기가 충만한 군대가 되는 것입니다. 셋째, 국민으로부터 신뢰받는 군대로 거듭나는 것입니다. 나는 군 통수권자로서 국방 개혁을 적극 뒷받침할 것입니다. 북한 핵과 미사일에 대한 대응 전력과 자주국방 능력을 강화하기 위해 대통령이 행사할 수 있는 책임과 권한을 다하겠습니다. 3축 체계를 조기 구축할 것이며 전시 작전권 환수를 준비하는 군의 노력에도 지원을 아끼지 않겠습니다. 또한 국가와 국민을 위한 군의 충성과 헌신에는 국가가 끝까지 책임지는 제도와 문화를 만들어갈 것입니다. 그러나 거듭 강조하지만, 군이 앞장서서 노력해야 합니다. 군이 국방 개혁의 주체가 되어야 합니다. 나는 그 길만이 국방 개혁의 성공, 더 나아가 국방에 헌신하는 군인이 예우받고 존경 받는 사회로 나아가는 길이라고 확신합니다.

오늘 이 자리에서 한 가지 특별히 강조하고 싶습니다. 군과 국민은 떨어져 있지 않습니다. 군과 국민을 연결하는 것은 임무와 사명만이 아닙니다. 우리 군 장병 한 사람 한 사람은 모두 우리 국민 누군가의 귀한 아들딸입니다. 또한, 우리 역사 속에는 을지문덕, 강감찬, 이순신 장군처럼 국민과 민족이 사랑한 군인들이 있었습니다. 우리 군 장병들에게 그 피와 정신이 흐르고 있습니다. 강한 군대, 국민이 사랑하는 군대로 거듭납시다.

친애하는 국군 장병 여러분 그리고 내외 귀빈 여러분,

지금 이 순간에도, 조국의 땅, 바다와 하늘, 해외 파병지에는 부여된 소임을 완수하기 위해 밤낮으로 헌신하는 장병들의 노고가 계속되고 있습니다. 나와 우리 장병 여러분이 혼연일체가 되어 강한 대한민국, 평화로운 대한민국의 기틀을 세웁시다. 나는 대통령으로서 여러분을 사랑하며, 여러분이 걷고 있는 군인의 길이 더욱 영예롭고 자부심 넘치는 길이 되도록 늘 함께할 것입니다.

마지막으로, 이순진 대장의 전역과 정경두 대장의 합참 의장 취임을 다시 한번 축하합니다. 여러분의 무운과 건승을 기원합니다. 감사합니다.

대통령 주재 을지국가안전보장회의 모두 발언

| 2017-08-21 |

지금부터 2017년도 을지 국가안전보장회의를 시작하겠습니다.

북한은 핵·미사일의 고도화를 위한 개발을 지속적으로 실시해오고 있습니다. 금년에만 12차례 미사일 발사 시험을 통해 한반도와 전 세계의 평화·안전을 노골적으로 위협하고 있습니다. 북한은 핵·경제 병진 노선하에 핵보유국 지위 확보와 경제 발전을 동시에 이루려는 실현 불가능한 목표를 추구하고 있습니다. 북한이 추가 핵실험을 감행하거나, 탄도미사일을 지속적으로 발사하더라도 국제사회는 결코 북한의 핵보유국 지위를 인정하지 않을 것입니다. 이는 오히려 북한 주민의 생활을 더욱 어렵게 만들고 북한 정권의 안정을 위태롭게 하는 요인으로 작용할 것이라는 점을 깨달아야 합니다. 우리 정부는 국가 안보와 우리 국민의 안전 수호에 있어 결코 타협하지 않을 것이며, 북한의 어떠한 도발에도 강력히 대응할 것입니다.

우리 정부는 지난 7월 6일 평화로운 한반도 실현을 위한 '베를린 구상'을 새로운 대북 정책 구상으로 발표한 바 있습니다. 이를 통해 한반도 문제의 직접 당사자인 남북이 체제의 차이를 서로 인정하고 존중하는 바탕 위에서, 한반도 평화와 긴장 완화를 주도적으로 추진해나갈 것을 제의하였습니다. 북한이 올바른 길을 선택한다면 국제사회와 협력 하에 보다 밝은 미래를 열어나갈 수 있습니다.

우리가 이번에 실시하는 UFG(을지프리덤가디언)는 우리의 평화를 수호하기 위한 훈련입니다. 공격 목적이 아니라, 우리 힘으로 평화를 지키기 위하여 민관군이 합심하여 강력한 방위력을 구축하기 위한 것입니다. 북한은 연례적인 방어 목적 훈련을 도발의 핑계로 삼아서는 안 되며, 강력한 국방력을 바탕으로 평화를 지키려는 우리의 역량과 의지를 과소평가해서도 안 될 것입니다.

우리 정부와 군은 북한이 우리의 연례 방어 훈련인 UFG 연습을 빌미로 도발할 가능성을 염두에 두고 철저한 대비 태세를 갖추는 한편, 도발을 감행할 경우에는 한미 연합 방위력으로 강력히 대응해나갈 것입니다. 군 장병들과 정부 관계자들은 북한의 어떠한 도발에도 대응할 수 있는 만반의 대비 태세를 갖추기 바라며, 국민들께서도 현재의 엄중한 안보 상황에 경각심을 갖고 단합된 모습을 보여주실 것을 당부드립니다.

이상입니다.

외교부·통일부 핵심 정책 토의 모두 발언

| 2017-08-23 |

오늘 핵심 정책 토의를 준비하느라 고생 많으셨습니다. 우리 외교는 다양한 도전에 직면해 있습니다. 자국 이익 중심주의에 따라 협력보다 갈등이 부각되는 것이 지금의 엄중한 외교의 현실입니다. 그중에서도 당면한 가장 큰 도전과 위협은 역시 북한의 핵과 미사일입니다. 한반도 평화 정착은 우리 최우선 국익이고 세계 평화와도 직결되는 과제입니다. 확고한 한미 동맹과 함께 중국, 일본, 러시아와의 협력 외교로 보다 적극적으로 문제를 풀어나가야 합니다. 직접 당사자인 우리가 주도적으로 문제를 해결하고 대처하는 자세가 필요합니다.

한반도 평화는 우리가 지킨다는 자세와 철저한 주인 의식과 국익 중심으로 접근해야 합니다. 우리 외교 지평을 꾸준히 넓혀나가야 합니다. 기존의 4강 외교 중심에서 ASEAN 유럽 태평양, 중동 등과도 외교 협력을 증진해나가야 할 것입니다. 한반도 문제뿐만 아니라 글로벌 현안에 참여하는 책임 국가로서 우리 국격을 높이는 당당한 외교도 펼쳐나가야 합니다. 아울러 국민과 소통하고 국민과 함께하는 외교부가 되도록 노력, 2000만 해외 여행객 시대를 맞아 국민을 보호하는데 한 치의 소홀함이 없도록 재외국민보호시스템을 더욱 강화해야 할 것입니다. 외교관은 대외적으로 대한민국의 얼굴입니다. 국가를 위해서 헌신하는 분들이 많은데 일부 불미스러운 일로 국격을 떨어뜨리는 일이 없도록 내부 기강을 세워주기 바랍니다.

통일부는 남북 관계를 다루는 주무부처로서 주도적이고 능동적 역할을 기대합니다. 지난 10년간 통일부 폐지 움직임도 있었고, 주요 정책 결정에 통일부가 목소리를 내지 못했습니다. 그러나 앞으로는 그런 일이 없을 것입니다. 남북 관계를 개선하고 남북 경제 구상을 실현하는 데 통일부의 역할이 지대합니다. 외교 안보 상황이 어려워질수록 통일부의 역할이 작아지는 것이 아니라 더 막중해지는 사명감을 갖기 바랍니다. 지금 북한의 도발로 남북 관계 교착 상태이지만 이런 때일수록 통일부는 내실 있게 준비해야 합니다. 엄동설한에도 봄은 반드시 오는 것이므로 봄이 왔을 때 씨를 잘 뿌릴 수 있도록 착실히 준비해주기 바랍니다.

북핵 문제가 해결의 희망을 보이고 한반도 상황이 안정적으로 관리

되는 것은 남북 관계가 좋을 때였다는 경험을 되돌아볼 필요가 있습니다. 페리 프로세스 도출(99년)이나 9·19공동성명(2005년)을 사례로 볼 수 있습니다. 특히 통일부가 역점을 둬야 할 것은 한반도 신경제 구상이 실현될 수 있도록 하는 것입니다. 이 구상이 실현되면 우리 경제의 새로운 성장 동력으로 일자리 창출에도 기여할 것이며, 한반도와 동북아 평화의 토대가 될 것입니다. 이제 대북 정책도 국민이 참여 속에서 이뤄져야 합니다. 정부와 전문가 중심으로 국민의 참여 공간을 넓히고 대북 정책에 대한 국민 신뢰를 높일 필요가 있습니다.

오늘 외교부와 통일부의 현장 실무자들이 참석을 했는데 기대가 큽니다. 현장의 목소리가 정책에 반영될 수 있도록 이런 분위기를 부탁드립니다. 어제, 과기부와 정통부, 방통위 핵심 토의는 토의가 활발해서 좋았습니다. 오늘도 두 부처의 업무 보고가 활발한 열린 토의를 기대합니다.

FEALAC 외교장관회의 개회식 축사

| 2017-08-31 |

　　동아시아와 중남미 각국에서 오신 대표단 여러분 그리고 내외 귀빈 여러분,

　　반갑습니다. 동아시아 – 라틴아메리카 협력포럼(FEALAC) 외교장관 회의에 참석하신 여러분을 따뜻하게 환영합니다. 특별히 제 삶의 추억 들을 고스란히 간직하고 있는 아름다운 항구 도시 부산에서 여러분들을 만나게 되어 매우 기쁩니다. 67년 전 전쟁의 상흔이 짙게 드리웠던 이곳 은 이제 24시간 불이 꺼지지 않는 해양 물류의 전초기지이자, 해안선과 마천루가 경이롭게 조화를 이루고 있는 국제적인 미항으로 변모하였습 니다. 부산은 개방과 성장을 상징하는 도시입니다. 또한 저와 같은 실향

민 가족과 이주민, 외국인을 포용하는 소통과 공존의 도시입니다. 사람과 사람을 잇는 도시, 부산에서 개최되는 이번 회의가 동아시아와 중남미 양 지역을 잇는 가교로서 FEALAC이 한 단계 더 도약하는 계기가 되리라 확신합니다.

내외 귀빈 여러분,

오늘 이 자리에는 가벼운 마음으로 짧은 출장 여정에 오른 분들이 계신가 하면, 하루가 넘는 하늘길을 건너오신 분들도 계십니다. 이렇게 지리적으로 가장 먼 두 대륙을 연결한다는 구상은 참으로 창의적이고 위대한 것이었습니다. 21세기를 목전에 두고 창립된 FEALAC은 동아시아와 중남미의 협력에서 새로운 성장 동력을 찾고자 했습니다. 선각자들의 지혜에 존경을 표하지 않을 수 없습니다. FEALAC 출범 이후 두 지역에서는 서로를 더욱 깊이 이해하고, 다양한 분야에서 실질적 협력을 활성화하려는 노력이 계속되었습니다. 여기에 과학기술과 정보통신의 발달까지 더해져 태평양을 가로지른 하나의 지구촌 시대가 열리고 있습니다.

오늘날 전 세계 인구 열 명 중 네 명이 살고 있는 FEALAC 협력체는 세계 교역의 3분의 1을 차지하는 거대한 네트워크로 성장했습니다. 양 지역 간 교역 규모는 7500억 달러, 투자 규모는 1150억 달러에 이르고 있습니다. 거시적인 지표만이 아닙니다. FEALAC 회원국과의 협력 강화는 대한민국 국민들의 삶도 다채롭게 만들었습니다. 지난해 6월 파마나 운하가 확장 개통됨에 따라 이곳 부산항의 물동량이 큰 폭으로 늘어, 침체 위기에 있던 부산항이 활기를 되찾고 있습니다. 뿐만 아니라 한국인들의 일상 속에서 칠레 와인과 삼겹살, 후식으로 즐기는 필리핀 바나나, 뉴질랜드 키위 그리고 콜롬비아 커피는 너무나 익숙합니다. 한국은 분단으로 인해 유라시아 대륙으로 향하는 북쪽 통로가 막혀 있고, 나머지 삼면은 바다로 둘러싸여 마치 섬과 같은 환경을 갖고 있습니다. 또한 강대국들이 한반도를 둘러싸고 있습니다. 결코 유리하다고 할 수 없는 지정학적 여건이지만, 한국은 '극동'이 아니라 '유라시아의 출발점'이라는 인식을 가지고 그 지평을 동북아, 동아시아, 나아가 세계로 넓혀갔습니다. 생존을 위한 치열한 도전을 통해 발전과 번영의 결실을 맺어 왔습니다. 전쟁의 비극을 딛고 경제 발전과 민주화를 이룬 책임 있는 중견 국가로서, 한국은 전 세계의 평화와 안정에 적극 기여해나가고자 합니다.

내외 귀빈 여러분,

저는 아시아 및 중남미와의 관계를 매우 중요하게 생각합니다. 한국 정부는 앞으로 ASEAN, 메콩 국가 및 인도 등과의 신남방 협력과 러시아와 유라시아를 잇는 신북방 협력을 연계하여, 아시아의 평화와 번영을 견인하기 위한 노력을 더욱 강화할 것입니다. 아울러 중남미 지역과도 소통과 교류를 활성화하여, 상호 이해와 신뢰를 바탕으로 무역·투자, 과학기술혁신, 인프라·교통 등 다양한 협력 사업을 적극 추진해나갈 것입니다.

한국 외교의 지평을 확대해가는 과정에서, FEALAC은 소중한 자산입니다. 다양한 국가군으로 구성되어 작은 UN과 같다는 평가를 받고 있는 FEALAC은 동아시아와 중남미를 연결하는 유일한 정부 간 협의체이기도 합니다. 앞으로 한국뿐만 아니라 우리 모두에게 보다 크고 다양한 미래를 열어주는 플랫폼이 될 것으로 믿습니다. 한국은, 그동안 사이버 사무국 운영을 통해 축적된 경험과 이번에 창설되는 FEALAC 기금을 든든한 기반으로 삼아 FEALAC의 질적인 도약을 선도해나갈 것입니다.

내외 귀빈 여러분,

오는 2019년은 여러모로 의미가 깊습니다. FEALAC 창설 20주년이면서, 대한민국 건국 100주년이기도 합니다. "하나의 꿈, 새로운 행동"을 슬로건으로 회원국 모두 하나 되어 2019년을 준비해나갑시다. 이를 위해 특별히 강조하고 싶은 것이 있습니다. 지속가능하고 미래지향적인 교류와 협력은 상품, 자본, 서비스와 같은 물질적인 측면에만 국한되어서는 안 됩니다. 사람과 사람 사이의 마음을 잇는 진실한 소통과 이해가 함께 이루어져야 합니다. 전 세계 관광객 중에 FEALAC 동아시아 회원국과 라틴아메리카 회원국 간 상호 방문객 규모는 1% 미만에 불과합니다. 물리적 거리를 줄일 수는 없겠지만, 보다 많은 온라인, 오프라인 소통을 통해 마음의 거리는 줄일 수 있습니다. 무엇보다 ICT 등 과학기술 발전이 선도하는 4차 산업혁명 시대에 걸맞은 협력을 강화해야 합니다. 첨단 기술을 활용한 디지털 소통의 장이 열리면 정서적 공감과 유대를 더욱 높여나갈 수 있을 것입니다. 문화, 관광, 스포츠 분야에서 미래 세대를 중심으로 한 인적 교류도 확대해나가야 합니다. 이러한 다양한 노력들이 두 지역의 실질 경제협력 확대로 이어질 때, 보다 많은 일자리가 창출되고 호혜적인 결실을 맺을 수 있다고 믿습니다. 대한민국은 FEALAC의 믿음직한 친구이자 파트너로서 제반 분야에서 긴밀히 협력해나갈 것입니다.

내외 귀빈 여러분,

모든 국가는 자국의 이익을 추구합니다. 그러나 인류에 대한 책임을 다할 의무 또한 있습니다. 자국 이기주의, 배타적 민족주의를 극복하고 인류의 번영을 위한 공동의 노력을 멈추지 말아야 할 것입니다. 빈곤, 식량 안보, 에너지 안보, 기후변화, 질병, 국제 조직범죄와 같은 이 시대의 새로운 도전들은 한 나라 또는 한 지역의 힘만으로는 해결할 수 없습니다. 국제적 공조와 협력만이 도전을 극복하고 지속가능한 발전을 가능케 할 것입니다. 지구촌 협력체로서 FEALAC은 글로벌 이슈에 대한 공동의 인식과 목표를 실천에 옮기기 위한 논의를 계속해나가고 있습니다. 그러한 논의가 현실화될 수 있도록 여러분들의 지혜와 통찰을 모아주시기 바랍니다.

한국은 FEALAC 회원국 간 소통을 넓히기 위해 2011년부터 FEALAC 사이버 사무국을 운영했습니다. FEALAC의 중장기 발전 로드맵을 수립하기 위한 비전 그룹 활동에도 적극 참여해왔습니다. 또한, 지난 2년간 FEALAC 의장국으로서 숙원이었던 'FEALAC 신행동 계획'이 금번 회의에서 채택될 수 있도록 준비해왔습니다. 아울러, 여타 국제기구와의 협력도 강화할 수 있도록 'FEALAC 기금' 설립에도 적극 노력해 왔습니다. 이번 회의에서 이러한 노력이 결실을 맺어 FEALAC이 획기적으로 도약할 수 있기를 기대합니다.

내외 귀빈 여러분,

FEALAC 36개 회원국의 지도를 보면, 유달리 비어 있는 공간이 눈에 띕니다. 바로 북한입니다. 북한 핵과 미사일 문제야말로 한반도를 넘어 전 세계가 당면한 최대의 도전이자, 긴밀한 국제적 공조로 풀어가야 하는 문제입니다. 한국 정부는 북한의 도발에 대해서는 국제사회와 함께 단호하게 대응하는 동시에, 대화의 문을 열어놓고 북한을 올바른 선택으로 이끄는 외교적 노력을 아끼지 않고 있습니다. 저는 FEALAC이 이 문제에 관심을 갖고 해결을 위해 함께 노력할 때 아시아 평화, 세계 평화가 그만큼 앞당겨질 수 있다고 믿습니다. 북한 핵과 미사일 문제를 해결하고 동북아시아에 항구적인 평화를 정착시키는 문제가 결코 강대국들 간의 문제일 수만은 없습니다. 여러분들의 지속적인 지지를 부탁드립니다.

생각을 잘하는 사람은 총명하고 계획을 잘하는 사람은 더욱 총명하며 행동을 잘하는 사람은 가장 총명하다고 합니다. 이번 회의에서 우리의 협력 비전이 구체적인 행동으로 옮겨지도록 다양한 실천 방안들이 도출되기를 바랍니다. 다시 한번, 성공적인 회의 개최를 기원하면서, 부산에서 아름답고 즐거운 추억 많이 만드시기를 바랍니다. 감사합니다.

9월

NSC 모두발언

| 2017-09-03 |

지금부터 국가안전보장회의(NSC)를 개최하겠습니다.

북한의 지난 여섯 차례에 걸친 ICBM급 미사일 도발에 대해 국제사회는 역대 가장 강력한 제재 내용이 포함된 안보리 결의를 채택하였습니다. 그럼에도 불구하고 북한은 오늘 또다시 6차 핵실험을 감행하였습니다. 이번 도발은 UN 안보리 결의의 명백한 위반일 뿐만 아니라 국제평화와 안전에 대한 매우 심각한 도전으로서 강력히 규탄합니다. 참으로 실망스럽고 분노하지 않을 수 없습니다. 북한은 ICBM급 미사일 발사와 핵실험 등 연이은 도발을 통해 한반도 긴장을 고조시킬 뿐 아니라 세계 평화를 크게 위협함으로써 국제사회로부터 고립을 더욱 가중시키는 실로 어처구니없는 전략적 실수를 자행하였습니다. 정부는 이번 북한의 도발에 대해 국제사회와 힘을 모아 강력한 응징 방안을 강구할 것이며 북한으로 하여금 핵과 미사일을 포기하지 않을 수 없도록 해나갈 것입니다. 북한의 도발을 결코 묵과하지 않을 것입니다. 북한은 핵과 미사일을 통해 정권의 생존과 발전을 보장받을 수 없다는 것을 분명히 깨달아야 할 것입니다. 북한은 하루속히 핵미사일 개발 계획을 중단할 것임을 선언하고 대화의 길로 나와야 할 것입니다. 그것만이 자신의 안전을 지키고 미래를 보장받을 수 있는 유일한 길이라는 것을 다시 한번 강조합니다. 외교 안보 부처는 국제사회와 함께 북한이 핵미사일 계획을 완전하고 검증 가능하며 비가역적인 방법으로 포기하도록 모든 외교적 방법을 강구해나가길 바랍니다. 또한 우리 군은 한미 동맹 차원의 군건한 연합 방위 태세를 바탕으로 이번 북한의 무모한 도발에 대해 적극적인 대응 방안을 철저히 준비하여 시행토록 할 것이며 북한의 추가적 도발 가능성에 대해서도 만전의 대비 태세를 갖추어야 할 것입니다.

정부는 북한이 핵과 미사일 분야의 기술을 더 이상 고도화해나가고 있는 것을 결코 용납하지 않을 것입니다. 또한 한미 동맹 관계를 기반으로 확고한 안보 태세를 갖추어 북한의 추가적인 도발을 억제하고, 한반도에서의 항구적인 평화 체제 구축을 위한 노력을 일관되게 추진해나갈 것입니다. 국민들께서도 이런 정부의 강력한 의지와 노력을 믿고 단합하여주실 것을 당부드립니다. 이상입니다.

동방 경제 포럼 기조연설

| 2017-09-07 |

푸틴 대통령님, 동방 경제 포럼에 초대해주셔서 감사합니다.

올해로 3회째를 맞이하는 이 중요한 행사에 참석하게 되어 아주 기쁩니다. 아베 총리님, 지난 7월 G20 정상회의에 이어 다시 만나게 되어 반갑습니다. 칼트마 바툴가 대통령님, 저처럼 신임이어서 특별히 반갑습니다. 취임을 축하드립니다.

각국 정부 대표단, 경제인, 귀빈 여러분,

반갑습니다. 러시아 극동 지역 최대 항구도시인 블라디보스토크를 처음 방문했습니다. 아주 정겹게 느껴집니다. 바다와 어울리는 풍광과 항구에서 올려다본 언덕 위의 집들은 내 고향 한국의 '부산'을 떠올리게 합니다. 지금도 부산 감천항에 가면 러시아 배가 수산물을 싣고 들어옵니다. 부산역 앞에 가면 러시아어 간판들을 흔하게 볼 수 있고, 러시아 빵 '흘레프'와 발효 요구르트 '케피르'를 맛볼 수 있습니다. 일찍이 제정 러시아의 예카테리나 2세는 극동 시베리아의 잠재력을 간파하고, "빛이 밝아오는 곳, 동쪽의 별이 떠오를 것"이라고 말했습니다. 시대는 바뀌었지만 극동은 여전히 잠재력이 가득하고 매력적인 곳입니다. 오늘날 극동 지역은 러시아뿐만 아니라, 한국을 포함한 동북아시아 국가들의 협력과 공동 번영을 이끌 수 있는 희망의 땅입니다. 이 희망이 푸틴 대통령님의 리더십 아래 현실화되고 있습니다. 한국 역시 "새로운 현실을 창조하자"라는 동방 경제 포럼의 슬로건에 맞게 러시아와 동북아시아 국가들과의 협력을 한층 본격화할 것입니다.

푸틴 대통령님, 내외 귀빈 여러분,

이곳 극동 지역은 러시아인과 한국인이 이미 오래전부터 서로 협력했던 곳입니다. 이곳은 러시아의 선조들이 개척했고 한국의 선조들이 찾아와 함께 살아온 터전입니다. 동토였던 이곳은 러시아인의 땀과 한국인의 땀이 함께 떨어져 따뜻한 땅으로 변했습니다. 이곳에 오면서 울창한 숲과 꿈틀거리는 대지를 보았습니다. 시베리아에서 한반도의 백두산까지 넘나들었던 호랑이를 떠올렸습니다. 오래전부터 한국인들은 호랑이를 영물로 여기며 아주 좋아합니다. 푸틴 대통령님도 기상이 시베리아 호랑이를 닮았다고 합니다. 저의 이름 문재인의 '인'자도 호랑이를 뜻합니다. 우리는 호랑이의 용기와 기상이라는 공통점을 갖고 있습니다. 그런 마음으로 극동 지역 발전에 나선다면 안 될 일이 없지 않겠습니까? 러시아와 한국은 시베리아 호랑이로 상징되는 인연뿐 아니라, 이 지역 곳곳의 삶에서도 연결되어 있습니다. 러시아의 대문호 도스토예프스키, 톨스토이와 함께 극동과 사할린을 문학에 담아낸 러시아 작가 안톤 체호프를 한국인은 매우 사랑합니다. 이곳은 한국문학의 중요한 공간이기도 합니다. 한국의 근대소설가 이광수의 작품 《유정》은 시베리아와 바이칼 호수를 배경으로 하고 있습니다. 작가 조명희는 연해주에서 살면서 이곳의 삶을 소설로 썼습니다. 그의 문학비가 지금 극동 연방 대학 악사코브스카야박물관 앞에 서 있습니다. 이러한 사실만으로도 나는 오래되고도 깊은 양국의 관계를 느낄 수 있습니다. 우리는 극동 지역에서 함께 도우며 살아간 공통의 추억과 경험이 있습니다. 그 추억이 앞으로도 함께 살아갈 힘이 될 것입니다. 그 경험이 더 큰 발전을 이끌어낼 기반이 될 것입니다.

푸틴 대통령님,

나는 한국에서 볼쇼이 발레단의 공연을 보았습니다. 이곳 마린스키 극장에서도 세계 최고의 러시아 발레를 관람하고 싶습니다. 나는 마린스키 극동 극장을 통해 신동방 정책에 대한 푸틴 대통령님의 깊은 의지를 느낍니다. 나 또한 극동 지역을 포함한 북방 지역과의 경제협력 의지가 확고합니다. 임기 중에 러시아와 더 가깝게, 아주 긴밀한 관계를 만들어내고 싶습니다. 그것을 한국은 신북방 정책의 비전으로 갖고 있습니다. 신북방 정책은 극동 지역 개발을 목표로 하는 푸틴 대통령님의 신동방 정책과 맞닿아 있습니다. 신북방 정책과 신동방 정책이 만나는 지점이 바로 극동입니다. 러시아가 추진하는 극동 개발을 위한 최적의 파트너가 한국이며, 한국이 추진하는 신북방 정책도 러시아와의 협력을 전제로 한 것입니다. 나는 이를 위해 러시아의 극동 개발에 적극적으로 참여하고자 합니다. 그동안 남북 관계의 어려움으로 진척시키지 못했던 사업들을 포함해 러시아와의 협력을 더 우선하는 목표로 삼고자 합니다. 이를테면 조선 해운 협력은 양국 간 경제협력의 새로운 모델이며 국제 해운의 환경을 바꿔내는 일입니다. 북극 항로 개척은 너무나 가슴 뛰는 일이지 않습니까? 자루비노항의 개발과 맞물려 한국의 조선 산업이 결합한다면 북극 항로는 새로운 에너지 시대를 여는 신실크로드가 될 것입니다. 한국의 조선업은 세계 1위입니다. 최근 6년간 발주된 대형 LNG 선박의 64%가 한국에서 만들어지고 있을 만큼 기술력이 최고입니다. 이미 러시아로부터 쇄빙 기능을 갖춘 LNG 운반선 15척을 수주하여 한 척을 건조, 인도 완료했습니다. 세계 최초의 쇄빙 LNG 운반선입니다. 지난 6월 푸틴 대통령님은 이 쇄빙 LNG 운반선의 명명식에 참석해 "북극 항로의 가능성을 활짝 연 것이며, 유럽뿐 아니라 전 세계 에너지 산업 발전에 크게 공헌하게 될 것"이라고 말했습니다. 세계 해운이 갈 길을 밝힌 참으로 의미심장한 말입니다. 이 배는 이미 지난달 노르웨이에서 북극 항로를 통해 한국의 충남 보령항까지, 쇄빙선의 도움 없이, 운항에 성공했습니다. 수에즈 운하와 인도양을 거치는 남방 항로에 비해 운송 거리, 운송 시간, 운송 비용이 무려 3분의 1이나 절감되었습니다. 이미 러시아와 한국의 협력은 큰 변화를 세계에 보여주었습니다. 한국은 LNG를 연료로 하는 대형 유조선도 러시아로부터 수주했습니다. 국제 해운을 친환경 해운으로 바꾸는 역사적인 일입니다. 쇄빙 LNG 운반선과 LNG 연료 유조선은 세계가 러시아의 LNG를 수입하는 계기가 될 것이며 러시아 가스의 이용이 크게 늘어날 것입니다. 나아가 한국의 조선 기업들은 러시아와 합작사를 설립하여 쯔베즈다 조선소에 참여하고 있습니다. 러시아와 한국의 조선과 에너지 협력은 이미 시작되었고 세계를 바꾸고 있습니다. 앞으로 남북 관계가 풀리면 북한을 경유한 가스관이 한국까지 오게 될 것입니다.

푸틴 대통령님, 내외 귀빈 여러분,

나는 약속대로 대통령 직속 '북방경제협력위원회'를 설치하였습니다. 한국이 북방 경제협력 전담 기구를 설치한 것은 이번이 처음입니다. 러시아의 극동 개발부에 대응하여 한국도 극동 개발 협력을 위한 국가 체제를 갖추었습니다. 앞으로 한국의 북방경제협력위원회는 러시아 및 다른 동북아 국가들의 관련 기관과 긴밀히 협력하여 극동 지역 개발을 중심으로 실질적인 협력 방안을 마련할 것입니다. 푸틴 대통령님과 나는 양국 간 지방 협력 포럼도 내년부터 개최하기로 했습니다. 이러한 포럼을 통해 양국 지방자치단체뿐 아니라 지방 중소상공인 간의 실질 협력과 인적 교류도 더욱 촉진될 것입니다. 그러나 무엇보다도 한국은 보다 견고하고 영속적인 북방 협력의 제도적인 틀을 마련하기 위해 러시아가 주도하고 있는 유라시아 경제연합(EAEU)과 FTA를 조속히 추진하기를 희망합니다. 이와 함께, 한국은 광역두만개발계획(GTI) 같은 다자간 협력도 강화하기를 희망합니다.

내외 귀빈 여러분,

극동 지역은 지리적으로 시베리아 횡단 철도의 시작점이자 종착점입니다. 유라시아 지역과 동북아, 아·태지역을 연결하는 통로입니다. 극동 지역에는 석유·천연가스·철광석 등 천연자원이 풍부하고, 공항, 철도, 항만 등 인프라 개발 수요도 매우 큽니다. 푸틴 대통령님의 적극적인 투자 환경 개선으로 러시아 내 기업 활동 여건도 빠르게 좋아지고 있습니다. 나는 러시아와 한국 사이에 아홉 개의 다리(9-Bridges 전략)를 놓아 동시다발적인 협력을 이루어나갈 것을 제안합니다. 그 아홉 개의 다리는 조선, 항만, 북극 항로와 가스, 철도, 전력, 일자리, 농업, 수산입니다. 우리가 함께 협력할 분야가 참으로 많지 않습니까? 한국은 세계 2위의 가스 수입국입니다. 우리는 러시아에서의 가스 수입뿐 아니라 에너지 개발 협력에도 참여하기를 원합니다.

시베리아 횡단 철도는 우리 한국인의 역사와도 함께합니다. 1907년 헤이그 만국평화회의에 참석하기 위해 고종황제의 특사 이준이 이 열차를 탔습니다. 1936년 베를린 올림픽 마라톤 금메달리스트 손기정이 이 열차를 타고 베를린까지 갔습니다. 우리 철도와 TSR의 연결은 유라시아 대륙과 해양을 이어주는 통로가 될 것입니다. 전력 협력은 에너지 전환이라는 세계적 과제를 해결하는 일입니다. 나는 이 일에 러시아가 앞장서주시길 바랍니다. 러시아의 에너지 슈퍼링 구상이 몽골 고비사막의 풍력, 태양광과 함께 거대한 슈퍼그리드로 결합하면 동북아시아는 세계 최대의 에너지 공동체를 형성할 수 있습니다. 그리고 이는 EU처럼 동북아 경제 공동체와 다자 안보 체제로 발전하는 밑바탕이 될 수 있습니다. 나는 전력 협력을 통해 동북아의 경제 번영과 평화를 동시에 가져올 수 있다고 확신합니다. 나는 동북아 경제 공동체와 다자 안보 체제까지 전망하는 큰 비전을 가지고 동북아 슈퍼그리드 구축을 위한 협의를 시작할 것을 동북아의 모든 지도자들에게 제안하고 싶습니다. 새로운 공단의 설립은 일자리 문제를 해결할 것입니다. 한국의 농업 기술은 세계 어느 나라에 못지않습니다. 지금 많은 한국의 농업 기업들이 연해주에 진출해 있고, 러시아 농업에 기술 지원과 기술 협력을 하고 있습니다. 수산 물류 가공 복합 단지 조성으로 이뤄질 수산 분야의 협력은 미래 식량문제를 해결할 것입니다. 이 아홉 개의 다리는 미래를 향한 탄탄대로가 될 것입니다.

푸틴 대통령님,

한국 기업은 그동안 어려운 지정학적 환경 속에서도 러시아에 대한 투자를 꾸준히 진전시켜왔습니다. 자동차, 가전 등 일부 분야에서는 러시아의 국민 브랜드로 부상하기도 했습니다. 러시아에서 판매 순위 1위를 기록하고 있는 '리오 자동차'는 7년 전 현대차의 상트 공장 투자의 결실로 러시아 부품 업체들과 협력해서 이루어낸 결과입니다. 한국 기업의 자본과 기술력은 극동 지역의 대형 산업 시설과 인프라 구축에 기여할 수 있습니다. 이러한 대형 인프라 프로젝트를 지원하기 위해 한국 정부는 러시아 정부와 협력하여 투자 기업의 금융 활용 가능성을 높이는 등 필요한 지원을 다하고자 합니다.

러시아 속담에 "묵묵히 가면 멀리 갈 수 있다"는 말이 있습니다. 대형 프로젝트의 추진도 중요하지만, 단기간에 실현가능한 협력을 추진해 성공 사례를 많이 만든다면 양국 기업 간에 깊은 신뢰가 구축될 것입니다. 한국 기업들은 농업, 물류 분야뿐만 아니라, ICT 기술을 활용한 교통 분야 사업, 폐기물과 관련한 친환경 사업, 호텔 리조트 개발 등에 관심이 많습니다. 경험과 경쟁력을 갖춘 한국 중소기업들이 극동 지역 진출을 준비하고 있습니다. 보건 의료 분야, 교육 분야에서도 인적 교류와 기술 협력이 추진되고 있습니다. 우리는 극동에서 이번 동방 경제 포럼의 주제처럼 동방의 새로운 현실을 창조해나갈 수 있을 것입니다. 나는 극동 지역을 '환태평양 시대를 주도하는 역동의 협력 플랫폼'이라고 이름 붙이고 싶습니다.

푸틴 대통령님, 내외 귀빈 여러분,

며칠 전, 북한은 6차 핵실험으로 또다시 도발했습니다. 한반도의 평화뿐 아니라 동북아의 평화를 위협하는 행위입니다. 극동 발전을 위한 러시아의 입장에서도 반드시 풀어야 할 숙제입니다. 나는 북한의 도발을 막는 국제적 제재에 러시아가 적극적으로 동참해온 것을 감사드리면서 지속적인 지지를 요청합니다. 또한 나는 동북아 국가들이 협력하여 극동 개발을 성공시키는 일 또한 북핵 문제를 해결하는 또 하나의 근원적인 해법이라고 생각합니다. 동북아 국가들이 극동에서 경제협력에 성공하는 모습을 보면 북한도 이에 참여하는 것이 이익임을 깨닫게 될 것입니다. 그리고 그것이 핵 없이도 평화롭게 번영할 수 있는 길임을 알게 될 것입니다. 이러한 측면에서 남·북·러 3각 협력을 위해 그간 논의되어온 야심찬 사업들이 현재 여건상 당장 실현되기는 어렵더라도, 한국과 러시아 양국이 힘을 합쳐 협력할 수 있는 사업들은 지금 바로 시작해야 합니다. 물론 북한이 시작부터 함께한다면 더 좋은 일입니다. 조속한 시일 내에 북한이 핵을 포기하고 국제사회로 복귀하여 이러한 사업들에 동참하기를 절실하게 바랍니다.

내년 2월 한국의 평창에서 동계 올림픽이 개최됩니다. 전통적으로 동계 스포츠의 강국이고 직전 소치 동계 올림픽을 주최한 러시아 국민들이 한국을 더 많이 찾아주시길 희망합니다. 푸틴 대통령님도 평소 스키와 아이스하키를 좋아하고 즐기시는 것으로 알고 있습니다. 평창에 와주시면 자연스럽게 한·러 연례 정상회담이 복원될 것입니다. 동계 올림

픽을 연이어 주최한 호스트 국가들로서 전 세계에 평화와 희망의 메시지
를 함께 보낼 수 있는 귀중한 기회가 될 수 있을 것입니다. 감사합니다.

제64주년 해양경찰의 날 기념사

| 2017-09-13 |

　　존경하는 국민 여러분, 해양경찰 여러분, 인천 시민과 해양 수산 종사자 여러분,

　　예순네 해를 맞은 해양경찰의 날을 진심으로 축하드립니다. 해양경찰청 재출범을 기념하는 자리이기도 한 만큼 해양경찰 여러분의 감회가 남다를 것입니다. 저도 여러분과 같은 마음으로 이 자리에 섰습니다. 우리 해양경찰은 자랑스러운 역사를 가지고 있습니다. 해경은 1953년 창설 이후 바다의 안전과 주권 수호, 조난 구조와 오염 방제 임무 수행에 헌신적으로 노력해왔습니다. 1996년 200해리 배타적경제수역 선포와 함께 해양수산부의 외청으로 독립한 이후에는 두 배 이상 넓어진 우

리 바다를 지켜왔습니다. 1953년 겨우 여섯 척의 소형 경비정과 658명의 대원으로 출발했지만 지금은 5000톤급 대형 함정을 포함한 314척의 함정과 1만 2000여 명의 인력이 우리 바다를 지키고 있습니다. 지금 이 시간에도 경비 함정과 구조대 등 최일선 현장에서 묵묵히 헌신하고 있는 해양경찰관 여러분의 노고를 치하하며, 우리 바다를 지키다 순직하신 고(故) 오진석 경감, 박경조 경위, 이청호 경사를 비롯한 해양경찰관들의 명복을 빕니다.

사랑하는 해양경찰 여러분,

그러나 3년 전 해경은 세월호 참사 때 보여준 실망스러운 모습 때문에 조직 해체라는 아픔을 겪었습니다. 친구들을 두고 생존한 학생들은 구조된 것이 아니라 탈출한 것이라고 울분을 토했습니다. 승객들에게 퇴선 명령도 내리지 않은 채 선장과 선원들이 무책임하게 빠져나왔을 때 해경은 어떤 조치를 취했는지, 국민들은 지금도 묻고 있습니다. 이후 해경이 많은 노력을 해왔다는 것을 잘 알고 있습니다. 전문적인 구조 조직을 갖추고 인력과 장비를 확충했습니다. 많은 훈련을 통해 재난 대응 역량을 강화했습니다. 하지만 새로 태어나기 위해서는 더욱 뼈를 깎는 혁신이 필요하다고 생각합니다.

저는 오늘, 부활한 대한민국 해양경찰에 국민의 명령을 전합니다.

첫째, 조직의 명운을 걸고 국민의 신뢰를 회복해야 합니다. 바다에서 일어나는 재난과 재해는 처음부터 끝까지 해경이 완벽하게 책임져야 합니다. 국민이 다시 한번 기회를 주었습니다. 오직 국민의 생명과 안전만 생각하는 '국민의 해경'으로 거듭나야 합니다. 무사안일주의, 해상 근무를 피하는 보신주의, 인원수를 늘리고 예산만 키우는 관료주의 등 모든 잘못된 문화를 철저하게 청산해야 합니다.

둘째, "이제 우리 바다는 안전한가?"라는 국민의 물음에 자신 있게 대답할 수 있어야 합니다. 더 이상 무능과 무책임 때문에 바다에서 눈물 흘리는 국민이 없어야 합니다. 세월호 구조 과정에서 드러난 문제점들을 면밀하게 복기하고 검토하여 근본적인 원인을 찾고 확실한 대책을 마련해주기 바랍니다. 해수부, 행안부, 국토부, 소방청, 해군, 지자체 등 관련 국가기관들과 협업·공조 체계를 갖추어 현장 지휘 역량을 빈틈없이 구축해주기 바랍니다. 이런 노력을 통해 바다에서 일어나는 모든 재난과 재해를 예방하고, 우리 국민을 완벽하게 구조해내는 든든한 해양경찰로 우뚝 서리라 믿고 기대하겠습니다. 오늘 이 자리에 세월호 유가족분들이 함께하고 계십니다. 오시는 길이 많이 힘겹고 괴로웠을 것입니다. 그러나 아픈 마음을 누르고 새 출발하는 해양경찰의 앞날을 축하하는 이유도 이런 믿음과 기대 때문일 것입니다. 어려운 발걸음 해주신 세월호 유가족 여러분께 감사의 말씀을 드리며 '국민의 해경'으로 거듭나는 해경의 앞날을 지켜봐주시기 바랍니다.

해양경찰 여러분,

저는 오늘, 국민 안전을 위한 혁신 노력과 함께 몇 가지 당부를 더

드리고자 합니다. 삼면이 바다인 우리에게 바다는 안보이자, 경제이며, 민생입니다. 바다 영토와 주권 수호에 한 치의 빈틈도 있어서는 안 됩니다. 독도, 이어도 등 외곽 도서 경비 체계를 더욱 강화하여 어떤 세력도 우리 바다를 넘보지 못하게 해야 합니다. 해양 안보에 있어서도 해군, 외교·안보 기관들과 협업·공조 체계를 더욱 활성화하여 국가 안보 체계의 한 축으로서 해경의 역할을 다해주기 바랍니다.

우리나라 수출물량의 99.7%가 바닷길을 통해 세계로 가고 있습니다. 세계 6위 수출대국 대한민국의 바닷길 안전을 해경이 완벽하게 책임져야 합니다. 우리 어민의 민생을 위협하고, 소중한 어업자원을 고갈시키는 외국 어선의 불법 조업도 철저히 차단하고 엄중하게 단속해야 합니다. 연안에서 빈번하게 발생하고 있는 안전사고에 대한 예방 체계도 강화해야 합니다. 국민들 스스로, 사고를 예방하고 안전을 지킬 수 있는 실효성 있는 해양 안전 교육을 마련해주기 바랍니다. 해양오염 방제 활동에도 만전을 기해주기 바랍니다. 1995년 씨프린스 호 사고, 2007년 허베이스피리트 호 사고의 아픈 기억을 잊어서는 안 됩니다. 해양오염 사고는 피해 범위가 광범위하고 회복에 많은 시간이 걸립니다. 해양오염 방제에는 해경이 대체 불가능한 전문 기관이라는 자세로 철저하게 대비해야 할 것입니다. 이번에 경찰청에서 이관 받은 수사·정보 기능도 조속히 정상화해야 합니다. 어민들이 경찰청과 해경으로부터 이중조사를 받는 불편을 겪지 않도록 경찰청과 해경 사이에 업무 관할을 분명히 하면서 공조 체계를 잘 갖춰줄 것을 특별히 당부합니다.

사랑하는 해양경찰 여러분,

우리는 바다에서 미래를 찾아야 합니다. 바다의 무한한 잠재력을 개발하여 새로운 성장 동력으로 키워가야 합니다. 역사적으로도 우리가 바다를 향해 적극적으로 나아갔을 때 국운이 융성하고 강국으로 인정받았습니다. 지금 대한민국은 조선 수주 잔량 2위, 선박 보유 규모 5위, 양식 수산물 생산량 7위 등 세계 12위권 해양 강국으로 성장해 있습니다. 국토 면적의 4.5배에 달하는 광활한 바다를 관리하고 지키는 해양경찰 여러분 어깨에 해양 선진국 대한민국의 미래가 달려 있습니다. 해양경찰청 재출범을 계기로 국민이 부여한 책임을 완벽하게 수행할 수 있는 강인하고 유능한 조직으로 발전해가길 바랍니다. 세월호를 영원한 교훈으로 삼아주십시오. 여러분 스스로 긍지와 자부심을 갖고 안전한 대한민국의 근간이 되어주십시오. 정부도 해양경찰의 발전을 위해 모든 지원을 아끼지 않겠습니다. 감사합니다.

NSC 전체회의 모두 발언

| 2017-09-15 |

지금부터 국가안전보장회의(NSC)를 개최하겠습니다.

북한이 국제사회의 규탄과 경고, UN 안보리 결의를 보란 듯이 무시하고 또다시 탄도미사일을 발사하였습니다. 이러한 북한의 지속적인 도발은 한반도와 국제사회의 평화와 안정에 중대한 위협으로서 이를 엄중히 규탄하고 분노합니다. 더욱이 다른 나라의 상공을 가로질러 미사일을 발사한 위험한 행동은 그 자체가 국제 규범을 무시한 중대한 도발 행위로써 마땅히 비난받아야 합니다. 전 세계가 북한의 지속되는 핵미사일 도발에 공분하고 있습니다. 북한은 무모한 도발을 지속하고 빈도와 강도를 높일수록 그만큼 외교적 고립과 경제적 압박에 따른 몰락의 길로 들어서고 있다는 것을 분명히 깨달아야 할 것입니다. 정부는 북한의 도발을 절대 좌시하지 않고 국제사회와 힘을 모아 북한의 행동을 변화시킬 수 있도록 단호하고 실효적인 대응 조치를 강구해나가겠습니다. 이런 상황에서는 대화도 불가능합니다. 북한이 진정한 대화의 길로 나올 수밖에 없도록 국제사회의 제재와 압박이 한층 더 옥죄어질 것입니다. 날로 고도화되는 북한의 핵미사일 위협으로부터 대한민국을 보호하고 무력 도발 시 즉각 응징하여 위협을 제거할 수 있는 역량을 갖춰나가야 하겠습니다. 군은 한미 동맹 차원의 굳건한 한미 방위 태세를 바탕으로 북한의 어떠한 도발로부터도 우리 국민의 안전을 보호할 수 있도록 철저한 대응 태세를 유지하기 바랍니다. 이를 위해 최근 한미 간에 합의한 미사일 지침 개정을 조기에 마무리하여 우리의 억제 전력을 조속히 강화하는 한편 북한의 위협을 실질적으로 억제할 수 있는 다양한 조치들도 마련해주기 바랍니다. 외교부는 북한의 태도를 변화시킬 수 있도록 안보리 결의의 철저한 이행을 위한 외교적 노력을 경주하여주기 바랍니다. 더 나아가 북한이 핵미사일 계획을 궁극적으로 포기하도록 국제사회와 함께 가능한 모든 방법을 강구해주기 바랍니다.

국민 여러분,

정부는 자체 군사력은 물론 연합 방위 능력으로 북한의 위협으로부터 대한민국을 철저하게 방위해나갈 수 있도록 노력하겠습니다. 우리에게는 북한이 우리와 동맹국을 향해 도발을 해올 경우 조기에 분쇄하고

재기 불능으로 만들 수 있는 힘이 있습니다. 국민들께서는 정부의 의지
와 노력을 믿고 흔들림 없이 생업에 종사해주기 바랍니다. 이상입니다.

서해안 유류 피해 극복 10주년 행사 기념사

| 2017-09-15 |

존경하는 국민 여러분, 충남 도민과 태안 군민 여러분 그리고 오늘 태안을 다시 찾아오신 자원봉사자 여러분,

청정한 모습으로 되살아난 이곳 태안에서 기쁜 마음으로 인사를 드립니다. 반갑습니다. 방금 주민들께서 공연한 '태안 만대마을 강강술래'는 참 가슴 뭉클합니다. 주민들이 유류 피해를 극복해가는 과정에서 창작했다고 들었습니다. 강강술래를 통해 함께 손을 잡고 '행복 마을'로 거듭났습니다. 만대마을은 작년 '전국 행복한 마을 만들기 콘테스트' 문화·복지 분야에서 전국 최우수 마을상을 수상했습니다. 강인한 의지와 공동체 정신으로 시련을 극복한 마을 주민 여러분께 존경의 인사를 전

합니다.

모두가 기억하는 2007년 그때 저는, 노무현 대통령과 함께 이곳 태안에 왔습니다. 10년 전 이곳은 사상 최악의 유류 오염 사고로, 검은 재앙이 덮친 곳이었습니다. 당시 노무현 대통령과 참여정부는 피해를 조금이라도 줄이기 위해 국가의 자원과 역량을 총동원했습니다. 하지만 오염은 걷잡을 수 없게 번졌고, 해안과 바닷가는 기름으로 뒤덮였습니다. 당시 해양 전문가들은 원상회복까지 20년 이상 걸릴 것이라고 예측했습니다. 그러나 위기의 순간마다 놀라운 응집력과 강인함을 보여주었던 우리 국민들이 있었습니다. 전국에서 온 123만 명의 자원봉사자들이 팔을 걷어붙이고 자갈과 바위를 하나하나 닦아냈습니다. 만 명도 아니고, 10만 명도 아니고, 무려 123만 명이었습니다. 민관군을 합치면 연인원 213만 명이 온 힘을 다해 방제에 나섰습니다. 전국 방방곡곡에서 국민 성금이 답지했습니다. 세계에서 유례없는 감동적인 장면이었습니다. 그로부터 10년이 흘렀습니다. 방제 작업을 위해 만든 작업로가 솔향기 가득한 생태 등산로로 탈바꿈했고, 충남의 바다는 생명의 바다로 기적처럼 되살아났습니다.

존경하는 국민 여러분,

저는 국민과 충남 도민의 힘으로 되살아난 서해에서 해양 안전과 생태 환경의 중요성을 새롭게 되새깁니다. 국민의 안전을 지키고, 환경을 보호하는 일은 국가의 책무입니다. 깨끗한 바다, 맑은 공기, 풍요로운 땅은 국민이 누려야 할 기본권입니다. 정부는 깨끗한 바다를 지키기 위한 안전·재난 관리에 더욱 힘쓰겠습니다. 재난에 미리 대비할 수 있도록 예보, 경보 시스템을 갖추겠습니다. 세계 최초로 초고속 해상 재난 안전 통신망을 구축하여 해양 안전을 확보하겠습니다. 지자체의 능력을 넘는 해양 재난과 재해에 대해서는 지자체와 국가 기관 간의 협업 체계를 갖춰 신속하고 체계적으로 대응하겠습니다. 연안으로부터 배타적경제수역까지 전 해역의 통합 관리를 실시하겠습니다. 우리 바다가 주는 혜택을 후대까지 물려줄 수 있도록 체계적으로 관리해나가겠습니다. 서해 갯벌은 세계 5대 갯벌 중 하나입니다. 우리 후손들이 이 아름다운 해안과 천혜의 갯벌을 체험하고 누릴 수 있도록 개발과 보전의 조화를 이루어가야 합니다. 서해의 연안·하구 관리와 생태계 보전·복원을 위한 충청남도의 노력에 힘을 보태겠습니다. 모두의 힘으로 제 모습을 되찾은 서해가 국민에게는 쉼터가 되고, 지역 경제에는 성장 동력이 될 수 있도록 지자체와 지역 주민과 소통하고 지혜를 모아나가겠습니다.

국민 여러분, 충남 도민 여러분,

맑고 높은 하늘이 어느새 특별한 풍경이 되었습니다. 충남은 미세먼지로 고통받고 있습니다. 저는 지난 6월 한 달간 보령 화력발전소 1·2호기와 서천 1·2호기 등 충남의 네 기를 포함한 전국 여덟 기의 노후 석탄발전소 가동 중단을 지시했습니다. 그 결과 그 기간 동안 충남 지역 미세먼지 농도는 지난 2년 평균치보다 15.4% 낮아졌습니다. 앞으로 노후 석탄발전소 가동 중단을 매년 봄철 정기적으로 시행하면서, 폐쇄 시기를 최대한 앞당기겠습니다. 충남의 하늘이 맑아야 서울의 하늘도 맑습니다. 현재 수도권으로 한정된 대기 관리 권역 지정을 충남권을 비롯한 전국으로 확대하겠습니다. 전국 미세먼지 배출량의 38%, 충남에선 35%의 비중을 차지하는 사업장 미세먼지에 대한 총량관리제를 도입해 충남과 대한민국의 공기를 깨끗하게 만들어가겠습니다. 국내 미세먼지 문제를 보다 근본적으로 해결하는 길은 우리의 에너지를 깨끗하고 안전한 미래 에너지로 전환하는 것입니다. 국민 여러분의 동의와 참여가 필요합니다. 우리는 서해를 되살린 국민입니다. 미세먼지가 사라진 맑은 하늘 아래 우리 아이들이 마음껏 뛰놀 수 있는 나라, 국민 여러분이 함께 만들어주십시오.

해마다 반복되는 가뭄도 민생에 대한 심각한 위협입니다. 특히, 충남 지역은 2015년부터 이어진 가뭄으로 막대한 피해를 입어왔습니다. 지난 7월 2일 보령댐 저수율은 역대 최저인 8.3%까지 내려갔습니다. 농업용수는 물론 생활용수와 공업용수까지 우려되었습니다. 근본적인 대책이 필요합니다. 가뭄에 있어서는, 해당 지자체의 자구책을 넘어 범정부 차원의 체계적, 선제적, 종합적인 대책 마련이 중요합니다. 지난 8월 24일, 가뭄에 취약한 충남 지역 등을 중심으로 관계 부처 합동 가뭄 종합 대책을 마련했습니다. 물이 부족해 고통받는 국민이 없도록 대체 수자원을 개발하고 비상 수원을 확보하는 등 지자체에 필요한 물 수요관리 대책을 마련해나가고 있습니다.

　　존경하는 국민 여러분,

　　저는 오늘 서해안 유류 피해 극복 10주년을 맞아 위기 때마다 우리 국민들이 보여준 놀라운 저력에 무한한 자부심을 느낍니다. 지금 우리는 또 다른 위기들을 맞고 있습니다. 그러나 늘 그래왔듯이 국민들과 함께 이겨내고 위기를 기회로 바꿀 수 있다는 자신감을 갖고 있습니다. 돌이켜 보면, 대한민국의 모든 기적은 국민이 만든 것이었습니다. 1997년 외환위기, 2007년 서해 기름유출사고, 2016년 국정 농단과 헌법 유린 사태를 극복한 힘은 모두 국민이었습니다. 이 나라의 민주화와 경제 발전의 역사에는 국민의 숨결과 긍지가 깃들어 있습니다. 이곳 태안에는 국민의 손길이 닿지 않은 곳이 없습니다. 이 자리를 빌려 충남 도민, 태안 군민 여러분과 전국의 자원봉사자 여러분께 다시 한번 깊은 경의를 표합니다. 오늘 함께하고 있는 충남의 어린이들 그리고 대한민국의 모든 미래 세대들이 자유롭게 꿈을 펼치는 나라, 깨끗한 바다, 맑은 공기, 풍요로운 땅을 지키고 가꾸는 일에 여기 계신 모든 분이 함께해주시리라 믿습니다. 감사합니다.

제10회 치매 극복의 날 메시지

| 2017-09-17 |

치매 환자와 가족 여러분, 치매 극복을 위해 노력해주시는 관계자 여러분 반갑습니다.

오늘 제10회 치매 극복의 날을 맞아, 정부가 약속드렸던 '치매 극복 책임제'의 실천을 국민 여러분께 보고드리게 된 것을 매우 뜻깊게 생각합니다. 우리 사회의 고령화 속도는 세계에서 가장 빠릅니다. 얼마 전 어르신 인구가 전체 인구의 14%를 넘어, 우리나라는 이미 고령 사회로 진입했습니다. 안타깝게도 어르신 열 분 중 한 분이 치매로 고통받고 있고, 머지않아, 치매 환자가 100만 명을 넘을 것으로 예상됩니다. 그동안 치매 때문에 많은 가정이 무너졌습니다. 치매로 인한 고통과 부담을 개인과 가족들이 전부 떠안아야 했기 때문입니다. 국가와 사회 발전에 기여해오신 우리 어르신들이, 건강하고 품위 있는 삶을 살 수 있도록 지원하는 것은 국가가 해야 할 책무입니다. 치매 극복, 이제는 국가가 책임지겠습니다. 정부는 이미 실천을 시작했습니다. 지금 집행 중인 추경에 우선적으로 예산을 확보했고, 내년부터는 더 본격적으로 추진될 것입니다. 앞으로 본인이든 가족이든, 치매가 걱정되면 혼자 고민하지 마십시오. 치매안심센터를 찾아오시면, 검진부터 주야간 서비스까지 일대일 맞춤형 지원을 더욱 편리하게 제공하겠습니다. 돌봄시설과, 전담 의료시설도 대폭 확충하겠습니다. 모든 치매 환자가 장기요양보험 혜택을 받을 수 있도록 하고, 보장성도 강화하여, 경제적 부담을 크게 덜어드리겠습니다. 요양 보호소를 비롯한 관련 종사자들의 처우 개선에도 지원을 아끼지 않겠습니다. 국민 여러분께서도 치매를 나의 문제, 우리 모두의 문제로 인식하고 함께 마음을 모아주시길 바랍니다. 치매에 걸려도 안심하고 기댈 수 있는 나라, 내 가족을 든든하게 받쳐주는 이웃과 사회, 이것이 치매 국가 책임제를 통해 만들어나갈 우리의 미래입니다. 다시 한번 치매 극복의 날을 축하드리며, 함께하신 모든 분들의 건강과 행복을 기원합니다. 감사합니다.

미국 뉴욕 동포 간담회 격려 말씀

| 2017-09-19 |

동포 여러분, 반갑습니다.

UN 총회 참석차 와서 첫 일정으로 동포 여러분들을 만나니, 참으로 반갑고 든든합니다. 동포 여러분의 응원 덕분에 이번 순방도 큰 성과를 거두지 않을까 그렇게 생각합니다. 여러분도 그렇게 생각하시죠?

지금 전 세계에 퍼져 있는 한인 해외 동포 수가 740만 명에 달합니다. 대단하죠? 우리 남북한 총 인구가 7500만 명 조금 넘는데, 남북한에 거주하는 한인들의 10분의 1 정도 되는 인구가 해외에 진출해 있는 셈입니다. 중국, 이스라엘, 이탈리아에 이어 세계 4위입니다. 거주하는 나라 수가 무려 180여 국에 달하는데, 어딜 가나 한인 동포들은 인정받습니다. 여기 세계 경제, 금융, 문화의 중심지인 뉴욕에서도 우리 동포들의 활약이 참으로 대단합니다. 세계를 무대 삼아 활약하고 있는 동포 여러분 한 분 한 분이 정말 귀하고 자랑스럽습니다. 동포 여러분은 처음 미국 땅을 밟은 그 순간부터 우리 민족의 자긍심을 되찾는 데 앞장섰습니다. 선각자들과 재미 동포 사회가 하나가 되어 국권 회복을 위한 외교를 펼치고, 독립운동을 지원했습니다. 1919년 봄, 필라델피아 한 극장에서 모였던 재미 동포들의 자주독립을 위한 애국의 결의는 지난겨울 맨해튼과 뉴저지 거리 곳곳에서 촛불집회로 다시 타올랐습니다. 촛불집회뿐만 아니라 투표도 많이 하셨죠? 고맙습니다. 이렇게 국민이 주인인 나라를 언제, 어디에 있든지 조국을 잊지 않고 그 자리에서 국민이 주인인 나라를 만들어주신 동포 여러분께, 대한민국의 대통령으로서 깊은 감사의 인사를 드립니다.

자랑스러운 동포 여러분,

지난 2011년 국민 대합창 기억하십니까? 서울과 평창, 그리고 여기 뉴욕에서 평창 동계 올림픽 유치의 간절한 염원을 담은 노래가 동시에 울려 퍼졌습니다. 특히 뉴욕에서는 이른 새벽 시간이었는데도 우리 동포 200명이 참여하여 열기를 더했습니다. 이렇게 우리의 마음이 하나가 되었을 때, 2018년 평창 동계 올림픽의 꿈은 현실이 되었습니다. 그 감동의 순간을 많은 국민들은 기억하고 있습니다. 이 가을이 지나서 겨울이 오면, 평창 동계 올림픽과 패럴림픽의 성대한 막이 오르게 됩니다. 역설적이게도 마지막 남은 분단국가, 대한민국에서 열린 대규모 스포츠 행사가 언제나 국제적인 평화와 화합의 장이 되어 왔습니다. 1988년 서울 올림픽에서는 동서 양 진영이 화합해서 냉전 구도 해체에 크게 기여했고, 또 2002년 월드컵에서는 한일 관계의 미래지향적 협력이 있었습니다. 스포츠의 힘과 함께 평화와 민주주의를 향한 우리 국민들의 열망과 저력이 만들어낸 기적입니다. 평창 동계 올림픽 역시, 지난겨울 혹독한 정치적 격변을 겪은 우리에게 치유의 올림픽이 되고 나아가 평화와 통합의 올림픽이 될 것이라고 믿습니다. 여러분, 평창 동계 올림픽 기념주화에서 가장 가격이 높은 금화에 새겨진 것이 무엇인지 아십니까? 바로 나무와 새끼줄을 엮어서 만든 한국형 전통스키인 '고로쇠 스키'와 눈신발 '설피'입니다. 특히, 고로쇠나무를 깎고 밀랍을 발라 눈에 잘 미끄러지도록 만든 고로쇠 스키는 예로부터 눈이 많은 강원도 산골에서는 없어서는 안 될 우리 선조들의 생활 도구였습니다. 아주 원시적인 스키라고 할 수 있지만, 잘 닦인 스키장이 아닌 강원도의 산악 지형에서는 현대 스키보다 오히려 사용하기가 더 알맞다고 합니다. 우리 선조들이 이 원시적인 스키를 타고 곰과 호랑이 그리고 멧돼지를 찔러 잡았다라는 기록이 조선시대의 옛 책, 이익 선생의 《성호사설》이라는 책에 남아 있는데, 이렇게 기록에 남아 있는 것을 보면 참으로 놀라운 일이 아닐 수 없습니다. 어떻습니까? 이만하면 우리 대한민국, 동계 올림픽 개최할 만한 나라 맞죠? 이 정도면 제가 평창 '명예 홍보 대사'라고 할 만합니까? 여러분도 이제 홍보 위원이 되셨죠? 이제 다 함께 홍보 위원이 되셨으니 이제 저와 함께 평창 동계 올림픽 홍보해주시겠습니까? 미국과 전 세계에 강원도 평창의 겨울, 그 정겨움과 아름다움, 역동성을 알려주십시오. 동포 여러분이 함께해주시면 평창 동계 올림픽도 멋지게 성공할 것이라고 자신합니다. 평창의 성공은 우리의 국제적 위상을 한층 높여줄 것입니다. 또 우리 동포 사회는 더욱 활력과 자부심을 가질 수 있을 것입니다.

미국 사회 각 분야에서 왕성한 활동을 보여주고 계신 동포 여러분! 독립운동의 역사와 1세대 부모님의 헌신, 그 결실과 보람인 차세대 리더 여러분!

세계 금융의 중심인 월가와 IT 산업 분야, 유수의 발레단과 메트로폴리탄 오페라에서도, 이제는 우리 동포들이 없으면 안 된다고 할 정도라는데, 맞습니까? 할아버지, 아버지의 뒤를 이어 한미 동맹을 더욱 튼튼히 지켜낼 웨스트포인트 생도들도 함께하고 있습니다. 여러분 모두가 정말 귀하고, 자랑스럽습니다. 경쟁이 치열한 뉴욕에서 자리를 잡고 꿈을 실현하기까지 과정이 결코 쉽지 않았을 것입니다. 그런 만큼, 여러분들의 성공은 우리 한민족의 자랑이자 세계 각국의 우리 동포에게 전하는 희망의 메시지입니다. 미래를 향해 멈추지 않고 도전할 수 있는 영감과 용기의 원천이기도 합니다. 여러분의 당당한 걸음에 정부도 힘을 보태겠습니다. 바람에 흔들리지 않는 뿌리 깊은 나무처럼, 깊고 넓게 성장할 수 있도록 우리 정부가 힘껏 지원하겠습니다. 우리 민족의 정체성을 유지하면서 자신의 역량을 최대한 발휘할 수 있도록 한국 역사와 문화, 한국어에 대한 교육이 체계적으로 이루어지도록 하겠습니다. 장학제도와 모국 방문 연수도 확대해가겠습니다. 우리 동포들이 정치적 역량을 더욱 키워 미국 주류 사회에서 입지를 강화할 수 있도록 돕겠습니다. 특히 정치 참여와 민주주의 교육 등 동포 사회의 다양한 노력들도 든든히 뒷받침하겠습니다. 4차 산업혁명 시대를 이끌어갈 차세대 동포 여러분들의 지식과 경험은 조국 대한민국의 미래를 위한 소중한 자산이기도 합니다. 초지능, 초연결 시대에 국경을 넘어 하나로 이어질 차세대 재외 동포 네트워크에 대한 지원도 아끼지 않겠습니다.

사랑하는 동포 여러분,

최근 북한의 연이은 미사일 도발과 핵실험으로 걱정과 우려가 크실 것으로 생각합니다. 이번 UN 총회 참석을 통해서 북핵 문제를 근본적으로 해결하기 위한 방안을 국제사회의 지도자들과 함께 중점적으로 협의할 것입니다. 늘 고국에 대해 한결같은 관심과 지지를 보내주시는 동포 여러분께서도 안심하실 수 있도록 어려운 길이지만, 평화를 위한 모든 노력을 다하겠습니다. 평화와 안보, 인권, 민주주의, 개발과 같이 UN이 추구하는 가치들은 새 정부의 정책 방향과 많은 대부분 일치합니다. UN의 도움으로 전쟁을 딛고 일어선 우리 대한민국의 국격이 전 세계가 부러워할 만큼 높아진 것입니다. 이제 기후변화, 포용적 성장과 사람 중심 경제와 같은 의제에 있어서는 대한민국이 선도적으로 논의를 이끌어 가고 있습니다. 앞으로도 국제사회의 책임 있는 중견 국가로서 더욱 우리 동포 여러분의 자랑이 되도록 하겠습니다. 마지막으로, 이역만리에서 동포 여러분들이 온갖 역경을 이겨내신 것처럼, 조국도 완전히 새로운 대한민국, 나라다운 나라로 여러분들의 성원과 지지에 보답하겠다는 약속의 말씀을 드립니다. 동포 여러분의 지혜와 저력도 함께 모아서 자랑스러운 대한민국을 반드시 만들어나가겠습니다. 다시 만날 때까지 늘 건강하고 행복하십시오. 감사합니다.

기후변화 주요국 정상급 대화 기조발언

| 2017-09-20 |

존경하는 사무총장과 각국 대표 여러분,

대한민국은 파리협정에 따라 기후변화 대응에 정책적 우선순위를 두고 있습니다. 지난겨울 한국에서 촛불혁명이 있었습니다. 더 많은 민주주의와 정의를 향한 열망으로 국민들은 연대했고, 가장 평화적인 방법으로 협력했습니다. 한국의 새 정부는 촛불의 정신으로 출범했습니다. 모든 정책의 중심에 '사람'이 있고, 문제를 해결해가는 힘을 '연대와 협력'에서 찾습니다. 정부 출범 이후 4개월여가 지난 지금, '사람 중심 경제'를 비롯하여 국민 모두를 위한 새로운 정치·경제 시스템이 만들어지고 있습니다. 이러한 정책 기조는 기후변화와 같은 초국가적 이슈에도 똑같이 적용됩니다. 모든 인류의 인간답고 지속가능한 삶을 목표로 하는 기후변화 대응에, 한국 정부가 더욱 적극적으로 국제사회와 협력해나가고자 하는 이유입니다. 각국 정부들도 지속가능한 환경이 바로 자국과 자국민의 이익이라는 철학을 가지기를 희망합니다. 특히 탄소를 많이 배출해온 선진국들이 더욱 무거운 책임감으로 적극적인 의지를 가져야 할 것입니다. 탄소 배출에 의무를 부과하는 탄소가격제는 에너지 전환과 탄소 배출 감축을 유도하는 매우 효과적인 방법입니다. 한국은 아시아 최초로 전국 단위의 배출권거래제를 시행했고, 이미 전체 배출의 3분의 2에 해당하는 기업이 참여하고 있습니다. 앞으로 친환경 투자 인센티브를 확대하여 기술혁신까지 이룸으로써 2030년까지 온실가스 감축 목표를 차질 없이 달성해나갈 것입니다. 새 정부는 에너지 정책에서 '깨끗하고 안전한 에너지 시스템'으로의 전환을 강력하게 추진하고 있습니다. 발전 단가보다는 지속가능한 환경이 우선입니다. 석탄 화력과 원전에 대한 의존을 점차적으로 줄여, 2030년까지 신재생에너지 발전량을 20%까지 높일 것입니다. 몽골과 시베리아의 청정에너지 자원을 동북아 에너지 슈퍼그리드로 연결하는 구상도 관련국과 협의하고 있습니다. 친환경 에너지 활용을 통해 동북아 에너지 공동체가 형성되면, 경제 공동체와 다자 안보 협력의 기반을 마련하게 될 것입니다. 그것이 대한민국의 국익이자 전 지구의 지속가능한 환경과 성장을 위한 길이라고 확신합니다. 한국에 위치한 글로벌녹색성장연구소(GGGI), 녹색기후기금(GCF)을 통해 개도국에 대한 지원도 아끼지 않을 것입니다. 두 국제기구의 활동에 많은 관심과 지지를 보내주시기 바랍니다. 이번 대화를 주최한 사무총장의 노력과 리더십에 감사를 드립니다. 감사합니다.

금융·경제인과의 대화 연설

| 2017-09-21 |

댄 퀘일(Dan Quayle) 회장님, 스티븐 슈워츠먼(Stephen Schwarzman) 회장님, 데이비드 루빈스타인(David Rubenstein) 회장님 그리고 이 자리에 함께하신 금융·경제인 여러분, 만나서 반갑습니다.

세계 금융과 경제의 중심, 이곳 뉴욕에서 세계 경제 흐름을 좌우하는 금융·경제계 지도자분들에게 한국 경제를 소개하게 되어 매우 기쁘게 생각합니다.

존경하는 금융, 경제계 지도자 여러분,

누구나 투자 결정을 할 때 고려하는 것들이 있습니다. 건실한 기업인지, 성장 가능성이 있는지, 위험 요인은 없는지, 무엇보다 투명하고, 신뢰할 만한 기업인지 꼼꼼히 살펴봅니다. 나는 한국전쟁이 휴전된 1953년에 태어났습니다. 국내총생산 13억 달러, 1인당 국민소득 67달러, 대외 원조를 받아 전쟁의 폐허를 치유하고, 민주주의를 꿈꾸기에는 너무 가난한 나라. 내가 태어난 대한민국이라는 나라의 모습이었습니다. 하지만, 지난 반세기만에 대한민국이 이룩한 경제 발전과 민주주의의 성취는 경이롭습니다. 국내총생산은 1조 4000억 달러로 1000배 넘게 성장하여 세계 10위권이 되었습니다. 1인당 국민소득은 3만 달러를 눈앞에 두고 있습니다. 전후 독립한 국가 중 처음으로 원조를 받는 나라에서, 주는 나라로 성장했습니다. 세계는 '한강의 기적'이라고 부릅니다. 나는 그 기적의 실체가 바로 대한민국 국민의 저력이라고 생각합니다. 우리 국민의 저력은 경제 위기를 극복하는 원동력이 되었습니다. 한국은 세계 자본주의의 위기를 재도약의 기회로 바꾸었습니다. 1997년 아시아 외환위기, 2008년 글로벌 금융위기를 거쳐 한국 경제의 체질은 더 건실해졌고, 금융·재정 여력은 더 확충되었습니다. 공공 부문 개혁, 산업구조 개편, 시장 개방과 규제 완화, 금융 감독 강화 등 경제의 구조를 더욱 효율적이고 건전하게 바꾸었습니다. 1997년 외환위기 당시, 국민들은 초유의 경제 위기를 맞아 집안의 금붙이를 가지고 나오고, 뼈를 깎는 구조 조정을 이겨냈습니다. 당시 39억 달러까지 줄었던 외환 보유액은 이제 3850억 달러로 세계 9위 수준입니다. GDP 대비 국가 채무는 38%로 OECD 국가 중 가장 건전한 수준입니다. 세계 최고 수준의 정보통신 인프라와 68개의 세계 1등 상품도 가지고 있습니다. 당시 비플러스(B+)까지 떨어졌던 국가 신용 등급도 11단계 상승한 더블에이(AA)로 주요 선진국들과 어깨를 나란히 하고 있습니다.

우리 국민은 민주주의의 위기도 모범적으로 이겨냈습니다. 한국은 지난해 유례없는 정치적 격변기를 경험했습니다. 하지만, 국민들은 촛불을 들고 광장으로 나와서 그동안 우리가 이룩해온 숭고한 민주주의를 가장 평화로운 방식으로 다시 지켜냈고 한층 더 성숙시켰습니다. 한국의 새 정부는 국민이 주인되는 나라, 정의로운 대한민국을 염원하는 국민의 부름 위에 출범하였습니다. 위기가 닥치면 더욱 강해지는 국민, 위기를 기회로 만드는 나라, 바로 대한민국입니다.

금융·경제인 여러분,

지금 우리 경제에도 위기는 있습니다. 2000년대 이후 한국 경제는 고용 없는 성장, 저성장이 고착화되었습니다. 경제적 불평등이 심화되는 양극화가 급속도로 진행되었습니다. 경제는 성장하지만, 일자리는 그만큼 늘지 않고, 국민들의 생활도 나아지지 않았습니다. 경제 불평등이 오히려 성장을 가로막는 상황에 이르렀습니다. 다른 선진국과 국제기구들도 비슷한 상황 때문에 고민하고 있을 것입니다. 지난 G20에서도 양극화와 경제적 불평등이 정상들 간에 가장 중요한 화두였습니다. IMF, OECD 등은 경제 혜택이 골고루 돌아가는 '포용적 성장'을, ILO는 기존 경제 패러다임과 다른 '임금 주도 성장'을 강조하였습니다. 나는 우리 경제를 이끌어온 국민의 저력을 믿고, 한국 경제가 직면한 구조적 문제를 해결하기 위해 경제의 패러다임을 근본적으로 바꾸고자 합니다. 그 출발점은 다시 '사람'입니다. 국민과 가계를 경제정책의 중심에 놓겠다는 발상의 전환입니다. 일자리와 가계소득 증대, 혁신 경제를 통해 성장을 이끌고자 합니다. 모든 국민이 공정한 기회를 갖고, 성장의 혜택을 함께 누리는 경제입니다. 우리는 이것을 "사람 중심 경제"라고 부릅니다. 한국의 새 정부가 추진 할 '사람 중심 경제'는 세 개의 축으로 이루어져 있습니다. 첫 번째 축은 '일자리와 소득 주도 성장'입니다. 좋은 일자리를 늘려서 가계소득을 높이고, 늘어난 가계소득이 소비를 진작하여 경제성장을 견인하며, 경제성장이 다시 일자리로 이어지는 선순환 구조를 만드는 것입니다. 이를 위해, 예산, 세제, 금융 등 가용한 모든 정책 수단을 일자리 창출과 가계소득 증대에 도움이 되도록 재편하고 있습니다. 보다 적극적인 재정 정책도 추진할 것입니다. 일자리 창출 사업에 대한 투자를 확대하고 있고 내년도 최저임금의 대폭 인상을 결정했습니다. 주거·교육·의료·금융 등 가계 부담도 완화할 것입니다.

두 번째 축은 '혁신 성장'입니다. 소득 주도 성장이 수요를 이끄는 정책이라면 공급 측면에서 성장을 이끄는 전략이 '혁신 성장'입니다. 세계 최고 수준의 정보통신 인프라를 기반으로 4차 산업혁명으로 불리는 지능정보화 사회를 선도할 것입니다. 이를 위해, 대통령 직속 '4차산업혁명위원회'를 설립하였고, 내각에 중소벤처기업부도 신설하였습니다.

교육 혁신으로 창의적 인재를 육성하고, 사물인터넷(IoT), 빅데이터, 인공지능(AI) 같은 4차 산업혁명의 기반이 되는 핵심 기술에 대한 투자를 확대할 것입니다. 기업 성장 단계별 지원, 신산업 분야 규제 개편, 벤처 자본과 창업 지원을 통해 혁신적인 창업과 신산업 창출이 이어지는 혁신 생태계도 만들어나가겠습니다. 전통적으로 강한 제조업에는 인공지능을 입혀 부가가치를 높일 것입니다. 스마트 공장과 스마트 시티, 자율주행차, 탈원전과 신재생에너지 확대를 추진할 것입니다.

'사람 중심 경제'의 세 번째 축은 '공정 경제'입니다. 모두에게 공평한 기회와 공정한 경쟁을 보장하고, 경제 혜택을 모든 국민이 골고루 누릴 수 있도록 하는 것입니다. 일감 몰아주기, 대·중소기업 간 불공정 거래 관행을 근절하고, 기업 지배 구조를 개선하여 경영의 투명성을 높일 것입니다. 아울러, 대·중소기업 상생 협력, 합리적인 노사 협력 문화 정착을 통해 성과를 공유하고, 함께 발전해나갈 수 있도록 할 것입니다. 연방제에 버금가는 자치분권을 보장하여 각 지역이 함께 발전할 수 있는 기반도 만들어갈 것입니다. 이러한 정부의 노력은 포용적 성장, 나아가 포용적 민주주의의 기반이 될 것입니다.

금융·경제인 여러분,

한국은 수출 주도의 대외 경제를 기반으로 발전해왔습니다. 그중에서도 미국은 우리의 가장 중요한 경제 파트너입니다. 한국에게 미국은 두 번째 교역 상대국이고, 최대 투자처입니다. 한국 역시 미국의 여섯 번째 교역 상대국입니다. 한미 FTA는 세계적으로 자유무역이 지속 확대되는 상황에서 상호간 경제 발전을 위해 필수적입니다. 한미 FTA 발효 이전인 2011년과 비교하여 2016년까지 세계 무역은 12%가 감소한 상황에서도 한미 양국 간 교역은 오히려 12%가 증가하였습니다. 한국의 수입 시장에서 미국의 점유율은 8.5%에서 10.6%로 크게 늘어났고, 미국산 소고기는 한국의 식탁을 점령하고 있습니다. 미국산 자동차도 수입이 세 배 이상 늘어나 수입차 시장점유율 2위로 올라섰습니다. 물론 한국도 자동차와 정보통신 제품 등의 수출이 증가하였습니다. 여전히 상품 교역에선 한국이 흑자지만, 서비스 교역에선 미국이 많은 흑자를 보고 있습니다. 상품에 강점이 있는 한국과 서비스산업에 강점이 있는 미국의 상호 호혜적 진출은 해당 산업의 경쟁력 강화에도 도움을 주고 있습니다. 또한 한국 기업들의 대미 투자 확대는 미국이 중요시하는 일자리 창출에도 크게 기여하고 있습니다. 한국의 현대·기아차는 앨라배마와 조지아 공장에 약 100억 불을 투자하여 3만여 명의 고용을 창출하였습니다. 삼성전자는 텍사스 오스틴 반도체 공장에 약 170억 달러를 투자하고, 3000여 명을 고용하고 있습니다. 물론 한국에 진출한 미국 기업들도 많은 한국인들을 고용하고 있습니다.

한미 FTA가 교역 확대, 시장 접근성 향상, 투자·일자리 창출 등 양국 모두에게 이익이 되는 협정인 것은 분명한 사실입니다. 최근, 미국의 요구에 의해 한미 FTA 개정을 논의하기 위한 특별 회기가 시작됐습니다. 한국은 성실히 협상에 임할 것입니다. 그러나 한미 FTA의 호혜성에 대해 정당한 평가를 바랍니다. 또한, 미국의 대(對)한국 무역 적자 규모가 2015년을 기점으로 지속적으로 감소하고 있고, 금년 상반기에도 30% 이상 감소했다는 추세도 감안되어야 할 것입니다. 미국의 우려를 잘 알고 있습니다만, 한미 FTA의 성과와 영향에 대한 객관적인 분석과 함께 차분한 협상이 이뤄져야 한다고 생각합니다. 우리는 한미 FTA의 상호 호혜적 혜택을 직접 체험하고 있습니다. 양국의 많은 기업인들이 폭넓은 지지를 보내고 있습니다. 한국은 전 세계 75% 경제 영토와 FTA를 맺고 있습니다. FTA 유지는 미국 기업들에게는 한국 시장 진출의 필요조건이 될 것입니다. 우리는 미국과 열린 자세로 대화할 것입니다. 하지만, 양국에게 도움이 되는 한미 FTA를 굳건히 지키면서, 상호 호혜적으로 발전시켜나갈 것을 기대합니다.

존경하는 금융·경제계 지도자 여러분,

최근 북한의 핵과 미사일 도발에 대해 경제·금융계도 우려를 갖고 계실 것입니다. 최근 UN안전보장이사회에서는 북한의 6차 핵실험에 대해 유례없이 신속히 일치된 목소리로 대북 제재안을 통과시켰습니다. 우리 정부는 굳건한 한미 동맹을 기반으로 국제사회와 다각적인 외교 노력을 통해 북한이 핵과 미사일을 포기하도록 해나갈 것입니다. 하지만, 우리 정부의 입장은 확고합니다. 북한 문제는 어떠한 경우에도 평화적인 방법으로 외교적인 노력을 통해 해결해야 한다는 것입니다. 이러한, 한국 정부의 확고한 의지와 지난 60여 년간 북한과의 대치 상황에서도 꾸준히 발전해온 한국 경제에 대한 시장의 믿음은 굳건합니다. 북한의 최근 핵실험 이후에도 한국 증시와 외환시장은 일시적인 변동 후 안정적인 모습을 유지하고 있습니다. 한국 증권시장은 올해 꾸준히 상승하여 9월 20일 현재 연초 대비 19% 상승했습니다. 9월 3일의 북한 핵실험 이후에도 오히려 주가가 2.3% 올랐습니다. 외국의 주요 금융기관들은 한국 주식시장의 주가지수가 연말까지 지속 상승(목표주가지수 2600수준)할 것으로 전망하고 있습니다. 한국 경제의 기초 체력은 여전히 튼튼하고, 충분한 외환 보유액 등 대외 건전성도 안정적입니다. 최근 IMF는 북핵 리스크에도 불구하고, 한국의 견고한 성장세를 토대로 올해 경제성장률 전망치를 기존 2.7%에서 3.0%로 상향 조정한 바 있습니다. 나는 지금이야말로 다시 도약하는 한국 경제에 투자해야 할 시점이라고 자신 있게 말씀드립니다. 우리 정부는 또한 한반도 평화와 동북아시아의 경제 발전을 위한 남북 경제협력과 동북아 경제협력 비전도 가지고 있습니다. 이러한 경제협력은 그 자체로 한반도와 동북아 평화를 만들어가는 기반이 될 것입니다.

　나는 지난 7월, 한반도의 비핵화와 항구적 평화 실현 의지를 담은 '베를린 구상'을 발표했습니다. 지난 9월 초, 러시아 동방 경제 포럼에서는 '신북방 경제'의 비전을 발표했습니다. 우리는 북한에게 핵과 미사일이 체제 안전과 발전의 길이 아니라는 인식을 심어주어야 합니다. 나는 동북아 국가들의 경제협력과 발전이 그 하나의 방법이라고 생각합니다. 북한이 핵을 포기하면 자연스럽게 경제협력의 틀로 들어올 수 있게 될 것입니다. 북한이 핵과 미사일을 포기하고, 대화의 길로 나오면 한반도와 동북아시아에 새로운 경제 지도가 그려질 것입니다. 그렇게 되면 한국은 더욱 매력적인 투자처가 될 것입니다.

금융·경제인 여러분,

지난겨울 대한민국은 시민들의 촛불혁명을 통해 한 단계 더 성숙한 민주주의를 이뤄냈습니다. 그 토대 위에 '사람 중심 경제'라는 새로운 경제가 시작되었습니다. 나는 세계가 고민하는 저성장·양극화 문제에 대해 한국이 선구적으로 해답을 제시할 수 있다고 자신합니다. 북핵 위기도 국제사회와 함께 평화롭게 극복해나갈 것입니다. 많은 분들이 걱정하고 있지만, 언제나 그랬듯이 우리는 다시 이겨내고 도약할 것입니다. 그것이 대한민국이고, 대한민국 국민의 저력입니다. 한국 경제에 대한 여러분의 관심과 동참을 기대합니다. 감사합니다.

평화 올림픽을 위한 메트로폴리탄 평창의 밤 연설

| 2017-09-21 |

여러분 반갑습니다. 센트럴파크의 가을이 참 좋습니다. 단풍이 물들어가는 청아한 가을밤에 메트로폴리탄에서 여러분을 만나게 돼 기쁩니다. 제 본업이 대통령입니다만, 오늘은 평창 올림픽 홍보 대사 명함이 더 잘 어울릴 것 같은 밤입니다.

내외 귀빈 여러분,

앞서 보신 평창의 겨울 풍경이 어떠셨습니까? 동양과 서양, 전통과 현대를 잘 섞어놓은 젊은이들의 춤과 노래는 또 어떻습니까? 너무 아름답고 매력적이지 않습니까? 여러분도 저와 같은 생각이면 큰 박수를 보내주시면 좋겠습니다. 이제 142일 남았습니다. 기대해도 좋습니다. 142일 뒤 여러분은, 세상에서 가장 열정적이고 창의적인 사람들을 만나게 될 것입니다. 2018년 2월, 대한민국 평창으로 여러분을 초대합니다. 평창은 그 이름부터 올림픽 개최지로 제격인 곳입니다. 평화롭다는 뜻의 '평'과, 번창하다는 뜻의 '창'이 합쳐져서 만들어진 이름 평창, 정말 '화합과 평화 증진'을 추구하는 올림픽 정신에 딱 들어맞지 않습니까? 저는 먼저 평창의 아름다운 자연과 멋진 사람들을 자랑하고 싶습니다. 평창은 아시아 대륙에서 가장 먼저 해가 뜨는 곳입니다. 북유럽의 설원과 중앙아시아의 푸른 초원이 함께 어우러진 곳입니다. 한국에서 가장 아름다운 동해 바다와 설악산을 동시에 즐길 수 있는 곳이기도 합니다. 또한, 축제를 즐길 줄 아는 유쾌한 사람들이 있습니다. 유네스코 인류 무형 유산으로 등재된 이 지역의 오랜 전통 축제, '강릉 단오제'는 무려 한 달 동안이나 노래하고, 겨루고, 춤추며, 즐깁니다. 여러분! 보고 싶고, 만나고 싶지 않으십니까? 유라시아 대륙이 시작되는, 눈 덮인 평창에서 여러분의 2018년을 시작해보는 건 어떻겠습니까? 생각만 해도 설레지 않습니까?

내외 귀빈 여러분,

이번 동계 올림픽은 1988년 서울 올림픽 이후 30년 만에 대한민국에서 열리는 뜻깊은 대회입니다. 한국 정부와 국민들이 각별한 마음으로 준비하고 있습니다. 대회 준비도 완벽하게 진행되고 있습니다. 지난달, 준비 상황을 점검한 린드버그 IOC 조정위원장은 "평창이 세계인을 맞이할 준비가 완료됐다"고 높이 평가했습니다. 올림픽 안전도 걱정하지 마십시오. 여러분이 잘 알다시피 한국은 테러로부터 가장 안전한 나라 중의 하나입니다. 지금까지 인종·종교 등을 이유로 국제적인 테러 사건이 한 번도 발생하지 않았습니다. 또한 한국은 충분한 경험과 역량을 축적하고 있습니다. 냉전 시대에 치러진 88서울올림픽, 2002년 한일 월드컵, 2003년 하계 유니버시아드 대회, 2010년 G20 정상회의, 2011년 세계육상선수권대회 등 수많은 대규모 국제 행사를 완벽한 안전 속에서 성공적으로 치렀습니다. 평창 올림픽은 대회 안전과 운영, 모든 면에서 가장 모범적인 올림픽이 될 것입니다. 이만 하면 평창 올림픽의 성공, 확실하다고 생각하는데, 여러분도 그렇게 생각하십니까? 하지만 가장 확실한 근거 하나가 더 남았습니다. 바로, 우리 국민입니다. 여러분 모두, 2002년 한일 월드컵 때, 거리를 가득 메운 붉은 악마의 응원 열기를 보셨을 것입니다. 지난겨울 촛불혁명은 또 어땠습니까? 무려 반 년 동안, 1700만 명이 시위에 나섰지만 단 한 명도 다치거나 체포되지 않았습니다. 그야말로 평화적인 축제였습니다. 우리 국민들의 놀라운 응집력과 열정, 높고 성숙한 민주 의식! 저는 이런 국민이 있기 때문에 평창 올림픽은 성공할 수밖에 없다고 확신합니다.

내외 귀빈 여러분,

평창은 여러분께 아주 특별한 올림픽을 선물하려고 합니다. 여러분! 첨단 로봇이 성화 봉송을 하는 장면을 보고 싶지 않으십니까? 인공지능으로 운행하는 버스, 승용차, SUV 같은 다양한 자율주행 자동차를 타보실 수도 있습니다. 대회장 안팎과 평창에서 강릉까지 운행될 것입니다. 평창으로 오십시오. 세계가 경험하지 못한 최첨단 ICT 올림픽을 보게 될 것입니다. 세계 최초로 구축된 5세대 이동통신 시범망을 체험하고, 세계 최초로 제공되는 지상파 초고화질과 대화면 방송 서비스를 맛보는 멋진 경험을 하게 될 것입니다. 동계 올림픽 역사상 가장 편안한 대회가 준비되고 있습니다. 주경기장을 중심으로 모든 경기장이 30분 거리 안에 배치되어 있고, 여러분의 입국 통로가 될 인천 국제공항과 평창, 수도 서울과 평창 모두 1시간대로 연결됩니다. '날마다 문화가 있고 축제가 열리는' 고품격 문화 올림픽이 여러분의 눈과 귀를 즐겁게 해줄 것입니다. 세계를 휩쓸고 있는 K-POP 한류 열풍도 마음껏 즐기게 될 것입니다.

여러분에게 꼭 들려주고 싶은 이야기가 있습니다. 대만의 열아홉 살 청소년 짜오츠 군의 이야기입니다. 열 살 때 평창에서, 태어나서 처음으로 겨울을 경험한 짜오츠는 피겨에 푹 빠지게 되었고, 지금은 세계 랭킹 13위의 유망주가 되었습니다. 짜오츠는 "평창이 삶의 전환점이었다"고 말하고 있습니다. 평창은 그동안 동계 스포츠를 접하기 어려운 나라의 청소년을 초청했습니다. 이들을 위해 진행해온 '드림 프로그램'의 결실입니다. 내전의 고통 속에 있는 시리아를 비롯해, 세계 75개국 1500여 명의 청소년들이 평창의 눈밭에서 우정을 나눴습니다. 장애 청소년 100여 명도 처음으로 눈을 보고 얼음을 만지며 겨울을 즐겼습니다. 저는 이 소중한 프로그램이 평창의 유산으로 남아 동계 올림픽의 전통으로 이어져야 한다고 생각하는데, 여러분도 동의하십니까?

내외 귀빈 여러분,

대한민국과 평창은, 어렵지만 가치 있는 도전에 나서려고 합니다. 그것은 북한이 참여하는 평화 올림픽을 성사시키는 것입니다. 지금 긴장이 고조되어 있지만, 그래서 더더욱 평화가 필요합니다. 이러한 시점에 남북이 함께한다면 세계에 화해와 평화의 메시지를 전하는 좋은 계기가 될 것입니다. 불가능하다고 생각하지 않습니다. 지금까지 여러 차례 남북이 함께한 경험도 있습니다. 올해만 해도, 한국에서 열린 여자 아이스하키와 태권도 대회, 두 번에 걸쳐 북한이 참여했습니다. 태권도 대회 참가는 불과 세 달 전의 일입니다. 그동안, 남북 단일팀 구성, 남북 선수단 동시 입장, 북한 응원단 참가 등 다양한 형태로 남북 스포츠 교류가 있어 왔습니다. IOC와 함께 인내심을 갖고 마지막까지 노력하겠습니다. 쉽지 않은 길이지만 대한민국이 가야만 하는 길입니다. 평화를 사랑하는 세계인 여러분의 많은 관심과 성원을 부탁드립니다.

내외 귀빈 여러분,

평창과 뉴욕이 특별한 인연이 있다는 것을 알고 계십니까? 지난 2011년 평창은, 간절한 마음으로 세 번째 올림픽 유치 도전에 나섰습니다. 그해 5월, 서울과 평창, 뉴욕을 연결한 '국민 대합창'이 세계에 울려 퍼졌습니다. 결국 삼수 만에 평창은 동계 올림픽 유치에 성공할 수 있었습니다. 이곳 뉴욕의 열정이 함께한 결과였습니다. 여러분! 저는 오늘 우리의 만남이 평창에 또 한 번의 행운을 가져다줄 것이라고 기대하는데 여러분도 그렇게 생각하십니까? 평창을 많이 응원해주십시오. 여러분의 관심과 성원이 평창 올림픽의 성공을 만들 것입니다. 여기 계신 모든 분들이 평창을 직접 방문해서 '평화 올림픽, 평창 올림픽'을 완성해주실 것을 부탁드립니다. 내외 귀빈 여러분, 잠시 후 있을, 한국이 자랑하는 세계적인 성악가, 조수미 씨의 공연도 맘껏 즐기시고, 오늘의 이 멋진 파티를 꼭 기억해주십시오.

여러분! 2018 평창 동계 올림픽, 패럴림픽에 여러분을 초대합니다. 내년 2월 9일, 평창에서 만납시다. 감사합니다.

제42차 국무회의 모두 발언

| 2017-09-26 |

이번 UN 총회 방미길에 좀 특별한 의미가 있었던 행사 중에 하나가 미국의 금융 경제인을 대상으로 '한국 경제에 설명회'를 한 것입니다. 새 정부의 경제정책에 대한 공감대와 함께 북한의 계속되는 도발 속에서도 우리 경제가 흔들리지 않고 견실하게 성장하고 있다는 신뢰를 높이는 성과가 있었다고 생각합니다. 그 자리에서 저는 우리 정부의 경제정책을 사람 중심 경제라고 규정하고 첫째, '일자리와 소득 주도 성장', 둘째는 '혁신 성장', 셋째로 '공정 경제'라는 세 개의 축으로 사람 중심 경제가 이뤄진다고 설명했습니다. 그 세 개의 축 가운데 '일자리와 소득 주도 성장' 그리고 '공정 경제'에 대해서는 우리 정부에서 많은 논의가

있었고 국민들에게 여러 차례 방안을 보고드릴 기회가 있었다고 생각됩니다. 그러나 '혁신 성장'에 대해는 개념이나 구체적인 정책 방안을 상대적으로 덜 제시한 측면이 있습니다. 소득 주도 성장이 수요 측면에서 성장을 이끄는 전략이라면, 공급 측면에서 성장을 이끄는 전략이 혁신 성장이라고 판단합니다. 따라서 혁신 성장은 우리 새 정부의 성장 전략에서 소득 주도 성장 전략 못지않게 중요합니다. 우리 정부는 혁신 성장을 뒷받침하기 위해 중소벤처기업부와 대통령 직속 4차산업혁명위원회를 신설했습니다. 또한 이미 올해 추경예산에 혁신 성장을 위한 많은 예산이 배정돼 집행되고 있고 내년도 예산안에는 더더욱 본격적으로 예산이 배정되었고 반영되어 있습니다. 그러나 아직 중소벤처기업부 장관이 임명되지 못하고 '4차산업혁명위원회'도 활동을 본격적으로 시작하지 못했기 때문에 '혁신 성장'이 본격적으로 추진되지 못하고 있는 그런 느낌이 듭니다. 혁신 성장에 대해서 우리 경제 부처에서 보다 빠른 시일 내에 개념을 정립하고 구체적인 정책 방안과 소요 예산, 집행됐을 때에 예상되는 성과 등을 종합적으로 보고하는 한편, 속도감 있는 집행 전략을 마련해줄 것을 당부드립니다.

대통령 문재인의 1년

제1차 반부패정책협의회 모두 발언

| 2017-09-26 |

"부패는 모든 것을 잃는 것"이라는 말이 있습니다. 동서고금의 역사를 되돌아보면 권력도, 경제도, 안보도 부정으로 힘을 잃고 부패로 무너졌습니다. 세계 민주주의 역사에 큰 획을 그은 촛불혁명의 정신은 명확합니다. 국민의 권력을 어느 누구도 사유화할 수 없으며, 우리 사회의 공정과 정의를 위해 부정부패부터 척결해야 한다는 것입니다. 지난 수년간 우리는 청렴 국가로 나아가기는커녕, 오히려 뒷걸음질 쳤습니다. 윗물이 깨끗하지 못했기 때문입니다. 보다 깨끗해야 할 권력, 보다 청렴해야 할 공공 부문이 여전히 고질적인 부패의 늪에서 헤어나오지 못했습니다. 국가 권력을 남용하면서, 부정하고 부패한 방식으로 국민의 삶을 옥죄고,

국민의 세금을 자기 주머니 속의 돈인 양 탕진하기까지 했습니다. 그로 인해 반칙과 특권이 일상화되어 국가 청렴 지수가 열다섯 계단이나 하락하는 지경에 이르렀습니다. 이제 정의로운 대한민국을 위해 새로운 마음으로 시작해야 합니다. 부정부패 척결을 새 정부의 모든 정책의 출발로 삼겠습니다. 문재인 정부가 국민과 역사 앞에 평가받을 핵심 지표가 되어야 할 것입니다. 오늘 새롭게 출범하는 '반부패정책협의회'가 부패 청산의 구심점이 되어서 정의를 바로 세우고 국가 청렴도를 획기적으로 높이는 역할을 충실히 해주길 기대합니다. 우리나라 반부패 업무를 담당하는 모든 기관들이 망라된 '반부패정책협의회'의 출범에 큰 기대를 걸면서, 몇 가지 당부 말씀을 드리고 싶습니다. 개별 부정 비리나 부패 범죄에 대응하는 차원을 넘어, 반부패 정책들을 마련하고 범정부적인 추진 전략을 세워주기 바랍니다. 특히 각 기관의 정보들을 공유하면서 협력해 나가는 입체적이고 종합적인 추진 전략을 강구해주기 바랍니다. "윗물이 맑아야 아랫물이 맑다"는 속담이 있듯이, 반부패 정책의 출발을 권력형 부정부패의 방지에서부터 시작해주기 바랍니다. 부정부패의 척결에는 성역이 있을 수 없습니다. 문재인 정부의 청와대도 예외가 아닙니다. 문재인 정부의 청와대의 투명성을 지키는 것이 대한민국 반부패의 출발이라는 자세를 가지고 엄정하게 반부패 대책을 추진해주기 바랍니다. 공공 부문뿐만 아니라 민간 부문에 만연되어 있는 뿌리 깊은 부패 구조까지 '반부패정책협의회'의 업무 영역을 넓혀주기 바랍니다. 민간 부문의 부패는 우리 사회의 공정성을 파괴하여 국민의 삶을 무너뜨리는 역할을 합니다. 민간 부문의 뿌리 깊은 부패 구조까지 해결해야 우리 사회가 비로소 반칙 없고 특권 없는 공정한 사회가 될 수 있을 것입니다. 저는 우리 사회의 공정성이 바로 서면 그만큼 우리 경제의 잠재 성장률이 높아진다고 생각합니다. 우리 사회의 반부패를 넘어 청렴 문화를 정착시키는 데까지 반부패정책협의회의 노력과 성과가 미치길 바랍니다. 감사합니다.

10·4선언 10주년 기념식

| 2017-09-27 |

존경하는 국민 여러분, 내외 귀빈 여러분,

오늘 10·4정상선언 10주년을 기념하는 자리에 함께해주셔서 감사합니다. 그 회담의 준비위원장이었던 저도 이 자리에 서게 되니 만감이 교차합니다. 10년 전, 남북의 두 정상은 '남북 관계 발전과 평화 번영을 위한 선언'을 했습니다. 그 선언이 제대로 이행되었다면, 남북 관계가 지금과 얼마나 달라졌을까 생각해봅니다. 그날 도라산역에서 노무현 대통령께서 회담의 성과를 설명하던 기억도 생생합니다. 남과 북의 그 벅찬 합의와 감격으로부터 평화의 한반도를 다시 시작하고픈 마음, 간절합니다.

존경하는 국민 여러분,

10·4정상선언은 한반도의 평화 지도였습니다. 한반도에서 전쟁과 반목의 역사를 걷어내고, 평화와 공동 번영의 새로운 지도를 그려나가자는 남북의 공동선언이었습니다. 남북 관계의 기본이 상호 존중과 신뢰의 정신임을 분명히 했고, 한반도에서 더 이상의 전쟁은 없어야 한다는 데 공감했습니다. 남북 간 협력을 위한 군사적 보장과 신뢰 구축 조치와 함께, 북핵 문제 해결까지 합의했습니다. 서해평화협력특별지대와 다양한 경제협력을 통해 우발적인 무력 충돌의 가능성까지 원천적으로 없애고 평화 번영의 길을 남북이 함께 개척하는 담대하고 창의적인 접근에도 뜻을 같이했습니다. 저와 우리 정부가 추진하고 있는 한반도 신경제지도 구상, 신북방 정책 역시 그 정신을 계승하고 있습니다. 10·4정상선언은 노무현 정부에서 갑자기 이루어진 것이 아니었습니다. 남북 화해와 평화 통일을 위한 역대 정부의 노력과 정신을 계승한 것이었습니다. 박정희 대통령은 7·4남북공동성명을 통해 통일의 원칙으로 자주, 평화, 민족 대단결을 대내외에 천명했습니다. 분단 이후 처음으로 남북이 통일의 원칙에 합의한 이 정신은 노태우 대통령의 남북기본합의서, 김대중 대통령의 6·15공동선언으로 이어졌고, 그 모든 성과들을 계승하고 포괄하면서 구체적인 실천 방안을 담아 노무현 대통령의 10·4정상선언이 이뤄졌습니다. 이렇게 10·4정상선언은 역대 정부가 남북 관계 발전을 위해 오랜 세월 한 걸음, 한 걸음씩 힘들게 진척시켰던 노력의 결실

이었습니다. 10·4정상선언이 이행되어나갔다면 현재 한반도 평화 지형
은 크게 변해 있을 것입니다. 그러나 지난 10년, 10·4정상선언을 비롯
한 역대 정부의 모든 노력이 물거품이 되었고, 남북 관계는 박정희 대통
령의 7·4남북공동성명 이전으로 되돌아갔습니다. 남북 관계는 완전히
단절되었고, 북한의 핵과 미사일은 갈수록 고도화되어 우리뿐 아니라 전
세계를 위협하고 있습니다. 그 때문에 지금 우리가 치르고 있는 엄청난
비용을 생각하면 참으로 안타까운 일이 아닐 수 없습니다.

존경하는 국민 여러분, 내외 귀빈 여러분,

지금 한반도를 둘러싼 안보 환경은 그 어느 때보다 엄중합니다. 그
러나 최근 북한의 연이은 핵실험과 탄도미사일 도발에 대해 국제사회
는 유례없이 함께 분노하며 한목소리로 대응하고 있습니다. 북한이 스스
로 핵을 포기할 때까지 제재의 강도를 높이고 단호하게 압박해야 한다
는 것에 대해 국제사회의 의견이 일치하고 있습니다. 우리는 북한의 핵
을 결코 용납하지 않을 것입니다. 북한이 전 세계를 상대로 핵으로 맞서
려 해서는 미래가 없다는 것을 깨닫도록 할 것입니다. 그와 함께 분명한
것은 한반도 평화와 번영의 여정은 어떤 난관이 있더라도 중단되어서는
안 된다는 사실입니다. 국제사회도 평화적 해결 원칙을 거듭거듭 확인하
고 있습니다. 지금은 국민의 안전과 평화적인 상황 관리가 우선입니다.
우리 정부는 이러한 과정에서 군사적 억지력을 확보하는 한편, 지나치게
긴장을 격화시키거나 군사적 충돌이 야기되지 않도록 국제사회와 협력

할 것입니다. 북한에게도 여전히 기회는 열려 있습니다. 여러 번 밝혔듯이 북한이 무모한 선택을 중단한다면 대화와 협상의 테이블은 항상 열려 있습니다. 북한이 핵을 포기하는 대신, 우리는 국제사회와 함께 북한의 발전을 도울 것입니다.

존경하는 국민 여러분,

북한의 도발이 계속되고 남북 관계가 주춤거릴 때마다 누구보다 우리 국민들의 걱정이 클 것입니다. 촛불혁명으로 새로운 대한민국을 꿈꾸고 남북 관계에서도 새로운 역사가 펼쳐지길 기대했던 만큼, 국민들은 안타까울 것입니다. 그러나 이 위기를 넘어서야 10·4정신으로 돌아갈 수 있습니다. 우리 국민들은 민주주의가 위기에 처했을 때 촛불을 들었습니다. 한반도의 평화도 지금 위기 상황입니다. 여야 정치권이 정파적 이익을 초월하여 단합하고 국민들께서 평화라는 오직 하나의 목표로 마음을 모아주시면, 우리는 늘 그래왔듯이, 이 위기를 극복할 수 있습니다. 평화는 현실이 될 것이며, 10·4정상선언은 여전히 살아 있는 합의로 숨 쉬게 될 것입니다. 10·4정상선언 합의 중 많은 것은 지금도 이행 가능한 것들입니다. 특히 평화, 군비 통제 분야에서 합의한 군사 회담의 복원은 남북 간의 긴장 완화를 위해 시급히 이뤄져야 합니다. 인도적 협력도 마찬가지입니다. 무엇보다 이산가족 상봉은 더 이상 늦출 수 없습니다. 김정은 위원장과 북한 당국에 촉구합니다. 핵과 미사일 도발을 멈추고, 10·4정상선언의 정신으로 돌아오기 바랍니다. 남과 북이 함께 10·4정상선언이 여전히 유효함을 선언할 수 있기를 바랍니다.

존경하는 국민 여러분, 내외 귀빈 여러분, 노무현 재단 회원 여러분,

고뇌 속에서 한반도 평화를 염원하던 노무현 대통령님이 그립습니다. 이 땅의 평화를 위해 혼신의 노력을 기울이신 분입니다. 언제나 당당했고 누구보다 따뜻한 마음을 가진 분이었습니다. 노무현 대통령은 제가 지켜보는 눈앞에서 군사분계선을 직접 걸어서 넘으며 이렇게 말했습니다. "저는 이번에 대통령으로서 이 선을 넘어갑니다. 제가 다녀오면 더 많은 사람들이 다녀오게 되고 점차 금단의 선이 무너질 것입니다" 그렇습니다. 10·4정상선언은 금단의 선을 넘는 수많은 국민들에 의해 반드시 이행될 것입니다. 노무현 대통령은 그런 국민들의 가슴에 영원히 살아 계실 것입니다. 감사합니다.

제11회 세계한인의 날 및
2017 세계한인회장대회 기념사

| 2017-09-27 |

존경하는 동포 여러분 그리고 내외 귀빈 여러분,

740만 재외 동포의 축제, '제11회 세계한인의 날'과 '2017 세계한인회장대회' 개막을 축하드립니다. 오늘 이렇게 세계 각지에서 오신 동포 여러분들을 만나니, 참으로 반갑고 기쁩니다. 각 지역 한인회를 대표해서 오신 한인회장단 여러분께 각별한 감사의 인사를 전합니다. 한인회는 전 세계 한인들의 마음을 모으고 격려하며, 동포 사회가 필요로 하는 다양한 일들에 앞장서왔습니다. 오늘 그러한 공로를 인정받아 영예로운 훈·포장을 수상하신 분들께 다시 한번 축하의 말씀을 드립니다.

자랑스러운 동포 여러분,

비록 사는 곳은 다르지만 대한민국의 역사 속에서 재외 동포와 내국민들은 언제나 하나였습니다. 한반도와 세계 곳곳에서 함께 국권 회복을 위한 독립운동을 펼쳤습니다. 해방의 기쁨에 함께 웃고, 전쟁과 분단의 고통에 함께 울었습니다. 민주주의와 경제 발전이라는 험난한 현대사에서도 늘 함께였습니다. 조국의 민주주의 회복에도 동포들은 큰 힘이 되었습니다. 북반구의 겨울, 남반구의 여름 광장에서 한데 모여 촛불을 들었고, 지난 대선에서는 75.3%라는 놀라운 투표율을 보여주었습니다. 각국에서 동포들의 위상도 높아지고 있습니다. 동포들은 거주국에 단단히 뿌리를 내리고, 각 분야에서 뛰어난 기량을 발휘하고 있습니다. 저는 오늘 여기에 한 가지를 더하고 싶습니다. 조국이 어려울수록 더욱 단단해지는 동포 사회의 연대는 실의에 빠졌던 우리 국민들에게 큰 격려와 희망이 되었습니다. 위안부 문제를 알리고, 피해자를 기리며 뜻을 모았습니다. 남북의 마음을 잇고자 소설을 쓰고, 노래를 불렀습니다. 인도적 지원뿐 아니라 인권 운동에도 앞장섰습니다. 한국전 참전 용사들을 직접 찾아다니며 감사의 인사를 전하고, 전 세계에 한반도 평화에 대한 열망을 알렸습니다. 동포들께서는 조국의 아픔을 함께하고 이역만리에서 우리가 함께 갈 길을 제시하고, 실천했습니다. 대한민국의 성장이 재외 동포의 성장으로 그리고 재외 동포의 성장이 다시 대한민국의 성장으로 이어지고 있는, 우리가 함께 쓰고 있는 이 역사가 저는 아주 자랑스럽고 든든합니다.

존경하는 동포 여러분,

여러분의 조국은 지금 모든 지혜와 힘을 모아 국민의 나라를 만들어가고 있습니다. 지난 대선에서 여러분이 보내주신 참여와 열망이 맺은 결실입니다. 저는 무엇보다 정의로운 대한민국이 만들어지고 있음을 강조하고 싶습니다. 국가 권력기관들의 자성과 자기 개혁이 진행되고 있습니다. 정부도 그 어느 때보다 강한 의지를 가지고 불공정과 불의가 더 이상 발붙이지 못하도록 할 것입니다. 경제 패러다임도 근본적으로 바뀌고 있습니다. 모든 국민이 공정한 기회를 갖고 성장의 혜택을 함께 누리는 것이 목표입니다. 주거, 건강, 안전 등 일상 속 변화들도 하나하나 이루어지고 있습니다. 재외 동포들을 위한 정책도 탄탄하게 만들어가고 있습니다.

첫째, 여러분의 안전과 권익을 지키겠습니다. 최근 전 세계적으로 테러와 범죄, 자연재해가 늘고 있어 불안과 걱정이 많으실 것입니다. 지난주 멕시코 지진으로 우리 국민이 희생되기도 했습니다. 고인과 유가족께 깊은 애도를 표합니다. 24시간 365일 가동되는 '해외안전지킴센터'를 설치하여, 예방할 수 있는 사건사고는 최대한 막아내겠습니다. 예측할 수 없는 상황이라도 초동 대응할 수 있는 역량을 키우겠습니다. 아울러, 여러분들이 계신 곳 어디든 충분한 영사 조력을 받을 수 있도록 하겠습니다. 재외공관의 영사 서비스 혁신을 통해 동포 여러분의 불편함도 덜어드리겠습니다.

둘째, 여러분 후손들의 민족 정체성을 지켜나가겠습니다. 한국어와 한국 문화·역사에 대한 체계적인 교육과 함께 모국 초청 연수와 장학제도, 청소년 교류도 확대할 것입니다. 올해로 정주 80주년을 맞는 고려인 동포 여러분들은 중앙아시아와 러시아에 성공적으로 정착해, 한민족의 자긍심을 높이고 있습니다. 후손들의 모국 방문을 지원하여 민족 정체성이 이어지도록 하겠습니다.

셋째, 동포 사회와 대한민국의 공동 발전을 위한 노력을 더욱 확대해나가겠습니다. 국내 중소기업과 동포 기업 간 비즈니스 교류를 통해 한민족 경제 역량 강화에 힘쓰겠습니다. 또한 재외 동포의 거주국 내 지위 향상을 위한 노력들을 든든히 뒷받침하고, 모국과의 *끈끈한* 연계가 이어지도록 할 것입니다.

존경하는 동포 여러분,

최근 한반도를 둘러싼 긴장이 고조되고 있는 점도 큰 걱정이실 것입니다. 저와 정부는 북핵 문제를 근원적으로 해결하기 위해 모든 노력을 다하고 있습니다. 세계의 많은 지도자들도 대한민국의 절박한 호소에 화답하고 있습니다. 우리가 가야 할 길은 평화입니다. 어려운 길이지만, 대한민국이 가야 할 길이기에 어떤 난관도 지혜롭게 헤쳐나갈 것입니다. 그런 의미에서 내년 2월 평창 동계 올림픽은 한반도 평화를 위해 여러분과 저 그리고 우리 모두가 함께 맞이하는 중요한 기회입니다. 동포 여러분 모두 1988년과 2002년 여름을 기억하실 것입니다. 서울과 세계 곳곳에 울려 퍼졌던 〈손에 손잡고, 벽을 넘어서〉라는 노래처럼 88년 서울 올림픽은 동서 진영의 화해와 냉전 구도 해체에 기여했습니다. 모두 함께 붉은 티셔츠를 입고 외친 '대한민국'의 함성은 2002년 한일 관계의 미래지향적인 협력을 이끌었습니다. 평화를 향한 우리 국민들의 열망과 저력이 만들어낸 기적이었습니다. 평창 동계 올림픽 또한 평화와 화합의 올림픽이 될 것입니다. 2018년 평창 동계 올림픽을 시작으로 2020년 도쿄, 2022년 베이징으로 이어지는 동북아 릴레이 올림픽이 시작됩니다. 평창에서 한반도의 평화, 나아가 동북아의 평화를 만들어가기 위해 194개국 740만 재외 동포와 한인회장단 여러분의 역할이 중요합니다. 지금까지 그래왔던 것처럼 동포들의 마음을 하나로 모아, 우리 민족의 평화를 향한 절박함을 전 세계에 알려주십시오. 하나 된 열정으로 전 세계가 평화 올림픽, 평창을 꿈꾸게 해주십시오. 여러분들께서 세계 곳곳에서 평창 동계 올림픽과 패럴림픽을 홍보해주신다면 세계인의 관심과 참여를 이끌어내는 데 큰 힘이 될 것입니다. 그렇게 우리 함께, '재외 동포와 함께하는 세계 속의 평창'을 성공시켜 봅시다. 대한민국과 재외 동포가 하나가 되어 평화와 번영의 한반도를 향한 대장정을 시작해봅시다. 다시 한번 '세계한인의 날'과 '세계한인회장대회'를 축하드립니다. 조국에 머무시는 동안 어머니의 품처럼 따뜻하고 편안하게 지내시길 바랍니다. 다시 만날 때까지 건강하고 행복하십시오. 감사합니다.

민주평통 자문회의 간부 자문위원
초청간담회 인사말

| 2017-09-27 |

민주평화통일자문회의(민주평통) 여러분,

반갑습니다. 멀리 해외에서 오신 여러분께도 따뜻한 환영의 인사를 드립니다. 특별히 해외 지역을 대표해 아홉 분의 운영위원과 다섯 분의 협의회장님이 함께하고 있다고 들었습니다. 어디 계십니까? 740만 재외동포의 통일 의지를 가지고 고국을 방문해주신 열네 분께 격려의 말씀을 다시 한번 드리겠습니다.

한반도 평화와 통일을 위해 헌신하고 있는 간부 자문위원 여러분을 만나니 든든합니다. 18기 민주평화통일자문회의가 임기를 시작했습니다. 짧은 기간에도 많은 일을 추진하고 계십니다. 김덕룡 수석부의장님의 추진력이 정말 대단하신 것 같습니다. 주요 도시에서 출범식을 하는 한편 특별 강연회를 17개 시도에서 개최하고 있습니다. 김덕룡 수석 부의장과 황인성 사무처장, 간부 자문위원님들의 노고가 큽니다. 감사와 격려의 박수 보내주십시오.

저는 지난주 UN 총회 참석과 평창 올림픽 홍보를 위해 뉴욕을 돌아보고 왔습니다. 북한의 6차 핵실험에 대해 UN 안보리가 유례없이 신속하게 만장일치로 대북 제재 결의안을 처리한 것을 알고 계실 것입니다. 저는 UN 총회 연설을 통해 이를 높이 평가하고, 북한이 핵을 포기할 때까지 강도 높고 단호하게 제재와 압박을 해야 한다고 강조했습니다. 아울러 저는 북한의 핵 문제 해결은 반드시 평화적으로 달성해야 한다는 점을 분명히 했습니다. 우리의 노력에 국제사회도 일치된 마음으로 지지와 성원을 보냈습니다. 우리는 굳건한 한미 동맹과 국제 공조를 통해 북핵 문제에 단호하게 대응하면서 한편으로는 정책 제안을 위한 준비와 노력도 꾸준히 해나가야 합니다. 민주평통이 바로 그 역할을 해주셔야 합니다. 한반도 정세가 엄중할수록 국민들의 단합된 힘이 절실합니다. 그래서 더더욱 민주평통의 역할과 책임이 크고 막중합니다. 18기 민주평통이 국민과 소통으로 활동을 결의하고, 지역별·세대별·계층별로 다양한 사업을 추진키로 한 것에 매우 기대가 큽니다. 여러분이 국민과 해외 동포를 대변하면서 정부와의 가교 역할을 한다는 생각으로 현장에서 많은 국민을 만나고 소통해주길 바랍니다. 또한 적극적인 평화 공공 외교를 결의한 것도 매우 고무적인 일이라고 생각합니다. 거주 국가 외교 인사들과 평화 네트워크를 구축하고 재외 동포 2,3세 대상 차세대 맞춤형 통일 교육 사업을 진행해서 해외의 통일 역량을 극대화하길 바랍니다. 김덕룡 수석부의장께서 의욕적으로 노력하고 있지만, 여야정, 시민사회가 함께하는 통일 국민 협약 체결에도 힘을 모아주십시오. 진보·보수를 뛰어넘어 정권이 바뀌어도 지속가능하고, 변함이 없는 통일 원칙을 정립해주시길 바랍니다.

마지막으로 한 가지 더 당부 말씀을 드리겠습니다. 민주평통은 헌법에 근거한 대통령 직속 자문 기구입니다. 특히 우리 헌법이 지향하는 평화 통일에 관한한 민주평통은 최고의 기구입니다. 그에 걸맞게 2만여 여러분은 지역사회의 지도자일 뿐만 아니라 국민 여론을 이끌 수 있는 지도자입니다. 그러나 아직 대다수의 국민들은 민주평통의 활동을 잘 모릅니다. 특히 지난 몇 년 동안 안타깝게도 민주평통의 존재감이 많이 약해졌습니다. 다행히 18기 민주평통은 탈북민, 여성과 청년 등 다양한 계층으로 자문위원을 확대해 조직의 활력을 불어넣고 있습니다. 국민의 조직으로 거듭나기 위한 변화와 혁신의 노력을 더욱 강력하게 계속해주셨으면 합니다. 저는 잘 해나갈 것이라는 분명한 믿음이 있습니다. 김덕룡 수석부의장님은 민주화운동을 이끄셨고, 5선의 국회의원의 최적임자입니다. 황인성 사무처장님은 청와대 시민사회 수석, 한겨레통일문화재단 총장을 역임한 남북 문제의 전문가입니다. 여러분 든든하시죠?

민주평통 자문위원 여러분,

지난 10년간 남북 관계가 꽉 막혀서 민주평통의 활동에 큰 어려움이 있었습니다. 그러나 새 정부는 남북 관계가 어렵더라도 민주평통이 추진하는 다양한 통일 사업에 대한 지원을 아끼지 않겠습니다. 지금은 비록 상황이 쉽지 않지만, 한반도의 평화와 번영은 반드시 올 것입니다. 밤이 깊을수록 새벽이 가까운 법입니다. 여러분이 선각자가 되어주십시오. 평화는 주어지는 것이 아니라 만들어가는 것입니다. 통일은 준비된 만큼 빨라질 것입니다. 여러분 그 길을 저와 함께 가주시겠습니까. 감사합니다.

건군 69주년 국군의 날 기념사

| 2017-09-28 |

존경하는 국민 여러분, 사랑하는 국군 장병 여러분 그리고 내외 귀빈 여러분,

건군 69주년 국군의 날을 맞아 강한 안보, 책임 국방의 결연한 의지를 다짐하는 자리를 갖게 되어 뜻깊게 생각합니다. 온 국민과 함께 국군의 날을 축하합니다. 오늘 이곳에서 대한민국 육해공군의 위용을 한 눈에 보니 정말 자랑스럽습니다. 우리 국민들께서도 아주 든든하실 것입니다.

우리 군의 막강한 위용은 조국 수호에 목숨을 바친 순국 장병들의 희생 위에 서 있습니다. 특히 이곳 2함대 사령부는 서해 NLL을 수호하기 위해 죽음을 불사한 우리 군의 혼이 서려 있는 곳입니다. 항일 독립투쟁과 광복군으로부터 오늘에 이르기까지 순국영령들의 기개가 지금 이 자리에 함께하고 있다고 믿습니다. 말이 아닌 실천으로, '위국헌신 군인 본분'의 정신을 보여주신 그 영전에 깊은 경의를 표합니다. 유가족들께도 위로의 말씀을 드립니다. 아울러 우리 군의 근간을 세운 창군 원로와 예비역, 국내외 참전 용사와 주한 미군 여러분의 공헌에도 감사드립니다. 대한민국은 여러분의 공헌이 우리 군의 밑거름이 되었음을 잊지 않고 있습니다. 여러분, 지금 이 순간에도 60만 우리 국군 장병들은 조국이 부여한 사명을 완수하고 있습니다. 조국의 땅과 바다와 하늘 그리고 해외 파병지에서 묵묵히 자신의 책임을 다하는 장병들이 있기에 국민들의 일상도 지켜지고 있습니다. 우리는 그 사실을 늘 기억해야 합니다. 자랑스러운 우리 군 장병들의 노고를 치하하며 큰 격려의 박수를 보냅니다.

국민 여러분, 국군 장병 여러분,

우리가 추구하는 것은 분명합니다. 한반도의 평화와 번영입니다. 우리의 후세들은 자유롭고 평화로운 한반도에서 공동의 번영을 누려야 합니다. 우리에게는 그런 세상을 물려줄 책임이 있습니다. 한반도의 평화와 번영은 헌법이 대통령에게 부여한, 면책이 허용되지 않는 절대 의무입니다. 전쟁의 참혹함을 경험한 우리에게 평화보다 더 귀중한 가치는 없습니다. 지금 한반도를 둘러싼 안보 위기가 그 어느 때보다 고조되어 우리에게 많은 인내와 고통을 요구하고 있습니다. 그러나 우리의 평화 의지를 꺾을 수는 없습니다. 우리는 반드시 이 위기를 이겨내고 평화를 지킬 것입니다. 우리의 당면 목표도 분명합니다. 북한의 도발을 막고, 반드시 핵을 포기하도록 해야 합니다. 이를 위해 정부는 최선을 다하고 있습니다. 한미 동맹에는 한 치의 흔들림도 없으며 국제사회와의 공조도 역대 가장 긴밀한 수준으로 이뤄지고 있습니다. 북한의 도발에 대해 국제사회의 대응은 그 어느 때보다 신속하고 단호하며 단합되어 있습니다. 우리 정부의 입장과 평화 수호 의지가 국제사회의 폭넓은 지지를 받고 있음을 보여줍니다. 평화를 수호하기 위한 우리 정부의 의지는 강력한 국방력을 기반으로 합니다. 무모한 도발에는 강력한 응징으로 맞설 것입니다. 강한 안보 없이는 평화를 지킬 수도, 평화를 만들어갈 수도 없습니다. 우리 군은 북한을 압도하는 전력을 보유하고 있습니다. 정부는 굳건한 한미 연합 방위 태세를 바탕으로 군사적 대비 태세를 더욱 튼튼히 하는 가운데, 긴장 고조가 군사적 충돌로 이어지지 않도록 상황을 안정적으로 관리하는 데 총력을 모으고 있습니다. 한편으로 정부는 북핵 억지 능력을 강화하는 데 더욱 박차를 가해 나갈 것입니다. 우리 정부와 군은 국민과 조국의 안위를 지키는 일에 그 어떤 주저함도 없을 것입니다. 국민과 조국의 안위를 지키는 최전선에 군과 대통령은 늘 함께 있을 것입니다.

사랑하는 국군 장병 여러분,

나는 오늘 군 통수권자로서 장병 여러분에게 우리 군의 새로운 출발과 사명에 대해 말하고자 합니다. 국방 개혁은, 더는 지체할 수 없는 국민의 명령입니다. 강도 높은 국방 개혁은 한층 엄중해진 안보 환경에 대응해 국민과 조국의 안위를 지키기 위한 책무입니다. 외부 환경의 변화에도 국민들이 불안감을 느끼지 않도록 우리 스스로의 안보 역량과 안정성, 신뢰성을 높여야 합니다. 국방 개혁은, 군은 국민을 지키고 국민은 그런 군을 뒷받침하는, 새롭고 당당한 길을 개척하는 과업입니다. 지금까지의 노력과 발전 수준을 과감히 뛰어넘어야 합니다. 군이 국방 개혁의 진정한 주체가 되어야 구호에 머무르는 국방 개혁에서 탈피할 수 있습니다. 그래야만 우리 군의 영광된 역사를 더욱 빛내고 강한 안보, 책임 국방을 실현할 수 있습니다. 나는 국방 개혁의 성공을 위해 군 통수권자로서 할 수 있는 모든 지원과 조치를 다할 것입니다. 그리고 반드시 군과 함께 국방 개혁을 성공해낼 것입니다. 이를 위해 군에 몇 가지 당부합니다.

첫째, 이기는 군대가 되어야 합니다. 북한 핵과 미사일 위협에 대한 대응 능력 확보가 최우선입니다. 공격형 방위 시스템 '킬 체인'과 한국형 미사일 방어 체계 'KAMD'를 더욱 강화해야 합니다. 철저한 응징을 위한 첨단 응징 능력 'KMPR'도 획기적으로 발전시켜야 합니다. 강력한 한국형 3축 체계는 우리 군 독자적 능력의 핵심 전력인 만큼 조기 구축을 위해 혼신의 힘을 다해주기 바랍니다. 더불어 한미 연합 방위 능력도 강화해야 합니다. 한미 동맹의 확장 억제력이 실효적으로 발휘되어야 북한의 핵 도발을 원천적으로 억제할 수 있습니다. 더욱 안정되고 강력한 연합 방위 체계를 우리 군이 주도할 수 있도록 최선을 다해주기 바랍니다. 정부는 전시 작전 통제권 조기 환수를 목표로 하고 있습니다. 독자적 방위력을 기반으로 한 전시 작전 통제권 환수는 궁극적으로 우리 군의 체질과 능력을 비약적으로 발전시킬 것입니다. 우리가 전시 작전권을 가져야 북한이 우리를 더 두려워하고, 국민은 군을 더 신뢰하게 될 것입니다. 군은 더 높아진 자부심으로 더 강한 군대로 거듭나고 대한민국은 동북아 안보의 중심 국가가 될 것입니다. 나는 우리 군이 그럴 능력을 갖추고 있다고 믿습니다. 나는 국민과 함께 우리 군을 신뢰합니다.

둘째, 지휘관부터 병사까지 애국심과 사기가 충만한 군대가 되어야 합니다. 국방력은 무기에서만 나오지 않습니다. 군의 사기는 국방력의 원천입니다. 군의 사기를 떨어뜨리는 모든 병폐를 근절해야 합니다. 방위 사업 비리는 범죄를 넘어 국가 안보의 적입니다. 군에 대한 불신을 퍼트림으로써 국가를 위해 묵묵히 헌신하고 있는 대다수 방위 사업 종사자들, 더 나아가 군 전체의 명예와 사기를 떨어뜨리는 이적 행위입니다. 국방 획득 체계 전 과정에서 비리가 완전히 차단되도록 해야 합니다. 장병의 인권을 보장하고 복무 여건을 획기적으로 개선해야 합니다. 특별히 군 각급 지휘부에 당부합니다. 길거리에서 군복 입은 군인만 봐도 내 자식처럼 애틋한 정을 느끼게 되는 수많은 부모들의 마음을 깊이 헤아려야 합니다. 장병 한 사람 한 사람 모두가 금쪽같은 자식들이고, 신성한 국방의 의무를 수행하는 조국의 아들딸입니다. 국가는 이들을 건강하게 가족에게 돌려보낼 책무가 있습니다. 그 책무를 일선에서 수행한다는 책임감을 갖고 장병 복지 개선에 각별히 노력해주기 바랍니다. 성평등과 인권 보호 강화, 군 사법 제도 개혁, 의문사 진상 규명 등의 과제에도 획기적 진전이 있어야 합니다. 병사 여러분에게도 당부합니다. 여러분 스스로 아주 귀한 존재라는 것을 잊지 말아야 합니다. 여러분에게는 국방의 의무만이 있는 것이 아닙니다. 몸도 마음도 더 건강해지고 성장해서 가족의 품, 사회로 돌아가야 할 임무가 있습니다. 나와 정부는 여러분이 이 임무를 성공적으로 완수하도록 돕겠습니다. 복무 기간 단축과 직업군인의 확대, 병사 봉급 인상, 자기 개발 지원 대책 등 복무 여건을 개선하기 위한 과제들을 적극 추진할 것입니다. 여러분이 지키는 나라가 더 자랑스러운 나라가 되도록 군대 문화를 개선해나갈 것입니다. 여러분도 자신과 동료들을 더욱 아껴주기 바랍니다.

존경하는 국민 여러분,

우리에게는 수많은 시련을 기회로 바꾼 저력이 있습니다. 이 나라를 지켜온 우리의 호국 역사는, 안보는 말로 외치는 것이 아니라 행동으로 실천하는 것임을 말해주고 있습니다. 평화 또한 구호로 실현되는 것이 아니라 각고의 인내와 실천 속에서 유지되는 것임을 보여주고 있습니다. 우리 정부는 대한민국의 역사가 증명한 그 힘을 믿고, 강한 안보, 확고한 평화의 길을 걷고 있습니다. 강력하고 신속한 국방 개혁을 통해 우리 군은 반드시 평화를 만드는 강한 군대, 국민을 지키고, 국민이 사랑하는 국민의 군대로 거듭날 것입니다. 우리 군은 조국 수호 임무를 훌륭하게 수행하고 있습니다. 어떠한 환경 속에서도 불굴의 용기로 조국을 위해 싸울 의지가 충만해 있습니다. 물고기가 물을 떠나서는 살 수 없듯이 강한 군대는 국민의 사랑과 성원 속에서 만들어집니다. 앞으로도 우리 군이 국민과 하나가 되어 최상의 안보 태세를 갖출 수 있도록 국군 장병들에게 무한한 신뢰와 지지를 당부드립니다.

사랑하는 국군 장병 여러분,

우리 군의 의지와 능동적 역할이 그 어느 때보다 중요합니다. 평화와 조국을 수호하는 보루로서 자부심을 갖기를 바랍니다. 힘들어도 명예로운 군인의 길을 자랑스럽게 걸을 수 있도록 나는 여러분과 항상 함께할 것입니다. 다시 한번 건군 69주년 국군의 날을 축하하며 여러분 모두의 앞날에 무한한 영광과 축복이 함께하길 기원합니다. 감사합니다.

10월

4차산업혁명위원회 1차 회의 축사

| 2017-10-11 |

장병규 위원장님과 위원 여러분, 중소벤처기업인 여러분,

반갑습니다. 드디어 4차산업혁명위원회가 출범하고 첫 번째 회의를 개최하게 되어 매우 기쁩니다. 바쁘신 중에도 위원직을 수락해주신 장병규 위원장님과 위원 여러분께 감사드립니다. 저는 새 정부가 지향하는 경제를 "사람 중심 경제"라고 말하고 있습니다. '사람 중심 경제'는 경제정책의 중심을 국민과 가계에 두고, 경제성장의 과실을 국민들이 함께 누리는 그런 경제를 말합니다. '사람 중심 경제'는 일자리와 소득 주도 성장, 혁신 성장, 공정 경제를 3대 축으로 삼고 있습니다. 그 가운데 혁신 성장은 소득 주도 성장과 함께 새로운 경제성장을 위한 새 정부의

핵심 전략입니다. 그동안 일자리·소득 주도 성장과 공정 경제에 대해서는 꽤 많은 논의와 구체적인 정책 추진이 있었습니다. 혁신 성장에 대해서도 이미 추경예산에 벤처 창업과 중소기업 지원 예산을 대폭 반영하여 추진해왔지만, 더욱 활발한 논의와 추진이 필요하다고 느낍니다. 혁신적인 창업과 신산업 창출이 이어지는 활력 넘치는 경제를 만드는 것이 우리의 목표입니다. 오늘 4차산업혁명위원회의 출범이 혁신 성장의 청사진을 만들어내고, 우리 경제의 미래 먹거리를 발굴하는 출발점이 될 것으로 기대합니다.

존경하는 국민 여러분, 중소벤처기업인 여러분,

우리 대한민국은 한때 기회의 땅이었습니다. 21세기 정보화의 물결을 경제 도약의 발판으로 삼았습니다. 젊은이들은 벤처기업을 창업하여 새로운 시장을 개척하고, 좋은 일자리를 만들었습니다. 정부는 초고속 정보통신망 기반을 만들고, 기술 개발과 창업을 지원하였습니다. 젊은이들의 도전으로 희망은 현실이 되었습니다. IT 산업 경쟁력은 세계 최상위권이 되었습니다. 그러나 어느덧 우리는 그 활력을 잃었습니다. 우리는 지능정보화의 물결을 다시 기회로 만들어야 합니다. 이제 세계는 4차산업혁명이라고 불리는 '지능정보사회'로 급속히 발전해가고 있습니다. 지능정보화의 진전이 산업 지도와 우리의 삶을 크게 바꿔놓고 있습니다. 세계 시가총액 상위 기업 대부분이 애플, 구글, 아마존 같은 디지털 혁신 기업입니다. 인공지능 등 첨단 기술이 융합되어 새로운 제품과 서비스,

신산업을 만들고 있습니다. 조만간 지능을 갖춘 자율주행차가 인간을 대신해 운전을 해줄 것입니다. 신기술과 아이디어를 가진 젊은이들이 자유롭게 창업할 수 있어야 합니다. 공정한 경쟁을 통해 성장하는 '혁신 친화적 창업 국가'가 되어야 합니다. 정부는 4차 산업혁명 대응에 국가의 역량을 집중하기 위해 중소벤처기업부를 신설하였고, 컨트롤타워 역할을 할 4차산업혁명위원회도 오늘 출범하였습니다. 정보통신망은 5세대 이동통신망과 사물인터넷망으로 업그레이드될 것입니다. 특히 5세대 이동통신망은 내년 평창 올림픽 때 시범 운영한 후 2019년에 세계 최초로 상용화할 계획입니다. 4차 산업혁명의 기초 골격이라고 할 수 있는 인공지능, 사물인터넷, 빅데이터를 위한 투자를 확대하고, 활용도를 높일 수 있도록 제도를 개선할 것입니다. 기존 제조업과 산업에도 지능을 불어넣어 경쟁력을 높일 것입니다. 자율주행차, 스마트 공장, 드론 산업 등 4차 산업혁명을 선도할 분야를 집중 육성하겠습니다. 지능형 인프라, 친환경 에너지를 기반으로 스마트 시티도 조성하겠습니다. 인력 양성에도 역점을 두어 창의 융합 인재를 육성하고, 소프트웨어 교육을 강화하겠습니다. 창업과 신산업 창출이 이어지는 혁신 생태계를 조성하겠습니다. 신산업 분야는 일정 기간 규제 없이 사업할 수 있도록 '규제 샌드박스'를 도입하겠습니다. 기업이 성장 단계별로 필요한 지원을 받을 수 있도록, 창업과 재기를 뒷받침하는 금융을 강화하고 불공정 거래를 개선하겠습니다.

4차산업혁명위원회 위원 여러분,

지능정보화라는 새로운 물결에 우리가 어떻게 대응하느냐에 따라 우리 경제와 국민들의 미래가 달려 있다고 해도 과언이 아닙니다. 위원 여러분들께서는 막중한 사명감을 가지고, 대한민국의 미래를 이끄는 위원회로 만들어주시기 바랍니다. 위원회 출범에 맞춰 4차 산업혁명에 관해 몇 가지 당부 말씀을 드리고 싶습니다.

첫째, 4차 산업혁명 역시 '사람'이 중심이 되어야 합니다. 지능정보화 사회로의 발전은 우리의 생활을 편리하고 효율적으로 바꿔주는 한편, 일자리 파괴, 디지털 격차 등 또 다른 경제적 불평등의 우려가 큽니다. 4차 산업혁명 정책을 논의하는 과정에서 일자리에 미치는 영향을 면밀히 검토해주시기 바랍니다. 새로운 산업, 새로운 기업에서 더 좋은 일자리를 만들어내는 정책을 모색해주시기 바랍니다. 아울러, 노인, 장애인, 여성 등 취약 계층이 변화 과정에서 소외되지 않도록 정책적 배려가 있어야 하겠습니다.

둘째, 혁신 성장과 4차 산업혁명 대응 전략을 실효성 있게 준비하여 국민들이 변화를 체감할 수 있도록 해야 합니다. 우리가 집중해야 할 분야의 우선순위를 정하고, 구체적인 추진 과제를 조기에 수립해주시기 바랍니다. 민간 위원들께서는 이 과정에서 현장의 목소리와 전문 지식을 살려 적극적으로 의견을 개진해주실 것을 기대합니다.

셋째, 4차 산업혁명에 정부 내 부처는 물론, 민간과 정부의 범국가적 역량을 모아줄 것을 당부합니다. 민간의 창의력과 기업 활동, 정부의 기반 조성과 지원 정책, 사회구조 변화에 대한 국민들의 적응 등 각 경제 주체가 함께 노력해야만 4차 산업혁명 시대를 선도할 수가 있습니다. 국가 차원의 전략 하에 민간과 정부의 역할을 명확히 분담하여 시너지 효과가 날 수 있도록 해주시기 바랍니다. 아울러, 정부 부처 간 벽을 허물고, 문제 해결과 정책 추진을 위해 긴밀히 협력해주기 바랍니다.

존경하는 국민 여러분, 4차산업혁명위원회 위원 여러분, 중소벤처 기업인 여러분,

미래를 예측하는 가장 좋은 방법은 우리가 그 미래를 만들어가는 것입니다. 2000년대 정보화 시대를 우리 경제 도약의 기회로 삼았던 것처럼, 4차 산업혁명 시대의 미래를 우리가 만들어나갑시다. 지능정보화의 물결을 우리 산업과 사회를 혁신하는 기회로 만듭시다. 저도 여러분들과 함께, 우리 경제의 새로운 도약을 위해 열심히 뛰겠습니다. 감사합니다.

서울국제항공우주 및 방위산업 전시회 개막식 축사

| 2017-10-17 |

존경하는 국민 여러분, 내외 귀빈 여러분,

'서울 국제항공우주 및 방위산업 전시회' 개막을 국민과 함께 진심으로 축하합니다. 행사를 준비해주신 관계자 여러분께 감사와 격려의 말씀을 드립니다. 세계 각국에서 오신 항공우주산업, 방위산업 관계자와 기업인 여러분께도 따뜻한 환영의 인사를 드립니다. 항공우주산업과 방위산업의 발전을 위해서는 국가 간 협력이 중요합니다. 이번 전시회가 각국의 산업 발전, 더 나아가 공동 안보와 세계 평화를 추구하는 상호 교류의 장이 되기를 기대합니다.

올해 전시회는 저로서도 아주 기대가 큽니다. 역대 최대 규모의 전시회이면서 대한민국의 항공우주산업, 방위산업이 이룬 눈부신 발전의 모습을 우리 국민들과 세계가 함께 확인할 수 있는 뜻깊은 자리입니다. 지금 제 뒤로 보이는 국산 최첨단 전투기들의 당당한 위용이 지난 세월, 대한민국이 땀으로 이룬 성취를 보여줍니다. 불과 반세기 전 우리는 소총 한 자루도 제대로 만들 수 없어 군사원조에 의존했습니다. 그러나 이제 초음속항공기를 직접 만들어 수출까지 하는 나라로 우뚝 섰습니다. 우리의 항공우주산업, 방위산업은 나날이 성장하고 있습니다. 생산과 수출 규모가 크게 늘어난 것은 물론이고, 수출 품목과 수출 방식도 다변화, 선진화하고 있습니다. 잠시 후에 시범 비행을 하게 될 T-50 고등 훈련기는 지난 10년간 이미 23억 불 이상 해외 판매됐습니다. 고등 훈련기의 성능과 가격 면에서 세계 최고 수준이라고 평가받고 있습니다. 차세대 다연장로켓 '천무'도 세계시장에서 새롭게 주목받고 있습니다. 여기까지 오는 동안 우리 항공우주산업, 방위산업 관계자들이 얼마나 많은 땀을 흘렸을지 생각하면 참으로 감격스럽습니다. 어려운 여건을 극복하고, 첨단 무기 체계의 국산화와 경쟁력 확보를 위해 힘쓰고 있는 연구·개발자들도 무척 자랑스럽습니다. 우리 안보의 중요한 한 축을 담당해온 여러분 모두에게 각별한 경의와 감사의 인사를 드립니다.

항공우주, 방위산업의 주역 여러분,

우리는 지금 그 어느 때보다 평화를 지키고 만들어내기 위한 힘이 필요합니다. 이를 위해 강하고 독자적인 항공우주산업과 방위산업의 역량 확보가 절실합니다. 북한의 안보 위협으로부터 국민을 지켜낼 수 있는 우수한 성능의 첨단 무기 체계를 조속히 전력화해야 합니다. 정부는 한국형 3축 체계를 조기에 구축하고 강한 안보, 책임 국방을 실현할 수 있도록 모든 노력을 다할 것입니다. 방위산업의 경쟁력을 강화하는 것이 시급합니다. 이제 우리 방위산업도 첨단 무기 국산화의 차원을 넘어 수출산업으로 도약해야 합니다. 고부가가치 산업인 방위산업의 경쟁력 강화는 더 많은 일자리로 이어질 것이고, 방위산업이 새로운 미래 성장 동력으로 발전하는 발판이 될 것입니다. 우리는 좋은 기본 조건을 갖추고 있습니다. 우리나라의 제조업 경쟁력과 IT 기술은 세계 최고 수준입니다. 우수한 과학기술 인력과 교육 시스템도 있습니다. 필요한 것은 새로운 의지와 전략입니다. 저는 세 가지를 특별히 말씀드리고 싶습니다.

첫째, 방산 관계자 모두가 공동의 목표를 지향하는 전략적 동반자가 되어야 합니다. 아무리 많은 예산과 자본이 투입되어도 정부, 군, 연구 기관, 기업이 상호 협력하지 않으면, 고급의 무기 체계를 필요한 시기에 만들어낼 수 없습니다. 상호 협력은 소통에서 출발합니다. 과제와 문제점을 서로 솔직하게 토의하고 협업해가는 정상적인 의사소통이 이루어져야 합니다. 그렇지 않으면 기술과 품질이 아닌 인맥과 특권에 기대려는 유혹이 생기기 마련입니다. 방위산업 관계자 모두가 협력적 관계에서 각자의 전문성과 아이디어가 반영될 수 있는 시스템이 중요합니다. 상호 소통의 바탕 위에서 협력과 공정한 경쟁이 보장되는 구조로 방위산업 생태계를 혁신해야 합니다. 정부부터 노력하면서 관계자 여러분과 함께 머리를 맞대겠습니다.

둘째, 기술과 품질 중심의 방위산업으로 나아가야 합니다. 4차 산업 혁명에 걸맞은 선진 방위산업의 핵심은 창의와 혁신입니다. 무인 정찰기와 전투기를 비롯한 각종 무인 무기 체계들이 등장했고, 이를 뒷받침 할 인공지능기술도 눈부시게 발전하고 있습니다. 정부는 우수한 기술과 품질을 가진 혁신적인 기업들이 국방사업에 진입하는 데에 어려움이 없도록 문턱을 낮출 것입니다. 견실한 국방 중소벤처기업들을 육성하고, 방위산업에서도 대기업, 중소기업 간 올바른 상생 구조가 정착되도록 하겠습니다. 국방 R&D 역량을 강화하고, 국방 R&D 지식재산권의 과감한 민간 이양으로 중소벤처기업들을 지원하면서 민·군 융합을 촉진하겠습니다. 또한 기업의 혁신적이고 창의적인 성과물들을 높이 평가하고 수용하여 첨단 기술력이 뒷받침된 방위산업을 적극 육성하겠습니다. 기업도 노력해야 합니다. 기업의 경쟁력은 투명한 경영과 공정한 경쟁에서 비롯됩니다. 지난날 정부의 국방 획득 과정이 투명하지 못하고 공정하지 못한 때가 있었습니다. 그 때문에 많은 방위산업 비리 사건이 있었습니다. 정부부터 반성하고 달라지겠습니다. 앞으로 정부는 방위산업의 투명성과 전문성, 공정성과 효율성을 높이기 위해 강도 높은 노력을 할 것입니다. 기업도 이제는 더욱 투명한 경영으로 거듭나주시기 바랍니다.

셋째, 내수형 방위산업에서 수출형 글로벌 방위산업으로 발전해야 합니다. 우리의 시야를 세계로 넓혀 우방국들과 방산 협력 공동체를 구축해야 합니다. 한국군만을 공급 대상으로 하는 무기 체계 개발에서 벗어나 안보 협력 국가들과 첨단 무기 체계를 공동으로 기획, 개발, 운용해 나가는 시스템을 확산시켜나가야 합니다. 더 나아가 개발한 무기 체계를 세계 시장에 함께 판매하는 방안도 가능할 것입니다. 이렇게 되면 국방비 절감은 물론 개발 단계에서부터 시장 확보가 가능해집니다. 정부는 방위산업의 수출산업화를 이루기 위해 외교적 노력을 더욱 강화하겠습니다. 또한 무기 체계 수출이 수출에서 끝나지 않고 우리 군의 운영 경험 공유로까지 이어지도록 도울 것입니다. 우리 정부의 이러한 의지는 협력 국가들의 국방력 강화와 함께 세계 평화에도 이바지하게 될 것이라고 생각합니다.

존경하는 국민 여러분, 내외 귀빈 여러분,

이번 전시회가 각국의 평화와 국방산업 발전을 위한 상호 협력의 장이 되기를 바랍니다. 우리 국민들에게도 우리의 항공우주산업과 방위산업에 대해 관심과 애정을 갖는, 좋은 기회가 되었으면 합니다. 멋진 에어쇼도 관람하고, 첨단 국산 무기들도 직접 보면서 자부심을 느끼실 수 있기를 바랍니다. 다시 한번 전시회 개막을 축하하며, 세계로 힘차게 뻗어가는 대한민국 항공산업과 방위산업을 국민과 함께 응원합니다. 함께해 주신 여러분 모두 뜻깊고 보람된 시간 보내십시오. 감사합니다.

일자리위원회 3차 회의 말씀

| 2017-10-18 |

　　일자리위원회 위원 여러분, 사회적 경제 기업인과 청년 대표 여러분 그리고 오늘 행사를 준비해준 헤이그라운드 관계자 여러분,

　　모두 반갑습니다. 주거 취약 계층의 자립을 지원하는 사회적 기업 빅이슈코리아가 여기 헤이그라운드에 입주해 있다고 들었습니다. 아까 대표님을 만나기도 했습니다. 작년 크리스마스 즈음 홍대입구역에서 빅이슈 잡지 판매 봉사를 한 적이 있었습니다. 추운 날이었지만 시민들께서도 많이들 동참해주셨습니다. 세상에 힘든 사람들이 많지만 우리가 조금씩만 마음을 모으면 그분들의 자립을 도울 길이 많이 있다는 것을 느낄 수 있었던 아주 소중한 경험이었습니다. 어려운 여건 속에서도 나눔

의 경제를 실천하고 더 좋은 세상 만드는 데 노력하고 있는 사회적 경제 기업인 여러분께 존경과 감사의 말씀을 드립니다.

존경하는 국민 여러분, 일자리위원회 위원 여러분,

지난 5개월 동안 정부는 일자리 정책 추진을 위한 인프라 구축에 힘써왔습니다. 일자리 문제를 해결하기 위해서는 우리 경제 패러다임의 근본적인 수정이 필요했습니다. 경제성장의 열매가 국민 모두에게 골고루 돌아가도록 새 틀을 만들어야 했습니다. 일자리 정책에 대한 정부 역할을 정립하고 일자리 중심으로 국정 운영의 방향을 바꿔야 했습니다. 이를 위해 처음으로 한 일이 일자리위원회 신설입니다. 위원회를 통해 우리는 일자리 중심, 국정 운영 체계 구축 방안을 마련했습니다. 이에 따라 기업이 일자리를 많이 만들면 혜택을 더 많이 받을 수 있도록 예산, 세제, 금융 조달 등 정부 지원 체계를 개편하고 있습니다. 다른 한편 11조 원의 추경예산을 통해 고용 시장의 마중물을 놓았습니다. 내년도 예산안과 세법 개정안에도 일자리 정책을 대폭 반영했습니다. 공공기관 비정규직 정규직화를 위한 가이드라인도 제시했고, 특히 내년도 최저임금 인상은 아주 의미 있는 성과입니다. 이제 정부는 일자리 정책을 더욱 본격적으로 추진할 계획입니다.

존경하는 국민 여러분,

국민의 생명과 안전, 환경을 지키는 일은 정부의 가장 기본적인 책무입니다. 그런데도 그런 일을 해야 할 우리나라 공공 부문 일자리는

OECD 평균의 절반에도 미치지 못합니다. 공공 부문이 민간 고용 시장을 이끄는 마중물 역할을 하면서 국민들이 필요로 하는 공공서비스를 제대로 해야 합니다. 이번 일자리 정책 로드맵을 통해 공공 일자리 81만 개를 구체화했습니다. 먼저 안전, 치안, 사회복지 같은 민생 분야 현장 인력 중심으로 추진할 것입니다. 임기 동안 경찰관, 소방관, 부사관 등 공무원 17만 4000명을 충원해나가겠습니다. 보육, 요양을 포함한 사회 서비스 일자리 34만 개는 우선 17만 명 확보 예산을 금년 추경과 내년 예산에 반영했습니다.

공공 부문의 비정규직 정규직 전환, 공기업 인력 충원을 통해서도 30만 개의 좋은 일자리를 만들겠습니다. 민간 부문의 일자리는 혁신 성장을 통해 이뤄질 것입니다. 창업과 신산업이 이어지고 활력 넘치는 경제 속에서 많은 일자리가 만들어지도록 정책을 추진하겠습니다. 우리 경제의 저성장 추세와 향후 5년간 에코 세대의 대규모 노동시장 진입 등으로 인해 특히 청년 일자리 문제가 녹록지 않습니다. 그래서 더욱 혁신 성장을 위한 일자리 만들기가 중요합니다. 창의와 도전, 혁신을 위해 노력하는 기업에 힘을 실어드리겠습니다.

정부는 혁신 창업과 사회적 경제에 주목하고 있습니다. 혁신 창업과 사회적 경제는 경제 영역을 획기적으로 넓히고 동시에 청년 일자리 창출에 크게 기여하게 될 것입니다. 이를 위한 경제 생태계를 조성하겠습니다. 연구원, 교수, 공공기관 직원들에게 창업 휴직을 보장하겠습니다. 창업 실적을 인사 및 평가와 연계해, 보다 적극적으로 창업에 나서게 하겠습니다. 청년 창업과 이를 지원하는 펀드를 조성하겠습니다. 정책 금융기관의 연대 보증은 완전히 해지할 계획입니다. 신산업 창출이 용이하게 하고 신산업에 대해서는 사전 허용, 사후 규제가 되도록 법체계를 개편하겠습니다. 규제 샌드박스를 도입하고 신제품 신속 인증 제도를 활성화하겠습니다. 사회적 경제는 우리 경제가 직면한 고용 없는 성장과 경제적 불평등을 극복할 수 있는 대안입니다. 일자리를 늘리면서 동시에 사회적 문제 해결하는 착한 경제입니다.

EU 국가들은 사회적 기업 고용 비중이 6.5% 수준입니다. 10%를 넘는 나라도 있습니다. 그러나 우리는 2%도 안 됩니다. 가격과 효율성만 앞세우면 사회 경제적 기업이 일반 기업보다 경쟁력이 떨어질 수밖에 없습니다. 정부나 공공기관이 정책 추진할 때 사회적 가치가 중요한 기준으로 반영돼야 합니다. 사회적 경제 관련 3법 제정을 통해 그 근거를 마련하겠습니다. 아울러 공적 보증 확대, 공공 조달 우대, 공공기관 우선 구매, 전문 인력 양성의 정책 지원을 강화하고 사회 서비스, 도시 재생, 소셜 벤처 등 다양한 분야로 사회적 경제 기업이 진출할 수 있도록 적극 돕겠습니다. 좋은 일자리는 노동 존중 사회, 정의로운 사회로 나아가면서 우리 국민의 삶의 질을 향상시키는 길입니다. 비정규직은 합리적 사유가 있는 경우에만 채용하도록 제도를 개선하겠습니다. 비정규직 차별, 원·하청 노동자 격차 완화도 추진하겠습니다. 가정과 일의 양립, 저녁 있는 삶을 위해 적정 노동시간, 공정 임금 등 노동 조건 개선에도 노력하겠습니다. 임금체계를 직무 중심으로 개편하겠습니다. 최저임금 1만 원 시대를 열겠습니다. 노동시간 단축은 인간다운 삶을 위해 반드시 실현돼야 합니다. 일자리를 나누고 우리 사회 고용률을 높이기 위해서도 필요합니다. 먼저 주당 52시간의 노동시간을 확립하겠습니다.

존경하는 국민 여러분, 일자리위원회 위원 여러분,

일자리 문제는 정부 정책만으로 해결되지 않고 시장을 움직이는데도 시간이 필요합니다. 수출과 투자가 늘어도 좋은 일자리가 바로 만들어지지 않습니다. 그러나 기업의 고용 창출 노력이 계속되고 혁신 창업이 이뤄지는 가운데 정부의 정책적 지원이 함께한다면 못할 것도 없는 일입니다. 최근 긍정적 변화가 시작되고 있습니다. 주로 30대 기업이 올해 하반기 채용을 작년에 비해 5.6% 확대한다고 합니다. 현대자동차는 사내 하청 인력 7000명을 정규직으로 전환해 KT, CJ, 한화, 포스코, 두산 일자리 정책에 동참한다고 했습니다. 좋은 일자리를 늘리고 일자리 질 개선에 앞장서는 기업인들을 정말 업어드리고 싶습니다. 이 시대 최고의 애국은 좋은 일자리 만들기입니다. 정부는 과거 수출탑처럼 일자리 정책에 앞장서는 기업에 고용탑을 신설해 존경과 감사의 말씀을 전하려 합니다. 기업인 여러분, 혁신으로 기업을 성장시켜주십시오. 청년 여러분, 혁신적 아이디어를 가지고 창업에 나서주십시오. 정부는 좋은 일자리를 위한 지원을 아끼지 않겠습니다. 일자리 만들기를 위해 단 한 푼의 예산과 세금도 헛되이 쓰지 않겠습니다. 로드맵을 발표하는 이 자리에서 분명히 약속드립니다. 임기 내내 국정의 최우선 순위는 좋은 일자리 만들기가 될 것입니다.

오늘 헤이그라운드 들어오면서 마주친 한 줄의 글귀가 인상적이었습니다. "변화를 일으키는 여정에 당신과 함께 합니다." 정부는 끊임없이 사람 중심 경제를 역동적으로 추진하겠습니다. 국민 여러분 모두가 주인공으로 함께해주십시오. 감사합니다.

제72주년 경찰의 날 치사

| 2017-10-20 |

존경하는 국민 여러분, 경찰관 여러분, 내외 귀빈 여러분,

72주년 경찰의 날을 맞아 '국민의 경찰, 정의로운 대한민국'을 다짐하는 자리를 갖게 되어서 매우 뜻깊게 생각합니다. 특별히 오늘, 민주주의를 지키고 키워온 이곳 광화문 광장에서 국민과 함께 기념식을 갖게 되어 감회가 더욱 새롭습니다.

지난 72년간 우리 경찰은 전시에는 국가의 방패가 되고, 평시에는 민생 치안의 보루가 되어 대한민국을 지켜왔습니다. 지금 이 시각에도 국민의 안전과 안녕을 위해 땀 흘리고 있는 경찰 여러분의 노고를 치하합니다. 경찰 가족 여러분께도 감사의 인사를 드립니다. 마음 편히 여행

한번 다니지 못했을 것입니다. 길었던 추석 연휴가 오히려 원망스럽기도 했을 것입니다. 그러나 늘 묵묵히 버팀목이 되어주고 계시다는 것을 잘 알고 있습니다. 함께하고 계신 순직·전몰 경찰관과 유가족 분들께도 존경과 위로의 말씀을 전합니다.

경찰관 여러분,

그동안 우리 경찰은 치안 역량을 크게 발전시켜왔습니다. 그 결과 5대 범죄 검거율은 80%를 넘어섰습니다. 살인, 강도, 강간 등 강력 범죄 검거율은 95%가 넘는 놀라운 실적을 보이고 있습니다. 교통사고 사망자 수도 매년 큰 폭으로 감소하고 있습니다. 우리 경찰의 우수한 치안 역량은 세계적으로도 높은 평가를 받고 있습니다. 우리나라를 찾는 외국인 관광객들은 가장 만족하는 분야로 치안의 안정성을 꼽았습니다. 세계의 관광객들도 최근 2년 연속 대한민국을 세계에서 치안이 가장 안전한 나라로 선정을 하였습니다. 수사 역량과 치안 시스템의 우수성도 인정받고 있습니다. 우리 경찰의 사이버 수사, 과학 수사 기법과 112 시스템, 지능형 교통 시스템 등 '한국형 치안 시스템'이 전 세계 78개국에 전수되고 있습니다. 이 모두가 15만 경찰 여러분이 노력한 결과입니다. 세계 속에 우뚝 선 '치안 강국 대한민국'을 만들어온 우리 경찰의 노력을 치하하며, 뜨거운 격려의 박수를 보냅니다.

경찰관 여러분,

그러나 여기에서 만족하고 안주해서는 안 됩니다. 국민으로부터 사랑받는 경찰이 되려면 더 확실하게 변화하고 혁신해야 합니다. 새 정부 출범 첫해, 경찰의 날을 맞아 경찰의 새로운 출발을 당부하고자 합니다.

첫째, 환골탈태의 노력으로 '국민의 경찰'로 거듭나야 합니다. 경찰의 눈과 귀가 향할 곳은 청와대나 권력을 가진 사람들이 아닙니다. 오직 국민만 바라보고, 국민의 목소리에 귀 기울이는 경찰이 되어야 합니다. 이를 위해 과거의 잘못과 단호하게 결별해야 합니다. 새 정부 출범 이후 경찰이 스스로 '경찰개혁위원회'와 '인권침해사건 진상조사위원회'를 출범시킨 의미를 제대로 살려야 합니다. 국민의 기대가 큽니다. 국민이 주신 마지막 기회라고 생각하고 경찰 스스로 경찰의 명예를 드높이는 계기로 만들기 바랍니다. 지난날 법 집행 과정에서 있었던 위법한 경찰력 행사와 부당한 인권침해에 대해, 진상을 제대로 규명하고 책임 있는 후속 조치가 있어야 할 것입니다. 대통령으로서 다시 한번 분명하게 밝힙니다. 저는 경찰의 정치적 중립과 독립성을 철저히 보장할 것입니다. 경찰은 오직 국민을 위해서 복무하기 바랍니다.

둘째, 국민 안전을 책임지는 '유능한 민생 경찰'로 거듭나야 합니다. 국민의 안전과 생명을 지키는 것은 국가의 가장 소중한 가치입니다. 저는 '세월호의 아픔이 없는 안전한 나라'를 만들겠다고 약속했습니다. 이 약속을 우리 경찰이 반드시 지켜주시기 바랍니다. 집회와 시위의 대응에 과다한 경찰력이 낭비되어서는 안 됩니다. 하루빨리 평화적인 시위 문화를 정착시켜 민생 치안에 경찰력을 집중할 수 있도록 노력해주시기 바랍니다. 특히 어린이와 여성, 노인과 장애인 등 사회적 약자를 보호하는 데 앞장서주십시오. '사회적 약자 보호 3대 치안 정책'을 보다 내실 있게 추진하여, 체감할 수 있는 성과를 내주시기 바랍니다.

셋째, 테러 대응 능력을 획기적으로 강화할 것을 주문합니다. 네 달 뒤, 평창 동계 올림픽이 개최됩니다. 세계 주요 국가 정상이 한 자리에 모이고 75억 세계인의 이목이 평창으로 집중될 것입니다. 대한민국 경찰이 선수단과 방문객의 안전을 완벽하게 지켜내야 합니다. 저는 우리 경찰을 믿습니다. 이미 88서울올림픽, 2002년 한일 월드컵, 2011년 대구 세계육상선수권대회, 2015년 광주 유니버시아드 등 수많은 대규모 국제 스포츠 행사를 안전하게 치러낸 대한민국 경찰입니다. 한국이 세계에서 가장 안전한 나라라는 것을 다시 한번 전 세계에 입증해주기 바랍니다.

존경하는 국민 여러분, 경찰관 여러분,

권력기관 개혁과 국민의 경찰로 거듭나기 위한 정부 차원의 노력도 속도를 내겠습니다. 검경 수사권 조정은 국민의 인권 보호를 위해 꼭 해야 할 일입니다. 내년부터 본격적으로 추진하겠습니다. 두 기관의 자율적인 합의를 도모하는 한편, 필요할 경우 중립적인 기구를 통해 결론을 내겠습니다. 수사권 조정과 함께 자치 경찰제 도입도 차질 없이 준비하겠습니다. 지역마다 다른 다양한 지역 주민의 치안 서비스 요구에 적극 부응해야 합니다. 이미 12년째 시행 중인 제주 자치 경찰의 사례를 거울 삼아 보다 완벽한 자치 경찰제를 전면적으로 도입하겠습니다.

경찰관 여러분,

여러분이 얼마나 힘들게 임무를 수행하고 있는지 잘 알고 있습니다. 주요 다른 선진국보다 턱없이 적은 인력으로 안전한 대한민국을 만들어온 여러분의 노고에 늘 고맙고 미안한 마음입니다. 여러분의 희생과 헌신만 요구하지 않겠습니다. 국정 과제에 포함된 경찰 인력 2만 명 증원 계획을 차질 없이 추진할 것입니다. 일한 만큼 합당한 대우를 받을 수 있도록 하고 순직, 공무 중 부상자에 대한 예우와 지원을 확대해가겠습니다. 경찰관의 근무 여건 개선을 위해 소방관과 함께, 공무원직장협의회 설립 허용도 추진하겠습니다.

지난 15일, 독일의 에버트재단은 촛불집회에 참여한 '대한민국 국민'을 에버트인권상 수상자로 선정했습니다. 참으로 기쁜 소식입니다. 나는 이 상이 촛불 시민에게만 주는 것은 아니라고 생각합니다. 반년에 걸쳐 1700만 명이 참여한 대규모 시민 행동이었지만 단 한 건의 폭력도, 단 한 명의 체포자도 발생하지 않았던 데는 성숙한 국민 의식과 함께 평화적으로 집회를 관리한 경찰 여러분의 노력도 컸습니다. 국민의 경찰로 거듭나는 좋은 경험이 되었을 것이라 생각합니다. 나는 촛불집회에 처음부터 끝까지 함께한 촛불시민의 한 사람으로서 여러분과 함께 이 상을 나누고 싶습니다. 촛불시민들의 생각도 같을 것입니다. 대한민국 경찰 여러분, 수고 많았습니다.

경찰관 여러분,

여러분은 위험에 처한 국민이 가장 먼저 만나는 '국가의 얼굴'입니다. 국민은 여러분을 통해 국가의 마음을 느끼고 책임을 다하는 국가의 모습을 보게 됩니다. 그래서 여러분 한 명 한 명이 곧 국가입니다. 늘 국민을 생각하고, 국민으로부터 사랑 받는 경찰이 되기 바랍니다. 다시 한 번 경찰의 날을 축하하며 경찰 가족 모두의 건승과 행복을 기원합니다. 감사합니다.

제98회 전국체육대회 개회식 축사

| 2017-10-20 |

국민 여러분, 충청북도 도민 여러분, 17개 시·도 선수단과 임원 여러분,

반갑습니다. 멀리 해외에서 고국을 찾아오신 동포 선수단 여러분께도 따뜻한 환영의 인사를 드립니다. 생명과 태양의 땅 충청북도에서 펼쳐지는 아흔여덟 번째 전국체육대회의 개막을 진심으로 축하합니다. 앞으로 7일간 충북에 울려 퍼질 응원의 함성과 가을 햇살에 빛날 선수들의 땀방울을 생각하면 벌써부터 가슴이 뜨거워집니다. 저는 먼저 충북 도민 여러분께 특별한 감사의 말씀을 드리고 싶습니다. 지난 9월 이곳 충북에서는 "장애인 먼저"라는 슬로건 아래 전국장애인체육대회가 개최되었

습니다. 전국체육대회에 앞서 전국장애인체육대회가 열린 것은 체전 사상 처음 있는 일이었습니다. 전국장애인체육대회에 대한 충북 도민의 관심과 애정은 뜨거웠고, 자원봉사자들은 진심을 다해 참가자들을 맞이했습니다. 장애인과 비장애인 관중들은 선수들과 한마음이 되어 웃고 울었습니다. 역대 최대 규모의 전국장애인체육대회였고, 모두가 승리한 체육의 향연이었습니다. 이시종 도지사님, 충북 도민 여러분, 충주 시민과 자원봉사자 여러분! 정말 수고 많으셨습니다. 늦었지만, 불굴의 의지로 감동을 선사해준 장애인 선수단과 임원 여러분께도 큰 박수를 보냅니다. 전국장애인체육대회에서 보여주신 충청북도 도민의 우애의 정신과 품격은 이번 전국체전에서도 빛을 발할 것이라 확신합니다.

존경하는 국민 여러분,

1920년 일제강점기에 시작한 전국체육대회는 근현대의 격동을 넘어 지금 우리에게까지 이어지고 있는 역사의 큰 줄기입니다. 저는 한 장애인 운동선수의 이야기에서 체육의 가치를 새롭게 발견했습니다. "집에서 나오는 것도 힘들었던 이들에게 체육은 사회에 나오는 용기를 주었다." 이번 전국장애인체육대회에 참가했던 한 선수의 말입니다. 우리에게 체육의 역사는 도전과 용기, 화합과 연대의 역사입니다. 일제강점기 국민들은 혼신의 힘을 다해 분투를 펼치는 우리 선수들을 통해 식민지의 어둠에서 희망의 빛을 보았습니다. 가난에서 벗어날 의지와 민주주의를 향한 여정에 기운을 북돋운 곳 역시 특권과 반칙이 통하지 않는 운동장이었습니다. 세기가 바뀐 2002년 월드컵 때, 운동장은 광장이 되었습니다. 경기장을 넘어 광장과 거리에 울려 퍼진 "대한민국"은 도전과 용기, 화합과 연대라는 체육의 정신과 함께 근현대의 역경을 극복해온 위대한 국민의 함성이었습니다. 이제 대한민국은 내년 2월 평창 동계 올림픽을 치르면 세계 4대 스포츠 행사를 모두 치른 나라가 됩니다. 오늘부터 일주일간 '국토의 중심부' 충청북도에서 전국으로 퍼져나갈 환호와 열정, 선수들이 흘린 땀이 평창 동계 올림픽과 장애인 올림픽 성공의 마중물이 되리라 믿습니다.

국민 여러분, 선수와 체육 관계자 여러분,

정부는 2년 후로 다가온 전국체육대회 100년을 맞아 국민과 함께 더 높이 비상할 한국 체육 100년의 꿈을 준비하고 있습니다. 올 3월 이루어진 체육 단체 통합은 그 첫걸음입니다. 정부는 엘리트 체육과 생활 체육을 상생의 구조로 개편해나가겠습니다. 유소년과 청소년, 노인, 소외계층, 장애인, 다문화가정, 전 연령대와 전 계층이 모두, 마음껏 체육 활동을 즐길 수 있는 체육 시설과 프로그램을 지속적으로 확충하겠습니다. '모든 국민이 자신이 좋아하는 운동을 즐기는 활기찬 나라'는 더 많은 선수들이 현역 은퇴 이후 지도자가 될 수 있는 기회의 나라이기도 합니다. 정부는, 생활체육의 기반을 넓혀 재능을 갖춘 운동선수를 발굴·양성하고, 선수들은 은퇴 후 체육 지도자가 되는 선순환 환경을 만들어가겠습니다. 현역 선수들이 최고의 역량을 발휘할 수 있도록 과학적이며 체계적인 지원도 아끼지 않겠습니다.

지난 9월 27일 이곳 충청북도 진천군에서 체육인들의 염원을 담은 진천 선수촌이 개촌식을 가졌습니다. 장구한 전국체육대회의 역사와 스포츠 강국의 위상에 맞는 세계 최대 규모, 최고 수준의 선수촌입니다. 국가 대표 선수가 되어 진천 선수촌에 입촌하는 일은 여기 계신 모든 선수들의 꿈일 것입니다. 기회는 평등하게, 과정은 공정하게 만들겠습니다. 선수 선발의 공정성을 더욱 확고히 다지겠습니다. 육상, 수영, 체조와 같은 기초 종목은 단기적인 성과에 급급해하지 않겠습니다. 기초 종목은 생활체육의 기본이기도 합니다. 장기적인 관점에 맞춰 육성하고 지원해 나갈 것입니다.

사랑하는 선수 여러분,

선수 여러분께 당부의 말씀을 드리겠습니다. 여러분은 17개 시도에서 펼쳐진 치열한 경쟁을 뚫고 전국체육대회에 진출한 선수들입니다. 저는 여러분이 땀 흘려 얻은 것이 경기력만은 아니라고 생각합니다. 여러분은 자신의 한계를 넘어서기 위해 훈련에 훈련을 거듭 했습니다. 그 과정에서 자신과 대화했으며 동료들과 협력하고, 상대방을 존중해왔습니다. 여러분 안에는 여러분이 알고 있는 것보다 훨씬 큰 소통과 연대의 힘이 있습니다. 자긍심을 갖고 당당히 뛰어주십시오. 승패를 넘어, 아름다운 경쟁을 보여주십시오. 오늘 여러분의 모습을 가슴에 새긴 체육 꿈나무들이 여러분을 이어, 여러분이 서 있는 바로 그 자리에 서게 될 것입니다. 이제 곧 전국체육대회를 밝힐 성화가 뜨겁게 타오를 것입니다.

　국민 여러분, 혼신의 힘을 다하는 모든 선수들에게 아낌없는 박수를 보내주십시오. 선수 여러분, 그동안 갈고 닦은 기량을 마음껏 펼쳐주십시오. 출발선에서 숨을 힘껏 들이쉬고 꿈을 향해 도약하십시오. 선수와 관객, 국민 모두가 전국체육대회의 주인공입니다. 큰 체육 행사를 연이어 훌륭하게 준비하신 이시종 지사님을 비롯한 충청북도 도민 여러분과 충주 시민, 자원봉사자 여러분께 다시 한번 깊은 감사의 인사를 드립니다. 전국체육대회에 참여한 모든 분들의 건강과 행운을 기원합니다. 감사합니다.

제35회 대통령기 이북 도민 체육대회 축사

| 2017-10-22 |

이북 도민 여러분, 탈북 주민 여러분,

반갑습니다. 문재인입니다. 850만 이북 도민과 3만 탈북 주민이 함께하는 '제35회 대통령기 이북 도민 체육대회'를 진심으로 축하합니다. 저 역시 실향민의 아들, 이북 도민 2세입니다. 오늘 이렇게 이북 도민 어르신들을 뵈니, 잎담배를 종이에 말아 피우며 고향을 그리워하던 선친의 모습이 생생히 떠오릅니다. 선친은 함경남도 흥남 출신입니다. 전쟁통에 남으로 피난하여 흥남 부두에서 거제도로, 부산으로, 뿌리 잃은 삶을 사시다가 끝내 고향 땅을 다시 밟지 못하고 돌아가셨습니다. 1972년 7·4남북공동성명이 발표되었을 때 이제 고향에 가볼 수 있으려나 기대에 차서 기뻐하시던 모습을 잊을 수 없습니다. 아마도 이북 실향민이라면 누구나 똑같은 기대를 하고 똑같은 실망을 겪었을 것입니다. 그로부터 45년 세월이 속절없이 흘렀습니다. 올해 아흔이신 어머니의 동네는 흥남의 서쪽을 흐르는 성천강 바로 너머 함주군입니다. 언젠가 남과 북이 자유롭게 오가며, 아버지 어머니의 동네에서 제 뿌리를 찾아볼 수 있는 세월이 오기를 기원합니다.

이북 도민 여러분,

실향민 1세대 어르신들은 분단과 전쟁, 이산의 고통을 가슴에 간직한 채 새로운 삶을 일구고, 일가를 이루신 분들입니다. 길었던 올 추석 연휴 기간 동안 가장 눈에 밟혔던 분들이 바로 이북 도민과 탈북 주민 여러분들입니다. 저는 지난 7월 6일, 독일 베를린에서 추석을 계기로 이산가족 상봉과 성묘 방문을 허용하자고 북에 제안했습니다. 만약 북이 어렵다면 우리 측만이라도 북한 이산가족의 고향 방문이나 성묘를 허용하겠다고 문을 열었습니다. 가족 상봉을 신청한 이산가족 중 현재 생존해 계신 분은 6만여 명, 평균 연령은 81세입니다. 이산가족이 우리 곁을 떠나기 전 인륜과 천륜을 더 이상 막아서는 안 된다는 마음에서였습니다. 지금도 같은 마음입니다. 정부는 한순간도 이북 도민과 이산가족의 염원을 잊지 않고 있습니다. 어르신들, 그리운 고향 산천, 부모·형제를 만나기까지 부디 더욱 건강하셔야 합니다. 좋은 세월 올 때까지 오래오래 사시기 바랍니다.

이북 도민 여러분, 탈북 주민 여러분,

북한에 대한 강도 높은 제재와 함께, 외교적 해법으로 반드시 남북 평화와 공존의 길을 열겠습니다. 생사 확인, 서신 교환, 상봉과 고향 방문이라는 이산가족의 간절한 바람들을 정치·군사적 상황과 분리해 풀어가겠습니다. 안보에는 '충분하다'라는 말이 있을 수 없습니다. 정부는 누구도 넘볼 수 없는 철통같은 안보, 평화를 지키고 만드는 강한 안보를 만드는데 총력을 기울일 것입니다. 미국, 중국, 일본, 러시아는 물론 유럽과 동남아 국가들과도 한반도 평화를 위한 더욱 굳건한 협력 관계를 다져가고 있습니다. UN을 비롯한 국제사회는 우리 정부의 한반도 비핵화와 평화 공존 노력을 적극 지지하고 있습니다. 무모한 도발은 결국 자신들의 파멸을 초래할 뿐이라는 사실을 북이 깨닫고, 비핵화를 위한 대화에 나서도록 흔들림 없는 강한 안보를 기반으로 단계적이며 포괄적인 대책을 펼쳐나가겠습니다.

이북 도민 여러분, 탈북 주민 여러분,

실향민의 아들, 여러분들의 아들, 이북 도민 2세가 이렇게 대한민국 대통령이 되어 여러분 앞에 섰습니다. 이제 이북 도민도, 탈북 주민도, 기업인도, 노동자도, 우리 모두는 대한민국의 국민이며, 함께 사는 공동체입니다. 진보와 보수, 좌우의 이념적 구별과 대립은 우리의 미래에 아무 의미가 없습니다. 우리의 민주주의는 북의 미사일보다 백배 천배 강합니다. 우리 사회의 다양한 가치들이 때로는 경쟁하고, 때로는 화합하며 대한민국의 역동적 발전을 이끌어왔습니다. 저도 이러한 경쟁 속에서 대통령이 될 수 있었습니다. 제 부모님이 그러했듯이 오늘 이곳에 계신 이북 도민 어르신, 탈북 주민 모두를 대한민국의 품으로 이끈 것은 민주주의입니다. 북이 갖고 있지 못한 민주주의가 우리의 밥이고, 삶이고, 평화입니다. 서러움도 미움도 우리가 함께한다면 희망이 될 것입니다. 분단을 극복하고 고향을 찾는 힘이 될 것입니다. 오늘 함께하고 있는 2·3세들에게도 당부드립니다. 여러분은 이북 도민의 자랑이며 긍지입니다. 전쟁으로 인한 이산과 실향의 아픔을 보고 느끼며 평화와 자유의 소중함을 되새긴 세대이기도 합니다. 어르신들의 손을 꼭 잡고 실향의 슬픔을 만남의 희망으로 이끌어주십시오.

존경하는 이북 도민, 탈북 주민 여러분,

정부는 실향민들이 두고 온 고향의 향토 문화에 대한 자부심과 정체성을 지키고 가꿀 수 있도록 최선을 다해 지원하겠습니다. 남북 간 동질성 회복을 위한 북한 지역 향토 문화의 계승과 발전, 무형문화재 발굴에 대한 지원에도 힘쓰겠습니다. 이북5도위원회가 추진하고 있는 국외 거주 이북 도민들의 고국 방문에도 힘을 보태겠습니다. 또한 자유와 평화의 길을 선택한 탈북 주민들이 자부심을 가지고 경제적으로 자립할 수 있도록 돕겠습니다. 기업체 연수와 맞춤형 교육과 같은 실질적 지원 정책을 확대하고, 탈북 주민들을 위한 일자리도 많이 만들겠습니다. 저는 그것이 바로 한반도 평화 통일의 기반을 더욱 튼튼히 다져가는 길이라 믿습니다. 정부는 언제나 이북 도민, 탈북 주민 여러분의 이야기에 귀 기울이겠습니다. 청와대와 정부의 문은 이 나라의 주권자인 여러분에게 언제나 활짝 열려 있습니다.

　오늘은 여러분 모두의 날입니다. 근심과 걱정은 다 잊고, 소중한 사람들과 함께 행복한 추억만 가득 담아가시기 바랍니다. 만남과 화해, 평화 통일의 길을 이북 도민, 탈북 주민 여러분과 함께 걷겠습니다. 감사합니다.

신고리 5·6호기 공론화 결과에 대한 입장

| 2017-10-22 |

존경하는 국민 여러분,

3개월에 걸친 신고리 5·6호기 공론화 과정이 마무리되었습니다. 정부는 그 결과에 따라 신고리 5·6호기 건설을 조속히 재개하겠습니다. 국민을 대표하여 어려운 선택을 해주신 시민참여단 여러분께 감사드립니다. 자신들의 주장을 성의껏 설명하고 토론에 임해주신 공사 재개와 중단, 양쪽 관계자 여러분도 수고하셨습니다. 김지형 위원장님과 위원들께서도 국가 차원의 공론화 과정을 책임 있게 잘 관리해주셨습니다. 참으로 노고가 많으셨습니다.

우리 국민들은 이번 공론화 과정을 통해 한층 성숙한 민주주의의 모습을 보여주셨습니다. 471명의 시민참여단은 작은 대한민국이었습니다. 전국 각지에서 80대 고령 어르신부터 20대 청년까지 나라의 미래를 위해 참여해주셨습니다. 2박 3일간의 합숙 토론을 포함하여 33일간에 걸쳐 자신의 입장을 말하고, 타인의 입장을 경청하는 숙의 과정을 거쳐 마침내 지혜롭고 현명한 답을 찾아주셨습니다. 또한 자신의 의견과 다른 결과에 대해서도 승복하는 숙의 민주주의의 모범을 보여주셨습니다. 뿐만 아니라 반대 의견을 배려한 보완 대책까지 제시하는 통합과 상생의 정신을 보여주셨습니다. 참으로 우리 국민들이 자랑스럽고 존경스럽습니다. 민주주의는 토론할 권리를 가지고 결과에 승복할 때 완성된다고 생각합니다. 공사 중단이라는 저의 공약을 지지해주신 국민들께서도 공론화 위원회의 권고를 존중하고 대승적으로 수용해주시길 부탁드립니다. 갈수록 빈발하는 대형 갈등 과제를 사회적 합의를 통해 해결하는 지혜가 절실합니다. 이번 공론화 경험을 통해 사회적 갈등 현안들을 해결하는 다양한 사회적 대화와 대타협이 더욱 활발해지길 기대합니다.

존경하는 국민 여러분,

정부는 공론화위원회의 권고를 이행하기 위한 후속 조치와 보완 대책을 마련할 것입니다. 반경 30킬로미터 이내에 수백만 명의 인구가 거주하는 고리와 월성 지역에 이미 13기의 원전이 밀집해 있습니다. 여기에 2기의 원전이 더해지게 됐습니다. 지역 주민이 안심할 수 있도록 원전 안전 기준을 더욱 강화하겠습니다. 원전 비리를 척결하고 원전 관리에 대한 투명성을 높이겠습니다. 단층 지대의 활동 상황과 지진에 대한 연구도 더욱 강화하겠습니다. 한편으로 정부가 이미 천명한 대로 탈원전을 비롯한 에너지 전환 정책을 차질 없이 추진하겠습니다. 더 이상의 신규 원전 건설 계획을 전면 중단하고, 에너지 수급의 안정성이 확인되는 대로 설계 수명을 연장하여 가동 중인 월성 1호기의 가동을 중단하겠습니다. 그렇게 해도 현 정부에서는 4기의 원전이 새로 가동되어 원전의 수와 발전용량이 더 늘어나게 됩니다. 실제로 원전의 수가 줄어드는 것은 다음 정부부터입니다. 정부는 다음 정부가 탈원전의 기조를 계속 유지할 수 있도록 천연가스와 신재생에너지 확대에 박차를 가하겠습니다. 또한 원전 해체 연구소를 동남권에 설립하여 원전 해체에 대비하는 한편, 해외 원전 해체 시장을 선점해나갈 수 있도록 적극 뒷받침할 것입니다.

국민 여러분,

지금까지 원전 정책은 전문가들의 손에 맡겨져 왔습니다. 국민의 삶과 직결되는 정책임에도 국민들은 정책 결정과 집행 과정에서 소외되어 왔습니다. 그러나 이번 공론화 과정은 원전 정책의 주인도 우리 국민임을 분명하게 보여주었습니다. 시민참여단의 토론과 숙의, 최종 선택 과정에서 나온 하나하나의 의견과 대안은 모두 소중한 자산입니다. 향후 정책 추진 과정에서 적극적으로 반영하겠습니다. 신고리 5·6호기 공론화 과정을 인내심을 가지고 지켜봐주시고 결과를 존중해주신 국민 여러분께 깊이 감사드립니다.

제16회 세계한상대회 축사

| 2017-10-25 |

존경하는 동포 경제인 여러분, 국내 기업인과 내외 귀빈 여러분,

반갑습니다. 가을이 무르익는 계절, 첨단 산업·관광도시 창원에서 열리는 제16회 세계한상대회 개막을 진심으로 축하합니다. 그간 동포 경제인들은 모국이 어려울 때 누구보다 먼저 발 벗고 나서주셨습니다. 척박한 해외시장을 개척하면서 어렵게 축적한 노하우와 지식도 국내 기업의 해외 진출을 위해서라면 아낌없이 나누어주었습니다. 이 자리를 빌려 깊은 감사 인사를 드립니다.

자랑스러운 한상 기업인 여러분,

여러분은 한반도 경제 지도를 전 세계로 넓혀나가고 있는 진정한 애국자입니다. 정부는 한상 기업인들의 비즈니스 활동을 힘껏 지원하여, 모국과의 상생 협력을 확대해나가고자 합니다. 저는 특히, 한상 네트워크를 통한 우리 청년들의 해외 진출에 많은 관심을 가지고 있습니다. 그동안 좋은 성과를 거두어온 '한상 청년 인턴쉽'을 확대하고, 우리 청년들의 해외 진출을 위한 더 많은 기회와 다양한 제도적 기반들을 마련해나갈 것입니다. 열정과 실력을 갖춘 우리 청년들이 글로벌 인재로 성장하도록 한상 기업인 여러분께서 잘 이끌어주시기 바랍니다. 우리 청년들과 기업, 한상이 함께 성장 발전하고 서로에게 든든한 파트너가 되기를 기대합니다.

올해 대회의 슬로건, "더 나은 한상, 더 나은 대한민국"처럼 한상 여러분이 성공해야 대한민국도 더 크게 발전할 수 있습니다. 정부는 여러분의 성공을 힘껏 뒷받침하겠습니다. 이번 한상 대회가 참가한 기업들에게 새로운 비즈니스의 기회가 되고 우리 한민족의 경제 역량이 한 단계 도약하는 계기가 되길 바랍니다. 다시 한번 세계한상대회 개최를 축하드립니다. 고국에 머무시는 동안 즐겁고 보람된 시간 보내십시오. 감사합니다.

지방자치의 날 기념사

| 2017-10-26 |

존경하는 국민 여러분, 전남 도민과 여수 시민, 내외 귀빈 여러분,

반갑습니다. 제5회 지방자치의 날과 지방자치 박람회 개최를 진심으로 축하드립니다. 지방자치 발전에 기여하신 공로로 유공자 포상을 받으신 분들께도 축하 인사를 드립니다. 지난 1월 여수 수산시장 화재 현장을 방문했습니다. 120여 개의 점포가 불탄 참혹한 현장이 안타까웠는데 지난 7월, 불과 여섯 달 만에 현대화된 시설로 완전히 재탄생했다고 들었습니다. 그동안 고생이 많으셨을 상인 여러분께 위로와 격려의 말씀을 드립니다. 짧은 시간에 훌륭하게 재난을 복구한 여수시와 시민들께 치하드립니다. 다시 문을 연 여수 수산시장이 관광 여수를 대표하는 새

로운 명물 시장으로 거듭나기를 바랍니다.

국민 여러분,

민선 지방자치 시대가 개막된 지 어느덧 22년이 되었습니다. 성년의 시간을 지나오는 동안 우리나라의 지방자치는 많은 발전과 성과를 이뤘습니다. 자치단체가 지역 주민을 위한 조직으로 거듭났습니다. 과거 자치단체는, 지역의 특색이 없는 일선 행정조직에 불과했습니다. 그러나 지금은 지역 주민과 긴밀히 함께하고 있습니다. 새롭고 창의적인 사업의 아이디어뱅크가 되고 있습니다. 지금 이곳 홍보관에는 광역 자치단체에서 읍·면단위 주민자치센터에 이르기까지 모범 사업들이 전시되어 있습니다. 지역 특성에 맞게 발전한 자치단체들의 모습, 산업과 환경, 교육, 복지 정책 등 그 영역도 매우 다양합니다. 권한을 지역으로 분산하니, 자치단체는 주민을 위해 힘쓰고 그 혜택이 고스란히 지역 주민에게 돌아가고 있습니다. 정치 영역에서의 성장도 괄목할 만합니다. 지방선거를 통해 발굴된 지역 정치 지도자들이 주민자치와 풀뿌리 민주주의 활동을 통해 훌륭한 정치인으로 성장하고 있습니다. 그 속에서 국회의원도 나오고 광역 단체장도 나오는 새로운 정치 문화가 만들어지고 있습니다. 이는 중앙집권적인 정치 풍토를 개선하고 정당 민주화를 이루는 데 큰 기여를 하고 있습니다. 지난 대선 때 여야 각 정당에서 여러 자치단체장 출신 후보들이 대통령 후보 경선에 나섰습니다. 불과 몇 년 전만 해도 상상하지 못했던 일입니다. 그만큼 지방의 정치 역량이 성장했다는 방증일 것입니다.

존경하는 국민 여러분, 전남 도민과 여수 시민 여러분,

정부는 이러한 성과에 기반하여 새로운 지방분권과 국가 균형 발전 시대를 열겠습니다. 우리나라는 오랫동안 수도권 중심의 불균형 성장 전략을 취해왔습니다. 그 결과 수도권은 비대해지고 지방은 낙후되고 피폐해졌습니다. 사회·문화적인 차별도 생겼습니다. 수도권 1등 국민, 지방 2등 국민으로 지역과 국민이 분열되었습니다. 지방이 튼튼해야 나라가 튼튼해집니다. 새 정부는 수도권과 지방이 함께 잘사는 강력한 지방분권 공화국을 국정 목표로 삼았습니다. 흔들림 없이 추진해가겠습니다.

첫째, 명실상부한 지방분권을 위해 지방분권 개헌을 추진하겠습니다. 제2국무회의를 제도화하고, 자치입법권, 자치행정권, 자치재정권, 자치복지권의 4대 지방자치권을 헌법화하겠습니다. 지방자치단체를 지방 정부로 개칭하는 내용도 헌법에 명문화되어야 한다는 생각입니다. 이런 의미에서 오늘 지방 4대 협의체가 '자치분권 여수 선언'을 채택하신 것에 깊이 감사드립니다. 지난 대선에서 지방분권에 대한 공감대가 형성된 만큼 정치권의 합리적이고 신속한 논의를 기대합니다.

둘째, 개헌과 별도로 실질적인 지방분권을 확대하겠습니다. 국가 기능의 과감한 지방 이양에 나서겠습니다. 내년부터 '포괄적인 사무 이양을 위한 지방 이양 일괄법'의 단계별 제정을 추진하겠습니다. 주민 투표 확대, 주민 소환 요건 완화 등 주민 직접 참여 제도도 확대해가겠습니다.

지방 재정 자립을 위한 재정 분권도 강력하게 추진하겠습니다. 국세와 지방세 비율을 7대 3으로 이루고, 장기적으로 6대 4 수준이 되도록 개선하겠습니다. 열악한 지방 재정을 지원하기 위해 고향사랑 기부제법 제정도 추진하겠습니다. 자치경찰제와 교육 지방자치 등 지방자치의 영역도 확대해가겠습니다.

셋째, 국가 균형 발전을 한 차원 더 높이기 위해 혁신 도시 사업을 보다 강력하게 추진하겠습니다. 수도권이 사람과 돈을 빨아들이는 블랙홀이 되도록 방치해서는 안 됩니다. 지금 전국 각지의 혁신 도시들이 지역 경제 활성화와 지역 성장의 거점이 되고 있습니다. 혁신 도시를 대단지 클러스터로 발전시켜 지역 산업의 경쟁력을 확보하고, 정주 여건을 개선해 온 가족이 함께 거주하는 자족 도시로 키워가겠습니다.

존경하는 국민 여러분,

지방분권, 국가 균형 발전은 결코 포기할 수 없는 국가 발전의 가치입니다. 수도권과 지방이 상생과 협력 속에 지속가능한 발전을 이룰 수 있는 최고의 국가 발전 전략이기도 합니다. 오늘 많은 국내외 지방자치 모범 정책들이 소개되고 있습니다. 우리나라의 지방자치를 한 단계 더 발전시키는 데 크게 기여할 수 있기를 바랍니다. 중앙정부도 좋은 정책을 배워가겠습니다.

마지막으로 한 가지 당부의 말씀을 드리겠습니다. 네 달 뒤 평창 동계 올림픽과 패럴림픽이 열립니다. 지금 강원 도민들께서 올림픽 성공을 위해서 열심히 땀 흘리고 있습니다. 국민 여러분의 참여와 관심이 평창 동계 올림픽의 성공을 만들 것입니다. 이 자리에 계신 여러 시도지사님과 단체장님들의 각별한 관심과 지원을 부탁드립니다. 강력한 지방분권, 국가 균형 발전 정책으로 더 강한 대한민국을 만들어가겠습니다. 감사합니다.

한상대회 참석자 차담회 인사말

| 2017-10-28 |

김대중 대통령님 때 시작됐던 세계한상대회가 어느덧 16회가 되었습니다. 해외 각국 아주 멀리서 오셨는데, 제가 직접 참석하지 못하고 축하 영상만 보낸 것이 너무 미안해서 이렇게 나가시기 전에 한번 뵙고자 모셨습니다. 혹시라도 자유로운 시간들을 제가 뺏은 것이 아닌지 걱정이 됩니다.

지금 우리 해외 한인 수가 740만 명에 달하고, 190여 개국에 진출해 있습니다. 해외에 나가 계신 우리 한인 동포들은 그야말로 대한민국의 일부입니다. 대한민국의 확장이라고 말할 수 있을 것 같습니다. 각 나라에서, 현지에서 대한민국을 대표하는 그런 분들입니다. 그런 만큼 대한민국이 자랑스러운 나라가 되기를 아마 누구보다도 간절하게 바라는 분들이 아닐까 싶습니다. 대한민국이 자랑스러운 모습을 보이면 자신도 우쭐해지고, 또 어깨도 쭉 펼 수 있고, 대한민국이 부끄러운 모습을 보이면 어디 가서 "내가 한국인이요" 그렇게 당당하게 말하기도 어려운, 그렇지 않을까 싶습니다.

그동안 대한민국은 한강의 기적으로 아주 눈부신 경제성장을 이루고, 6월항쟁으로 민주화도 이룬 아주 자랑스러운 나라였습니다. 그런데요 근래에 얼마 동안 대한민국이 여러모로 부끄러운 모습을 보였습니다. 세월호 참사 때문에도 부끄러웠고, 국정 농단 때문에 부끄러웠고, 그러나 우리 국민들이 정말 위대한 모습을 보여주었습니다. 우리 국민들이 대한민국의 위기를 극복해내고, 대한민국의 국격을 바로 세워주셨습니다. 해외에 계신 한인들께서도 각 현지에서 다 촛불집회에 참석들을 해주셨습니다만 오늘 촛불집회가 시작된 1년 되는 그런 날입니다. 그래서 지금은 그 국민들의 힘으로 우리 새 정부가 적폐 청산을 힘차게 추진하고 있습니다. '적폐 청산' 이렇게 하니까 마치 그것이 또 편 가르기, 또는 지금 정부가 앞의 정부를 무슨 사정하거나 심판하는 것처럼, 그렇게 여기는 분들도 일부는 있는 것 같습니다. 그러나 그렇지 않습니다. 적폐 청산의 '적폐'라는 뜻은 "오랫동안 쌓여 온 폐단"이라는 뜻입니다. 그것은 비단 앞의 정부에서만 만들어졌던 것이 아니라 우리가 해방 이후에 우리가 성장만능주의, 물질만능주의, 그런 어떤 사상을 추구하는 사이에 그 그늘 속에서 생겨났던 여러 가지 폐단을 말하는 것이라고 생각합니다. 그래서 적폐 청산은 그런 오래된 폐단들을 씻어내고, 정말 정치를 바르게 해서 대한민국을 정의로운 대한민국, 또 나라다운 나라로 만들자는 그런 뜻입니다. 저는 여기에 보수·진보, 여야, 또는 과거의 어느 정당에서 혹은 있었다, 또 과거의 어떤 대통령 후보를 지지했다 이런 것하고는 상관없는 일이라고 생각합니다. 적폐 청산의 어떤 속도에서, 또 적폐 청산의 방법에 대해서는 다양한 생각들이 있을 수 있겠지만 그러나 우리가 적폐들을 청산해서 우리가 나라다운 나라를 만들어야 된다라는 그 대의에는 누구나 같은 뜻이라고 생각합니다. 해외에 계신 우리 한인 지도자들께서도 뜻을 같이 해주실 것이라고 생각합니다.

적폐 청산은 경제와도 관련이 있다고 생각합니다. 우리 경제가 그동안 눈부시게 성장했지만 그러나 요 근래에 성장에 제동이 걸리면서 저성장의 늪으로 지금 빠져들었습니다. 그렇게 된 이면에는 우리 경제에서 있었던 여러 가지 불공정한 경제들, 특권 경제, 이런 것이 우리 경제의 활력을 빼앗고, 경제성장의 걸림돌이 되고 있다고 생각합니다. 이런 경제에 있어서도 적폐들을 청산해내는 것이 우리 경제에 새로운 활력을 주고, 또 저성장에서 벗어나게 만드는 그런 길이라고 저는 믿습니다. 실제로 지금 새 정부 들어서고 난 이후에 우리 국민들 속에 여러 가지 활기들이 생겨나면서 지금 경제도 다시 조금 활력이 생기는 것 같습니다. 이번에 3/4분기 경제성장률이 1.4%, 이렇게 저희도 깜짝 놀랄 정도의 그런 성과를 올리면서 아마 금년도에 3% 정도 경제성장은 무난할 것으로 그렇게 예상이 되고 있습니다. 주가도 연일 사상 최고치를 경신하고 있고요. 이런 경제성장의 활기들이 한편으로는 북핵 리스크, 또 한편으로는 사드 여파 이런 여러 가지 어려운 환경 속에서 이루어지고 있다는 것이 더 고무적이라고 생각합니다. 뿐만 아니라 경기 부양을 위한 어떤 단기적인 경기 부양책을 전혀 사용하지 않았습니다. 오히려 강력한 부동산 대책으로 아마 경제성장률을 적어도 상당 부분은 오히려 잠식했을 것이라고 그렇게 생각하는데, 그러나 그런 가운데에서도 이런 성장률을 지금 기록하고 있기 때문에 내년도부터는 보다 더 본격적으로 우리 경제가 살아날 것이라고 제가 자신 있게 말씀드릴 수 있을 것 같습니다. 우리 해외에 계신 여러 지도자들께서 늘 그렇게 새로운 대한민국을 만드는, 또 대한민국 경제에 활력을 다시 불어넣는 일에 함께 힘을 모아주시기를 부탁드리겠습니다.

수석·보좌관회의 모두 발언

| 2017-10-30 |

지금 우리 경제는 매우 중요한 전환점에 서 있습니다.

북핵 위기 등 어려운 대내외 경제 여건 속에서도 3/4분기에 1.4%의 높은 경제성장률을 기록했습니다. 우리 정부가 추경을 편성할 때 욕심냈었던 금년 3% 경제성장률 목표를 무난하게 달성할 수 있을 것으로 기대합니다. 기업, 노동자 등 각 경제주체가 최선을 다한 결과이자 일자리 추경 등 우리 정부가 일관되게 추진해온 경제정책이 조금씩 성과를 나타내고 있는 것이라고 생각합니다.

이제 중요한 것은 양적 성장을 넘어 성장의 질을 높이는 것입니다. 성장률 회복이 일자리와 소비 증대로 이어져야 성장의 혜택이 가계로 미치고 지속적인 성장이 가능합니다. 이러한 차원에서 경기회복의 온기가 청년 구직자, 중소기업과 소상공인 등 어려운 분야에 골고루 퍼져나갈 수 있도록 정책 시행에 더욱 세심한 노력을 기울여주시길 바랍니다. 나아가 소득 주도 성장과 혁신 성장 정책을 보다 자신감 있게 추진하여 왜곡된 성장 구조를 바꾸고 질적인 성장을 이뤄나가야 할 것입니다. 한편으로 이러한 경제 패러다임 전환을 위해서는 정부의 정책적 노력에 더해 노사정이 모두 참여하는 사회적 대화가 꼭 필요합니다. 경제정책과 노동정책에 관한 사회적 합의는 결코 쉽지 않은 일이지만 반드시 해내야 하는 시대적 사명입니다. 양극화가 심화되고 내수가 위축되어 시장경제가 제대로 작동하지 않으면 기업들이 먼저 피해를 보게 되고, 기업이 어려워지거나 해외로 나가면 노동자들이 가장 큰 피해를 입게 됩니다. 서로 조금씩 양보하고, 짐을 나누고, 격차를 줄여가는 노력을 할 때 국가 경제가 더 발전하고, 기업과 노동자가 함께 성장할 수 있다는 것을 강조해서 말씀드리고 싶습니다. 기업과 노동계 등 각 경제주체들에게 우리 경제의 패러다임 전환과 구조적 문제 해결을 위한 사회적 대화에 적극 나서주시기를 다시 한번 요청을 드립니다. 또한 정부에서도 전체 노동자의 90%에 달하는 비조직 노동자들을 어떻게 사회적 대화에 참여시킬 것인지 그 방안을 강구해주길 바랍니다. 이상입니다.

민주평통 자문회의 전체회의 기념사

| 2017-10-31 |

존경하는 민주평화통일(민주평통) 자문위원 여러분, 내외 귀빈 여러분,

민주평통 의장 문재인입니다. 반갑습니다. 제18기 민주평통 자문회의 전체 자문위원 여러분을 드디어 만나게 되었습니다. 전국, 전 세계에서 오신 자문위원 한 분 한 분의 당당한 모습을 보니 마음이 든든합니다. 740만 해외 동포들을 대표해서 해외 자문위원 여러분도 오셨습니다. 어디 계시죠? 진심으로 환영합니다. 세계 곳곳에서 한걸음에 달려오신 해외 자문위원들께 모두 힘찬 격려의 박수 부탁드립니다.

우리는 오늘, 특별한 곳에서 함께하고 있습니다. 민주평통 창설 이래 처음으로 서울을 벗어나 전체회의를 갖게 되었습니다. 여러분 어떻습니까? 오시느라 고생은 좀 했지만 동해 바다도 보고, 설악산 단풍 구경도 하고, 평창 동계 올림픽 시설도 둘러보고, 좋으시죠? 이곳 아이스아레나 경기장이 자문위원 여러분의 열기로 뜨겁습니다. 이제 100일 하고 하루가 지나면 이 경기장에서 평창 동계 올림픽의 주요 경기가 펼쳐집니다. 그때도 우리 자문위원들께서 가족, 이웃과 손잡고 강원도로 달려 오시겠습니까? 지금 강원 도민들과 최문순 지사가 온 힘을 다해 세계인을 맞이할 준비를 하고 있습니다. 평창 동계 올림픽과 패럴림픽 성공을 위해 함께하겠다는 마음으로 뜨거운 응원의 박수 보내주시면 좋겠습니다. 감사합니다.

오늘 우리가 여기서 모인 것도 평창의 성공을 응원하기 위한 것입니다. 여러분의 관심과 사랑이 평창 동계 올림픽과 패럴림픽을 '평화의 올림픽'으로 이끌 것이라 믿습니다. 정부도 열심히 준비하고 있습니다. 우리 국민과 전 세계인이 한마음으로 즐기는 '축제의 한마당', 그리고 '평화의 제전'으로 만들겠다는 각오입니다. 평화는 올림픽의 근본정신입니다. 우리 국민에게는 평화에 대한 확고한 의지와 평화를 이뤄낼 능력이 있습니다. 평창의 문, 평화의 길은 북한에게도 열려 있습니다. 북한이 평창을 향해 내딛는 한 걸음은 수백 발의 미사일로도 얻을 수 없는 평화를 향한 큰 진전이 될 것입니다. 남과 북이 올림픽을 통해 세계인들과 만나고 화합한다면 강원도 평창은, 이름 그대로 한반도의 평화와 번창이 움트는 화합의 장소로 거듭 날 것입니다.

자문위원 여러분,

방금 우리는 김덕룡 수석부의장과 황인성 사무처장의 보고를 자랑스러운 마음으로 들었습니다. 저도 아주 뿌듯합니다. 두 달밖에 안 됐는데도 벌써 많은 일들을 하셨습니다. 국내 17개 시·도 지역회의와 228개 시·군·구 협의회, 해외 43개 지역협의회가 출범식을 가졌습니다. 자문위원 위촉 국가도 122개국으로, 역대 최대입니다. 무엇보다 18기 민주평통의 주요 활동 방향이 국민의 뜻과 시대의 요청에 부응하고 있어서 국민들이 기뻐하실 것 같습니다. 민주평통의 저력과 18기 자문위원 모두의 지혜가 모인 결과입니다. 서로에게 큰 격려를 부탁합니다.

우선, 예년과 달리 상향식으로 18기 민주평통의 활동 방향을 결정했습니다. 매우 뜻깊습니다. 정부도 국정 운영 계획을 주권자인 국민의 참여 속에 만들었습니다. '광화문 1번가' 운영을 통해 총 16만 여건의 국민 제안이 접수되었습니다. 그중에는 남북 관계 개선을 위한 소중한 의견들도 많았습니다. 정부는 우리가 한반도 문제의 주인임을 분명히 했습니다. 북핵 문제의 평화적 해결을 위해 국제사회와 더 굳건히 공조할 것입니다. 이산가족 상봉, 남북 군사회담 제의도 국정 과제에 담았습니다. 국민이 주신 의견들을 실천 가능하게 다듬고 더욱 풍성하게 만드는 것이 바로 자문위원 여러분들의 몫입니다. 평화 통일을 염원하는 국민의 생생한 목소리, 삶과 밀착된 정책 건의들을 더 많이, 더 다양하게 발굴해주시기 바랍니다. 국민의 삶으로부터 길어 올린 평화 통일의 의지와 정책만이 제대로 된 결실을 맺을 수 있을 것입니다.

존경하는 자문위원 여러분,

새 정부 출범 반년은 진정한 국민 주권 시대를 여는 시간이었습니다. 3개월에 걸친 신고리 5·6호기 공론화 과정은 우리 국민이 가진 민주주의의 역량을 보여주었습니다. 이번 공론화 과정은, 국민에게 소통의 장을 마련해드리면 얼마든지 사회적 대화와 대타협이 가능하다는 본보기를 보였습니다. 우리 민주평통의 활동에도 큰 시사점을 주고 있습니다. 지역 주민들이 적극적으로 참여하고 소통할 수 있는 공간을 더 많이, 더 자주 만들어주시기 바랍니다. 남북 관계에 대한 국민들의 인식과 정서가 모아지고, 정부의 대북 정책에 관한 국민의 신뢰도가 높아질 것입니다. 오늘 모이신 여러분은 지역사회의 지도자들입니다. 국민은 여러분을 통해 평화 통일의 길을 가고자 하는 정부의 의지와 만나게 됩니다. 지도자로서, 또 더불어 사는 이웃으로서 평화를 염원하는 국민들에게 희망을 주시기 바랍니다. 평화 통일의 길은, 국민 통합의 길과 하나입니다. 민주평통 자문위원들께서 지역과 세대, 계층 간 다양한 의견들을 수렴할때 국민 통합과 함께 평화 통일의 힘도 모아나갈 수 있다고 생각합니다.

저는 대통령이자 민주평통 의장으로서 여러분이 전하는 국민의 의견을 무겁게 듣고 여러분의 판단과 제안을 존중하여 실천하겠습니다. 지금 우리 앞에 놓인 가장 큰 도전과 위협은 북한의 핵과 미사일입니다. 그러나 평화 통일의 원칙은 확고합니다. 정부는 북한의 핵과 미사일 도발에 단호히 대처해왔습니다. 한반도 비핵화와 남북 문제의 주도적 해결을 위한 국제사회와의 공조도 더욱 강화하고 있습니다. 국내 자문위원 한 분 한 분이 평화 통일의 전도사이듯이 해외 자문위원 여러분은 평화 통일의 '외교관'입니다. 대한민국은 경이로운 경제 발전은 물론 세계 민주주의의 역사를 새롭게 쓴 나라입니다. 대한민국의 품격과 국익을 책임진다는 자부심과 사명감을 가져주시기 바랍니다. 우리 국민은 평화를 만들어가고 있다고 세계 곳곳에서 당당하게 말해주십시오.

존경하는 민주평통 자문위원 여러분,

평화는 국민이 누려야 할 권리입니다. 평화로운 한반도는 우리 모두의 책무입니다. 우리의 목적지는 명확합니다. '평화와 번영의 한반도'입니다. 우리 18기 민주평통은 국민의 마음을 하나로 묶어내는 자문회의가 될 것입니다. 우리 18기 민주평통은 한반도 평화와 통일의 튼튼한 기반을 만들어낼 것입니다. 여러분, 함께 이루어냅시다. 감사합니다.

11월

55회 소방의 날 기념사

| 2017-11-03 |

존경하는 국민 여러분, 소방관 여러분, 의용 소방대원과 내외 귀빈 여러분,

쉰다섯 번째 소방의 날을 진심으로 축하합니다. 소방관은 국민의 생명과 안전을 수호하기 위해 365일 단 한순간도 잠들지 못합니다. 소방관은 모두가 대피할 때 그곳을 향해 달려가는 사람들입니다. 여러분의 헌신과 노고에 깊은 감사를 드립니다. 소방 공무원이 아니면서 이웃을 위해 봉사하고 화마와 싸우는 분들도 계십니다. 오직 명예와 보람만으로 지역 주민의 안전을 돌보고 계신 10만 의용 소방대원 여러분께도 감사 드립니다. 재난의 현장으로 밤낮 없이 뛰어가는 소방관의 뒤에는 가족들

이 있습니다. 늘 가슴을 졸일 것입니다. 소방관의 용기와 긍지의 원천이 되고 계신 가족 여러분께 깊은 존경과 위로의 말씀을 전합니다.

존경하는 국민 여러분, 소방관 여러분,

특히 올해는 소방청으로 독립하고 처음 맞이하는 소방의 날입니다. 여러분들의 감회와 기쁨이 남다를 것입니다. 더 커진 책임감으로 이 자리를 맞이했을 것입니다. 저도 같은 마음으로 이 자리에 섰습니다. 이 땅에 이어져온 소방의 역사는, 국민의 안전을 책임지겠다는 국가의 약속과 함께 시작되었습니다. 우리나라 최초의 소방 관청인 '금화도감'은 백성을 아낀 세종대왕에 의해 설치되었습니다. 의용 소방대의 역사는 100년이 넘었습니다. 소방은 항상 최전선에서 국민의 안전을 지켰습니다. 재난의 형태가 복잡해지고 규모가 커진 지금, 소방의 역할은 더욱 중요해졌습니다. 이제 독립기관으로 승격한 소방청은 육상 재난을 총괄하는 막중한 임무를 수행해야 합니다. 화재뿐 아니라 육상에서 발생하는 각종 자연재해와 사회 재난에서 국민의 안전을 더욱 철저히 지켜내야 합니다. 지금 국민들은 독립된 소방청에 기대와 신뢰를 보내고 있습니다. 소방관 여러분께서도 더욱 큰 자부심과 사명감을 가져주실 것을 당부드립니다.

소방관 여러분, 의용 소방대원 여러분,

저는 오늘 소방 충혼탑을 참배했습니다. 충혼탑에 새겨진 순직 소방관들께 국민들을 대신해 경의를 표했습니다. 방화복도 없이 화마와 맞섰던 시절이 있었고 사다리차도 없이 대형 화재를 상대했던 때도 있었습니다. 소방이 국민의 든든한 이웃이 되기까지 선배 소방관들의 무한한 책임감이 있었습니다. 소방관들께서 그렇게 국민을 위해 희생하는 동안 국가는 그만큼의 예우를 했는지 돌아보는 시간이기도 했습니다. 그동안 저는 일선 소방서와 소방 학교, 화재 현장에서 사명감에 넘치는 소방관들을 만나왔습니다. 모두들 긍지가 높았지만, 인력 부족의 어려움을 겪고 있었습니다. 지난해 10월, 수재 현장에서 안타깝게 목숨을 잃은 고(故) 강기봉 소방관과 빈소에서 만났던 동료들의 눈물을 기억하고 있습니다. 간호학과를 나와 구급 업무를 담당했던 강 소방관이 구조 업무에 투입되었던 것도, 인력 부족 때문이었습니다. 소방관들의 고질적인 인력 부족은 업무의 과중을 넘어 국민 안전과 소방관 자신들의 안전까지 위협하고 있습니다. 지금 화재 진압과 구급·구조 임무를 맡은 현장 인력은 법이 정한 기준에 비해 1만 9000여 명이나 부족합니다. 정부는 올해 1500명을 시작으로 2022년까지 부족한 소방 인력을 차질 없이 확충할 계획입니다. 국민과 소방관 모두가 안전한 나라를 위해 반드시 해야만 하는 일이라는 것을 국민들께 말씀드립니다.

존경하는 국민 여러분,

부족한 인력에도 불구하고 그동안 우리 소방관들이 해온 역할은 눈부십니다. 지난해 소방관들은 하루 평균 120여 건의 화재를 진압했습니다. 매일 2000회의 구조 출동을 했고, 화재와 사고를 당한 368명의 국민을 구조해냈습니다. 이러한 눈부신 활약 뒤에는 소방관들의 가슴 아픈 희생이 있었습니다. 국민들이 언론 보도로 알게 되는 순직 사고 외에도 화재와 구조 현장에서 하루에 한 명꼴로 공상자가 발생하고 있습니다. 보이는 부상만이 아닙니다. 위험한 작업과 참혹한 사고 현장, 불규칙한 교대 근무 등으로 열 명 중 일곱 명이 건강 이상 판정을 받았습니다. 정신적 트라우마로 인한 자살자가 순직자보다 더 많은 실정입니다. 더 이상 사명감과 희생만을 요구해서는 안 됩니다. 소방관들에 대한 처우 개선을 위해 국가가 나서겠습니다. 소방관의 건강과 공무상 재해에 대한 국가의 책임을 강화하겠습니다. 소방관들의 신체적, 정신적 피해를 예방하고 치유할 수 있는 복합 치유 센터의 설립을 차질 없이 추진하겠습니다. 소방 병원 신설도 적극 검토하겠습니다. 생명을 구하는 소방관은 분명히 숭고한 직업입니다. 동시에 좋은 직업도 되어야 합니다. 소방관들의 숙원인 국가직 전환을 시·도지사들과 협의하고 있습니다. 지역마다 다른 소방관들의 처우와 인력·장비의 격차를 해소하고 전국 각 지역의 소방 안전 서비스를 골고루 향상시키는 데 필요한 일이라고 생각합니다.

소방관 여러분,

소방관은 삶과 죽음의 기로에 선 국민의 손을 가장 먼저 잡아주는 '국가의 손'입니다. 국민이 소방을 신뢰하는 만큼 미흡한 점이 있다면 과감히 드러내고 개선해야 합니다. 소방에 몇 가지 당부의 말씀을 드립니다. 첫째, 갈수록 복잡해지고 대형화하는 재난에 대비하고 대응하는 역량을 강화해야 합니다. 기후변화로 인한 자연 재난과 원전, 산업 단지,

화학물질로 인한 화재 등 특수 화재에 대한 대응 역량을 길러나가길 바랍니다. 2016년 9월 경주에서 발생한 지진은 대한민국도 지진으로부터 안전하지 않다는 사실을 확인시켜주었습니다. 소방청은 대형 재난에 대한 체계적 대응 역량을 조기에 구축하는 데 총력을 기울여주기 바랍니다.

둘째, 거주 지역이나 연령, 장애로 인해 안전에서 소외되는 일이 없도록 해야 합니다. 주택 밀집 지역과 전통 시장 등 안전에 취약한 지역의 소방시설을 특별히 살피고, 구급차가 배치되지 않은 농어촌 등 안전 사각지대를 해소해주기 바랍니다. 임산부와 어린이, 장애인 등 위험에 특히 취약한 분들에 대한 안전 대책을 더욱 체계적이고 꼼꼼하게 마련해야 합니다. 현재 병력 등록자 일부에게만 제공되는 119 안심콜 서비스를 몸이 아픈 65세 이상 어르신들께 확대하는 계획도 차질 없이 수행하기 바랍니다.

마지막으로, 평창 동계 올림픽과 패럴림픽이 안전하게 치러질 수 있도록 최선을 다해주시길 바랍니다. 보이지 않는 여러분의 땀방울이 평창 동계 올림픽과 패럴림픽 성공의 밑거름이 될 것입니다. 우리 국민들은 여러분의 노고를 기억할 것입니다.

존경하는 국민 여러분, 소방관 여러분,

119를 호출하면 구조될 수 있다고 국민들은 믿고 있습니다. 그동안 소방관 여러분은 혼신의 힘을 다해 그 믿음에 보답해왔습니다. 고맙고 자랑스럽습니다. 오늘 쉰다섯 번째를 맞는 '소방의 날'이 여러분의 긍지를 높이고, 국민의 생명과 안전을 더욱 확고히 지킬 것을 다짐하는 날이 되길 바랍니다. 저도 여러분과 함께 안전한 대한민국을 위해 항상 노력하겠습니다. 소방관 여러분과 소방 가족 모두의 행복을 기원합니다. 감사합니다.

한미 공동 기자회견 발언

| 2017-11-07 |

　도널드 트럼프 대통령 내외분의 대한민국 방문을 진심으로 환영합
니다. 미국 대통령으로 25년만의 국빈 방문이며, 저와 우리 정부가 맞는
첫 국빈이기도 합니다. 저는 트럼프 대통령과의 특별한 인연을 아주 뜻
깊고 기쁘게 생각합니다. 그간 트럼프 대통령과 저는 여러 차례의 만남
과 소통을 통해 깊은 신뢰와 우의를 맺어왔습니다. 오늘도 한미 동맹의
굳건함에 대해 허심탄회한 대화를 나누었습니다. 또한 북핵 문제를 평화
적으로 해결하고, 한반도의 항구적인 평화 체제를 정착시키기로 했습니
다. 갈수록 높아지는 북한의 핵과 미사일 위협에 압도적인 힘의 우위를
바탕으로 함께 단호하게 대응해나가야 한다는 원칙을 재확인했습니다.

트럼프 대통령은 철통같은 방위 공약을 거듭 확인했고, 트럼프 대통령과 저는 굳건한 연합 방위 태세를 더욱 강화해나가기로 했습니다. 이와 관련 트럼프 대통령과 저는 미국 전략 자산의 한반도와 인근 지역으로의 순환 배치를 확대·강화하기로 했습니다. 한국의 자체 방위력 증강을 위한 협력을 전례 없는 수준으로 추진해나가기로 했습니다. 이를 위해 우리 양 정상은 한국의 미사일 탄두중량 제한을 완전히 해제하는데 최종 합의했습니다. 한국의 최첨단 군사 정찰 자산 획득과 개발을 위한 협의도 즉시 개시하기로 했습니다. 우리는 북한이 핵과 미사일 도발을 즉각 중단하고, 하루속히 비핵화를 위한 대화의 장으로 나올 것을 다시 한번 강력히 촉구합니다.

트럼프 대통령과 저는 북한이 스스로 핵을 포기하고 진지한 대화에 나설 때까지 최대한의 제재와 압박을 가해나간다는 기존의 전략을 재확인했습니다. 동시에 북한이 올바른 선택을 할 경우, 밝은 미래를 제공할 준비가 되어 있음도 재확인했습니다. 우리는 이러한 공동의 접근 방법을 바탕으로 북핵 문제의 평화적이고 근원적인 해결을 위해 계속 노력해나갈 것입니다. 주변국을 포함한 국제사회와도 긴밀히 협력해나갈 것입니다. 트럼프 대통령의 이번 방한이 한반도 상황을 안정적으로 관리해나갈 수 있는 전환점이 되기를 기대합니다. 트럼프 대통령과 저는 오늘 한미 동맹의 미래와 대한민국의 기여를 상징적으로 보여주는 평택 기지를 함께 방문했습니다. 공동의 목표를 향해 함께 땀 흘리는 양국 장병들을 격려하며 우리 두 정상은 한미 동맹의 뜨거운 우정을 느꼈습니다. 트럼프 대통령과 저는 한미가 앞으로도 합리적 수준의 방위비를 분담함으로써 동맹의 연합 방위 태세와 능력을 지속적으로 강화해나가기로 했습니다. 마지막으로 우리는 한미 동맹의 한 축이 경제협력이라는 것을 재확인하였습니다. 지속가능하고 미래지향적인 한미 동맹으로 발전시키기 위한 중요한 요소라는 것에도 인식을 같이했습니다. 자유롭고 공정하며 균형적인 무역의 혜택을 함께 누리기 위해 관련 당국으로 하여금 한미 FTA 관련 협의를 신속하게 추진해나가도록 했습니다. 트럼프 대통령과 저는 한미 양국이 보편적 가치와 경제적 번영의 과실을 인류와 함께 나눔으로써 전 세계의 평화와 번영에 함께 기여하기로 했습니다. 범세계적인 도전 과제인 테러리즘, 여성, 인권, 보건 등에 대한 협력도 계속 강화해나가기로 했습니다. 우리 두 정상은 수시로 긴밀한 소통을 계속하면서 신뢰와 유대를 더욱 강화하는 한편, 국민 간 우의와 연대를 밑거름 삼아 앞으로도 한미 동맹을 더욱 공고히 다져나갈 것입니다.

다시 한번 트럼프 대통령 내외분의 한국 방문을 환영합니다. 아름다운 가을 정취 속에서 한미 양국과 우리들의 우정이 더욱 깊어지길 바랍니다. 감사합니다.

한-인니 비즈니스 포럼 기조연설

| 2017-11-10 |

　　로산 로슬라니(Rosan Roeslani) 인도네시아 상의회장님, 박용만 대
한상의회장님, 양국 기업인과 정치인 여러분,

　　반갑습니다. 인도네시아는 제가 취임 후 가장 먼저 방문하는
ASEAN 국가입니다. 게다가 저로서는 최초의 해외 국빈 방문입니다. 오
늘 조금 설레고 흥분되는 마음으로 이 자리에 섰습니다. 여러분, 인도
네시아와 한국의 교류가 언제부터였겠습니까? 양국이 공식 수교한 것
은 1973년입니다만, 이미 600여 년 전 우리나라 조선왕조 시대에 자바
국의 사신이 두 차례 방문했다는 기록이 역사서에 남아 있습니다. 자바
(Java) 국왕이 인도네시아 토산물을 보냈고, 조선의 국왕 '태종'이 옷과

음식을 주며 사신을 후하게 대접했다고 합니다. 정부 차원의 사절단이니, 아마도 민간의 교류는 이보다 훨씬 오래되지 않았을까 생각합니다. 저의 이번 방문이, 먼 바닷길을 건넌 선조들을 기리고 우리의 오래된 우정과 친선을 확인하면서 공동 번영의 미래를 약속하는 시간이 되길 바랍니다.

양국 기업인 여러분,

인도네시아와 한국은 이미 소중한 친구입니다. 인도네시아는 한국의 최초 해외 투자 대상국이며 첫 번째 해외 유전 공동 개발 국가이자, 제1호 플랜트 수출국입니다. 또한 2006년 '전략적 동반자 관계'를 맺은 이후 2010년 '인도네시아 경제 개발 마스터플랜' 파트너로 한국이 선정되는 등 활발한 경제협력을 추진해왔습니다. 그러나 우리는 더 멀리 함께 가야 합니다. 저는 양국이 함께 더 큰 꿈을 꾸고, 더 큰 도전에 나서자고 제안합니다. 양국 간 교역 확대 수준을 넘어 ASEAN과 세계 시장을 함께 개척하는 동반자가 되자고 제안합니다. 이를 위해 저와 한국 정부가 준비한 '6가지 중점 협력 과제'를 말씀드립니다.

첫째, 양국 간 경제협력의 틀을 복원하고 활성화하겠습니다. 먼저 한-인니경제협력위원회, 한-인니중소기업공동위원회 등 양국 장관이 참여하는 경제 협의체들을 발전적으로 재편하겠습니다. 양국 경제부처 간 장·차관급 교류를 활성화하겠습니다. 경제협력 추진 사항을 정기적으로 점검하고 양국 협력의 지평을 확대해가겠습니다. 오늘 오후 양국 정상이 함께한 자리에서 체결되는 자동차 등 '산업 협력 MOU', '교통 협력 MOU', '보건 의료 협력 MOU'가 그 첫발이 될 것입니다.

둘째, 경제협력 분야를 다각화하겠습니다. 그동안의 제조업과 자원 개발 분야를 넘어 4차 산업혁명, 방위산업, 환경 산업, 교통, 보건 등 미래 전략 분야로 확대해나가기를 희망합니다. 특히 방위산업 분야는 차세대전투기공동개발사업(KFX/IFX) 추진, 잠수함 건조 등 양국 경제협력의 새 장을 열고 있습니다. 한국의 우수한 교통 인프라 능력을 인도네시아에 전수하고, 보건 의료 정책과 의료 기술 분야에서도 새롭게 협력을 추진하겠습니다. 평창 동계 올림픽은 양국의 ICT 분야 협력의 새로운 전기가 될 것입니다. 한국이 평창 올림픽에서 시범 운영할 세계 최초의 5세대 이동통신 기술을 내년 자카르타 아시안게임에 지원하겠습니다.

셋째, 기간산업 분야의 협력을 강화하겠습니다. 한국 기업의 투자가 경공업에서 중화학공업으로 확대되고 있지만 더 속도를 내겠습니다. 현재 한국 포스코와 국영 크라카타우 스틸 합작으로 추진되고 있는 제철소 증설과 롯데케미컬의 석유화학 플랜트 건설이 좋은 사례입니다. 특별히 협력을 강화하고 싶은 분야가 자동차 산업입니다. 한국은 세계 5위의 자동차 생산국입니다. 세계 최고 수준의 가격 품질 경쟁력과 우수한 부품망을 보유하고 있습니다. 인도네시아 정부가 ASEAN 최대의 자동차 생산·수출국이라는, 야심찬 비전을 추진하고 있다고 알고 있습니다. 한국이 최적의 파트너라고 자신 있게 말씀드립니다. 이번 순방을 계기로 양국 정부가 자동차 산업 협력 강화를 위한 협의를 시작하고 전면적인 협력 관계를 구축하기를 희망합니다.

넷째, 사람 중심 경제협력을 확대해가겠습니다. 조코 위 대통령은 취임 이후 저소득 주거지역 개선, 발전소 증설 등 국민의 삶의 질을 높이는 정책을 추진하고 있습니다. 한국 정부는 이에 적극 협력할 것입니다. 이미 양국은 찌레본 1발전소 같은 여러 발전 사업을 성공적으로 추진 중입니다. 한국이 참여한 발전소는 인도네시아에서 가장 효율이 높고 고장이 없는 것으로 평가받고 있습니다. 도서 지역 전력 공급 확대를 위한 '에너지 자립섬' 시범 사업 등 신재생에너지 분야 협력도 진행 중입니다. 경전철, 서민 주택, 상하수도는 국민 생활과 직결된 분야입니다. 이 분야의 협력도 강화하겠습니다.

다섯째, 양국 중소·중견기업 협력 사업에 대한 지원을 확대하겠습니다. 양국 간 경제협력이 장기적으로 확대 발전하기 위해 대기업뿐만 아니라 중소·중견기업이 협력의 주체가 되어야 합니다. 한국은 이미 생산현장애로기술지도(TASK) 사업을 통해 한국의 산업 기술을 인도네시아 중소기업과 공유하는 협력을 하고 있습니다. 이를 더욱 강화하고, 중소기업의 경제협력을 지원하는 지원 기관의 예산과 인력 규모도 확대하겠습니다. 아울러, 중소기업들의 통관 및 물류비용을 줄여주기 위해 양국 간 통관 간소화 협정을 체결할 것도 제안합니다.

여섯째, 교역 품목 확대를 통해 전체 교역 규모가 더 커지게 하겠습니다. 교역 품목을 경기변동에 민감한 화석 연료와 기초 원자재에서 꾸준히 교역할 수 있는 기계, 소재·부품, 소비재로 늘려가겠습니다. 인도네시아가 자랑하는 팜오일, 농산물 등 친환경 상품 교역도 확대하겠습니다. 이를 통해 양국 간 교역액을 2022년까지 300억 불 수준으로 확대하고 장기적으로는 500억 불 이상을 목표로 삼겠습니다.

양국 기업인 여러분,

한국은 인도네시아와의 협력과 더불어 ASEAN과의 교류 협력도 획기적으로 강화하고자 합니다. ASEAN과 한국의 관계를 한반도 주변 4대국과 같은 수준으로 끌어올리는 것이 저의 목표입니다. 이를 위해 한국 정부는 ASEAN과의 협력 관계를 획기적으로 발전시켜나가기 위한 신남방 정책을 강력하게 추진하고자 합니다. 상품 교역 중심이었던 관계에서 기술과 문화예술, 인적 교류로 확대하겠습니다. 교통과 에너지, 수자원 관리, 스마트 정보통신 등 ASEAN 국가에 꼭 필요한 분야에서부터 협력을 강화할 수 있을 것입니다. 양측 국민의 삶을 잇는 인적 교류 활성화는 모든 협력을 뒷받침해주는 튼튼한 기반이 될 것입니다. 이를 통해, 사람과 사람, 마음과 마음이 이어지는 '사람(People) 공동체', 안보 협력을 통해 아시아 평화에 기여하는 '평화(Peace) 공동체', 호혜적 경제협력을 통해 함께 잘사는 '상생 번영(Prosperity) 공동체'를 함께 만들어가기를 희망합니다. 저는 ASEAN과의 협력을 인도네시아에서 시작하게 된 것을 아주 기쁘게 생각합니다. ASEAN과 한국의 깊은 협력이 인도네시아와 한국의 교류 협력을 더욱 강화하는 촉진제가 될 것입니다.

양국 기업인 여러분,

이번 순방을 준비하면서 양국이 쌍둥이처럼 닮은 점이 많다는 것을 알았습니다. 새삼 놀랐습니다. 양국은 식민지의 아픔을 함께 겪었고 권위주의 정부를 거쳐 민주화를 달성했습니다. 90년대 아시아 경제 위기와 2000년대 글로벌 금융위기도 슬기롭게 극복했습니다. 양국 정부의 경제정책도 같은 가치와 지향점을 공유하고 있습니다. 조코 위 정부가 추진하고 있는 저소득층 지원과 최저임금 인상, 지역 균형 발전을 통한 국민 삶의 질 향상은 한국 새 정부가 추진하고 있는 '사람 중심 경제'와 너무나 비슷합니다. 저와 조코 위 대통령도 공통점이 많습니다. 서민 가정에 태어나 가난한 삶을 살았습니다. 늦게 정치를 시작했고, 국민과 함께 소통하기 좋아합니다. 저는 이러한 공통의 역사적 경험과 상호 이해가 양국의 공동 번영에 튼튼한 밑거름이 될 것이라고 확신합니다. 지금까지 양국 관계 발전에 힘써오신 여러분의 노고에 감사드리며 앞으로도 많은 성원을 부탁드립니다. 여러분의 건강과 성공을 기원합니다. 감사합니다. 뜨리마 까시!

ABAC와의 대화 인사말

| 2017-11-10 |

APEC기업인 자문위원회(ABAC) 위원님들, 반갑습니다.

APEC은 지난 30년간 눈부신 성장을 이루었습니다. 아-태지역 경제협력의 구심점이 되었고 역내 무역 규모는 매년 7% 이상 증가했습니다. APEC이 추구해온 '자유무역을 통한 역내 경제통합' 정신이 큰 기반이 되었다고 생각합니다. 지난 반세기 동안 한국이 세계 10위권의 경제력을 갖춘 나라로 성장할 수 있었던 것도 자유무역의 힘이 컸습니다. 이제 APEC 정신은 한층 더 강화되어야 합니다. ABAC의 제안대로 아-태 자유무역지대(FTAAP) 건설을 조속히 이루어야 합니다.

한국 정부도 적극적으로 노력하겠습니다. 2016년 정상회의에서 채택된 '아-태 자유무역지대에 관한 리마 선언'을 성실히 이행할 것입니다. 또한 역내포괄적경제동반자협정(RCEP)의 조속한 체결을 위해서도 적극 노력하겠습니다. APEC의 성장과 역내 공동 번영을 이루는 길이라고 확신합니다. 경제통합과 자유무역 과정에서 피해를 입는 분야가 있을 수 있으므로, 이를 최소화하기 위한 각국의 노력도 중요합니다. 자유무역의 혜택이 공평하게 나눠져야 합니다. 자유무역으로 발생하는 실직 노동자를 위한 직업교육과 재취업 지원 활동도 강화해야 합니다. 한국이 진행하고 있는 무역조정지원제도(TAA)가 좋은 사례가 될 것으로 생각합니다. 더욱 중요한 것은 성장의 방법과 방향입니다. 지금 세계는 극심한 경제적 불평등과 양극화에 직면해 있습니다. 한국도 같은 어려움을 겪고 있습니다. 무역과 성장을 보다 포용적으로 만드는 데 각국 정부의 특별한 노력이 필요하다고 생각합니다. 나는 이 문제를 해결하기 위해 '사람 중심 경제'를 추진하고 있습니다. 일자리 창출과 소득 주도 성장, 혁신 성장, 공정 경제를 통해 경제성장의 혜택을 모든 국민이 함께 누리도록 하는 것입니다. 한국만이 아니라 세계가 모두 함께 걸어가야 할 길이라고 믿습니다.

APEC은 전 세계 GDP의 60%, 전 세계 교역의 45%를 점하고 있는 세계 최대의 경제 시장입니다. APEC이 가는 길이 세계경제가 가는 길이 될 것입니다. APEC에서부터 모범적으로 자유무역을 확대하고 포용적 성장을 이뤄내자고 제안합니다. 감사합니다.

호찌민-경주 세계문화엑스포2017 축사

| 2017-11-13 |

존경하는 베트남 국민 여러분 그리고 우리 국민 여러분, 응웬 탄 퐁 호찌민 시장님, 김관용 경상북도 도지사님 그리고 조직 위원회 관계자 여러분,

반갑습니다. 아시아 발전과 변화의 중심인 이곳 호찌민시에서, '2017년 호찌민-경주 세계 문화 엑스포'를 개최하게 된 것을 진심으로 축하합니다. 특히, 한-베트남 수교 25주년을 맞아 호찌민시와 경주시가 함께 엑스포를 개최한 것을 뜻깊게 생각합니다.

베트남과 한국은 유구한 역사 속에 함께 교류해왔습니다. 고대부터 우리 선조들은 먼 바닷길을 오가며 교류를 시작했습니다. 안남국의 왕자리롱떵(李龍祥)은 고려에 귀화해 한국 화산 이 씨의 시조가 되었습니다. 베트남 국민들이 가장 존경하는 호찌민 주석의 애독서가 조선시대 유학자 정약용 선생이 쓴《목민심서》라는 것은 널리 알려진 사실입니다. 한국은 베트남에 마음의 빚을 지고 있습니다. 그렇지만 이제, 베트남과 한국은 서로에게 가장 중요한 경제 파트너이자, 친구가 되었습니다. 베트남은 한국의 제3위 교역국이고, 한국은 베트남의 제1위 투자국입니다. 한국 국민들은 베트남의 자연과 문화, 음식, 관광을 즐기고, 베트남 국민들은 한국의 한류 음악, 드라마, 패션에 열광합니다.

저는 오늘, 베트남 다낭에서 APEC 정상회의를 마치고, 내일 ASEAN 정상회의 참석을 위해 필리핀으로 떠납니다. ASEAN 정상회의에서 ASEAN과 한국이 함께 만들어갈 번영과 평화의 미래 공동체에 대한 저의 구상을 밝힐 계획입니다. 그 시작은 양 국가 간 사람과 문화의 활발한 교류에서부터 출발합니다. 이번, 세계 문화 엑스포는 양국 간 우호 증진은 물론, 서로의 문화에 대한 이해의 폭을 넓히는 좋은 기회가 될 것입니다. 나아가, 이번 엑스포 주제처럼 "문화 교류를 통해 아시아 공동 번영"에 기여하고, 아시아 문화의 우수성을 전 세계에 알리는 계기가 되길 기대합니다. 다시 한번, 2017년 호찌민-경주 세계 문화 엑스포 개막을 축하드리며, 행사 준비를 위해 수고해주신 모든 관계자 여러분께 격려와 감사를 전합니다. 감사합니다.

대통령 주재 수석·보좌관회의 모두 발언

| 2017-11-20 |

오늘 오전 포항시에 대한 특별 재난 지역 지정을 재가했습니다. 정부는 모든 행정력을 동원하여 신속한 피해 복구와 함께 입시 일정이 차질 없이 진행될 수 있도록 최선의 노력 다할 것입니다. 당장은 피해 복구와 차질 없는 수능 실시가 최우선입니다. 긴급한 일이 끝나면 안전과 재난에 대한 대비를 전면적으로 점검하겠습니다.

23일로 연기된 수능일에도 여진이 있을 수 있습니다. 정부는 모든 가능성에 대비하여 지침을 미리 마련하겠습니다. 수험생과 학부모들께서는 너무 걱정 마시고 수능 시험장에서 이뤄지는 조치에 따라 주시고, 협조해주실 것을 당부드립니다. 아직까지 추운 날씨와 여진의 공포 속에서 집을 떠나 하루하루 힘든 생활을 하고 계신 포항과 인근 지역 주민 여러분, 수험생 여러분들께 다시 한번 위로의 말씀을 드립니다.

인도네시아 국빈 방문과 APEC, ASEAN 관련 정상회의 참석을 통해 한국과 ASEAN의 미래 공동체 구상을 핵심으로 하는 신남방 정책을 발표했습니다. 이에 대한 ASEAN 국가들의 호응이 매우 컸습니다. 신남방 정책은 9월 블라디보스토크에서 발표한 신북방 정책과 함께 남과 북을 연결하는 번영 축을 이루면서 우리의 외교와 경제 지평을 넓히는 데 크게 기여할 것이라 생각합니다. 특히 ASEAN 국가들과 방산 인프라 구축, 4차 산업혁명, 중소기업, 스마트 시티 등의 협력을 확대하고, 2020년까지 교역량을 2000억 불로 늘려나가자고 뜻을 모은 것도 큰 성과라고 생각합니다. 이번 순방을 통해 ASEAN의 급성장과 역동성을 직접 확인할 수 있었습니다. ASEAN 국가들이 우리에게 거는 기대 또한 매우 크다는 것을 피부로 느낄 수 있었습니다. 세계 경제에서 ASEAN의 비중이 빠르게 늘고 있고, 우리 경제에서의 비중 역시 빠르게 커지고 있습니다. 그래서 ASEAN과의 교류를 촉진하는 것은 수출 시장을 다변화해서 중국 경제에 대한 의존을 낮추고, '포스트 차이나' 시대를 준비하는 차원에서도 매우 중요한 일입니다. 신남방 정책이 선언에 그치지 않고 빠른 시일 내에 가시적인 성과를 거둘 수 있도록 관련 부처와 협의하여 후속 조치를 잘해주시길 바랍니다.

국민 청원 게시판에 청원이 많이 접수되었습니다. 참여 인원이 수

십만 명에 달하는 청원도 있고, 현행 법제로는 수용이 불가능해 곤혹스러운 경우도 있습니다. 그러나 매우 바람직한 현상이라고 생각합니다. 어떤 의견이든 국민들이 의견을 표출할 곳이 필요하다고 생각합니다. 당장 해결할 수 없는 청원이라도 장기적으로 법제를 개선할 때 참고가 될 것입니다. 어떤 의견이든 참여 인원이 기준을 넘은 청원들에 대해서는 청와대와 각 부처에서 성의 있게 답변해주시길 바랍니다. 참여 인원이 기준보다 적은 경우에도 관련 조치들이 이뤄지는 경우에는 성실하게 상세하게 알려드리길 바랍니다. 이상입니다.

고(故) 김영삼 대통령 서거 2주기 추도사

| 2017-11-22 |

존경하는 내외 귀빈 여러분,

오늘 우리는 민주주의 역사에 우뚝 솟은 거대한 산 아래 함께 모였습니다. 오늘에 이르기까지 독재와 불의에 맞서 민주주의의 길을 열어온 정치 지도자들이 많이 계십니다. 김영삼이라는 이름은 그 가운데서도 높이 솟아 빛나고 있습니다. 김영삼 대통령님과 함께 민주화의 고난을 헤쳐오신 손명순 여사님과 유족들께 깊은 존경과 위로의 말씀을 드립니다.

김영삼 대통령께서는 1954년 5월 남해의 푸른 섬 거제도에서 만 26세의 나이로 역대 최연소 국회의원으로 당선되었습니다. 그리고 그때부터 민주주의와 역사의 문제를 가슴에 품고 그 답을 찾아 담대한 여정에 나섰습니다. 1970년대에는 유신정권에 맞서 민주화운동을 이끄는 강력한 야당 지도자가 되었습니다. 민주주의의 깃발을 더 높이 들었고, YH여성 노동자들과 함께했으며 1979년 10월 유신정권으로부터 의원직을 박탈당하는 고초를 겪었습니다. 그에 대한 분노와 저항으로 촉발된 부마민주항쟁은 결국 유신정권을 몰락시켰습니다. 1980년대 김영삼 대통령님의 민주화투쟁은 5·18광주민주항쟁과 함께 다시 불타올랐습니다. 광주민주항쟁 3주기에 시작한 단식은 23일간 목숨을 걸고 계속되었습니다. 이 땅에 다시 드리워진 독재의 어둠을 깨치고, 민주주의의 새벽을 불러왔습니다. 김영삼 대통령님은 1950년대에서 90년대까지 독재 권력과 맞서 온몸으로 민주화의 길을 열었습니다. 거제도의 젊은 초선 의원은 "바른 길에는 거칠 것이 없다"는 '대도무문'을 가슴에 새겼습니다. 김영삼 대통령께서 40여 년의 민주화 여정을 거쳐 도달한 곳은 군사독재의 끝, 문민정부였습니다.

존경하는 내외 귀빈 여러분,

문민정부가 우리 민주주의 역사에 남긴 가치와 의미는 결코 폄하되거나 축소될 수 없습니다. 오늘 우리가 자랑스러워하는 4·19혁명과 부마민주항쟁, 광주민주항쟁, 6월항쟁이 역사에서 제자리를 찾았던 때가 바로 문민정부입니다. 김영삼 대통령께서는 취임 후 3개월이 채 지나지 않은 5월 13일 발표한 담화문에서, "문민정부의 출범과 그 개혁은 광주민주화운동의 역사적 의미를 실현시켜나가는 과정"이라고 했습니다. 문민정부를 넘어 이 땅의 민주주의가 나아갈 방향을 제시하신 것입니다. 법과 정의에 기초한 '역사 바로 세우기'를 통해 군사독재 시대에 대한 역사적 청산도 이루어졌습니다. 군의 사조직을 척결하고, 광주학살의 책임자를 법정에 세웠습니다. 금융실명제와 부동산실명제는 경제 정의의 출발이었습니다. 신속했던 개혁의 원동력은 민주화와 함께 커진 국민의 역량과 대통령에 대한 국민의 믿음이었습니다. 또한, 김영삼 대통령께서 연 문민시대는 민주주의를 상식으로 여기는 세대를 길러냈습니다. 권력의 부당한 강요와 명령에 맞서고 정의롭지 못한 정치를 거부하는 깨어 있는 시민들이 늘어났습니다. 문민정부 이후 우리는 더 나은 민주주의를 생각할 수 있게 되었습니다.

존경하는 내외 귀빈 여러분, 손명순 여사님과 유족 여러분,

오늘 저는 문민정부가 연 민주주의의 지평 속에서 대통령님이 남기신 '통합'과 '화합'이라는 마지막 유훈을 되새깁니다. 대통령님이 말씀하신 대로, 대한민국을 새로운 미래로 나아가게 하는 힘은 국민의 화합과 통합이라는 사실을 잊지 않겠습니다. 국민과 함께 걷는 민주주의와 경제 발전의 여정에 대통령님께서도, 언제나 거기 있는 큰 산처럼 함께해주시리라 믿습니다. 감사합니다.

2017 대한민국 혁신성장 전략회의
모두발언

| 2017-11-28 |

　오늘 새 정부 출범 후 처음으로 모든 국무위원, 국정과제위원회 그리고 당 지도부까지 당·정·청이 한자리에 모였습니다. 혁신 성장의 중요성을 함께 인식하고, 전략과 과제를 공유하면서 속도를 내자는 그런 취지입니다. 그동안 4차산업혁명위원회를 신설하고, 추경과 내년 예산에 혁신 성장 예산을 대폭 반영하고, 혁신 창업 대책을 발표를 했습니다. 그럼에도 불구하고 아직까지는 혁신 성장의 구체적인 사업이 잘 보이지 않으니 혁신 성장의 속도감이 느껴지지 않습니다. 혁신 성장은 산업의 혁신을 통해 부가가치를 높이고, 혁신 창업을 통해 신성장 동력을 찾는 것이므로 소득 주도 성장의 기반이 됩니다. 그리고 소득 주도 성장은 사

람 중심 성장 전략이고, 공정한 경제 생태계를 만드는 것이므로 역시 혁신 성장의 기반이 됩니다. 이렇게 혁신 성장과 소득 주도 성장은 서로 친화적이고 시너지 효과를 낼 수 있는 성장 전략이라고 생각합니다.

4차 산업혁명의 급속한 기술 변화에 맞추어 세계 주요 국가들은 모두 혁신 중심의 경제구조로 전환을 서두르고 있습니다. 우리도 그에 앞서 가거나 적어도 발맞추어나가지 못하면 새로운 성장 동력을 얻을 수 있는 기회를 잃게 될 것입니다. 미국의 신혁신 전략, 독일의 인더스트리 4.0, 일본의 초스마트화 전략처럼 우리도 혁신 성장에 대해 분명한 비전과 속도감을 보여주어야 할 것입니다. 혁신 성장에 관해 몇 가지 당부드리겠습니다.

첫째로 혁신 성장에 대해 강조하고 싶은 것은 민간과 정부의 역할 분담입니다. 혁신 성장의 주역은 민간이고 중소기업입니다. 정부는 민간의 혁신 역량이 실현될 수 있도록 산업 생태계 기반을 조성하고, 기술 개발 자금 지원, 규제 혁신 등 정책적 지원을 담당 하는 서포트 타워 역할을 다해주길 바랍니다. 혁신 성장을 위해서는 경제사회 전반의 혁신 노력이 필요하고, 따라서 경제 부처만의 일이 아니라 범정부 차원의 추진이 필요합니다. 경제부총리가 사령탑이 되어서 각 부처와 4차산업혁명위원회, 노사정위원회 등 각 정부위원회가 고유한 역할을 분명히 하면서 함께 협업하는 체계를 갖춰주길 바랍니다. 혁신 성장을 체감할 수 있는 선도 사업을 속도감 있게 추진해서 가시적인 성과를 보여주는 것이 매우 중요합니다. 혁신 성장의 개념은 어차피 추상적일 수밖에 없으므로 개념 정리보다 더 중요한 것은 구체적인 사업을 통해 알 수 있게 해주는 것이라고 생각합니다. 이런 의미에서 오늘 선정하는 혁신 성장의 선도 사업들은 혁신 성장이 무엇인지 국민들께 보여주고, 또 방향성을 제시한다는 측면에서 매우 중요합니다. 특히 스마트 시티, 자율주행차, 스마트 공장을 통한 제조업 혁신과 드론 산업 등은 세계적인 경쟁에서 앞서갈 수 있도록 속도를 내주길 바랍니다. 앞으로 적절한 시기에 점검회의를 열어서 오늘 전략회의에서 논의 되는 선도 사업들이 어떻게 진도를 내고 있는지 확인하겠습니다.

현장에 기반한 신속한 규제 혁신이 필요합니다. 혁신 성장을 위해서는 신산업·신기술에 대한 규제 혁신이 필수입니다. 민간의 상상력을 낡은 규제와 관행이 발목을 잡아서는 안 될 것입니다. 규제 혁신은 속도와 타이밍이 중요합니다. 이를 위해 무엇보다 민간의 지혜와 현장의 목소리에 항상 귀 기울여야 할 것입니다. 민간 위원이 주축이 된 4차산업혁명위원회도 민관 협력을 통해 규제 혁신 과제를 적극 발굴해주길 바랍니다. 규제 혁신을 속도감 있게 해내갈 수 있는 설계가 필요하다고 생각합니다. 정부의 결단만으로 가능한 규제 혁신은 빠르게 결정해 나가고, 다양한 이해관계자들의 사회적 대화와 타협이 필요한 규제 혁신은 사회적 대화와 타협의 방안을 설계해주길 바랍니다.

마지막으로 강조하고 싶은 것은 사람에 대한 투자입니다. 혁신 성장의 주체는 국민이고, 그 성과도 국민에게 돌아가야 합니다. 혁신 성장 전략의 양대 축인 과학기술혁신과 산업 경제 혁신을 추진하는 과정에서 도 창의적 인재를 양성하고, 인적 자본에 보다 많은 투자가 이뤄질 수 있 는 방향으로 정책을 추진해주길 바랍니다. 혁신 성장과 관련된 법률안과 예산안이 정기국회에서 지금 논의 중에 있습니다. 오늘 논의하는 선도 과제를 포함한 핵심 사업들이 차질 없이 추진되려면 입법과 예산 지원 이 반드시 필요합니다. 당·정·청이 긴밀히 협의하여 혁신적인 법안과 예산이 반드시 통과될 수 있도록 최선을 다해주길 바랍니다. 올해 3/4분 기 경제성장률을 높이는데 추경예산이 크게 기여했던 것처럼 내년 예산 안이 법정 시한 안에 처리가 돼서 적시에 집행되는 것이 최근 호전되고 있는 경제 상황을 살려나가는 데 큰 힘이 될 것입니다. 야당의 초당적인 협조를 끌어낼 수 있도록 함께 노력을 해주시기를 당부드립니다.

NSC 모두 발언

| 2017-11-29 |

지금부터 국가안전보장회의(NSC)를 개최하겠습니다.

그간 우리 정부는 주요 계기마다 여러 차례 북한이 도발을 멈추고 대화의 장으로 나온다면 밝은 미래를 제공할 것임을 강조한 바 있습니다. 이러한 우리의 진정성 있는 노력과 호소에도 불구하고 북한은 오늘 탄도미사일을 발사하였습니다. 이는 한반도 긴장을 고조시킬 뿐만 아니라 국제 평화와 안전을 중대하게 위협하는 행위입니다. 북한이 이렇게 무모한 도발을 일삼고 있는 데 대해 강력히 규탄합니다.

국제사회는 북한의 지속되는 핵미사일 도발에 대해 한목소리로 규탄하고 있습니다. 북한이 도발적인 군사 모험주의를 멈추지 않는 한 한반도의 평화는 불가능합니다. 북한이 핵과 미사일을 포기할 때까지 한미 양국을 비롯한 국제사회는 강력한 제재와 압박을 추진해갈 수밖에 없습니다. 본인이 지속적으로 언급한 바와 같이 북한은 스스로를 고립과 몰락으로 이끄는 무모한 선택을 즉각 중단하고 대화의 장으로 나와야 합니다.

정부는 북한의 도발을 절대 좌시하지 않겠습니다. 국제사회와 힘을 모아 단호하고 실효적인 대응 조치를 지속 마련해나가겠습니다. 압도적인 힘의 우위를 기반으로 북한의 핵미사일 위협으로부터 대한민국을 보호하고, 무력 도발 시 즉각 응징하여 위협을 제거할 수 있는 역량을 더한층 강화해 나갈 것입니다. 군은 굳건한 한미 동맹 연합 방위 태세를 바탕으로 북한의 어떠한 도발도 억제하고, 도발 시 즉각 응징할 수 있도록 철저한 대응 태세를 유지하기 바랍니다. 정부는 모든 나라들과 함께 안보리 제재 결의를 철저하게 이행하면서 강력하고 단호하게 대응할 수 있도록 최대한 노력을 다해나가고 있습니다.

국민 여러분,

우리 정부는 북한의 도발에 단호히 대처하되 긴장이 격화되어 불행한 사태가 발현하지 않도록 상황을 관리해나가겠습니다. 이번 도발은 미리 예고되었고, 사전에 우리 정부에 의해 파악되었습니다. 대비 태세도 준비해두었습니다. 국민들께서는 지나치게 불안해하거나 걱정하지 마시기 바랍니다.

북한 핵미사일 문제의 평화적 해결을 위한 정부의 노력을 성원해주시고, 단합된 모습을 보여주시기 바랍니다.

중소벤처기업부 출범식 축사

| 2017-11-30 |

존경하는 국민 여러분, 중소벤처기업인과 소상공인, 자영업자 여러분,

반갑습니다. 오늘 중소벤처기업부가 드디어 출범식을 갖습니다. 1960년 상공부 중소기업과로 출발한지 57년, 중소기업청이 출범한 지 21년 만의 일입니다. 여러분의 감회가 남다를 것입니다. 저도 오늘 매우 기쁘고 뿌듯한 마음으로 이 자리에 섰습니다. '중소기업의 수호천사'가 되고 매일매일 혁신에 혁신을 거듭하겠다는 홍종학 장관의 다짐을 들으니 마음이 든든합니다. 벌써부터 기대됩니다. 오늘 중소벤처기업부가 중소기업과 벤처기업, 소상공인과 자영업자의 세일즈맨이 되겠다는 각오

를 밝혔습니다. 저도 할 수 있는 모든 지원을 다하겠다는 약속을 드리면서, 큰 박수를 보냅니다.

국민 여러분,

중소벤처기업부의 출범은 대한민국 경제정책의 패러다임을 바꾸는 역사적인 일입니다. 수출 대기업이라는 하나의 심장으로 뛰었던 대한민국 경제에 또 하나의 심장을 더하는 것이기 때문입니다. 지금까지 우리는 국가 기간산업과 대기업 육성으로 경제를 이끌어왔습니다. 전쟁의 폐허를 딛고 빠르게 경제를 일으키기 위한 선택이었습니다. 그 결과 우리는 세계 10위권의 경제 대국으로 성장했습니다. 그러나 재벌 대기업 중심의 경제는 더 이상 우리의 미래를 보장하지 못합니다. 극심한 양극화와 경제적 불평등이 대다수 국민의 삶을 고단하게 만들었습니다. 일자리 없는 성장, 가계소득이 늘지 않는 성장, 분배 없는 성장 구조를 바꾸지 않고서는 더 이상의 성장 자체가 어렵게 되었습니다. 그래서 우리는 '사람 중심 경제'로 경제 패러다임을 바꾸고 그 중심에 중소기업을 세우고자 합니다. 중소기업은 대한민국 전체 제조업 생산액의 절반을 만들어내는 대한민국 경제의 뼈대입니다. 우리나라 전체 사업체수의 99%, 고용의 88%를 차지하는 일자리의 원천입니다. '사람 중심 경제'의 양 날개인 소득 주도 성장과 혁신 성장 모두 중소기업의 활성화를 통해서만 이뤄낼 수 있다고 저는 믿습니다. 정부는 중소기업을 우리 경제의 중심에 두겠습니다. 이제 중소벤처기업부를 통해 중소기업을 위한 정책과 법안 발의가 이뤄질 것입니다. 대기업의 갑질과 불공정 거래로부터 중소기업을 지켜낼 것입니다. 중소벤처기업부가 중소기업인의 버팀목이 되고 언덕이 되도록 할 것입니다. 드디어 출범하게 된 중소벤처기업부에 몇 가지 당부 말씀을 드립니다.

중소벤처기업부는 새 정부의 유일한 신생 부처입니다. 여러분 스스로, 문재인 정부의 핵심 부처라는 자부심을 가지고 일해주기 바랍니다. 여러분이 일자리 중심 소득 주도 성장, 혁신 성장의 주역입니다. 여러분의 마음과 자세를 완전히 새롭게 해주기 바랍니다. 더 이상 여러분은 정책 집행만 하는 수행 기관이 아닙니다. 정부 각 부처의 다양한 중소기업 정책을 종합적으로 관리하고 조정하는 컨트롤 타워가 되어야 합니다. 무엇보다도 여러분 자신이 벤처기업처럼 창의와 혁신, 도전 정신으로 일할 것을 당부합니다. 업무의 한계, 기존의 관행, 부처의 벽을 과감하게 뛰어넘어야 합니다. 현장으로부터 박수받는 정책을 만들어야 합니다. 목표는 하나입니다. 오직 중소기업이 마음껏 일하고 성장할 수 있도록 하는 것입니다. 중소기업에게 시급한 것은 기울어진 운동장을 바로잡는 것입니다. 77% 중소기업인들이 기업 거래 환경이 불공정하다고 생각하고 있습니다. 기술 탈취, 납품 단가 후려치기, 부당 내부 거래 등 일부 대기업의 불공정 행위를 근절해야 합니다. 중소기업이 겪고 있는 불공정, 불합리, 불균형의 3불 애로 사항을 해결하고 공정 경제의 초석을 튼튼히 해주기 바랍니다.

중소벤처기업인과 소상공인, 자영업자 여러분께도 부탁의 말씀을 드립니다. 여러분은 대한민국 경제의 중심이고 주역입니다. 여러분의 권익을 당당하게 요구하고 지켜주시기 바랍니다. 여러분은 충분한 권리와 자격을 가지고 있습니다. 필요할 때 주저 없이 손을 내밀어주십시오. 새 정부가 여러분과 굳게 손잡고 가겠습니다. 중소기업인 여러분이 국내 시장을 넘어 세계로 뻗어 가는 더 큰 꿈을 가져주실 것도 당부드립니다. 정부는 신북방 정책과 신남방 정책으로 대한민국의 경제 영토를 넓히기 위해 노력하고 있습니다. 모든 나라가 우리 중소기업의 우수한 기술력을 인정하고 있습니다. 여러분과 손잡기를 희망하고 있습니다. 그러나 현재 전체 중소기업 354만 개 중 수출에 참여하고 있는 기업은 3%도 채 안 되는 9만 4000개에 불과합니다. 정부가 여러분의 수출을 돕겠습니다. 중소기업 맞춤형 수출 지원 시스템을 구축하고 수출 시장의 정보 제공에서 바이어 발굴, 계약, 납품까지 전 과정을 지원하겠습니다. 여러분이 남으로 북으로 마음껏 뻗어나갈 수 있도록 저도 힘을 보태겠습니다. 세계 곳곳에서 여러분의 뿌리를 내리고 결실을 맺어주기 바랍니다.

존경하는 국민 여러분, 중소벤처기업인과 소상공인, 자영업자 여러분,

저는 골목 상인의 아들입니다. 저의 부모님도 장사로 생계를 유지하며 자식들을 키웠습니다. 여러분의 어려움을 누구보다 잘 알고 있습니다. 중소기업을 보호하고 육성하겠다는 정부의 의지는 확고합니다. 홍종

학 장관의 다짐을 제가 뒷받침하겠습니다. 중소기업의 성장을 통해 국민 경제를 균형 있게 발전시키겠습니다. 대기업과 중소벤처기업이 서로 상생하고 협력하는 경제구조를 만들겠습니다. 경제성장의 혜택이 골목 상권으로, 전통 시장으로, 가계로 퍼져나가도록 하겠습니다. 중소벤처기업부의 첫 출발을 축하드립니다. 중소벤처기업부의 신설이 중소벤처기업인과 소상공인들의 희망이 되고, 문재인 정부의 업적으로 남길 바랍니다. 감사합니다.

12월

대통령 주재 수석·보좌관회의 모두 발언

| 2017-12-04 |

어제 낚싯배 충돌 사고로 안타깝게 유명을 달리하신 분들께 삼가 조의를 표하고, 유족들께 심심한 위로의 말씀을 드립니다. 아직 찾지 못한 두 분에 대해서도 기적 같은 무사 귀환을 기원합니다. 이유 여하를 막론하고 이 같은 사고를 막지 못한 것과 또 구조하지 못한 것은 결국은 국가의 책임입니다. 국민의 생명과 안전에 관한 국가의 책임은 무한 책임이라고 여겨야 합니다. 이번 사건의 수습이 끝나면 늘어나는 낚시 인구의 안전 관리에 관해 제도와 시스템에서 개선하거나 보완할 점이 없는지 점검해주시기 바랍니다.

내년도 예산안이 법정 시한 내에 처리되지 못해 매우 안타깝습니다. 국민들께서 걱정이 크실 것입니다. 최근 우리 경제 상황이 호전되고 있습니다. 정부는 경제 상황의 호전을 이어가기 위해 총력을 기울이고 있고 새해 예산안도 그에 맞춰져 있습니다. 국민들도 한마음으로 경제 살리기에 힘을 모으고 있는 이때 정치권에서도 함께 힘을 모아주시길 바랍니다. IMF, OECD 등 국제 기구들은 우리 정부의 재정 운영 기조를 적극 지지하고 있고, 우리 경제의 상승세를 지속하기 위해서는 재정의 적극적인 역할이 필요하다고 한목소리로 권고하고 있습니다. 지난 추경 편성 때도 야당에서 많은 반대가 있었지만 이후 3/4분기의 높은 성장률에 추경이 큰 역할을 했다는 사실이 증명되었습니다. 정치권에서 정파적인 관점을 넘어서서 우리 경제의 호기를 살려나가자는 차원에서 결단을 내려주시기를 당부드립니다. 새로 출범한 정부가 대선 때 국민들께 드렸던 공약을 실천하고 그 결과에 대해 책임질 수 있도록 해주시기 바랍니다. 이상입니다.

제54회 무역의 날 기념사

| 2017-12-05 |

존경하는 국민 여러분, 기업인과 노동자 여러분,

그동안 많은 행사를 다녔지만, 오늘은 한결 발걸음이 가볍고, 가슴 뿌듯합니다. 제54회 무역의 날을 맞아, 저는 여러분이 이룬 빛나는 성과를 축하하기 위해 이 자리에 섰습니다. 우리 국민들 모두 저와 같은 마음일 것입니다.

무역은 우리 경제의 대들보입니다. 무역이 올해 우리 경제의 심장을 힘차게 뛰게 하고 있습니다. 올해 우리 수출은 세계 10대 수출국 중 가장 높은 증가율을 기록하고 있습니다. 올해 우리는 세계 6위 수출 대국으로 발돋움했고, 세계시장 점유율도 역대 최고치를 기록 중입니다.

무역 1조 달러 시대가 다시 열리고 경제성장률도 3%대로 올라설 것으로 예상됩니다. 유례없는 정치적 혼란 때문에 우리 경제가 활력을 잃지 않을까 국민들께서 염려가 많았습니다. 북한의 거듭된 도발과 보호무역주의 등 대외 여건도 녹록지 않았습니다. 그러나 우리 국민들은 이겨냈습니다. 정치의 위기뿐 아니라 경제의 위기도 이겨냈습니다. 특히 무역인 여러분은 어려운 여건 속에서도 불굴의 의지로 수출을 오히려 크게 늘렸습니다. 우리 경제와 국민들에게 할 수 있다는 자신감과 희망을 주었습니다. 참으로 어려운 시기에 이뤄낸 값진 성과여서 더욱 자랑스럽습니다. 국내 생산 현장과 세계시장 곳곳에서 구슬땀을 흘린 기업인과 노동자 여러분의 열정과 헌신의 결과입니다. 정말 수고 많으셨습니다. 온 국민과 함께, 여러분들의 노고에 존경과 감사의 마음을 담아 뜨거운 박수를 보냅니다.

자랑스러운 무역인 여러분,

그동안 수출은 우리 경제성장의 밑거름이었습니다. 1964년 수출 1억 불을 달성한 이래 무역의 역사가 곧 우리 경제 발전의 역사였습니다. 1997년 외환위기와 2008년 글로벌 금융위기를 극복한 원동력도 바로 수출이었습니다. 그러나 최근 우리 경제는 저성장과 양극화라는 구조적 문제에 직면해 있습니다. 경제가 성장해도 일자리가 생기지 않고 국민 생활이 나아지지 않습니다. 양극화가 소비를 막아 성장을 가로막고 있습니다. 정부는 이러한 구조적 문제를 해결하기 위해 '사람 중심 경제'

로 경제 패러다임을 전환하고 있습니다. 이제 우리 무역정책도 새로운 시대에 맞게 변화해야 합니다. 양적인 성장을 넘어 포용적 성장을 이루도록 발전해야 합니다.

첫째, 수출을 통해 더 많은 일자리를 만들어야 합니다. 저는 우선, 전체 기업체수의 99%, 고용의 88%를 차지하는 중소기업의 역할을 강조하고 싶습니다. 전체 중소기업 354만 개 중 수출에 참여하고 있는 기업은 9만 4000개, 불과 2.7%밖에 되지 않습니다. 오늘 수상한 기업들처럼 수출을 통해 기업을 키우고, 새로운 일자리를 만들어내는 중소·중견기업들이 더 많아져야 합니다. 정부는 중소·중견기업들이 수출에 보다 적극적으로 나설 수 있도록 지원하겠습니다. 기업의 형편에 맞게 맞춤형 수출 지원 시스템을 구축하겠습니다. 바이어 발굴부터 계약, 납품까지 전 과정을 돕겠습니다. 일자리 창출 효과가 큰 서비스 분야의 수출 활성화를 위해 제조업 수출에 맞춰진 각종 지원 제도도 개편하겠습니다.

둘째, 4차 산업혁명에 대응해 수출산업을 고도화해야 합니다. 기존의 주력 수출산업에 인공지능 같은 혁신 기술을 적용하여 경쟁력과 부가가치를 높이겠습니다. 차세대 반도체, OLED 등 고부가가치 신산업은 수출의 새로운 동력으로 적극 육성하겠습니다. 이를 위해, 신산업·신기술 분야에 대한 R&D 투자 확대와 과감한 규제 개선을 적극 추진하겠습니다. 스마트 공장의 확대는 중소 제조 기업의 생산성을 높여 수출 기업이 굳이 해외로 나가지 않아도 경쟁력을 가질 수 있게 할 것입니다. 정부는 현재 약 5000개인 스마트 공장을 2022년까지 2만 개로 확대할 계획입니다. 스마트 공장을 도입하는 기업에게 필요한 자금을 지원하겠습니다. 농업도 스마트팜을 통해 혁신 창업과 수출 산업으로 도약시키겠습니다.

셋째, 대기업과 중소기업 간 상생 협력 무역이 이뤄져야 합니다. 대기업이 자신들과 협력하는 중소기업, 중견기업의 수출과 성장을 돕도록 요청합니다. 정부도 상생 협력을 적극 지원하겠습니다. 국내 중소기업의 해외 유수 기업과의 제휴와 협력도 지원할 것입니다. 자체 수출 역량이 부족한 중소·중견기업은 유통 대기업과 무역상사의 해외 네트워크를 활용해 해외시장 진출을 지원하도록 하겠습니다.

자랑스러운 무역인 여러분,

보호무역주의와 자국우선주의, 통화 양적 완화의 축소, 유가 인상, 원화 강세 등 내년에도 우리를 둘러싼 무역 여건이 만만치 않을 것입니다. 이를 이겨내려면 특정 지역에 편중된 우리의 수출 시장을 다변화해야 합니다. 저는 여러분들이 세계로 더 멀리 뻗어나갈 수 있도록 우리 경제 영역을 넓히고, 국제협력을 강화하는 데 더욱 힘쓰겠습니다. 그동안 자유무역협정(FTA)은 우리 무역 성장의 기반이 되었습니다. 지금 세계 GDP의 77%를 차지하는 교역 상대국이 우리와 FTA를 체결하고 있습니다. 정부는 수출 시장 다변화를 위해 한-ASEAN FTA 추가 자유화와 역내포괄적경제동반자협정(RCEP), 한-유라시아경제연합(EAEU) FTA

등을 조속히 추진하겠습니다. 한반도의 평화와 지속가능한 번영을 위해 북쪽으로는 러시아와 유라시아, 남쪽으로는 ASEAN과 인도로 우리의 외교와 경제 지평을 넓히고자 합니다. 이러한 취지에서, 지난 9월, 블라디보스토크 동방 경제 포럼에서 신북방 정책을, 11월, ASEAN 순방에서는 신남방 정책 구상을 밝힌 바 있습니다. 극동 지역에는 조선, 항만, 북극 항로, 가스, 철도, 전력, 일자리, 농업, 수산 등 아홉 개의 경제협력 다리(9-Bridges 전략)를 제안하였습니다. ASEAN과는 사람 중심의 번영과 평화 공동체를 만들어갈 것입니다. ASEAN과의 교역 규모를 2020년까지 2000억 불로 확대하겠다는 목표도 세웠습니다. 신북방 정책과 신남방 정책의 성공도 결국, 무역인 여러분들의 손에 달려 있습니다. 함께 세계를 향해 힘껏 달려나갑시다. 저와 정부가 길을 열겠습니다.

존경하는 국민 여러분, 무역인 여러분,

무역이 이끈 경제성장에 힘입어 1인당 국민소득 3만 달러 시대도 눈앞에 두고 있습니다. 저는 무역인 여러분과 우리 국민이 정말 자랑스럽습니다. 이제, 무역 1조 달러를 넘어 무역 2조 달러 시대를 향해 꿈을 키우고 이뤄나갑시다. 무역이 더 많은 일자리를 만들고, 국민의 삶을 바꿀 수 있도록 함께 노력합시다. 무역인 여러분의 건승과 행복을 기원합니다. 감사합니다.

수석·보좌관회의 모두 발언

| 2017-12-11 |

　　지난주 금요일 정부는 공공기관 채용 비리 특별 점검 중간 결과를 발표했습니다. 우려했던 바와 같이 공공기관 채용 비리는 예외적인 사건이 아니었고, 일부 기관에 한정된 문제가 아니었습니다. 기관장이나 고위 임원이 연루된 사건이 상당수였고, 채용 절차에서부터 구조적 문제가 많다는 것이 확인됐습니다. 이번 조사 결과에 대해서 국민들의 분노와 허탈감이 큰 만큼 비리에 연루된 임직원에 대해서는 민형사상 엄중한 책임을 묻고, 부정하게 채용된 직원에 대해서도 채용 취소 등 국민이 납득할 수 있는 적절한 조치가 취해져야 할 것입니다. 나아가서 드러난 채용 비리에 대해 일회성 조사나 처벌로만 끝내지 말고 공공기관과 금융

기관부터 우선 채용 비리를 근절하고, 민간 기업까지 확산시켜 우리 사회의 고질화된 채용 비리 문제를 해결할 수 있도록 근본적인 대책을 마련해주길 바랍니다. 공정한 채용 문화의 확립을 공정 사회로 가는 출발점으로 여겨주기 바랍니다.

오늘부터 올해 마지막 임시국회가 시작됐습니다. 그동안 국회는 국정감사와 예산심의 등 쉼 없이 달려왔습니다. 이제 개혁 법안과 민생 법안을 처리하는 과정에서도 국민의 여망에 화답해주시길 바라마지 않습니다. 특히 올해는 정의를 바로 세우고 나라다운 나라를 만드는 해가 되어야 한다는 것이 촛불정신입니다. 나라다운 나라는 권력기관이 국민 위에 군림하는 것이 아니라 국민을 위해 일하는 나라입니다. 이러한 차원에서 부패 청산과 권력기관 정상화를 위한 개혁 법안들을 신속하게 처리해 국회가 개혁을 이끄는 주체가 되어주길 바랍니다. 또한 우리 경제에 불고 있는 훈풍을 서민과 소상공인 중소기업에 골고루 퍼지게 하고 공정 경제를 실현하기 위한 민생 법안들도 조속히 통과시켜주길 바랍니다. 노동시간 단축을 위한 근로기준법 개정은 더 이상 늦출 수 없는 과제입니다. 18대 국회부터 논의해왔던 사안인 만큼 가급적 빠른 시일 안에 단계적 시행을 시작할 수 있도록 국회가 매듭을 지어주길 바랍니다. 민생과 경제는 여야를 가리지 않고 같은 목표를 가지고 있는 만큼 이번 임시국회에서 책임 있는 결단을 통해 국민의 기대에 부응해줄 것을 당부드립니다.

건강보험의 보장성을 획기적으로 강화하려는 이른바 '문재인 케어'에 대한 의사들의 염려는 충분히 이해할 수 있는 일입니다. 건강보험 보장성 강화의 핵심은 의학적으로 필요한 모든 진료를 건강보험으로 해결하자는 것입니다. 그러나 이는 의사들의 입장에선 건강보험의 수가로 병원을 운영해야 한다는 뜻이므로 건강보험 보장성을 강화하면서 의료수가 체계도 합리적으로 개선하겠다는 것이 정부의 방침입니다. 의료수가 체계의 개선을 전제로 한 건강보험 보장성 강화는 의료계가 앞장서서 주장해왔던 내용입니다. 그런 만큼 의료수가 체계 개선과 함께 건강보험의 보장성을 획기적으로 강화할 수 있도록 의료계에서도 지혜를 모아주시길 바랍니다. 정부도 의료수가 체계 개선에 관한 의료계의 목소리에 충분히 귀를 기울일 것입니다. 이상입니다.

중국 국빈 방문 재중 한국인 간담회 인사 발언

| 2017-12-13 |

여러분, 반갑습니다.

따뜻하게 맞아주셔서 정말 감사합니다. 이 자리에 참석하기 위해 중국 전역에서 오셨다고 들었습니다. 오늘 서울은 정말 추웠습니다. 올 겨울 들어 가장 추운 날이었습니다. 여기 베이징도 날씨가 꽤 추운데, 오시는 길에 불편함은 없으셨는지요. 해가 가기 전에 꼭 만나고 싶었는데, 이렇게 현실이 되니 아주 기쁘고 감격스럽습니다. 여러분도 같은 마음이시죠?

사랑하는 교민 여러분,

그동안 사드 여파로 얼마나 고생이 많으셨습니까? 저와 온 국민들도 참으로 답답하고 안타까운 심정이었습니다. 그래서 취임 직후부터 한 중 관계 복원에 많은 노력을 기울였습니다. 지난 10월 말 우리의 진정성 있는 노력에 중국도 호응해왔습니다. 한중 양국은 모든 분야의 교류·협 력을 정상 궤도로 회복해나가자는 데 뜻을 같이했습니다. 비 온 뒤에 땅 이 더 굳어지듯이 이번 국빈 방문으로 양국의 신뢰가 회복되고, 한중 관 계의 새로운 시대가 열리길 기대합니다. 무엇보다 양국 국민들의 마음이 다시 이어지길 바랍니다. 그러한 의미에서 우리에게 소중한 한중 양국 커플들을 이 자리에 함께 모셨습니다. 우리 쪽에서 보면 중국 사위, 중국 며느리지요. 잠깐 손들어주시겠습니까? 위샤오광, 추자현 부부를 비롯 해 양국을 하나로 이어주는 한중 커플들에게 큰 격려와 응원의 박수 부 탁드립니다.

존경하는 교민 여러분,

한중 양국은 오랫동안 긴 역사를 함께해왔습니다. 중국이 번영할 때 한국도 함께 번영했고, 중국이 쇠퇴할 때 한국도 함께 쇠퇴했습니다. 두 나라는 제국주의에 의한 고난도 함께 겪었고, 함께 항일투쟁을 벌이 며 어려운 시기를 함께 헤쳐왔습니다. 오늘은 난징대학살 80주년 추모 일입니다. 우리 한국인들은 중국인들이 겪은 이 고통스러운 사건에 깊은 동질감을 가지고 있습니다. 저와 한국인들은 동병상련의 마음으로 희생 자들을 애도하며, 아픔을 간직한 많은 분들께 위로 말씀을 드립니다. 오 늘 이 자리에는 망명지에서 치열하게 항일 독립운동을 펼친 우리 독립 유공자 후손들께서 자리를 빛내주고 계십니다. 중국 곳곳에는 우리 애국선열들의 혼과 숨결이 남아 있습니다. 만리타향에서도 역경에 굴하지 않았던 숭고한 애국심의 바탕에는 불의와 억압에 맞서는 인간의 위대함이 있었습니다. 동지가 되어준 중국 인민들의 우의가 있었습니다. 이 자리에 계신 후손 한 분 한 분의 가슴에는 그 어떤 훈장보다 빛나는 애국애족의 정신과 한중 우호의 역사가 깃들어 있습니다. 대한민국 임시정부에서 비서로 활약하신 김동진 지사의 따님 '김연령' 님과 손자 '김과' 님, 대한민국 임시정부 의원으로 활동하신 김철남 지사의 아드님 '김중평' 님과 '김정평' 님, 조국 독립과 중국혁명에 '김산'이라는 이름으로 투신하신 장지락 지사의 아드님 '고영광' 님, 대표적인 몇 분만 거명했습니다만, 오늘 저는 대한민국 국민을 대표하여 조국을 위해 헌신한 애국선열의 후손 한 분 한 분께 존경과 감사의 인사를 전합니다.

사랑하는 교민 여러분,

올해는 한중 수교 25주년이 되는 뜻깊은 해입니다. 지난 25년간 양국 간의 교역과 인적 교류는 폭발적으로 늘었습니다. 중국에 진출한 우리 기업이 2만 5000여 개에 이르고, 최근에는 혁신 창업을 통해 성공 스토리를 만들어내고 있습니다. 그 중심에 여러분이 계십니다. 조선시대 중국과의 인삼 무역으로 거상이 된 임상옥은 "장사는 이익을 남기는 것이 아니라 사람을 남기는 것이다"라는 말을 남겼습니다. 그런 정신으로 한중 관계의 역사를 만들고 있는 여러분 한 분 한 분이 정말 자랑스럽습니다. 여러분이 마음껏 활동하실 수 있도록 정부가 열심히 노력하겠습니다. 지난 25년간 한중 관계는 경제 분야에서는 비약적인 발전을 이루었으나, 정치·안보 분야에서는 이에 미치지 못했습니다. 앞으로 한중 관계를 경제 분야의 발전에 걸맞게 다양한 분야에서 고르게 발전시킴으로써 한중 관계가 외부 갈등 요인에 흔들리지 않게 하겠습니다. 경제 분야에서도 그동안 제조업 중심으로 교역이 확대되어왔으나 한중 FTA 후속 협상인 투자·서비스 협상에 박차를 가해 FTA 효과를 극대화해나가겠습니다. 그간 중국한국인회를 비롯하여 중국 내 한인 단체들이 재외 국민 보호와 진출 기업 지원을 위해 큰 기여를 해오셨습니다. 정말 감사합니다. 정부는 앞으로 교민 사회와 진출 기업을 위한 지원을 아끼지 않을 것입니다. 여러분들도 자부심과 책임감을 가지고 양국 공동 번영의 열매가 풍성히 맺힐 수 있도록 계속해서 많은 역할을 해주시기 바랍니다.

사랑하는 교민 여러분,

곧 있으면 평창에서 동계 올림픽과 패럴림픽이 개최됩니다. 1988년 동서 양 진영이 모두 참석했던 서울 올림픽은 전 세계적인 냉전 종식의 장이었습니다. 이번 평창 동계 올림픽도 한반도와 동북아, 더 나아가 전 세계의 평화와 화합에 기여하는 세계인의 축제로 만들어가고자 합니다. 이미 재중한인회가 SNS를 통해 평창 동계 올림픽을 홍보하고 참여를 독려하고 있다고 들었습니다. 온 정성과 마음으로 평창을 준비하고 있는 저와 국민들에게 큰 감동과 힘이 되었습니다. 이렇게 평창 동계 올림픽에서 모아진 하나 된 열정이 2022년 베이징으로 이어질 것이라고 확신합니다. 평창 동계 올림픽이 한중 양국의 우의를 증진하는 계기가 될 수 있도록 더욱 큰 관심과 성원을 보내주시기 바랍니다.

존경하는 교민 여러분,

한중 양국은 새로운 차원의 여정을 시작하려고 합니다. 양국의 이익과 양국 국민들의 삶의 질을 높이는 진정한 동반자가 되기 위한 여정입니다. 여정의 중심에는 지난 25년을 견인해왔고, 다가올 25년을 이끌고 나갈 여러분들이 계십니다. 여러분 모두의 지혜와 경험 그리고 힘을 이 중요하고 의미 있는 여정에 모아주시길 당부드립니다. 다시 만날 때까지 건강하고 행복하시고요. 이제 새해가 얼마 남지 않았습니다. 남은 마지막 해 잘 보내시고, 새해에는 모두들 복 많이 받으시기 바랍니다. 감사합니다.

비즈니스 라운드 테이블 연설

| 2017-12-13 |

　　오늘 중국과 한국 양국의 기업인들을 이렇게 만나 뵙게 돼 정말 기쁩니다. 특히 양국 간의 경제협력에서 다수 어려움이 없지 않았던 한 해를 보내면서 또 새로운 해를 맞이하는 이 길목에, 또 더 크게는 한중 수교 25년 보내고 새로운 25년을 또 준비해야 되는 이 시기에 양국 기업인들을 만나 뵙게 돼 더 뜻깊게 생각합니다. 이번 국빈 방문 때 사상 최대 규모의 경제 사절단이 동행을 했습니다. 오늘 비즈니스 포럼에도 우리 한국의 250여 개 기업이 참가할 예정입니다. 한국과 중국 양국 간의 경제협력 관계가 한 단계 더 발전하길 바라며 한국 국민들과 한국 기업인들의 여망이 담겨 있는 것이라고 생각합니다. 뿐만 아니라 그동안 양

국이 입장이 서로 다른 그런 문제 때문에 양국 간의 여러 가지 협력 관계가 주춤했던 어려운 상황을 떨쳐내고, 양국 관계에서 새로운 시대가 열리기를 바라는 한국민과 또 기업인들의 여망이 담긴 것이라 생각합니다.

한국과 중국은 비슷한 경제성장의 경로 밟고 있습니다. 또 양국이 주력으로 생각하는 산업 분야도 처음에는 전통 제조 분야 그리고 또 최근에는 ICT 통신 분야, 앞으로는 4차 산업혁명 분야, 이렇게 양국이 주력으로 생각하는 산업 분야들도 거의 일치합니다. 그렇기 때문에 한국과 중국의 경제는 서로 경쟁 관계이고, 중국의 경제가 성장하고 발전하면 한국이 타격받을 것이다, 이렇게 생각하는 사람이 있습니다. 저는 생각이 전혀 다릅니다. 오히려 정반대라고 생각합니다. 지난 한중 수교 25년 역사가 그것을 증명한다 생각합니다. 중국과 한국은 어느 한쪽 경제가 성장하고 발전하면 그것이 상대방에게도 도움이 되는, 상대방의 경제성장과 발전을 돕는 그런 상생의 협력 관계에 있다고 생각합니다. 양국 관계가 경쟁 관계에 있는 건 사실이나 더 크게 보면 양국 협력을 통해서 공동 번영해나가는 그런 운명적인 동반자 관계 또는 운명 공동체의 관계라고 생각합니다.

앞으로 그런 차원에서 양국 간의 경제협력 관계가 한 단계 더 발전해서 중국, 한국 모두 공동 번영을 이루기를 바라마지 않습니다. 특히 양국은 혁신 성장에서 새로운 성장 동력을 찾고자 합니다. 양국이 모두 방점을 가지고 있는 4차 산업혁명을 선도해나가려는 꿈을 갖고 있습니다.

한국과 중국이 서로 협력한다면 세계적인 4차 산업혁명 시대에도 선도해나갈 수 있을 것이라고 생각합니다. 그런 큰 비전들을 가지면서 오늘이 라운드 테이블이 양국의 경쟁 관계를 더욱 심화시키는 그런 좋은 성과 거두기를 바랍니다. 감사합니다.

한중 비즈니스 포럼 연설

| 2017-12-13 |

　지앙쩡웨이(姜增偉) 중국국제무역 촉진위원회(CCPIT) 위원장님, 박용만 대한상의회장님, 양국의 경제인 여러분,

　반갑습니다. 오늘은 난징대학살 80주년 추모일입니다. 우리 한국인들은 중국인들이 겪은 이 고통스러운 사건에 깊은 동질감을 가지고 있습니다. 동병상련의 마음으로 희생자들을 애도하며, 여전히 아픔을 간직한 모든 분들에게 위로의 뜻을 전합니다. 사람은 누구나 존재 자체가 존엄합니다. 사람의 목숨과 존엄함을 어떤 이유로든 짓밟아서는 안 된다는 것이 인류 보편의 가치입니다. 이제 동북아도 역사를 직시하는 자세 위에서 미래의 문, 협력의 문을 더 활짝 열어야 합니다. 그러기 위해서는

과거를 성찰하고 아픔을 치유하는 노력이 필요합니다.

　존경하는 경제인 여러분,

　올해는 중국과 한국이 수교한 지 25년이 되는 해입니다. 저는 수교 이후 다섯 번째 중국 방문인데, 올 때마다 상전벽해와 같은 변화의 모습에 놀라고 감동을 받습니다. 지난 25년간 중국의 눈부신 경제성장 속에서 한중 양국은 서로의 경제 발전에 든든한 협력자가 되어왔습니다. 중국은 한국의 최대 교역 대상국이 되었고, 한국은 중국의 제3대 교역 대상국이 되었습니다. 인적 교류도 크게 늘어, 한 해 1000만 명 이상의 국민이 양국을 방문하고 있습니다. 중국 젊은이들은 한국의 음악과 드라마를 즐기고 있습니다. 한국 젊은이들은 중국어 공부에 열을 올리고, 양꼬치와 칭따오 맥주를 즐깁니다. 요즘은 중국 쓰촨 요리 '마라탕'이 새로운 유행입니다. 중국과 한국의 밀접한 교류와 협력은 어찌 보면 너무나 당연한 일입니다. 지리적으로 가장 가까운 이웃사촌임은 물론, 유구한 역사와 문화를 함께해왔습니다. 우리는 어려서부터 공자와 맹자의 유교사상을 배우고, 삼국지와 수호지를 읽으며 호연지기를 길러왔습니다. 제국주의의 침략에 함께 고난을 겪고 함께 싸우기도 했습니다. 이런 본질적인 유대감 속에 양국은 지난 25년간 폭 넓은 교류를 통해 오랜 우정을 되찾았습니다. 하지만, 최근 양국 관계에 어려움이 있었습니다. 특히 경제인 여러분들의 마음고생이 심했을 것입니다. "비 온 뒤에 땅이 더 굳어진다"는 한국의 속담처럼, 저는 이번 방문을 통해 양국의 우정과 신뢰를 다시 확인하고, 모든 분야에서 협력을 한 단계 더 발전시키는 계기가 되기를 희망합니다.

존경하는 경제인 여러분,

세계 경제가 빠르게 변화하고 있습니다. 4차 산업혁명의 물결이 눈앞에 다가오고, 보호무역주의와 양적 완화·축소 등 대외적 불확실성도 커지고 있습니다. 올해 중국과 한국은 모두 새로운 지도 체제를 출범시켰습니다. 중국의 새 지도부가 지향하는 가치와 원칙은 한국 새 정부의 정책 기조와 유사한 점이 많습니다. 시진핑 주석은 19차 당 대회에서 인민이 정치의 중심임을 분명히 하고, 전면적인 샤오캉(小康) 사회 건설을 통해 중국의 꿈을 실현할 것을 역설했습니다. 한국도 국민이 주인인 나라를 국정 목표로 삼고, 가계소득을 높이는 "사람 중심 경제"를 추진하고 있습니다. 시 주석이 강조한 인류 운명 공동체 구축은 동북아의 평화와 공동 번영이 그 출발이라고 생각합니다. 동북아의 책임 있는 국가로서 중국과 한국이 힘을 모아 새로운 변화와 도전에 함께 대응해나갈 것을 희망합니다. 이를 위해, 양국의 경제협력 패러다임도 새로워져야 하겠습니다. 저는 미래지향적인 경제협력을 위한 3대 원칙과 8대 협력 방향을 제안하고자 합니다.

우선, 새로운 25년의 경제협력을 위한 3대 원칙입니다. 첫째, 경제협력의 제도적 기반 강화입니다. 양국 간 교류와 협력의 틀을 제도화하여 경제협력의 안정성과 지속성을 확보하자는 것입니다. 둘째, 양국의 경제 전략에 입각한 미래지향적 협력입니다. 경제협력을 양국이 지향하는 새로운 산업과 분야로 확대하고, 상호 보완적 협력, 경쟁적 산업의 제3국 공동 진출로 호혜 상생의 협력 구조를 만들자는 것입니다. 마지막으로 양국 국민 간 우호적 정서를 통한 사람 중심 협력입니다. 문화 교류와 인적 교류를 확대하여 마음이 통하고 서로 신뢰하는 친구가 되자는 취지입니다. 중국에서는 숫자 '8'이 부(富)를 얻는다는 의미가 있어 사랑받는 숫자라고 들었습니다. 한중 협력이 서로에게 도움이 되기를 바라는 의미에서 '8가지 협력 방향'을 생각해보았습니다.

첫째, 안정적인 경제협력을 위해 제도적 기반을 다져야 합니다. 발효 3년 차인 한중 FTA는 양국 경제협력의 근간입니다. 양국 기업들이 실질적 혜택을 누릴 수 있도록 FTA 이행 상황을 지속 점검하고, 검역, 통관, 비관세 장벽 등 교역의 문턱을 더 낮춰야 합니다. 내일 시진핑 주석과의 정상회담에서 한중 FTA 서비스·투자 후속 협상을 개시하는 양해각서를 체결할 예정입니다. 양국 기업의 서비스 시장 진출이 확대되고, 상호 투자가 보다 활성화될 것으로 기대합니다. 아울러, 한중 경제장관회의 등 정부 부처 간 협의 채널을 열고, 반도체, 철강 등 산업별 민간 협의 채널을 활성화할 필요가 있습니다.

둘째, 교역 분야 다양화와 디지털 무역으로 양국 교역의 질적인 성장을 도모해야 하겠습니다. 중국과 한국의 산업구조 변화에 맞춰 교역투자를 전통 제조업에서 프리미엄 소비재와 서비스 분야로 확대해나가겠습니다. 양국은 발전된 IT 인프라를 가지고 있습니다. 중국의 하이타오족(海淘族)은 전자상거래를 통해 한국의 식품, 화장품, 유아용품을 구입하는 주된 고객입니다. 한국의 젊은이들도 티엔마오, 타오바오 같은 온라인 쇼핑몰을 통해 중국 제품을 직접 구매합니다. 배송·통관·반품 등 관련 제도를 정비하고, 양국 기업의 상호 온라인 플랫폼 입점을 확대하여 디지털 무역이 더욱 활성화되도록 하겠습니다.

셋째, 4차 산업혁명에 대응한 미래 신산업 협력을 강화해야 합니다. 양국 모두 혁신 경제를 전략적으로 추진하고 있습니다. 양국은 사물인터넷(IoT), 인공지능(AI), 로봇, 드론, 전기차 등의 신산업 분야에서, 발전 잠재력과 경쟁력을 가지고 있습니다. 4차 산업혁명 관련 핵심 분야로 경제협력을 확대하여 상호간 시너지 효과를 높일 수 있기를 기대합니다. 한국은 내년 평창 동계 올림픽에서 세계 최초로 5세대 이동통신 서비스를 시범 운영할 계획입니다. 이 경험을 중국과 공유하여 2022년 베이징 동계 올림픽이 성공적으로 개최될 수 있도록 돕겠습니다.

넷째, 벤처 및 창업 분야 협력을 확대하고자 합니다. 한국은 일자리 창출과 혁신 성장을 경제의 최우선 과제로 삼아 중소벤처기업 육성과 혁신 창업을 적극 지원하고 있습니다. 중국도 신창타이 시대에 대응하여 "대중창업 만중창신(大衆創業 萬衆創新)"을 추진해오고 있습니다. 지난해 양국의 민관이 공동 출자하여 1억 달러 규모의 펀드가 조성되었습니다. 이 기금을 통해 양국 기업의 상호 투자를 확대하고 혁신적 창업과 벤처기업이 활성화되도록 지원하겠습니다.

다섯째, 에너지 분야도 협력을 강화할 유망한 분야입니다. 한국은 친환경에너지 발전 비중을 2030년까지 20% 수준으로 확대하는 "재생에너지 3020"을 추진 중에 있습니다. 중국은 신재생에너지 최대 생산국이며, 태양광 분야에서 세계 1위의 경쟁력을 보유하고 있습니다. 향후 신재생에너지 분야에서 양국 간 협력 가능성이 풍부합니다. 아울러, 동북아 슈퍼그리드와 같은 초국가적 광역 전력망을 연계하고 에너지 신기술 공동 개발로 에너지 인프라 분야에서의 협력도 강화해나갈 것을 제안합니다.

여섯째, 환경 분야 협력은 양국 국민의 삶의 질 개선을 위해 반드시 필요합니다. 시진핑 주석은 19차 당 대회 연설을 통해 "아름다운 중국(美麗中國)"을 기치로 "생태 환경 개발"을 향후 주요 정책 방향으로 제시했습니다. 양국은 지리적 인접성으로 인해 미세먼지 같은 환경 문제에 밀접하게 관련되어 있습니다. 한국은 대기 정화 분야에서 첨단 기술을 보유하고 있으며, 대기 저감 기술을 중국의 제철과 석탄 화력 분야에 적용하는 실증 사업을 추진한 바 있습니다. 앞으로 대기·수질 관리, 폐기물 처리, 청정 생산 공정을 위한 생태 산업 단지 개발 등 환경 문제 해결을 위한 협력 사업을 만들어나가기를 바랍니다.

일곱째, 인프라 사업에 대한 제3국 공동 진출입니다. 중국은 '일대일로 구상'을 통해 60여 개 연선 국가와 공동 번영의 길을 모색하는 국가 전략을 가지고 있습니다. 한국도 신북방 정책과 신남방 정책을 통해 이웃 국가들과 발전적인 미래 공동체를 만들고자 합니다. 양국 공통의 전략을 실현하기 위해 한중 기업 간 장점을 결합한 제3국 공동 진출을 제안합니다. 수단 신공항 건설, 두바이 팜 게이트웨이 건설, 에콰도르 정유 공장 건설 등 이미 한중 공동 진출 성공 사례들이 많이 있습니다. 한국 정부는 한중 공동투자기금을 통해 양국 기업 간 제3국 공동 진출을 적극 지원하겠습니다. 이와 함께, 아시아인프라투자은행(AIIB), 신개발은행(NDB) 같은 다자개발은행과의 협력을 통해 지역 공동체의 인프라 개발과 경제 발전에 함께 기여하겠습니다.

마지막 여덟째입니다. 사람 중심의 민간 교류·협력을 활성화하겠습니다. 한국의 서울과 베이징, 인천과 상하이는 비행 시간 2시간 거리입니다. 양국 국민들이 쉽게 왕래할 수 있는 하루 생활권입니다. 한국에는 중류 문화가 폭넓은 인기를 누리고 있고, 중국에도 한류 문화가 인기가 있습니다. 한중 합작 투자를 통해 양국의 드라마와 공연, 다양한 문화 콘텐츠를 교류하겠습니다. 문화와 비즈니스를 결합한 협력 사업도 확대하겠습니다. 한국의 외국인 유학생 비율 중 압도적인 1위는 중국인입니다. 중국에도 7만 3000명의 한국인 학생들이 공부하고 있습니다. 인문 교류와 청년 교류 사업을 재개하여 미래의 지도자들이 함께 성장할 수 있도록 뒷받침하겠습니다.

양국 경제인 여러분,

지난 25년간 양국이 우정과 협력의 물길을 만들었다면, 앞으로 25년
은 미래 공동 번영을 위한 배를 띄워야 할 때입니다. 중국의 번영은 한국
의 번영에 도움이 되고, 한국의 번영은 중국의 번영에 도움이 됩니다. 양
국은 함께 번영해야 할 운명 공동체입니다. '동주공제(同舟共濟)'의 마음
으로 협력한다면 반드시 양국이 함께 발전하고 성장해나갈 것이라고 확
신합니다. 그 중심에 바로 경제인 여러분들이 있습니다. 여러분의 성공
이 곧 양 국가의 발전입니다. 한중 경제협력의 새로운 도약을 위해 더욱
힘써주십시오. 저와 한국 정부도 힘껏 돕겠습니다. 감사합니다.

정책기획위원회 출범식 축사

| 2017-12-14 |

존경하는 정책기획위원회 위원 여러분,

정책기획위원회 출범을 축하합니다. 우리나라 각 분야 최고 전문가들을 위원으로 모시게 되어 아주 기쁩니다. 정부가 출범한 지 200여 일이 지났습니다. 그동안 새 정부 5년의 국정 운영 계획을 확정하고 이를 뒷받침할 재정 전략을 마련했으며 내각 인선을 마무리했습니다.

한편으로 국가 운영의 물길을 바꾸고 국민이 요구하는 대역 과제를 실천하고 있습니다. 각 분야에서 새 정부의 가치를 담은 새로운 정책들도 착실히 실행되고 있습니다. 이제 촛불시민의 염원이었던 나라다운 나라의 기틀이 잡혔고 살을 붙여가고 있다고 생각합니다. 국민들께서도 이를 평가해주시고 있어 마음 든든하고 뿌듯합니다. 앞으로가 더욱 중요합니다. 국정 과제를 구체화하고 상황 여하에 맞게 수정 보완해가야 하겠습니다. 새로운 정책 과제도 발굴하고 기획해야 하겠습니다. 이 가장 중요한 일을 맡아주실 곳이 정책기획위원회입니다.

존경하는 정책기획위원회 위원 여러분,

5년 후 역사와 국민의 평가를 생각하면서 나아가십시다. 국정 계획의 실천은 정부 각 부처가 책임 있게 수행할 것입니다. 정책기획위원회는 현안도 중요하지만 역사 속에서 새 정부가 해야 할 일이 무엇인지에 더 집중해주시기 바랍니다. 정부 정책이 국민의 삶을 바꾸지 못하면 아무 의미가 없습니다. 모든 활동의 초점을 국민의 삶의 질 개선과 더불어 잘사는 대한민국을 만드는 데에 맞춰주시기를 바랍니다.

지난 국정 과제 선정 과정이 국민들의 놀라운 참여 속에 진행되었습니다. 정책기획위원회 활동도 국민의 많은 참여와 소통 속에 이루어지기를 기대합니다. 정책기획위원회가 정부와 각계 전문가, 국민을 잇는 다리가 되어주시기를 바랍니다. 정의로운 대한민국, 더불어 잘사는 대한민국을 만들자는 국민의 희망이 문재인 정부의 출발이었습니다. 늘 이것을 잊지 말자 당부 말씀을 드립니다. 여러분은 문재인 정부의 싱크탱크이고 디자이너입니다. 여러분을 통해 문재인 정부의 모습이 다듬어지고 국정 운영 설계도가 완성될 것입니다. 저는 정해구 위원장과 위원 여러분을 신뢰합니다.

여러분과 굳게 손잡고 국민의 나라, 정의로운 대한민국을 만들고 싶습니다. 함께 동행해주십시오. 감사합니다.

한중 경제·무역 파트너십 개막 행사 격려사

| 2017-12-14 |

중국과 한국의 기업인 여러분,

안녕하십니까? 대한민국 대통령 문재인입니다. 한국의 중소벤처기업들과 중국의 구매 기업이 한데 어울려 무역과 투자 협력을 상담한다고 하여, 오늘 기대를 가지고 행사장을 방문하게 되었습니다. 기쁘게 생각합니다. 젊은 기업인들의 열정이 넘치는 현장에 오니 제 마음도 덩달아 뜨거워집니다. 양국 기업인 여러분들의 진지하고 열의에 찬 모습에서 두 나라의 굳은 우정과 밝은 미래를 보는 것 같습니다. 분위기를 보니 오늘 좋은 거래가 많이 성사될 것 같은 예감이 드는데, 맞습니까?

무역과 경제 현장에 있는 여러분을 보면서 역시 '사람이 먼저다'라는 것을 새삼 느낍니다. 양국 간 경제협력에 있어서도 결국 '사람과 사람 사이의 관계'를 만들어가는 게 무엇보다 중요하다고 생각합니다. "먼 길도 친구와 함께 가면 힘들지 않다"는 말이 있습니다. 또 "사업하기 전에 먼저 친구가 되라"는 중국 속담도 있습니다. 오늘 "한중 경제무역 파트너십" 행사가 여러분들 모두가 평생 함께 할 수 있는 진정한 동반자를 만나는 기회가 되기를 기대합니다.

중국에서는 행사를 시작할 때 징을 친다고 합니다. 한국에서도 징 소리는 잡귀와 악운을 쫓는 뜻이 담겨 있습니다. 꽹음과 함께 어두운 과거는 날려버리고, 중국과 한국의 관계가 더욱 굳건하게 맑은 향기로 채워질 수 있도록 우리 함께 노력합시다. 여러분의 성공적인 비즈니스를 기원합니다. 감사합니다.

한중 확대 정상회담 모두 발언

| 2017-12-14 |

국빈으로 초대해주시고, 따뜻하게 환대해주신 시진핑 주석님과 중국 정부 그리고 중국 국민들께 진심으로 감사드립니다.

어제 난징대학살 80주년 추도일이었는데, 다시 한번 애도와 위로의 말씀을 드립니다. 저는 수교 바로 다음 해인 1993년 처음 중국을 방문한 이후 다섯 번째 방문인데, 매번 상전벽해와 같은 중국의 발전상에 놀라고 감동을 받습니다. 1992년 한중 수교는 동북아에서 탈냉전 질서의 서막을 연 기념비적인 일이었습니다. 그 후 25년간 양국은 모든 분야에서 눈부신 발전을 이룩하였습니다. 중국은 한국의 최대 교역국이며, 한국은 중국의 제3대 교역국이 되었습니다. 매일 300여 편에 가까운 항공편으로 4만여 명의 사람들이 서로 왕래하고 있습니다. 오늘 정상회담이 그간 우리 양국과 양 국민이 전략적 협력 동반자 관계를 통해 이룩한 성과를 한 단계 더 발전시켜 나가는 전기가 되기를 기대합니다.

저는 지금까지의 만남을 통해 시 주석님이 말과 행동에서 매우 진정성 있고 신뢰할 수 있는 지도자라는 믿음을 가지게 되었습니다. 저는 개인은 물론 국가 간의 관계에서도 신뢰가 가장 중요하다는 신념을 가지고 있습니다. 양 정상 간의 신뢰와 우의를 바탕으로 차분하게 양국 간 새로운 시대를 여는 기반을 단단하게 하고 싶습니다. 지난 19차 당 대회에서 시 주석께서 민주적인 리더십과 함께, 국민들의 삶의 질 향상을 위한 생태 환경 발전과 같은 가치를 제시하신 것을 보면서 국민들을 진정으로 위하는 마음을 잘 느낄 수가 있었습니다. 이는 "사람이 먼저다"라는 저의 정치철학과 "국민이 주인인 정부"라는 우리 정부의 국정 목표와도 통하는 것이라고 생각합니다. 이러한 공감대를 바탕으로 양국의 미래 성장 동력을 함께 마련하고, 양국 국민들이 체감할 수 있는 실질 분야의 협력 사업들을 추진해나가길 원합니다. 또한 동북아는 물론 전 세계의 평화와 안전을 위협하는 북핵 문제를 평화적으로 해결하고, 한반도에 항구적인 평화를 정착시키기 위한 공동의 입장을 재확인하고, 구체적인 협력 방안을 논의하길 기대합니다.

역사적으로 한중 양국은 서로 문호를 개방하고, 교류 협력을 적극적으로 추진하였을 때 공동의 번영기를 구가할 수 있었습니다. 수교 이후의 역사를 보더라도 양국은 일방의 경제 발전이 서로에게 도움을 주며 상승작용을 일으키는 관계에 있습니다. "관왕지래(觀往知來)"라는 말이 있듯이 과거를 되돌아보면 미래를 알 수 있습니다. 양국은 가장 가까운 이웃이고, 유구한 역사와 문화를 공유하고 있습니다. 저는 양국이 공동 번영의 길을 함께 걸어가면서 한반도와 동북아, 나아가 세계의 평화와 번영을 위해 함께 협력해나가야 할 운명적 동반자라고 믿습니다. 양국이 최근 일시적으로 어려움을 겪었으나, 어떤 면에서는 오히려 역지사지할 수 있는 기회가 됨으로써 그간의 골을 메우고 더 큰 산을 쌓아나가기 위한 나름대로 의미 있는 시간이었다고 생각됩니다.

오늘 회담을 통해 양국 관계를 한 단계 더 격상시켜 발전시키고, 평화·번영의 역사를 함께 써나가는 아름다운 동행의 새롭고 좋은 첫 발걸음을 함께 내딛게 되기를 기대합니다. 감사합니다.

리커창 중국 총리와의 회동

| 2017-12-15 |

　　지난 11월 ASEAN 정상회의 때 만난 데 이어 짧은 시간 내에 이렇게 뵙게 돼 대단히 감사드립니다. 그리고 따뜻하게 환대해주셔서 감사드립니다. 이번 방중으로 시진핑 주석님과는 세 번째 회담이 이뤄졌고, 총리님과는 두 번째 회담을 이렇게 하게 됐는데, 이것은 한중 관계의 회복과 발전을 위해서 대단히 다행스러운 일이라고 생각합니다. 또 특히 제가 대통령에 취임한 후에 우리 총리님과 첫 번째 만날 때까지는 6개월이 걸렸었는데, 지금 두 번째 만남은 불과 한 달 만에 이뤄졌습니다. 이렇게 한중 관계 회복 및 발전 속도가 그만큼 빨라지기를 기대합니다. 무엇보다 한중 수교 25년을 보내고, 새로운 25년을 준비해야 되는 이 시기

에 제가 중국을 방문하게 되어서 대단히 뜻깊고 기쁘게 생각합니다. 수교 이래 한중 관계의 비약적 발전은 양국의 평화와 번영에 크게 기여했습니다. 중국과 한국은 역사적으로나 또 지리적으로나 평화와 번영의 운명을 공유를 해왔습니다. 앞으로도 평화와 번영을 함께해나가야 되는 그런 운명적인 동반자 관계에 있다고 생각합니다.

지난번에 총리님과 바둑을 소재로 대화를 나눴었는데, 중국과 한국의 관계를 바둑에 비유를 하자면 '미생'의 시기를 거쳐서 '완생'의 시기를 이루고, 또 '완생'을 넘어서서 앞으로 '상생'의 시기를 함께 맞이하기를 바랍니다. 이번에 저의 방중이 완생의 시기를 넘어 상생의 시기로 나아가는 그런 첫 걸음이 되기를 기원합니다. 새로운 25년을 향한 출발선에 선 한중 관계의 미래지향적인 발전 방안에 대해 오늘 총리님과 심도 있는 논의를 하고 싶습니다. 감사합니다.

충청 임시정부 청사 방문 인사말

| 2017-12-16 |

　여기 충청은 대한민국 임시정부의 마지막 청사가 있던 곳이고, 또 광복군총사령부가 있던 곳입니다. 광복군 그러면 우리가 비정규적인 군대, 독립을 위해서 총을 들었던 비정규군으로 생각할 수 있는데, 여기 있던 광복군은 정식으로 군대 편제를 갖추고 군사훈련을 받고, 군복도 제복도 갖추고, 국내로 진공해서 일제와 맞서 전쟁을 실제로 준비했던 정규 군대입니다. 대한민국 최초의 정규 군대라고 할 수 있습니다. 군대 진공 작전을 앞두고 일본이 항복을 하는 바람에 그 작전을 실행하지 못한 채 우리가 광복을 맞이했습니다. 그래서 김구 선생이 그 부분을 두고두고 통탄스럽게 생각한다고 말씀하신 바가 있었습니다. 여기 와서 보니

우리 선열들이 중국 각지를 떠돌면서 항일 독립운동에 바쳤던 그런 피와 눈물 그리고 혼과 숨결을 잘 느낄 수가 있었습니다. 우리 선열들의 강인한 독립 의지가 있었기 때문에 대한민국이 광복을 맞이할 수 있었던 것이라 생각합니다.

우리가 내년이면 광복 70주년 됩니다. 그런데도 대한민국 대통령으로서는 처음 이곳을 방문한다고 합니다. 대단히 뜻깊게 생각합니다. 그리고 이 기회에 우리 독립운동에 헌신하셨던 선열들의 후손들, 이렇게 뵙게 되어서 매우 기쁩니다. 임시정부는 우리 대한민국의 뿌리입니다. 우리 대한민국의 법통입니다. 대한민국 헌법에 대한민국이 임시정부의 법통을 계승한다고 명시를 했습니다. 그래서 우리는 임시정부 수립을 대한민국 건국으로, 건국의 시작으로 그렇게 보고 있습니다. 그래서 2019년은 3·1운동 100주년이면서 임시정부 수립 100주년이 되고, 그것은 곧 대한민국 건국 100주년이 됩니다. 건국 100주년이 되도록 우리가 대한민국 임시정부를 제대로 기념하고 기리지 못했다고 생각합니다. 그래서 100주년 이 기간 동안 국내에서도 대한민국 임시정부 기념관을 건립하려고 합니다. 우리 이종찬 위원장님이 건립추진위원장님 맡고 계시고, 김자동 위원장님이 임시정부 기념사업회 회장을 맡고 계십니다. 부지는 마련이 돼 있기 때문에 정부가 모든 힘을 다해 조기에 임시정부 기념관이 국내에서도 지어질 수 있도록 하겠습니다. 뿐만 아니라 중국 각지에 흩어진 과거 우리 독립운동 사적지도 제대로 보존할 수 있도록 최선을 다하겠습니다. 이번에 시진핑 주석과 정상회담하면서도 그 부분에 대해서 함께 협력해나가기로 했습니다. 여기 임시정부청사는 다행스럽게 충칭시의 지원 덕분에 그래도 잘 보존이 됐습니다. 함께 노력해주신 충칭시와 또 관계자 분들께 감사 말씀을 드리겠습니다. 또 함께 광복군총사령부는 아직 복원되지 못했습니다. 복원하기로 양국 정부 간 합의한 바가 있었는데, 그간 양국 관계가 조금 주춤하면서 제대로 진행이 되지 못했습니다. 그 부분도 제가 시 주석과 정상회담 때 다시 한번 지적하고 말씀을 드렸고, 시 주석께서도 관심을 가지기로 하셨습니다. 총사령부 건물도 빠른 시일 내에 복원할 수 있도록 최선을 다하겠습니다.

정말 여기 와서 보니 가슴이 메입니다. 우리가 역사를 제대로 기억해야 나라도 미래가 있다고 생각합니다. 내년에 맞이하는 광복 70주년, 2019년에 맞이하는 임시정부 수립 및 대한민국 건국 100주년을 제대로 기념하고 그 정신을 살려내는 것이 대한민국이 국격 있는 나라로 우뚝서는 길이라고 저는 믿습니다. 함께해주시길 바랍니다. 감사합니다.

한중 산업 협력 충칭 포럼 기조연설

| 2017-12-16 |

장귀칭 시장님, 오우순칭 비서장님, 숑쉐 상무 위원회 주임님, 김영주 한국 무역 협회 회장님, 양국 기업인 여러분,

반갑습니다. 중국 경제와 정치의 요충지인 이곳 충칭에서 '한중 산업 협력 충칭 포럼'이 개최된 것을 매우 기쁘게 생각하며 축하합니다. 충칭은 3000년의 역사를 지닌 유서 깊은 도시입니다. 한국인이 즐겨 읽는 《삼국지》의 영웅들, 유비·관우·장비가 웅비한 곳이기도 합니다. 충칭은 또한 우리 한국인들에게 매우 특별한 역사적 의미를 지녔습니다. 저는 오늘 아침, 한국 독립운동의 혼과 숨결이 서려 있는 대한민국 임시정부 청사를 한국 대통령으로서는 처음으로 방문했습니다. 이곳 충칭에서 중

국 인민들과 함께 고국 광복의 기쁜 소식에 서로 얼싸안았을 선조들을 생각하며 가슴이 뜨거웠습니다.

존경하는 내외 귀빈 여러분, 양국 기업인 여러분,

오늘의 충칭은 일대일로 경제권의 거점 지역으로서 매년 10%대의 놀라운 성장률을 기록하고 있습니다. 중국의 무한한 성장 잠재력을 가장 잘 보여주는 도시가 되었습니다. 이러한 충칭의 새 역사를 70여 개 한국 기업들이 함께 만들고 있다는 것이 매우 뜻깊고 자랑스럽습니다. 눈부시게 발전하는 역사의 현장에서 우의와 협력의 길을 열고 있는 중국과 한국 기업인들께 감사의 말씀을 드립니다.

한국은 북쪽으로는 러시아와 유라시아, 남쪽으로는 ASEAN과 인도를 잇는 신북방 정책과 신남방 정책을 펼치고 있습니다. 이를 통해, 역내 국가들 간 평화와 공동 번영을 위한 공동체를 목표하고 있습니다. 중국은 과거 인류 문명의 통로였던 실크로드를 내륙과 해양 양면에서 21세기 호혜 상생의 연결망으로 부활시키는 '일대일로 구상'을 강력하게 추진하고 있습니다. 시진핑 주석과 저는, 이번 정상회담에서 중국의 일대일로 구상과 한국의 신북방·신남방 정책 간의 구체적인 협력 방안을 적극 발굴해나가기로 뜻을 모았습니다. 물은 만나고 모일수록 먼 길을 갈 수 있습니다. '지동도합(志同道合)', 뜻이 같으면 길도 합쳐지는 법입니다. 일대일로 구상과 신북방·신남방 정책 간의 연계는 양국을 비롯한 역내 평화와 공동 번영을 실현하고, 인류 공영을 이끄는 힘찬 물결이 되리라 믿습니다. 오늘 이를 위한 한중 협력의 네 가지 방향을 말씀드리고자 합니다.

첫째, 중국과 한국, 역내 국가 간의 연결성을 강화하겠습니다. 일대일로 구상의 핵심은 6대 경제 회랑 건설입니다. 하지만, 여기에 빈 곳이 있습니다. 일대일로의 경제 회랑이 유라시아 동쪽 끝, 대륙과 해양이 만나는 한반도와 연결되지 않고 있습니다. 한국이 적극 추진 중인 한반도 종단 철도와 시베리아 횡단 철도 간 연결이 중국·몽골·러시아 경제 회랑과 만난다면 유라시아 대륙의 철도, 항공, 해상 운송망이 사통팔달을 이루게 될 것입니다. 나아가 친환경 에너지 육성, 초국가 간 전력망 연계와 같은 에너지 분야의 협력을 강화하고 IT 기술을 활용한 디지털 실크로드도 구축하겠습니다. 4차 산업혁명 시대의 지평을 선구적으로 열어가는 협력이 될 것입니다.

둘째, 한중 기업 간 장점을 결합한 제3국 공동 진출을 적극 지원하겠습니다. 이번 정상회담 계기에 한국의 무역보험공사와 중국 건설은행이 양국 기업의 인프라 시장 공동 진출을 지원하기 위한 양해각서(MOU)를 체결했습니다. 한국의 산업은행이 아시아인프라개발은행과 공동 출자하여 '신흥 아시아 펀드'를 조성한 것처럼 다자개발은행과의 협력도 강화하여 양국 기업의 제3국 공동 진출을 적극 지원하겠습니다. 한중투자협력위원회 등 협의 채널을 통해 상호 정보 교류와 금융 지원의 기반도 튼튼하게 다지겠습니다.

셋째, 한국과 중국을 비롯한 역내 국가 간의 교역과 투자 협력을 강화하겠습니다. 한국의 신북방·신남방 정책은 역내 무역 장벽을 낮추고 투자를 활성화하는 정책입니다. 공동 번영을 위한 경제 동반자 관계가 핵심입니다. 이는 일대일로 구상의 5대 중점 정책 중 하나인 '무역창통'과 맥을 같이 합니다. 국가 간 자유로운 교역과 투자의 흐름은 보다 긴 호흡을 가지고 체계적으로 추진해나가야 합니다. 우선, 전자 통관·무역시스템 도입, 통관·검역 분야에서의 국제 표준 적용을 통해 튼튼한 기반을 마련해야 합니다. 중장기적으로는 역내 경제통합을 향해 나아가야 할 것입니다. 2015년 발효된 '한중 FTA'는 양국 교역의 든든한 교량 역할을 해오고 있습니다. 이번 정상회담에서 양국은 그 교량을 더 확장하기 위해 '한중 FTA 서비스·투자 후속 협상 개시'에 합의했습니다. 서비스·투자 후속 협상의 조속한 타결을 통해, 한중 경제가 더 폭넓게 개방되고 풍성한 호혜 상생의 성과를 거둘 수 있기를 기대합니다. 아울러 양국은 한중일 FTA, 역내 포괄적 경제 동반자 협정 등 역내 경제통합을 심화하려는 노력도 함께하고 있습니다.

끝으로, 충칭을 비롯한 중국 주요 지방 정부와의 실질 협력을 강화해나가겠습니다. 한국은 중앙정부 차원에서 중국의 다섯 개 성과 경제협력 협의체를 운영 중입니다. 한국의 지방자치단체들도 중국 33개 성 및 성급시와 640여 건의 교류·협력 관계를 맺고 있습니다. 앞으로 유사한 경제 발전 전략을 갖춘 도시 간, 경제 특구 간 협력을 확대해나갈 수 있도록 중앙정부가 적극 지원하겠습니다. 양국 기업이 새로운 발전 기회를 더 많이 가질 수 있도록 정부와 지자체가 힘을 모으겠습니다.

존경하는 내외 귀빈 여러분, 양국 기업인 여러분,

저는 이번 국빈 방문을 통해 세계를 향해 날개를 펴는 중국의 꿈과 만났습니다. 충칭에서는 그 담대한 꿈의 도약대인 '일대일로 구상'의 진면목을 보았습니다. 충칭은 양국 국민의 깊은 인연과 공동의 역사를 담고 있는 소중한 도시입니다. 오늘 포럼이 '겹경사'라는 충칭의 이름 유래처럼 양국 경제협력의 새로운 장이 펼쳐지는 경사, 양국 기업 발전을 위한 기회의 문이 활짝 열리는 경사, 또한 충칭의 발전에 크게 기여하는 경사가 함께하는 자리가 되길 바랍니다.

참석하신 내외 귀빈 여러분과 양국 기업인 모두의 건강과 행복을 기원합니다. 특히 새해가 얼마 남지 않았습니다. 여러분 모두 새해 복 많이 받으십시오. 감사합니다.

재외 공관장 초청 만찬 인사말

| 2017-12-18 |

재외 공관장 여러분,

반갑습니다. 국회 외통위에서도 오셨고, 또 여러 관계 부처 장관님들도 함께해주셨습니다. 감사합니다. 지구촌 곳곳 우리 외교의 최전선에서 대한민국의 얼굴로 뛰고 계신 공관장 여러분들과 이렇게 한자리에서 마주하니 마음이 아주 든든합니다. 정부 출범 후 처음 갖게 된 자리인 만큼 여러분 한 분 한 분과 이야기를 나눠보고 싶은 마음입니다. 돌아보면 취임 후 7개월 간 한 달 가량 해외에서 보냈습니다. 7개국을 방문했고, UN 총회, G20, APEC, ASEAN 등 다자회의에 참가했으며, 정상급 회담을 40여 회 가졌습니다. 국내에서도 국빈 영접을 세 번 했고, 많은 외빈들을 접견했습니다. 새 정부 출범 후 지금까지 외교는 우리 국정 운영에서 가장 중요한 일이었습니다. 한반도와 동북아의 긴장이 과거 어느 때보다 고조된 상황에서, 외교 공백을 채우고, 무너지거나 헝클어진 외교 관계를 복원하는 것이 무엇보다 시급한 과제였기 때문입니다. 여러분 덕분에 빠른 시간 안에 성공적으로 잘해낼 수 있었습니다. 여러분 덕분에 4대국과의 관계를 정상궤도로 복원하고 외교의 지평을 유라시아와 ASEAN까지 넓혀 우리 정부의 국정 목표인 '평화와 번영의 한반도'를 실현하기 위한 공간을 마련해갈 수 있었습니다. 전 세계적 문제 해결을 위한 다자회의에서 한반도 평화 원칙, 사람 중심 경제와 같은 실천적 대안을 제시하고, 국제사회의 공감과 지지를 이끌어낼 수 있었습니다. 여러분들의 수고와 노력에 큰 격려와 감사의 인사를 드립니다. 모두 박수 한번 칠까요?

재외 공관장 여러분,

여러분은 세계 각지에서 대한민국 외교를 대표하는 분들입니다. 우리 정부의 국정 철학을 외교 현장에서 실천해나갈 여러분들께 대통령으로서 거는 기대가 매우 큽니다. 여러분과 제가 함께 '평화와 번영의 한반도'라는 국정 목표를 이룰 수만 있다면 우리 모두는 공직자로서 역할을 다했다고 부끄럼 없이 말할 수 있을 것입니다. 오늘 여러분께 특별히 두 가지를 강조하고 싶습니다. 새 정부의 외교를 관통하는 최고의 가치, 바로 '국익'과 '국민'입니다. 대한민국은 대륙과 해양의 교차점에서 분단된 채 강대국들과 이웃하고 있습니다. 이러한 지정학적 조건은 우리에게 많은 시련과 고통을 주었습니다. 그러나 우리가 하기에 따라서는 우리의 지정학적 조건은 대륙과 해양을 잇는 교량 국가라는 축복이 될 수도 있습니다. 우리 손에 달려 있다고 생각합니다. 우리의 외교에 달려 있습니다. 우리는 대륙과 동떨어진 한반도 남쪽의 섬처럼 될 수도 있고, 대륙과 해양으로 두루 통하는 길목이 될 수도 있습니다. 우리의 지정학적 조건을 축복으로 만드는 것이 바로 우리의 가장 큰 국익입니다. 그럴 때 비로소 우리의 안보와 평화와 경제적 번영을 안정적으로 지켜나갈 수 있습니다. 평화를 이끄는 외교, 경제에 활력을 불어넣는 외교가 국익을 실현하는 외교입니다. 국익 중심의 외교를 하기 위해서는 우리 외교의 지평을 넓히는 한편 실사구시하는 실용 외교를 하지 않으면 안 됩니다. 기존 우방국 간의 전통 외교를 중시하면서도 외교 영역을 다변화하는 균형 있는 외교를 해야 합니다. 주변 4대국과의 협력을 더욱 단단히 다져가면서도 그간 상대적으로 소홀했던 지역에 더 많은 외교적 관심과 자원을 투자해야 합니다. 내년도에 러시아를 포함한 유럽 지역과 MIKTA(믹타)와 같은 중견국 외교 예산이 늘어난 것은 아주 반가운 소식입니다. 앞으로 신남방 정책과 신북방 정책을 통해, 또한 중국의 일대일로 구상과 연계하여 우리의 경제 활동 영역을 넓히는 데 속도를 내주시기 바랍니다. 아울러, 해외에 진출한 우리 기업을 지원하기 위해 발로 뛰는 외교부가 되어주시길 당부드립니다. 외교부가 중심에서 더 열심히 뛰어야 하지만 국익 중심의 외교는 비단 외교부만의 과제는 아닙니다. 국회와 정치권에서도 기존의 외교 프레임에서 벗어나 우리 외교가 가야 할 방향에 대해 함께 고민해주시기 바랍니다. 정부 각 부처에서도 우리 외교가 한 단계 더 도약할 수 있도록 모두 함께 힘을 모아주시기를 기대합니다.

재외 공관장 여러분,

국익의 기준은 오로지 국민입니다. 국익 중심의 외교는 곧 국민 중심 외교입니다. 외교의 힘은 국민에게서 나옵니다. 저는 그간의 정상 외교와 다자외교를 통해 우리 국민이 우리 외교의 힘이라는 사실을 분명하게 확인했습니다. 전 세계는 촛불혁명을 일으킨 우리 국민들을 존중했고, 덕분에 저는 어느 자리에서나 대접받을 수 있었습니다. 외교도 국민의 눈높이에 맞춰야 합니다. 우리 외교가 헤쳐가야 할 난제일수록 국민의 상식, 국민의 지혜에서 답을 구하겠다는 자세가 필요합니다. 국익을 실현한다는 것은 결국 국민을 이롭게 하자는 것입니다. 우리 국민들의 역량과 수준은 아주 높습니다. 외교정책에 대한 국민들의 이해와 지지를 얻을 때 우리의 외교 역량을 결집할 수 있습니다. 그럴 때 자주적인 외교 공간이 넓어진다는 사실을 한시라도 잊지 말아야 할 것입니다. 국민의 눈높이에서 외교의 방향을 정하는 것과 함께 국민의 눈높이에서 국민의 안전과 권익을 보호해야 합니다. 지난달 발리섬에 고립되었던 수백 명의 우리 국민이 무사히 귀국할 수 있도록 외교부가 발 빠르게 움직인 것이 좋은 사례입니다. 특히 해외에 있는 우리 동포와 국민들에게 재외 공관은 국가나 마찬가지입니다. 재외 공관은 갑질하거나 군림하는 곳이어서는 안 됩니다. 재외공관의 관심은 첫째도, 둘째도 동포들과 재외 국민의 안전과 권익에 집중되어야 합니다. 그렇지 않고서는 해외여행객 2000만 시대, 재외 동포 740만 시대에 국민의 눈높이를 맞출 수 없습니다.

재외 공관장 여러분,

최근 외교부가 강경화 장관의 리더십하에 '공감의 혁신' 로드맵과 이행 방안을 수립했습니다. 제가 응원하겠습니다. 외교부의 명운이 조직 혁신에 달려 있다는 생각으로, 책임감을 가지고 끈질기게 노력해주시기 바랍니다. 혁신이 성공하고 국익과 국민 중심의 외교를 실현하기 위해서는 역량 높은 인재들의 실력이 제대로 발휘되어야 합니다. 폐쇄적인 조직에서는 창의력이 발휘될 수 없습니다. 조직 구성원들의 사기와 의욕도 떨어질 수밖에 없습니다. 비합리적인 차별 요소들을 없애고, 상호 존중하는 개방적인 조직 문화를 확립해주시길 당부드립니다. 그간 우리 외교가 국력이 비슷한 다른 국가, 폭증한 외교 수요에 비해 턱없이 부족한 예산과 인력을 가지고 여러분의 사명감과 책임감에 의존해온 것도 사실입니다. 정말 고맙고, 한편으로 미안하기도 합니다. 우리 국력과 국격에 걸맞은 외교 인프라 확충을 약속드립니다. 국회와 정부 각 부처에서도 협력해주시기 바랍니다. 그 대신, 공관장 여러분께 특별히 당부하고 싶은 것이 있습니다. 주재국 국민들의 '마음을 얻는 외교'를 해주십시오. 우리 외교는 힘이나 돈으로는 분명히 한계가 있습니다. 그러나 진정성 있는 마음으로는 상대를 움직일 수 있습니다. 저는 지난달 동남아 순방을 통해 마음과 마음이 통하는 '사람 중심 외교'의 잠재력을 보았습니다. 대사가 현지어로 노래를 부르고, 또 현지어로 시를 낭송하면서 주재국 국민들과 마음을 통하려고 노력하는 모습들을 많이 봤습니다. 외교 현장은 이익과 이익이 충돌하는 총성 없는 전쟁터이지만, 결정적인 순간에 공감과 지지를 끌어내는 것은 결국 상대방의 마음을 움직이는 힘이고, 그것은 이제 재외 공관장 여러분에게 달려 있습니다.

재외 공관장 여러분,

곧 있으면 평창 동계 올림픽과 패럴림픽이 개최됩니다. 우리 선수들은 태극마크를 가슴에 달고 국민들의 힘찬 성원을 받으며 그간 준비해온 기량을 마음껏 펼칠 것입니다. 여러분들 가슴에도 태극 마크가 달려 있습니다. 여러분의 부임지도 올림픽 경기장의 치열한 승부 현장과 다르지 않습니다. 비록, 금메달의 영광도 없고, 국민들의 환호도 들리지 않지만, 여러분이 '대한민국 국가대표'라는 사실을 잊지 마시기 바랍니다. 평화와 번영의 한반도, 국익과 국민 중심의 외교를 위해 여러분의 열정과 지혜를 모두 쏟아주십시오. 국민들과 함께 여러분을 응원하겠습니다. 감사합니다.

국무회의 구성원 초청 만찬 모두 발언

| 2017-12-26 |

여러분, 고맙습니다.

제가 총리님과는 거의 매주 뵙고, 점심도 같이하고 합니다만 정말 고생하시고, 또 잘해주신 우리 국무위원을 비롯한 여러분들과는 아직까지 식사 한 끼 그리고 술 한잔 이렇게 하지 못했습니다. 그래서 오늘은 다른 뜻이 없습니다. 정말 여러분들과 해 바뀌기 전에 식사라도 한번 같이 하면서 "정말 수고하셨다. 또 고맙다는 인사라도 드려야 되겠다, 그런 자리를 마련해야 되겠다"라는 것이 오늘 자리의 취지입니다. 그런 만큼, 오늘 이 자리만큼은 불편하게 있지 마시고 그냥 편한 시간, 또 편한 자리가 되었으면 좋겠습니다.

실제로 저는 지난 한 일곱 달 반 기간 동안 정말로 이렇게 잘해주셨다고 생각합니다. 우리 모두가 잘해냈고, 또 국민들께서 평가를 해주고 계신다고 생각합니다. 여러 가지 어려운 상황 속에서 한 일이었습니다. 우선 전임 대통령 탄핵을 비롯해서 여러 가지 정치적인 혼란이 극심한 그런 상황 속에서 우리가 정권을 넘겨받았고, 또 '인수위'라는 준비 과정 없이 바로 또 국정을 시작했었고, 게다가 기존의 국정 기조를 그대로 이어가는 그런 국정이 아니라 국정 기조를 전면적으로 바꾸고, 경제정책을 비롯한 여러 정책의 패러다임을 근본적으로 바꾸는 그런 일들을 해야 했고, 또 그나마도 국회의 협조를 얻는 것이 쉽지 않은 그런 상황 속에서 정부가 주도하면서 그 일을 해내야 했습니다. 정말로 수고들 하셨고, 또 성공적으로 잘해주신 것에 대해서 다시 한번 감사드리고 싶습니다.

우리가 지난 일곱 달 반 정도 기간 동안 우리가 해온 일은 말하자면 촛불민심을 받들어서 나라를 바로 세우는 일, 또 나라를 나라답게 만드는 일이라고 할 수 있을 것 같습니다. 그 일은 1년, 2년 이렇게 금방 끝날 수 있는 일은 아닙니다. 우리 정부 내내 계속해야 될 일들이고, 또 여러 정부가 이어가면서 계속해야 비로소 가능한 일이라고 생각합니다. 그런 점에서 내년에도 우리나라 바로 세우기, 또 나라를 나라답게 만드는 그런 일들을 더 힘차게, 더 자신감 있게 그렇게 해주시기를 부탁드립니다. 다만 내년에는 거기에 대해서 하나 정도 중요한 과제가 좀 덧붙여지는 것 아닌가 생각합니다. 우리가 해나가는 나라를 바로 세우는 이런 일이 실제로 "국민의 삶을 바꾸는 데 도움이 된다, 국민들의 삶에 실질적인 도움이 된다"라는 어떤 믿음을 국민들에게 드리는 것이 내년 정도에는 또 해야 될 과제가 아닌가 싶습니다.

저는 원래 단기 실적이나 단기 성과가 중요하다고 생각하지 않고 늘 멀리 보고 더 길게 봐야 된다고 생각하는 사람이지만, 그러나 "우리가 하고 있는 이 나라 바로 세우기"라는 것이 그냥 관념적인 그런 일이 아니라 실제로 "국민의 삶을 바꿔내고 도움이 되는 일이다"라는 것을 국민들에게 체감하게 해드리고, 그다음에 "그에 대해서 정부를 믿고 함께하면 되겠다"라는 식의 청신호, 이런 것을 드리는 것이 필요하다고 생각합니다. 내년에도 잘 부탁드립니다. 새해 복 많이 받으십시오. 감사합니다.

위안부 TF 조사 결과에 대한 입장

| 2017-12-28 |

위안부 TF의 조사 결과 발표를 보면서 대통령으로서 무거운 마음을 금할 수 없습니다. 2015년 한일 양국 정부 간 위안부 협상은 절차적으로나 내용적으로나 중대한 흠결이 있었음이 확인되었습니다. 유감스럽지만 피해갈 수는 없는 일입니다. 이는 역사 문제 해결에 있어 확립된 국제사회의 보편적 원칙에 위배될 뿐 아니라, 무엇보다 피해 당사자와 국민이 배제된 정치적 합의였다는 점에서 매우 뼈아픕니다. 또한 현실로 확인된 비공개 합의의 존재는 국민들에게 큰 실망을 주었습니다. 지난 합의가 양국 정상의 추인을 거친 정부 간의 공식적 약속이라는 부담에도 불구하고, 저는 대통령으로서 국민과 함께 이 합의로 위안부 문제가

해결될 수 없다는 점을 다시금 분명히 밝힙니다. 그리고 또 한 번 상처를 받았을 위안부 피해자 여러분께 마음으로부터 깊은 위로를 전합니다.

역사에서 가장 중요한 것은 진실입니다. 진실을 외면한 자리에서 길을 낼 수는 없습니다. 우리에게는 아픈 과거일수록 마주하는 용기가 필요합니다. 고통스럽고, 피하고 싶은 역사일수록 정면으로 직시해야 합니다. 그 자리에서 비로소 치유도 화해도 그리고 미래도 시작될 것입니다. 저는 한일 양국이 불행했던 과거의 역사를 딛고 진정한 마음의 친구가 되기를 바랍니다. 그런 자세로 일본과의 외교에 임하겠습니다. 역사는 역사대로 진실과 원칙을 훼손하지 않고 다뤄갈 것입니다. 동시에 저는 역사 문제 해결과는 별도로 한일 간의 미래지향적인 협력을 위해 정상적인 외교 관계를 회복해나갈 것입니다. 정부는 "피해자 중심 해결과 국민과 함께하는 외교"라는 원칙 아래 빠른 시일 안에 후속 조치를 마련해주기 바랍니다.

미래 과학자와의 대화 격려사

| 2017-12-28 |

대통령 과학 장학생과 국제 과학 올림피아드 수상자 여러분,

반갑습니다. 누구보다 왕성한 호기심과 도전 정신, 꿈과 열정으로 가득한 미래 과학자 여러분을 만나게 되어 참으로 기쁩니다. 저는 여러분의 당당한 모습에서 대한민국의 새로운 희망과 미래를 발견합니다. 여러분 스스로도 한 사람 한 사람 모두가 아주 소중한 존재라는 사실을 잊지 않길 바랍니다.

과학 인재 여러분,

이 자리에는 장애와 질병을 딛고 과학자의 길로 힘찬 발걸음을 걷는 학생이 있습니다. 자신이 가진 재능과 공부의 성과를 지역의 어린이들, 배움을 원하는 친구들과 함께 나누는 학생들도 있습니다. 또, 어떤 학생은 후진국의 열악한 의료 환경을 개선해 인류 모두가 건강하고 행복한 삶을 사는 세상을 꿈꾸고 있습니다. 그렇게 여러분 한 명 한 명의 꿈은 세상과 통해 있습니다. 여러분 각자가 가슴에 품고 있는 열정은 이 세상 많은 사람들에게 따뜻함을 전해줄 수 있을 만큼 크고 귀합니다.

미래 과학자 여러분,

여러분이 걷고자 하는 과학의 길에 먼저 발걸음을 내딛은 수많은 선배들, 인류의 지성들이 있습니다. 오늘 우리가 누리는 과학기술의 혁신은 그들이 겪은 수많은 시행착오와 실패의 결과입니다. 정부는 여러분이 걸을 과학자의 길을 힘껏 지원하겠습니다. 먼저, 과학기술 연구 환경을 개선하겠습니다. 국가 연구 개발 과제에 참여하는 학생 연구원의 근로계약 체결과 4대 보험 보장을 의무화하겠습니다. 박사 후 연구원의 적정 인건비 지급 기준을 마련하고, 연수와 같은 경력 개발 기회를 확대하겠습니다. 생애 첫 실험실을 여는 청년 과학자의 열정을 뒷받침하기 위해 최초 혁신 실험실 연구비도 지원할 것입니다.

다음으로, 과학 인재들의 좋은 일자리를 더 많이 만들겠습니다. 과학기술인의 일자리는 국민 일자리를 만드는 산실이기도 합니다. 이공계 석·박사 졸업자가 기업의 연구 개발 과제에 참여할 수 있도록 지원하겠습니다. 산학연 연구 개발과 연구 산업을 활성화해 과학기술 인재들이 안정적으로 일할 수 있는 좋은 일자리를 늘려가겠습니다. 또한, 연구자가 주도하는 기초연구에 대한 국가 투자를 임기 내 두 배 수준인 2조 5000억 원으로 확대해나가겠습니다. 연구자의 인내와 성실함을 필요로 하는 기초연구 분야에서 연구비가 없어 연구가 중단되는 일이 없도록, 생애 기본 연구비를 신설해 지원하겠습니다. 마지막으로, 일과 휴식이 균형을 이룰 수 있는 기반을 마련하겠습니다. 창의적이고 혁신적인 아이디어들은 집중과 소통, 일과 휴식이 조화를 이룰 때 탄생합니다. 충분히 쉬고, 세상과 소통할 수 있는 시간을 보장하겠습니다. 병역과 출산·육아로 인한 젊은 과학자들의 경력 단절을 방지하고, 일과 가정을 양립할 수 있는 여건을 만들어가겠습니다.

미래 과학자 여러분,

정부는 '사람 중심 과학기술 정책'을 통해 과학입국을 향해 나아가고 있습니다. 4차 산업혁명의 파고를 헤치고 새로운 시대의 지평을 열어가는 선두에 바로 여러분이 있습니다. 정부는 언제나 여러분의 도전과 모험의 길에 동행할 것입니다. 이제 새해가 얼마 남지 않았습니다. 여러분들이 품은 뜻과 포부가 모두 이루어지는 새해가 되길 기원합니다. 새해 복 많이 받으십시오. 감사합니다.

1월

2018년도 신년사

| 2018-01-01 |

　사랑하는 국민 여러분,

　새해가 밝았습니다. 2018년 올해는 국민 여러분 한 분 한 분의 삶이 더 나아지고, 가정에도 웃음이 넘치는 한 해가 되기를 기원합니다. 지난해에는 여러 어려움이 있었지만 우리 모두 잘 이겨냈습니다. 나라다운 나라를 만들기 위해 온 국민이 마음을 하나로 모았고, 큰 걸음을 시작했습니다. 경제도 앞으로 나아갔습니다. 무역 1조 달러 시대를 다시 열었고, 3%대 경제성장률을 회복했습니다. 정치적 혼란과 북한의 잇따른 도발로 인한 안보 위기 상황에서 만들어낸 결실이어서 더욱 값지고 귀한 성취입니다.

저는 국민 여러분이 자랑스럽습니다. 대한민국 대통령으로서 국민 한 분 한 분께 깊은 존경과 감사의 인사를 드립니다. 2018년 새해, 국민의 손을 굳게 잡고 더 힘차게 전진하겠습니다. 과거의 잘못을 바로잡기 위한 노력을 지속하면서 국민의 삶을 바꾸는 데 모든 역량을 집중하겠습니다. 국민의 삶의 질 개선을 최우선 국정 목표로 삼아 국민 여러분이 피부로 느낄 수 있는 변화를 만들겠습니다. 공정하고 정의로운 대한민국을 만들라는 국민의 뜻을 더 굳게 받들겠습니다. 나라를 나라답게 만드는 일이 국민 통합과 경제성장의 더 큰 에너지가 될 것이라고 확신합니다. 새해에는 노사정 대화를 비롯한 사회 각 부문의 대화가 꽃을 피우는 한 해가 되기를 기대합니다. 조금씩 양보하고, 짐을 나누면 더불어 잘사는 대한민국에 한 걸음 더 가까이 갈 수 있을 것입니다.

국민 여러분,

이제 평창 동계 올림픽과 패럴림픽이 한 달여 앞으로 다가왔습니다. 88서울올림픽 이후 30년 만에 치러지는 대회입니다. 평창을 더 많이 사랑하고 응원해주십시오. 국민 여러분의 관심과 성원이 평창의 성공을 만들 것입니다. 새해 국민 여러분의 건강과 행복을 기원합니다. 감사합니다.

2018 해돋이 산행 말씀

| 2018-01-01 |

　북한산 비봉 사모 바위에서 무술년 새해 새 아침의 일출을 맞았습니다. 저는 새해 새 아침의 해맞이를 좋아합니다. 때로는 유명한 곳을 찾기도 하고, 가까운 산을 오르기도 합니다. 양산에서 살 땐 마침 집 뒷산 봉우리에서 동해의 일출을 볼 수 있어서 새해 첫 새벽마다 그곳에 올랐습니다. 새해 새 아침에 새로운 기운 속에서 경건한 마음으로 소망을 되새겨보고 싶어서입니다. 그런다고 이뤄지는 것이 아님을 뻔히 알면서도, 그렇게라도 하지 않으면 마음을 다한 것 같지 않은 아쉬움이 남기 때문입니다.

　작년엔 광주 무등산에서 새해 첫 일출을 맞았습니다. 그때 품었던 소망은 거의 이루어졌습니다. 작년 한 해 우리 국민들은 대단했습니다. 나라를 다시 일으켜 세웠고, 바로 세웠습니다. 새해 새 일출을 보며 새로운 소망들을 품습니다. 새해엔 국민들이 나아진 삶으로 보답받기를 소망합니다. 평창 동계 올림픽, 패럴림픽의 성공과 한반도의 평화를 소망합니다. 재해 재난 없는 안전한 대한민국을 소망합니다.

새해를 온 국민과 함께 희망과 긍정, 낙관으로 맞고 싶습니다. 북한산에 오신 시민들과 악수를 나눴듯이, 한 분 한 분 손을 잡고 존경과 감사 인사를 드리고 싶습니다. 국민 여러분, 지난해 정말 수고 많으셨습니다. 새해엔 더 큰 복 받으시고, 모두 건강하십시오.

2018년 제1회 국무회의 모두 발언

| 2018-01-02 |

나라다운 나라, 정의롭고 공정한 사회를 만들기 위해 국민과 함께 달려온 격동의 2017년을 뒤로하고 새해를 맞았습니다. 그동안 국무위원 여러분 수고 많으셨습니다.

2017년은 나라다운 나라 만들기가 1차적인 국정 목표였다면 올해는 나라다운 나라 만들기가, 바로 내 삶을 바꾸는 일이라는 체감을 국민들께 드리는 것이 국정 목표가 되어야 하지 않을까 생각합니다. 지난 한 해 우리는 안팎으로 어려운 상황 속에서도 사상 최대의 수출 실적을 기록하고 3%대의 경제성장률을 회복하면서 경제의 활력을 살려냈습니다. 올해는 경제 활력을 더 키우면서 일자리 확대와 가계소득 증가로 연결시켜 국민의 실질적인 삶을 개선하는 데 정책적인 노력을 기울여주시기 바랍니다. 작년은 안전에 대해 다시 생각하도록 하는 재해와 사고가 많았습니다. 국민들은 세월호 이후 우리가 안전한 대한민국으로 얼마나 나아갔나 묻고 있습니다. 국민의 울타리가 되고 우산이 되어주는 정부가 되어야 하는 인식과 각오를 새롭게 하고 안전 관련 정책에 더 속도를 내어주기 바랍니다.

북한 김정은 위원장이 신년사에서 북한 대표단의 평창 동계 올림픽 파견과 남북 당국 회담 뜻을 밝힌 것은 평창 동계 올림픽을 남북 관계 개선과 평화의 획기적인 계기로 만들자는 우리의 제의에 호응한 것으로 평가하여 환영합니다. 통일부와 문체부는 남북 대화를 신속히 복원하고 북한 대표단의 평창 동계 올림픽 참가를 실현시킬 수 있도록 후속 방안을 조속히 마련해주기 바랍니다. 또한 남북 관계 개선이 북핵 문제 해결과 따로 갈 수 있는 문제가 아닌 만큼, 외교부는 남북 관계 개선과 북핵 문제 해결을 동시에 추진 할 수 있도록 우방국 및 국제사회와 긴밀히 협의하고 협력하기 바랍니다. 이상입니다.

2018 무술년 신년인사회 인사말

| 2018-01-02 |

여러분 새해 복 많이 받으시기 바랍니다.

오늘, 5부 요인을 비롯해 국민을 대표하는 각계각층 대표들과 원로들께서 함께해주셨습니다. 감사드립니다. 또한 작년 한 해가 특별하게 기억되실 분들이 함께하고 계십니다. 수능을 앞두고 지진 때문에 어려움을 겪었던 포항여고 학생이 왔습니다. 정규직의 꿈을 이룬 비정규직 노동자도 계십니다. 또 장기 미제 사건을 해결한 경찰관과 맨손으로 아이를 구조한 소방관 등 작년 한 해에 있었던 미담의 주인공들이 함께해주셨습니다. 이런 자리가 익숙하지 않을 텐데요. 환영의 큰 박수를 보내주시면 좋겠습니다.

돌아보면 지난해는 참으로 극적인 한 해였습니다. 2017년은 우리 역사에 촛불혁명이라는 위대한 민주주의 혁명의 해로 기록될 것입니다. 전 세계를 경탄시킨 세계사적인 쾌거였습니다. 저는 작년에 세계 주요국가 정상들과 회담하고 다자정상회의에 참석하면서 촛불혁명이 우리 외교의 힘이 되고 있다는 것을 느낄 수 있었습니다. 그것은 바로 대한민국에 대한 존중입니다. 저는 이제 우리 스스로를 강대국의 주변부처럼 바라보면서 왜소하게 인식하는 데서 벗어나 강한 중견 국가로서 조금 더 주체적이고 당당해질 때가 됐다고 느낍니다. 우리는 충분히 그럴 자격이 있습니다.

지난해 우리 경제도 괄목할 만한 성장을 이뤘습니다. 사상 최대의 수출 실적으로 세계 6위의 수출 대국으로 발돋움하며, 3%대의 경제성장률을 회복했습니다. 안팎으로 여러 가지 어려운 상황 속에서 이룬 값진 성취입니다. 이 모든 것이 우리 국민들이 흘린 땀의 결과입니다. 대통령으로서 우리 국민들 한 분 한 분께 진심으로 깊은 존경과 감사의 인사를 드립니다. 지난 한 해 최선을 다한 우리 모두를 위해 큰 격려의 박수를 보내주시기 바랍니다. 2018년 새해에도 국민의 손을 굳게 잡고 더 힘차게 전진하겠습니다.

지금 국민들은 '나라는 달라지고 있는 것 같은데, 과연 내 삶도 바뀔 수 있을까?' 생각하고 계십니다. 올해는 우리 국민들께서 '나라가 달라지니 내 삶도 좋아지는구나' 느낄 수 있도록 정부의 모든 역량을 쏟아

부으려고 합니다. 특히 좋은 일자리 창출과 격차 해소에 주력해 양극화 해소의 큰 전환점을 만들겠습니다. 공정하고 정의로운 대한민국을 만들라는 국민의 뜻도 계속 받들겠습니다. 나라를 나라답게 만드는 일, 잘못된 제도와 관행을 바로잡는 일은 정권을 위한 것이 아닙니다. 미래를 내다보며 대한민국의 근간을 반듯하게 세우는 일입니다. 국민들이 국가와 정부, 나아가 대한민국 공동체를 신뢰할 수 있도록 하는 일입니다. 국민이 애국심을 가질 수 있는 뿌리를 만드는 일이고, 국민 통합과 경제성장을 이루는데 더 큰 에너지가 될 것이라고 확신합니다. 특히 새해에는 노사정 대화를 비롯한 사회 각 부문의 대화가 꽃을 피우는 한 해가 되길 바랍니다.

작년에 우리는 소중한 경험을 했습니다. 신고리 5·6호기 공론화 위원회 활동을 통해 이해관계가 첨예한 사회 갈등 사안을 성숙하게 해결했습니다. 노사 간에도 상생을 위한 뜻있는 노력들이 시작되고 있습니다. 조금씩 양보하고, 짐을 나누고, 마음을 모으면 더불어 잘사는 대한민국에 한 걸음 더 가까이 갈 수 있을 것입니다. 무엇보다 중요한 것은 정치일 것입니다. 여야 간의 대화, 국회와 정부와의 대화도 한층 더 긴밀하게 이루어질 수 있도록 더 노력하겠습니다. 우리 정치가 비난의 경쟁이 아니라 서로 잘하기 경쟁이 될 수 있다면 우리는 못 해낼 일이 없을 것입니다. 이런 노력들이 모아져 국민들에게 더 큰 희망을 드리는 한 해가 되기를 기원합니다. 올해 우리가 이루게 될 국민 소득 3만 달러 시대에 걸맞은 삶의 질을 모든 국민이 함께 누릴 수 있도록 다 함께 노력하자는 말씀을 드립니다.

여러분,

새해 새 아침이 되면 많은 국민들이 첫 해맞이를 하며 소망을 빕니다. 저도 어제 북한산에서 떠오르는 붉은 새해를 보며 대통령으로서 두 가지 소망을 빌었습니다. 하나는 한반도의 평화입니다. 마침 북한 김정은 위원장이 신년사에서 북한 대표단의 평창 동계 올림픽 파견과 남북 당국 회담의 뜻을 밝혀 왔습니다. 평창 동계 올림픽을 남북 관계 개선과 한반도 평화의 획기적인 계기로 만들자는 우리의 제의에 호응한 것으로 평가하고 환영합니다. 정부는 북한의 참가로, 평창 동계 올림픽을 평화 올림픽으로 만드는 것은 물론, 남북 평화 구축과 북핵 문제의 평화적 해결로 연결시킬 수 있도록 국제사회와 협력하며 최선을 다하겠습니다. 또 하나는 국민의 안전입니다. 지난해 우리는 국민의 안전을 위협하는 재해와 사고를 겪으면서 안타까움과 깊은 슬픔에 잠긴 일이 여러 번 있었습니다. 저는 그럴 때마다 모든 게 대통령과 정부의 잘못인 것 같아 무거운 책임감을 느낍니다. 안전한 대한민국은 세월호 참사 이후 우리 국민들이 갖게 된 집단적인 원념입니다. 그러나 지난 한 해 우리는 아직도 많이 멀었다는 것을 확인할 수 있었습니다. 나라와 정부가 국민의 울타리가 되고 우산이 될 수 있도록 최선을 다해나가겠습니다.

국민의 삶이 안전하고 평화롭고 행복한 무술년이 되기를 기원합니

다. 무술년 새해, 여러분 가정에 건강과 행복이 가득하시길 빕니다. 감사
합니다.

쇄빙 LNG 선박 건조 현장 방문 연설

| 2018-01-03 |

존경하는 국민 여러분, 조선 산업 관계자 여러분,

바닷바람이 아주 차갑습니다. 하지만 저는 오늘 세계 최초, 최고의 쇄빙 LNG 운반선 위에 올라 자긍심을 가득 느끼고 있습니다. 힘차게 솟아오른 새해의 태양과 여러분들의 열정으로 가슴이 아주 뜨거워집니다. 또한 고향 거제에 오니, 제가 가졌던 꿈, '사람이 먼저인 나라'를 되새기게 됩니다. 바다를 향한 대한민국 조선업의 꺾이지 않는 기상을 봅니다. 올 한 해, 우리 대한민국의 국운이 상승하고, 우리 국민들이 보다 행복할 수 있겠다는 확신이 듭니다. 2018년 무술년 새해는 국민들께서 보다 편안하고 안전한 삶을 누릴 수 있는 첫 해가 될 것입니다.

존경하는 국민 여러분,

새해 첫 현장 방문으로 이곳, 거제도 대우 조선소를 찾았습니다. 우리가 서 있는 이 배는 북극해의 얼음을 뚫고 항해하는 세계 최초의 쇄빙 LNG 운반선입니다. 대우 조선 해양이 기술 개발에 성공해 2014년에 총 15척의 선박을 수주하였습니다. 이 선박의 1호선은 작년 8월, 노르웨이 함메르페스트에서 출항하여 안전하게 대한민국 보령항에 입항했습니다. 다른 쇄빙선의 호위 없이 자체 쇄빙 기능만으로 북극 항로 운항에 세계에서 가장 먼저 성공했습니다. 수에즈 운하와 인도양을 거치는 기존의 남방 항로에 비해 운송 거리, 시간, 비용을 3분의 1이나 절감했습니다. 세계 1위를 자랑하는 우리 조선 산업이 이룬 쾌거입니다. 동시에 기업인과 우리 노동자들, 또 조선 산업 종사자 모든 분들이 뼈를 깎는 노력으로 만들어낸 결과입니다. 우리 조선 산업의 기술 수준과 개척 정신을 전 세계에 보여주었습니다. 우리 국민의 자부심을 한껏 높여 주었습니다. 대한민국의 꺾이지 않는 기상을 전 세계에 증명한 여러분들께 국민을 대표해 깊은 존경과 감사의 말씀을 드리지 않을 수 없습니다. 정말 수고하셨습니다, 여러분. 이제, 러시아 북극 탐험가의 이름을 딴 5호선, '블라드미르 루자노프 호'가 내일 거제를 떠나 시험 운항을 시작합니다. 국민 여러분과 함께 출항을 축하하고 시험 운항의 성공을 기원합니다.

대우조선해양 임직원 여러분, 조선 산업 관계자 여러분,

영하 52도의 극한 환경에서 2미터 두께의 얼음을 깨고 항해할 수

있는 이 쇄빙선 위에서 우리 조선 산업의 미래를 다시 생각해봅니다. 역사 이래 바다를 포기하고, 강국이 된 나라는 세계 역사에 없었습니다. 특히, 우리는 개방 통상국의 길을 걸어왔고, 앞으로도 그 길로 나아가야 합니다. 그렇다면, 해양 강국의 비전은 포기할 수 없는 국가적 과제입니다. 지난 수년간, 우리 조선 산업은 수주 감소로 사상 최악의 불황을 경험하고 있습니다. 많은 인력이 조선 산업을 떠나야 했습니다. 여러분 또한 많은 걱정 속에 힘든 시기를 보내고 계십니다. 하지만 저는, 세계 최고의 기술력과 경쟁력을 가진 우리 조선 산업의 저력을 믿습니다. 우리 기술이 세계 최초로 건조한 쇄빙 LNG 운반선이 이를 입증합니다. 이 힘든 시기만 잘 이겨낸다면, 우리가 다시 조선강국으로 도약할 수 있다고 확신합니다.

전문가들은 2~3년 후부터는 조선 경기가 서서히 회복될 것으로 전망합니다. 아울러 환경, 연비 등 해운 규제의 강화로 우리가 강점이 있는 LNG 연료선과 LNG 운반선 등 친환경 고부가가치 선박의 수요도 크게 늘어날 것으로 보입니다. 우선, 이 불황기를 잘 견딜 수 있도록 힘을 모읍시다. 정부는 LNG 연료선 중심으로 일감을 확보할 수 있도록 모든 지원을 다하겠습니다. 쇄빙 연구선, 밀수 감시선 등 공공 선박의 발주를 늘리겠습니다. 19억 불 규모의 선박 발주 프로그램, 노후 선박 교체 지원 보조금 등을 통해 민간 선사의 LNG 연료선 발주를 유도하겠습니다. 아울러, 에너지 전환 정책에 따라 앞으로 추진될 대규모 해상 풍력 단지 조성은 해양 플랜트 수요 창출로 조선 업계에도 큰 도움이 될 것입니다. 미래를 대비한 조선 산업 경쟁력 강화 대책도 추진하겠습니다. 친환경, 자율 운항 기술은 새로운 성장 동력이 될 것입니다. 기자재 실증, 자율운항 핵심 기술과 선박 개발을 지원하여 세계적인 경쟁력을 갖출 수 있게 하겠습니다. 해운업, 금융, 기자재 협력 업체가 서로 협력하고, 상생할 수 있는 생태계 조성도 서두르겠습니다. 위기 극복과 재도약을 위한 '조선업 혁신 성장 방안'을 1/4분기 중에 마련하여 이행해나갈 것입니다. 여러분께서도 힘들고 어렵지만, 구조 조정과 혁신을 통해 이 위기를 함께 극복해주시기 바랍니다.

존경하는 국민 여러분, 조선 산업 종사자 여러분,

저는 오늘 조선업 종사자들이 땀으로 담금질한 희망을 보았습니다. 해양을 누비고 얼어붙은 북극 항로를 개척하는 대한민국 조선업의 꺾이지 않는 기상을 만났습니다. 이곳 거제 학동의 동백나무숲은 겨울 추위를 뚫고 붉은 꽃을 피워냅니다. 여러분은 사상 최악의 불황 속에서도 북극을 향해 희망의 쇄빙선을 띄웠습니다. 정부가 여러분의 희망을 지키고 키우겠습니다. 올해 무술년은 '황금 개띠의 해'입니다. 황금은 경제를, 개는 부지런함을 뜻합니다. 부지런하게 나라 경제를 살리겠습니다. 지난해, 우리는 나라다운 나라, 정의로운 대한민국의 기초를 다졌습니다. 올해는 국민 여러분들께서 삶이 더 나아지는 것을 체감할 수 있게 하겠습니다.

2월에 열리는 평창 동계 올림픽과 패럴림픽은 한반도의 평화를 알리는 나팔이 될 것입니다. 얼음을 뚫고 길을 내는 쇄빙선처럼 위기를 뚫고 평화로 가는 길을 열겠습니다. 여러분, 함께 희망을 완성해냅시다. 내일 출항하는 쇄빙선처럼 올 한 해, 힘차게 출발합시다. 감사합니다.

대한노인회 초청 신년 오찬회 인사말

| 2018-01-05 |

존경하는 대한노인회 이중근 회장님과 임원 여러분,

안녕하십니까. 작년 노인의 날 행사에 참석하지 못하고 영상으로만 인사를 드렸는데, 오늘 이렇게 청와대로 모시게 돼서 기쁩니다. 새해 인사를 맞아서, 우리 어르신들께 새해 인사를 드리기도 하고, 또 따뜻한 식사 한 끼 대접해드리고 싶어서 모셨습니다. 무술년 새해, 어르신들 모두 더욱 건강하시고 행복하시기 바랍니다. 어르신들 지난 한 해 여러모로 걱정이 많으셨을 것입니다. 나라가 하루빨리 안정돼야 자식들도 잘될 텐데 하셨을 것입니다. 그러나 비바람 속에서 나무뿌리가 더 굳게 내리듯 나라가 굳건히 서는 과정이었다고 생각합니다. 우리 국민들은 세계에서 유례없이 민주적이고 평화적으로 위기를 극복했고, 전 세계가 경이롭게 대한민국을 바라보고 있습니다. 뿐만 아니라 어려움 속에서도 사상 최대의 수출 실적을 기록하면서 3%대 경제성장률을 회복했고, 1인당 국민소득도 3만 불에 거의 근접한 성과를 거두었습니다. 저는 자식 세대를 위해 허리띠를 졸라매면서 우리에게 부지런하고 바른 품성을 물려주신 어르신들 덕이라고 생각합니다. 어르신들은 망국의 아픔과 전쟁의 폐허를 딛고 대한민국을 세계 10위권의 경제 대국으로 일으켜 세우셨습니다. 이제 후대들이 민주주의에서도 세계의 모범이 되는 대한민국을 만들어가고 있습니다. 경제와 민주주의 양면으로 초석을 잘 다져주신 대한민국 모든 어르신께 깊은 존경과 감사의 인사를 드립니다.

어르신들, 올해는 대한민국을 더 크게 발전시키고 국민 한 사람 한 사람의 삶이 더 나아지도록 만들겠습니다. 또한 어르신들이 더 존경받고 대접받는 나라를 만들도록 하겠습니다. 다음달 9일 평창에서 동계 올림픽이 막을 올립니다. 88서울올림픽 이후 30년만입니다. 아시는 바와 같이 88올림픽은 세계 속에서 대한민국 위상을 크게 높이는 계기가 됐습니다. 그때 5000불 수준이던 1인당 국민소득이 이제 여섯 배나 성장해 3만 불을 눈앞에 두고 있습니다. 대한민국의 문화는 한류 열풍을 일으키며 세계를 열광시키고 있습니다. 평창 동계 올림픽은 88올림픽 이후 30년간 우리 대한민국이 이룬 성장과 발전을 전 세계에 알리는 좋은 기회가 될 것입니다. 마침 북한도 평창 올림픽 참가의 뜻을 밝혀왔습니다.

아직 성급한 낙관이나 기대는 금물입니다. 그러나 가능하다면 남북 관계 개선과 한반도 평화의 전기를 만들기 위해 최선을 다하겠습니다. 평창 동계 올림픽을 평화 올림픽으로 만들고 나아가 북핵 문제도 평화적으로 해결해 한반도 평화를 일구는 한 해가 되도록 노력하겠습니다.

경제도 더욱 키워가겠습니다. 혁신 성장을 통해 경제에 새로운 활력을 불어 넣겠습니다. 이 과정에서 안정적인 일자리를 늘리겠습니다. 자식세대가 일자리 걱정 없이 결혼하고 아이를 키우며 부모님들을 잘 모실 수 있게 하겠습니다. 그것이 어르신들의 행복이고 자랑이 되도록 하겠습니다. 경제성장의 혜택이 국민들에게 골고루 돌아가게 하는 일도 아주 중요합니다. 국민들이 내 삶이 좋아졌다, 살림살이 나아졌다고 피부로 느끼도록 하겠습니다. 어르신들의 삶을 챙기는 일도 소홀히 하지 않겠습니다. 어르신들이 건강하고 품위 있는 노년을 사실 수 있도록 하겠습니다. 특히 20만 원인 기초연금 수급액이 9월부터 25만 원으로 오를 예정입니다. 2021년은 30만 원으로 인상하겠습니다. 작년에 추경예산 568억 원을 투입해 공익 활동 일자리를 늘렸습니다. 활동 수당도 22만 원에서 27만 원으로 올렸습니다. 올해는 어르신 일자리를 위해 작년보다 1117억 원 더 증액했습니다. 4만 7000개의 어르신 일자리가 새로 만들어질 것입니다. 또한 어르신들이 건강하게 노후를 보내실 수 있도록 국가가 함께하겠습니다. 이제 중증 치매 환자의 치료비는 10%만 본인이 부담하면 됩니다. 어르신들께서 틀니를 하실 때도 30%만 부담하시면 됩니다. 올 하반기부터는 임플란트 비용 부담도 50%에서 30%로 낮췄습니다. 작년에 추경예산 1400여 억을 투입해 지금 전국 252개 시군구 보건소에서 치매안심센터가 만들어지고 있습니다. 치매를 조기에 진단해서 관리할 수 있도록 하고 경증 치매 어르신도 장기요양 서비스를 받을 수 있도록 하겠습니다. 그렇게 되면, 그동안 치료받지 못했던 24만여 명이 추가로 장기 요양 혜택을 받으실 수 있습니다. 앞으로 100세 시대를 준비하면서 효도하는 마음으로 정부가 최선을 다해 어르신들을 모시겠습니다.

아직 정부의 손길이 미치지 못한 부분도 많이 있습니다. 그래서 대한노인회 어르신들의 도움이 꼭 필요합니다. 지난 50년간 해오신 것처럼 어르신들 권익 보호와 복지 증진을 위해 정부가 못한 역할을 함께해 주시기를 부탁드립니다. 새해에도 큰 일이 많고 어려운 일도 많습니다. 어르신들이 늘 국가 원로로서 후배들을 잘 이끌어주시기를 바랍니다. 어르신들, 올 들어 추위가 유난히 매섭습니다. 건강에 특별히 유의하셔서 내년에 밝고 건강한 모습으로 다시 뵙기를 희망합니다. 또한, 대한노인회의 무궁한 발전을 기원합니다. 새해 복 많이 받으십시오. 감사합니다.

2018년 여성계 신년 인사회 축사

| 2018-01-05 |

존경하는 여성계 지도자 여러분,

무술년 새해가 밝았습니다. 직접 인사드리지 못한 아쉬움을 담아 이렇게 영상으로나마 새해 인사를 전합니다. 최근 우리 사회에서 여성의 위상이 더욱 높아지고 있습니다. 국민들의 성평등에 대한 기대감도 커졌습니다. 여러분들께서 수고하고 헌신하신 덕분입니다. 평등하고 정의로운 사회로 한 걸음 더 나아갈 수 있도록 이끌어주신 여성계 여러분들께 감사의 인사를 드립니다.

오늘 신년 인사회의 슬로건처럼, 나라다운 나라로 가는 여정에서 여성들의 역할은 너무나도 중요합니다. 성평등은 지속가능한 국가 발전의 핵심적인 요소입니다. 사회 곳곳에서 실질적인 성평등이 이루어지고 일터와 가정에서 자신의 삶과 가치를 지켜나갈 수 있도록 새해에는 모두가 함께, 더 힘차게 노력해가야겠습니다. 저와 정부도 최선을 다하겠습니다.

여성들이 마음껏 꿈꾸고 일할 수 있도록 공공 부문부터 여성 대표성을 높여나가겠습니다. 이러한 변화가 사회 각 분야로 확대되길 기대합니다. 일과 생활의 균형을 제도적으로 뒷받침하기 위한 다양하고 구체적인 방안들도 마련하겠습니다. 나날이 증가하고 있는 디지털 성범죄, 데이트 폭력, 직장 내 성희롱과 같은 여성 폭력 범죄에는 더욱 단호하게 대응해갈 것입니다. 사회 각 분야에서 활동하는 여성들의 역량이 충분히 발휘되고 여성에 대한 차별과 폭력이 근절되기까지 해결해야 할 과제들이 적지 않습니다. 쉽지는 않을 것입니다. 그러나 여러분과 함께, 쉬지 않고 노력할 것입니다. 여러분이 지혜와 힘을 모아주신다면, 우리의 노력이 국민들께서 느끼는 변화로 이어지리라 믿습니다. 새해 기쁨과 희망이 넘치시길 기원합니다. 새해 복 많이 받으십시오. 감사합니다.

인천공항 제2터미널 개장식 축사

| 2018-01-12 |

　존경하는 국민 여러분, 인천공항공사 임직원과 공항 관계자 여러분,

인천공항 제2여객터미널 개장을 진심으로 축하합니다. 저는 오늘

세계를 향해 웅비하는 인천공항의 힘찬 기상을 보았습니다. 세계의 하늘

을 열기 위해 제1터미널과 제2터미널의 양 날개를 달았습니다. 사람과

사람을 이어줄, 인천공항의 도약을 힘껏 응원합니다.

　이 자리에 인천공항을 만들어온 주인공들, 건설 관계자, 공항 종사

자들이 함께하고 계십니다. 인천공항은 바다 위에 기적처럼 건설되었습

니다. 세계 최고 수준인 우리 건설 기술의 집결체입니다. 대규모 복합 공

사인 3단계 건설도 우리 기술로 이루어냈습니다. 건설 관계자 여러분의

노력이 없었다면 불가능했을 것입니다. 정말 수고 많으셨습니다. 공항에 우리 국민과 외국인의 발걸음이 늘어날수록 공항 종사자 여러분의 손발은 더욱 바빠졌습니다. 안전, 검역, 이용 편의를 책임지는 여러분의 어깨가 더욱 무거워졌습니다. 그러나 여러분은 사명감과 책임감으로 국민의 일상과 안전을 소중히 지켜주셨습니다. 그 결과, 12년 연속 '세계 공항 서비스 평가 1위'라는 금자탑이 돌아왔습니다. 공항 평가 역사상 전무후무한 기록입니다. 여러분의 열정과 노력으로 이루어낸 우리의 자랑입니다. 그동안 인천공항을 세계 최고의 공항으로 성장시켜주신 인천공항공사 임직원과 관계자 여러분께 국민을 대표해 깊은 존경과 감사의 말씀을 드립니다.

존경하는 국민 여러분,

인천공항 관계자 여러분, 저는 오늘 제2터미널의 스마트 시스템을 체험했습니다. 인천공항이 세계 공항의 미래를 보여줄 수 있다는 확신이 생겼습니다. 앞으로 터미널 곳곳에 배치된 '안내 로봇'이 위치 기반으로 길을 안내하고, 다양한 정보도 제공한다고 하니 이제 복잡한 공항 안에서 어디로 갈지 몰라서 헤맬 일은 없을 것 같습니다. 중요한 것은 탑승 수속과 보안 검색의 속도입니다. 항공권 발권뿐만 아니라 수화물 위탁도 자율수속기로 직접 할 수 있습니다. 보안 검색은 360도 회전 검색대가 설치되어 더 정밀한 검색은 물론 검색 시간도 단축되었습니다. 3차원 안내 지도를 통해 탑승구도 쉽게 찾을 수 있습니다. 수속 시간이 총 50분에서 30분으로 획기적으로 줄었습니다. 터미널 안에 설치된 공원에는 따스한 햇살이 비추고, 겨울에도 푸른 나무들이 우거져 있습니다. 승객들이 잠시 쉬어갈 만합니다. 모든 시스템에 인공지능과, 자동화의 첨단 기술이 적용되었습니다. 터미널 곳곳에 승객의 편의와 편안함을 위한 배려가 느껴집니다. 사람을 먼저 생각하는 '스마트 공항'이 구현되었습니다. 정말 멋집니다. 지난해 12월, 4차산업혁명위원회에서 '스마트 공항 종합계획'이 보고되었습니다. 인천공항이 세계 최고의 스마트 공항으로 세계 공항서비스를 선도해나가기를 기대합니다.

존경하는 국민 여러분, 인천공항 종사자 여러분,

인천공항은 2001년 개항 이래 꾸준히 성장해왔습니다. 취항 항공사가 52개에서 90개로 늘고, 연결되는 도시도 119개에서 186개로 대폭 늘었습니다. 이용 승객 수는 6200만 명으로 네 배 넘게 늘어났습니다. 공항은 한 나라의 국력과 국제 교류 수준을 보여주는 척도입니다. 이제 인천공항은 제2터미널 개장으로 연간 7200만 명을 수용할 수 있는 능력을 갖췄습니다. 세계 5위의 국제 관문 공항으로 발돋움했고, 제2의 도약을 위한 준비를 마쳤습니다. 그렇지만 여기에 안주하지 맙시다. 이제 우리는 외국인 관광객 2000만 명 시대를 준비해야 합니다. 국민소득 3만 불 시대, 우리 국민의 해외여행도 더욱 늘어날 것입니다. 개방 통상 국가를 지향하는 우리에게 물류 허브는 국가적인 과제입니다. 인천공항은 동북아를 넘어 세계적인 허브공항으로 거듭나야 합니다. 중국, 인도,

러시아는 항공 수요가 급속도로 증가하고 있습니다. 이들 국가와 더 편리하게 연결되어야 합니다. 매력적인 여행 상품과 창의적인 서비스로 더 많은 승객을 유치해야 합니다. 정부는 인천공항이 2023년까지 연간 1억 명을 수용할 수 있도록 시설 확충을 적극 지원하겠습니다. 항공 화물 경쟁력 강화도 중요합니다. 항공 화물은 우리나라 수출액의 30%를 차지하는 고부가가치 운송 화물이고 인천공항이 수출 항공 화물의 99%를 담당합니다. 현재 인천공항은 항공 화물 운송 세계 2위지만, 후발 국가들의 추격이 만만치 않습니다. 앞으로 양적 성장과 함께 고부가가치 물류에 초점을 맞춰 경쟁력을 높이고, 물류 허브 역할을 더 강화해나가야 합니다. 저는 여기서 한 걸음 더 나아가고 싶습니다. 인천공항이 가지고 있는 세계 최고 수준의 공항 운영 서비스로 세계 시장에 진출할 것을 제안합니다. 인천공항이 공항 운영 시스템이라는 새로운 수출 분야를 개척하기를 기대해봅니다.

인천공항공사 임직원과 공항 관계자 여러분,

저는 취임 3일 후에 인천공항을 찾았습니다. 비정규직의 정규직 전환 문제가 현안이었습니다. 그동안 노사가 진지하게 협상을 진행하여 지난 연말 1만 명을 정규직으로 전환하는 데 합의했다고 들었습니다. 모두가 만족할 수는 없지만, 서로가 조금씩 양보해 만들어낸 소중한 결정입니다. 공공기관 일자리 개선의 모범 사례를 보여준다는 각오로 노사가 힘을 모아 차질 없이 이행해줄 것을 당부드립니다. 공항은 수많은 기관과 기업, 우리 국민과 우리나라를 찾는 외국인들이 함께 만들어가는 공간입니다. 인천공항에는 인천공항공사와 90개의 항공사, 23개 정부기관 등 900여 개 기관이 입주해 있습니다. 인천공항에서 일하는 분만 5만여 명에 달합니다. 앞으로도 인천공항공사와 관계 기관이 한마음이 되어 인천공항을 세계 최고의 공항으로 만들어주시기 바랍니다.

존경하는 국민 여러분, 인천공항 관계자 여러분,

평창 동계 올림픽이 이제 채 한 달도 남지 않았습니다. 인천공항은 올림픽을 위해 방문한 선수단과 관광객들이 처음 만나는 대한민국의 얼굴입니다. 제2여객터미널도 올림픽을 계기로 국제 무대에 첫 선을 보입니다. 빈틈없는 준비를 당부드립니다. 특히, 조류독감과 같은 동식물 검역을 강화하고, 테러 방지와 안전 대책도 꼼꼼히 점검해주시기 바랍니다. 아울러, 수많은 외국인 관광객들이 인천공항의 세계적인 공항 서비스를 느낄 수 있도록 친절한 손님맞이에 만전을 기해주십시오. 인천공항이 세계 최고의 허브공항으로 더욱 발전하길 기대합니다. 저도 우리 국민들과 함께 응원하겠습니다. 감사합니다.

규제개혁토론회 모두 발언

| 2018-01-22 |

　우리나라에서 규제 혁신의 역사는 상당히 오래되었습니다. 전담 기구를 두고 규제를 개혁해온 것만 해도 김대중 정부 때부터 시작되어 오늘에 이르고 있습니다. 그동안 역대 정부에서 많은 규제를 혁신했지만 동시에 새로운 규제가 생겨나고, 또 신산업·신기술 분야의 발전이 규제에 가로막히는 일이 계속되면서 국민들은 그 성과를 체감하지 못하고 있는 실정입니다. 새 정부의 규제 혁신은 그 한계를 뛰어넘어야 합니다. 적어도 세계적으로 경쟁이 이루어지고 있거나 우리의 신성장 동력이 될 수 있는 신기술·신산업 분야, 또는 4차 산업혁명 분야에서 규제 때문에 제대로 할 수 없다거나 세계 경쟁에서 뒤떨어진다는 말은 없어져야 할

것입니다. 규제 혁신은 경제 활력의 모멘텀을 살리기 위한 당면 과제입니다.

지난해 우리는 안팎으로 어려운 여건 속에서도 경제에서 어느 정도 활력을 되찾았습니다. 그 활력을 더 키워나가면서 신성장 동력 발굴과 일자리 확대로 연결시키려면 낡은 규제와 관행을 반드시 해소해야 합니다. 신기술·신산업에 대한 과감한 규제 혁신이 있어야 혁신 성장이 가능합니다. 스마트 시티, 자율주행차, 드론, 로봇, 핀테크 등 혁신 성장을 이끌 선도 사업들을 정해놓고도 낡은 규제와 관행 때문에 성과를 내지 못한다면, 혁신 성장은 그야말로 구호로 그치고 말 것입니다. 예를 들면, 전기 자동차를 육성하자면서 1·2인승 초소형 전기 자동차를 한동안 출시하지 못한 사례가 있습니다. 외국에서는 단거리 운송용으로 널리 사용되고 있는데도 불구하고, 국내에서는 기존 자동차 분류 체계에 속하지 않는다는 이유로 출시를 못했습니다. 지금도 삼륜 전기 자동차 같은 새로운 창의적 형태의 자동차 출시를 제한하고 있는데, 규제가 혁신 성장의 걸림돌이 되고 있는 사례라고 할 수 있을 것입니다. 협동 작업장 안에 사람이 있으면 로봇은 반드시 정지 상태로 있어야 한다는 규정도 마찬가지입니다. 이 규제 때문에 사람과 로봇이 공동 작업을 할 수가 없습니다. 안전기준에 부합하는 경우 공동 작업을 할 수 있게 해주어야 협동 로봇 산업이 발전하고, 스마트 공장도 확산될 수 있을 것입니다. 이렇게 규제 혁신은 혁신 성장을 위한 토대라고 할 수 있습니다. 새로운 융합 기술과 신산업의 변화 속도를 따라가지 못하는 규제는 반드시 혁파해야 한다는 것을 다시 한번 강조하고 싶습니다. 규제 혁신으로 민간의 혁신 역량을 지원해야 합니다. 대한상의가 핀테크, 무인이동체, 신재생에너지를 비롯한 다섯 개 신산업 분야 기업들을 대상으로 조사해보니까 지난 1년 사이에 규제 때문에 사업에 차질을 빚었다는 응답이 절반이나 됐습니다. 특히 핀테크 분야는 70%가 넘는 것으로 조사되었습니다. 규제 때문에 사업이 지연되거나, 또 사업을 추진하다 중단하거나 포기한 경우도 있고, 또 규제 요건을 맞추기 위해 불필요한 비용이 들어간 경우도 있었습니다. 규제 혁신은 이렇게 현장의 애로 사항을 듣고 해결 방안을 찾는 데서 출발해야 한다고 생각합니다. 기업인들이나 혁신적 도전자들이 겪었을 좌절과 실망감에 대해 정부가 함께 절실하게 느끼는 것이 중요합니다. 이러한 의미에서 규제 혁신은 창의와 도전, 혁신을 위해 노력하는 기업과 도전자들에게 힘을 실어주는 일입니다. 혁신 성장의 주역은 민간과 중소기업이고, 민간의 혁신 역량이 실현될 수 있도록 지원해주는 것이 정부의 역할이라는 것을 다시 한번 강조합니다.

규제 혁신으로 청년들에게 도전할 기회를 제공해야 합니다. 규제 혁신은 청년들에게 마음껏 도전할 기회를 제공하기 위해서도 시급한 과제입니다. 출발을 해야 성공이든 실패든 있는 법입니다. 모험적인 시도를 하다보면 실패할 수도 있지만, 일단 시도를 할 수 있어야 결과를 얻을 수가 있을 것입니다. 기존의 사고방식이나 제도의 틀이 새로운 도전자들, 개척자들의 발목을 잡아서는 안 됩니다. 과감하게 신산업에 도전하는 사회, 실패해도 재도전할 수 있는 문화를 만들어가기 위해서도 규제 혁신이 중요하다는 것을 강조합니다.

우리 정부의 규제 혁신은 새로운 산업과 기술을 뒷받침해주는 데 강조점을 두고 있습니다. 누구든지 신기술과 창의적인 아이디어만 가지고도 새로운 사업에 마음껏 도전할 수 있도록 만들겠다는 것입니다. 적어도 시장 진입이 자유롭지 못해서 글로벌 경쟁에서 뒤처지는 일은 없도록 해야 합니다. 그렇게 만들려면 지금까지 시도된 적이 없는 과감한 방식, 그야말로 혁명적인 접근이 필요합니다. 핵심은 신산업·신기술에 대해서는 우선 허용하자는 것입니다. 근거 규정이 있어야만 사업을 할 수 있다는 전제 자체를 재검토해주기 바랍니다. 신제품과 신기술은 시장 출시를 우선 허용하고, 필요시 사후에 규제하는 방식으로 규제 체계를 전면적으로 전환해보자는 것입니다. 더 나아가 설사 기존 법령에서 금지하고 있더라도 시장에서 상품화가 가능한지 확인할 수 있도록, 최소한 시범 사업이라도 할 수 있게 하는 것도 검토해주기 바랍니다. 규제의 대전환을 위해 규제 샌드박스 도입을 위한 법안이 조속히 입법화되도록 노력해주기 바랍니다.

오늘 토론을 거쳐 구체적인 규제 혁신 방안이 발표가 되겠지만 이제 시작이라고 생각합니다. 앞으로 지속적으로 규제 혁신을 추진해나가는 과정에서 여러 가지 어려움이 있을 수 있을 것입니다. 그래서 두 가지를 특별히 당부드리고 싶습니다. 먼저, 규제 혁신은 기존의 산업이나 가치와 갈등이 발생하는 경우가 많습니다. 지금까지 규제 혁신이 만족할 만한 성과를 내지 못한 이유가 바로 그것일 것입니다. 무엇이 국민 전체의 이익인가가 판단 기준이 되어야한다고 봅니다. 공정한 경쟁을 제한해서 기득권을 보호하거나 새로운 도전을 가로막는 규제는 두려움 없이 혁파해야 합니다. "국민 전체의 이익을 기준으로 삼는 규제 혁신"이라는 원칙을 갖고 과감하게 접근하되, 사회적 공론화가 필요한 부분은 대화와 타협의 장을 신속하게 마련해주기 바랍니다. 다음으로, 신산업·신기술은 일단 돕는다는 생각부터 가져야 할 것입니다. 특히 각 부처 일선에서 일하는 공무원들이 규정을 해석하고 적용하면서 기업들의 도전을 돕는다는 그런 자세를 먼저 가져야 합니다. 실제로 국무조정실에서 현장 규제 개선 과제를 분석해보니, 법령이나 제도 개선 없이 부처의 적극적인 해석만으로 풀 수 있는 규제가 32%에 달했다는 통계가 있습니다. 공무원들이 신산업 현장의 어려움을 해소하기 위해 적극적으로 업무를 추진하다가 발생한 문제에 대해서는 사후에 감사나 또 결과 책임으로 불이익을 받지 않도록 보장해주는 것이 중요하다고 봅니다. 또한 적극적인 행정으로 성과를 창출하는 공무원들에 대해서는 파격적으로 보상하는 등 업무 방식의 변화를 적극 장려하는 방안도 강구해주기 바랍니다. 이상입니다.

수석·보좌관회의 모두 발언

| 2018-01-22 |

우리는 지금 북핵 문제의 평화적 해결과 한반도 평화 구축의 길을 여는 소중한 기회를 맞고 있습니다. 마침 이 시기에 다가온 평창 동계 올림픽과 패럴림픽이 남과 북을 마주앉을 수 있게 만들어준 덕분입니다. 6·25전쟁 이후 최악으로 무너진 남북 관계 속에서, 또한 한반도에 다시 전쟁의 그림자가 어른거리는 상황 속에서 극적으로 마련된 남북 대화입니다.

하지만 지금 대화 분위기가 언제까지 지속될 지 아무도 낙관할 수 없는 상황입니다. 북한의 평창 동계 올림픽과 패럴림픽 참가 그리고 그 것을 위한 남북 대화는 그 자체로서 매우 의미가 큽니다. 평창 동계 올림픽과 패럴림픽의 성공에도 큰 역할을 하게 될 것이고, 우리 경제에도 많은 도움이 될 것입니다. 그러나 만약 그것만으로 끝난다면 그 후에 우리가 겪게 될 외교 안보상의 어려움은 가늠하기가 어려울 것이고, 또다시 대화의 계기를 마련하기가 쉽지 않을 것입니다. 우리는 평창 동계 올림픽 덕분에 기적처럼 만들어낸 대화의 기회를 평창 이후까지 잘 살려나가는 지혜와 노력이 필요합니다. 남북 대화가 미국과 북한 사이의 대화로 이어지게 하고, 다양한 대화로 발전시켜나가야 합니다. 그래야만 북핵 문제를 평화적으로 해결할 수 있고, 한반도 평화와 번영이 지속될 수 있습니다.

지금 같은 기회를 다시 만들기 어려운 만큼 국민들께서는 마치 바람 앞에 촛불을 지키듯이 대화를 지키고 키우는 데 힘을 모아주실 것을 부탁드립니다. 정치권과 언론도 적어도 평창 동계 올림픽을 성공적으로 개최하는 일만큼은 힘을 모아주시기를 당부드립니다. 북한도 함께 노력해주기 바랍니다. 오랜 단절 끝에 모처럼 마련된 대화여서 여러 가지 어려움들이 있을 수 있지만 그 성공을 위해서는 남과 북이 함께 역지사지해나가면서 차근차근 극복해나가는 노력이 필요할 것입니다. 이상입니다.

남극 세종과학기지 30주년 축하 메시지

| 2018-01-24 |

사랑하는 세종기지 대원 여러분, 내외 귀빈 여러분,

남극 세종과학기지 준공 30주년을 국민들과 함께 기뻐하며 진심으로 축하드립니다. 세종과학기지는 남극의 무한한 잠재력에 일찍 눈뜬 선각자들에 의해 세워졌습니다. 세종기지로 극지 진출의 교두보가 마련되자, 북극 다산과학기지와 남극 장보고과학기지도 이어서 설립되었습니다. 이후 세계적 수준의 연구 성과들이 이어졌습니다. 특히, 세계기상기구(WMO)와 함께 지구 온난화의 원인을 분석하고, 미래 청정 자원인 가스 하이드레이트를 발견한 성과들은 국제사회에서도 인정받는 쾌거입니다. 그렇게 인류의 과제 해결에 크게 기여하고 있는 대원 여러분들이 참으로 자랑스럽습니다. 빛나는 성취 뒤에는 극지 대원들의 희생과 헌신이 있었습니다. 15년 전 고(故) 전재규 연구원의 사고 소식에 안타까웠던 기억이 생생합니다. 당시 세종기지에 모인 국민들의 위로와 격려가 극지 연구소 설립과 쇄빙 연구선 아라온 호 건조와 같은 연구 인프라 개선으로 이어졌습니다. 어려움을 딛고 연구진과 기술·의료·행정 지원 인력이 하나가 되어서 불철주야 노력했기에 가능했습니다.

사랑하는 세종기지 대원 여러분, 내외 귀빈 여러분,

올해, 기지 리모델링이 마무리된다는 반가운 소식을 들었습니다. 새로운 30년을 시작한다는 각오로 임해주길 바랍니다. 남극 내 다른 나라 기지와 활발히 교류하며 기후변화와 미래 자원 개발에서 획기적인 성과를 거두길 기대합니다. 세종기지가 이름 그대로 대한민국과 인류의 삶을 이롭게 하는 산실이 되길 바랍니다. 저와 정부도 든든히 뒷받침하겠습니다. 새로운 미래 성장 동력인 극지에 대한 투자를 확대하겠습니다. 제2쇄빙 연구선과 코리안 루트와 같이 가슴 뛰는 도전을 국민과 함께 응원하겠습니다. 앞으로 남극 세종과학기지가 극지 연구의 중심으로 우뚝 서길 기대합니다. 여러분들의 개척 정신과 열정은 미래 세대에게 남기는 소중한 가치와 유산이 될 것입니다. 감사합니다.

수석·보좌관회의 모두 발언

| 2018-01-29 |

    화재로 인한 대규모 인명 피해가 이어져서 국민들의 안타까움과 슬픔이 매우 큽니다. 또한 국민들이 많이 이용하는 중소 규모 다중 이용 시설이 화재에 취약하다는 사실이 거듭 드러나면서 국민들의 불안감 커지고 있습니다. 근본 원인을 따지자면 압축 성장에서 외형적인 성장에 치우치면서 안전을 도외시했던 우리의 과거에 있을 것입니다. 우리가 이룩한 고도성장의 그늘이라고 할 수 있습니다. 그러나 세월호 참사로 안전한 나라가 가장 중요한 가치로 대두된 이후에도 우리는 안전을 강화하는 데 마음을 모으지 못했고 속도를 내지 못했습니다. 이 책임에서 자유로운 사람은 아무도 없을 것입니다. 정부, 지자체, 국회, 정치권 모두 공

동 책임을 통감하면서 지금부터라도 안전한 대한민국을 만드는 데 마음을 모아줄 것을 요청합니다. 특히 정부는 구체적인 안전 관리 책임이 지자체에 있거나 국회의 안전 관련 입법이 지체됐다 하더라도 국민의 생명과 안전에 대한 최종적인 책임은 정부에 있다는 더 큰 책임감을 가지고 총력을 다해주길 바랍니다.

그동안 안전을 뒷전으로 여기거나 비용의 낭비처럼 여겨왔던 안전 불감증이나 적당주의야말로 우리가 청산해야 할 대표적인 적폐라고 할 수 있습니다. 이번 화재를 계기로 다중 이용 화재 취약 시설에 대한 전반적인 점검과 함께 화재 안전 대책을 새롭게 세워주길 바랍니다. 교통 안전, 산업 안전, 자살 예방 등 국민 생명 지키기 3대 프로젝트를 국무총리께서 관장하기로 했기 때문에 화재 안전에 대해서는 청와대에 화재 안전 대책 특별 TF를 구성하는 것을 논의해주시기 바랍니다. 이 TF에 정부 관련 부처, 안전공사 등 공공기관, 광역과 기초, 지자체, 민간 전문가들을 참여시켜 다중 이용 화재 취약 시설에 대한 전수조사 수준의 실태 조사를 조사하는 데 기존의 형식적인 점검 방법을 답습하지 말고 문제를 모두 드러낼 수 있도록 점검 방법을 새롭게 정립하여 시간이 걸리더라도 제대로 점검해주기 바랍니다. 그리고 그 점검 결과를 공개하여 실상을 국민에게 알리고, 특히 이용자들이 그에 관한 정보를 알 수 있게 하는 방안을 검토해주길 바랍니다. 점검 결과에 대한 단기 대책으로 정부 차원에서 시행령의 개정만으로 할 수 있는 안전 강화 조치와 이미 마련된 안전 관련 규정을 철저하게 시행하고 집행하는 일을 정부가 강력한 의지를 갖고 조기에 실행하기 바랍니다. 중·장기 대책 중 입법 과제에 대해서는 정부가 필요한 법안을 발의하고, 이미 제출되어 있는 법안에 대해서는 국회에 정부의 입법 촉구 의견서를 제출하는 것도 검토 바랍니다. 특히 중소 규모 다중 이용 시설이 화재 안전의 사각지대가 되지 않도록 안전 대책을 강화하고, 건물 면적 기준뿐만 아니라 이용자들의 이용 실태에 맞게 안전이 확보될 수 있도록 대책을 마련해주길 바랍니다. 강화된 화재 안전 대책을 이미 건축되어 있는 건축물에 소급 적용할 경우 건물주의 부담을 덜어주는 방안도 함께 강구해주길 바랍니다. 또한 일상생활에서 불편하더라도 실제 상황에서 재난 대응 매뉴얼에 따라 소방 차량 접근이 확보되고, 대피와 구조가 제대로 이뤄질 수 있도록 안전 훈련을 의무화하는 방안도 검토해주기 바랍니다. 화재 발생 초기에 자체적으로 불을 끄기 위해 노력하느라 신고 시간이 지연되는 경우가 많으므로 은행이나 편의점 등에서 직원이 비상벨을 누르면 경찰서나 사설 경비 업체와 연결되는 시스템처럼 다중 이용 시설의 경우 비상벨을 눌러 소방 당국에 쉽게 화재 신고를 하는 방안과 건물 내의 자동 화재 탐지 설비가 화재 경보와 동시에 소방서에 화재 발생 사실을 자동 신고하도록 하는 방안을 활성화하는 것도 검토해주길 바랍니다. 이상입니다.

장차관 워크숍 모두 발언

| 2018-01-30 |

우리 정부 들어 처음으로 부처 장차관들이 모두 함께한 자리를 마련했습니다. 진심으로 반갑고 환영합니다.

그동안 안팎의 위기를 빠르게 극복하고 나라다운 나라를 만들기 위해 헌신해준 여러분들의 노고에 감사드립니다. 오늘 워크숍은 새해의 정부 업무 보고를 종합하면서 더 나은 국민들의 삶을 위해 정부가 해야 할 일을 공유하고 결의를 다지는 자리라고 할 수 있습니다. 대한민국은 국민의 피와 땀으로 이룬 나라입니다. 국민의 헌신과 노력으로 세계 10위권의 경제 규모로 성장했고, 국민 소득 3만 달러 시대를 눈앞에 두고 있습니다. 또한 국민의 희생과 참여로 세계가 주목하는 민주주의 역사를 만들었습니다. 온갖 어려움 속에서 대한민국을 이만큼 역동적으로 발전시켜온 주역은 다름 아닌 우리 국민입니다. 우리는 자랑스러운 우리 국민들께 더 없는 존경과 감사를 드려야 마땅합니다. 한편으로 그동안 국가는 과연 국민에게 어떤 존재였는지 돌아보지 않을 수 없습니다. 경제가 성장한 만큼 그 혜택이 국민에게 골고루 돌아가고 있는지, 민주주의가 확대된 만큼 정의와 공정이 국민의 일상에 자리 잡고 있는지, 기본 중의 기본인 국민의 생명과 안전은 제대로 보호받고 있는지, 우리 모두 깊게 성찰하며 무거운 책임감을 느껴야 할 것입니다. 이제 국정 운영의 중심을 국민에게 두고, 나라의 근본부터 바꾸지 않으면 안 됩니다.

첫째, 정책의 우선순위부터 바로잡아야 합니다. 국민의 삶을 지키는 것을 정부의 최우선 역할로 삼아야 할 것입니다. 최근에 재난 사고들을 보면서 정부를 맡고 있는 사람으로서 모두들 참담한 심정이었을 것입니다. 국민의 생명과 안전을 지키는 일이 정부가 하는 모든 일의 시작임을 다시 한번 명심해야겠습니다. 2월에 있을 국가 안전 대진단부터 과거의 방식을 답습하지 말고 국민의 안전을 책임진다는 자세로 철저하게 시행해주길 바랍니다. 시간과 비용이 많이 들더라도 철저하게 하는 것이 무엇보다 중요합니다. 철저한 안전 진단을 위해 점검자를 공개하는 '안전 진단 실명제'를 도입할 수도 있을 것입니다. 또한 안전 진단 결과를 공개하여 국민들께 실태를 알리고 다중 이용 시설을 선택할 때 참고할 수 있도록 하는 방안도 검토해주길 바랍니다. 일자리를 만들고 최저임금 인상

등을 통해 일자리의 질을 높이는 것은 국민 경제적 삶을 지키기 위해 반드시 필요한 정책입니다. 국민에게 일할 수 있는 기회를 제공하고 최소한의 생계가 보장되도록 하는 것은 국가의 책무이기 때문입니다. 각 부처는 청년 일자리 창출, 임금격차 해소, 의료·복지 서비스 확대 등 국민의 삶을 지키고 개선하는 일에 총력을 기울여주기 바랍니다.

둘째, 모든 정책은 수요자인 국민의 관점에서 추진되어야 합니다. 정책의 당위와 명분이 있다 하더라도 현장의 목소리를 듣지 않고 일방적으로 추진한다면 첫 단추를 잘못 끼운 결과가 되기 십상입니다. 정책 수요자가 외면하는 정책 공급자 중심의 사고는 국민이 주인인 나라에서 더 이상 통용될 수가 없습니다. 신고리 5·6호기에 대한 공론화 과정을 통해 보았듯이 정책의 옳고 그름에 앞서서 추진 과정에서 공감을 얻어나가는 것이 더욱 중요 시대가 됐다는 것을 깊이 유념해주기 바랍니다. 정부 부처의 업무 수행 방식도 달라져야 합니다. 전문가의 용역 보고서나 토론회 등 형식적 절차를 거쳤다 해서 정책의 정당성을 확보하는 것이 아닙니다. 국민이 요구하는 것이 무엇이고, 현장에서 어떻게 받아들일 것인지를 섬세하게 살피면서 모든 정책을 추진해야 할 것입니다. 특히 부처 간의 입장이 다르고, 국민들 간의 이해관계가 엇갈리는 정책의 경우 충분한 설득과 공감의 과정이 선행되어야 한다는 것을 각별히 명심해주시기 바랍니다.

셋째, 정부 혁신도 국민을 위한 것이어야 합니다. 우리끼리 하는 혁신이 아니라 국민이 바라는 혁신이어야 합니다. 혁신의 방향이 국민이어야 한다는 말입니다. 정말 정부가 달라졌다고 국민이 체감할 수 있도록 해야 합니다. 국민의 삶을 개선하고 바꾸기 위해서는 정부부터 변화하고 혁신해야 합니다. 공무원이 혁신의 주체가 되지 못한다면 혁신의 대상이 될 수도 있다는 것을 명심해주기 바랍니다. 복지부동, 무사안일, 탁상행정 등 부정적 수식어가 더 이상 따라붙지 않도록 각 부처와 소속 공무원이 혁신의 주체가 되어 과감하게 정부 혁신을 추진해주기 바랍니다.

넷째, 국민이 절실히 원하는 공정하고 깨끗한 사회 만들기에 정부부터 앞장서야 합니다. 어제 정부는 공공기관 채용 비리 특별 점검 후속 조치를 발표했습니다. 공공기관 채용 비리는 정의와 원칙을 선도해야 할 공공기관이 오히려 우리 사회의 공정성을 무너뜨렸다는 점에서 국민들에게 큰 실망감을 주고, 특히 우리 소중한 청년들에게 깊은 절망과 좌절을 안겨주는 일입니다. 정부는 이번 전수조사를 우리 사회에서 채용 비리를 비롯한 반칙을 근절하는 계기로 삼아야 할 것입니다. 각 부처 장관들은 적어도 채용 비리만큼은 완전히 뿌리 뽑겠다는 비상한 각오를 가지고 후속 조치와 함께 투명하고 공정한 채용 제도의 정착을 위해 노력해주기 바랍니다. 국가 공공기관부터 지방 공공기관과 각종 공직 유관 단체에 이르기까지 불법을 저지른 청탁자와 공공기관 임직원에게 엄중한 민형사상 책임을 묻고, 근본적 제도 개선을 차질 없이 추진해야 할 것입니다. 그리하여 채용 과정의 공정성이 민간 기업에까지 확산되도록 하는 것을 우리 정부의 목표로 삼아주길 바랍니다.

　다섯째, 진심을 다해 국민과 소통해야 할 것입니다. 지금은 정부가 국민과 직접 소통하는 시대입니다. 정부가 국민의 목소리에 충분히 귀 기울이고 정부 입장을 제대로 전달해야만 정부와 국민 간의 진정한 소통이 가능합니다. 홍보는 상품의 단순한 포장지가 아니라 친절하고 섬세한 안내서가 되어야 합니다. 정책은 만드는 데서 끝나는 것이 아니라 홍보로써 비로소 완성된다는 사실을 잊지 말아야 할 것입니다. 그리고 한 걸음 더 나아가서 오늘날의 홍보는 일방적인 것이 아니라 서로 주고받는 소통을 통해서만 이뤄진다는 것을 잊지 말아야 할 것입니다.

　마지막으로 우리 장차관님들에게 한 가지 더 당부드립니다. 장차관 여러분이 다 함께 바라봐야 할 대상은 대통령이 아니라 국민입니다. 여러분은 '문재인 정부'라는 한 배를 탄 공동운명체입니다. 국민은 '어느 부처가 잘한다, 못한다' 이렇게 평가하는 것이 아니라 '정부가 잘한다, 못한다' 이렇게 평가를 합니다. 모두가 한 팀이라는 마음가짐으로 부처 간 칸막이를 없애고, 부처 간에 충분히 소통하고 협의하면서 일을 추진하는 자세를 가져주기 바랍니다. 오늘 워크숍이 각 부처를 이끄는 우리 장차관들 사이에 소통과 협업을 증진시키는 좋은 계기가 된다면 그보다 더 큰 보람이 없을 것입니다. 감사합니다.

2월

고(故) 황병기 선생에 보내는 조전

| 2018-02-01 |

우리의 소리, 한 자락이 사라진 듯 마음이 아픕니다.

고(故) 황병기 선생님의 명복을 빌며 유가족분들께 위로의 말씀을 드립니다. 고인께서는 부산 피난길에서 처음 가야금 소리를 어린 가슴에 품고, 평생 우리 국악을 지키고 키워내셨습니다. 고인이 있어, 가야금 연주는 진정 모두의 것이 되었습니다.

이제 고인의 모습을 무대에서 만날 수 없다는 것이 너무나 슬프고 아쉽습니다. 그러나 고인의 업적은 후대를 통해 길이 이어질 것이고 우리는 고인의 연주를 오래도록 만날 것입니다. 부디 영원한 안식을 누리시기 바랍니다.

제132회 IOC총회 개회식 축사

| 2018-02-05 |

존경하는 토마스 바흐 위원장님 그리고 IOC 위원 여러분,

대한민국에 오신 것을 환영합니다. 먼 길 오시느라 고생하셨습니다. 아마 이 자리에는 88서울올림픽에 선수나 관중으로 함께하신 분들도 계실 것입니다. 그 후 대한민국은 또 한 번의 기적을 만들어냈습니다. 경제뿐 아니라 민주주의에서도 눈부신 비약을 이루었습니다. 나는 오늘, 자랑스러운 대한민국 국민들 그리고 강원 도민들과 함께 여러분께 따뜻한 환영의 인사를 드립니다.

지금 여러분이 계신 이곳 강릉은 한반도 북쪽 백두산에서 남쪽 지리산까지, 한반도를 남북으로 잇는 산줄기, 백두대간의 동쪽에 자리 잡은 도시입니다. 한국 국민들은 능선을 따라 끝없이 이어진 산봉우리를 넘으며 자연의 위대함을 느낍니다. 또 능선마다 감춰진 삶의 이야기에 공감을 느낍니다. 이곳 강릉은, 한국 국민들이 새해 첫날 해맞이를 위해 즐겨 찾는 곳이기도 합니다. 넓고 푸른 동해 바다 위로 힘차게 떠오르는 붉은 해를 보면서 새해의 소망을 다짐합니다. 강릉은 이렇듯 꿈을 키우는 곳입니다. 이곳 강릉에서 여러분의 꿈도, 또 IOC의 이상과 목표도 함께 커지기를 기대합니다.

우리는 이번 올림픽을 위해 이곳 강릉에 다섯 개의 빙상 경기장을 마련했습니다. 이웃한 평창과 정선에는 일곱 개의 설상 경기장이 준비되어 있습니다. 우리는 이 경기장들에서 멋진 경기와 정정당당한 승부, 그리고 풍성한 기록들을 보여줄 선수들을 마음 설레며 기다려왔습니다. 우리는 올림픽 선수들이 하나의 경기, 때로는 0.01초에 지나지 않는 그 순간을 위해 얼마나 오랜 시간 동안 인내하고 자신을 단련해왔는지를 잘 알고 있습니다. 우리는 선수들의 도전과 성취를 뜨겁게 응원할 것이고, 선수들이 흘려온 땀방울이 관중의 환호로 바뀌는 그 순간을 전 세계와 함께 즐길 것입니다. 또한 우리의 미래 세대, 세계의 청소년들에게 희망과 용기, 새로운 영감을 불어넣도록 도울 것입니다. 이제 4일 후면, 그리스 헤라 신전에서 피운 올림픽 불꽃이 남북한 인구 7500만 명을 상징하는 7500명 성화 봉송 주자들의 손을 거쳐 성화대에 불을 밝힙니다. 올림픽의 정신이 높이 타오르고 세계인의 겨울 축제가 시작됩니다.

존경하는 IOC 위원 여러분, 귀빈 여러분,

나는 동계 올림픽이라는 세계인의 겨울 축제가 대한민국에서 열리는 데 특별한 의미를 느낍니다. 한국의 겨울은 바람도 매섭고 눈도 많이 내립니다. 68년 전, 한국인들에게 이 겨울은 너무나 큰 슬픔이고 아픔이었습니다. 전쟁은 모든 것을 파괴했습니다. 많은 사람들이 고향을 떠나야 했고, 가족을 잃어야 했습니다. 제 부모님도 그중 한 분이었습니다. 모진 추위와 싸우며 생사를 넘나들던 그해 겨울은 한반도에 깊이 새겨진 아픈 역사입니다. 그러나 여러분, 정말 놀라운 일이 벌어지고 있습니다. 분단된 국가, 전쟁의 상처가 깊은 땅, 휴전선과 지척의 지역에서 전 세계를 향한 화해와 평화의 메시지가 시작됩니다. 나는 이 사실이 우리 한국인뿐만 아니라 평화를 사랑하는 인류 모두의 기쁨일 것이라고 믿습니다. 제가 이 겨울 축제에 특별한 의미를 느끼는 이유가 또 있습니다. 이번 동계 올림픽이 우리 국민들의 간절한 바람과 함께 시작되고 준비되었기 때문입니다. 지금도 대한민국 국민들은 2011년 남아공 더반에서 열린 제123차 IOC 총회를 생생하게 기억하고 있습니다. 많은 국민들이 텔레비전 앞에서 세 번에 걸친 도전의 결과를 가슴 졸이며 기다렸습니다. 마침내 자크 로게 전(前) IOC 위원장이 '평창'을 외치던 순간, 이미 자정이 넘었던 시간이었지만 대한민국은 기쁨에 겨워 잠들지 못했습니다. 벅찬 감격과 뜨거운 환호가 넘쳤던 순간이었습니다. 모두가 "예스 평창, 파이팅 코리아"로 하나가 되었던 그 순간부터 평창의 꿈, 평창의 약속은 우리 국민들과 함께 더욱 단단해졌습니다. 누군가는 경기장을 짓는 일에 자신의 열정을 바쳤습니다. 누군가는 문화 공연을 준비하는 일에 자신의 재능을 보탰습니다. 또 누군가는 자원봉사자가 되어 세계인을 맞이할 꿈을 꿨습니다. 평창 동계 올림픽과 패럴림픽은 이렇게 우리 국민 모두의 열정이 하나로 모아진 결과입니다.

존경하는 IOC 위원 여러분, 귀빈 여러분,

이제 대한민국은 준비가 되었습니다. 7년 전, 남아공 더반에서 약속했던 대로 평창은 동계 올림픽의 '새로운 지평'을 열 것입니다. 그동안 우리가 가진 모든 자원, 따뜻한 우정부터 최첨단 ICT 기술까지 모든 것을 활용해 올림픽 정신을 더욱 높이고자 준비했습니다. '드림 프로그램'을 운영해 세계의 많은 청소년들에게 새로운 기회를 제공했습니다. 동계 스포츠를 접하기 어려운 동남아시아와 저 멀리 아프리카 케냐, 남아프리카공화국의 청소년들이 이 프로그램에 참여했고, 훌륭한 선수와 코치로 성장했습니다. 또한, 이번 평창 동계 올림픽과 패럴림픽은 명실상부한 '선수 중심의 대회'입니다. 모든 경기장이 30분 거리 안에 배치되어 선수들은 경기에만 집중할 수 있는 최적의 환경에서 자신의 기량을 펼치게 될 것입니다. 이번 대회는 지금껏 세계가 경험하지 못한 최첨단 ICT 올림픽으로도 기록될 것입니다. 선수단과 관람객들은 세계 최초로 구축된 5세대 이동통신 시범망을 체험하고 지상파 초고화질과 대화면 방송 서비스를 제공받을 수 있습니다. 우리는 스포츠와 더불어 세계를 하나로 잇는 또 하나의 힘이 문화라는 사실도 매우 중요하게 생각합니다. 대회 기간 내내 열리게 될 다양한 문화 공연을 통해 한국문화의 특별한 힘을 함께 느껴보시길 바랍니다. 대한민국은 지난 수년간 성공적인 올림픽을 준비하기 위해 최선을 다했습니다. 이제 그 결실을 선수들과 관중, 전 세계와 함께 나눌 시간이 다가오고 있습니다. 이 시간을 준비한 것은 우리 국민들의 역량이었고, 동시에 IOC의 협력과 지원이었습니다. 우리는 올림픽에 담긴 평화와 우정, 관용과 희망의 정신이 더 널리 퍼질 수 있도록 IOC와 함께 지속적으로 노력할 것입니다.

존경하는 IOC 위원 여러분, 귀빈 여러분,

나는 오늘 이 뜻깊은 자리에서 토마스 바흐 위원장님과 IOC 위원 여러분께 특별한 감사를 표시하지 않을 수 없습니다. 북한의 장웅 위원께도 각별한 감사를 표합니다. 여러분의 기억을 잠시만 한두 달 전으로 되돌려보십시오. 불과 한두 달 전까지만 해도 여러 나라에서 올림픽의 안전을 염려했습니다. 북한이 평창 올림픽에 참가하고 남북이 단일팀을 구성하는 평화 올림픽도 많은 사람들에게 불가능한 상상처럼 여겨지곤 했습니다. 그러나 염려는 사라졌고, 상상은 현실이 되었습니다. 동계 올림픽 사상 가장 많은 나라에서, 가장 많은 선수들이 평창 동계 올림픽에 참가합니다. 북한 선수단의 참가 규모도 동계 올림픽 사상 최대입니다. 남북한이 개회식에 공동 입장하고, 올림픽 사상 최초로 남북 단일팀이 출전합니다. 지금 IOC와 대한민국은, 우리가 함께 노력해온 평화롭고 안전한 올림픽의 개막을 눈앞에 두고 이 자리에 함께하고 있습니다. 정말 멋지지 않습니까?

나는 지난해 9월 IOC 페루 총회를 기억합니다. 바흐 위원장께서는 "올림픽은 모든 정치적 갈등을 넘어서는 것이며, 대화와 희망과 평화의 상징"이라고 강조하면서, "IOC는 북한의 출전을 지지하며, 북한 선수들의 출전 자격과 관련해 지원할 수 있다"고 제안했습니다. 나와 우리 국민들은 그때, 평화 올림픽의 문이 열리고 있음을 확신할 수 있었습니다. 그 후에도 IOC는 상황이 어려울 때에도 대화와 평화가 올림픽 정신에 부합한다는 사실을 거듭해서 확인해주었습니다. IOC의 협력과 활약이 평창 평화 올림픽의 문을 활짝 열었습니다. 스포츠가 정치와 이념의 장벽을 뛰어넘을 수 있다는 사실을, 또 스포츠를 통한 교류와 소통이 곧 평화라는 사실을, 또 그것이 바로 올림픽 정신의 위대한 가치라는 사실을 이제 평창이 전 세계와 인류에게 보여줄 것입니다. 평창 동계 올림픽은 2020년 도쿄, 2022년 베이징으로 이어지는 동북아 릴레이 올림픽의 시작이기도 합니다. 이 릴레이 올림픽이 동북아 지역의 평화와 발전, 더 나아가 인류의 평화와 번영에 기여한다면, 우리 모두는 올림픽 역사에서 가장 의미 있는 '올림픽 유산'을 창조하게 될 것입니다. 그 벅찬 성취를 위해 나는 이 자리에서 IOC는 물론이고 일본과 중국, 아시아 모든 나라와 지속적으로 협력하고 노력할 것을 약속합니다.

존경하는 IOC 위원 여러분, 귀빈 여러분,

평창이 중요하게 생각한 또 하나의 가치는 지속가능성입니다. 지속가능성은 올림픽의 핵심 가치입니다. 올림픽의 지속성과 미래를 위해 유무형의 올림픽 유산이 지속적으로 보존되어야 합니다. 대한민국은 스포츠의 풍부한 잠재력을 바탕으로 미래의 지속가능한 발전을 도모하는 국제사회의 목표를 지지합니다. UN과 IOC의 협력에 뜻을 같이하며 '올림픽 아젠다 2020'에 기여할 것입니다. 평창이 열어갈 새로운 지평, 그 중심에는 대한민국 국민들이 있습니다. 우리 국민들은 지난겨울, 전 세계에 민주주의와 평화의 새로운 희망을 전했습니다. 대한민국 국민들의 탁월한 역량과 높은 시민 의식이 평창 올림픽과 대회 이후의 모든 긍정적인 변화를 이끌 것입니다. 나의 이 믿음이 이 자리의 여러분께도 전달되기를 기대합니다.

다시 한번 제132차 IOC 총회를 축하하며, 대한민국과 IOC의 우정이 더 깊어지길 바랍니다. 세계는 곧 강원도의 겨울 속으로 들어갑니다. 우리 모두 한걸음 더 평화로 나아갑니다. 여러분 모두 평창에서 만납시다. 여러분, 제132차 IOC총회 개회를 선언합니다! 감사합니다.

평창 동계 올림픽 개회식 사전 리셉션 환영사

| 2018-02-09 |

존경하는 내외 귀빈 여러분,

대한민국 강원도 평창에 오신 것을 진심으로 환영합니다. 이제 곧 평창 동계 올림픽이 막을 올립니다. 세계인이 함께하는 평화의 제전이 시작됩니다. 오늘에 이르기까지 대한민국과 평창에 보내주신 따뜻한 성원과 우정에 국민을 대표하여 진심으로 감사드립니다.

이곳 강원도는 자랑거리가 참 많은 곳입니다. 천혜의 바다와 산, 지역공동체의 전통 축제들, 자연이 내어준 건강한 먹거리들은 여러분과 함께 즐기고 싶은 강원도의 자랑입니다. 그중에서도 겨울 추위는 동계 올림픽을 치르기 위해 강원도가 준비한 특산품입니다. 다행히 요즘 강원도가 제대로 춥습니다. 얼음은 매끄럽고, 설원은 풍성합니다. 추위와 함께 훈련해온 선수들에게 최적의 환경을 마련했습니다. 오늘 우리도 추위 덕분에 이렇게 한자리에 모이게 되었습니다. 강원도의 추위는 대한민국이 여러분에게 보낸 따뜻한 초대장인 셈입니다. 여러분, 대한민국 강원도 평창의 추위를 제대로 즐겨볼 준비가 되셨습니까? 제가 존경하는 한국의 사상가 신영복 선생은, 겨울철 옆 사람의 체온으로 추위를 이겨나가는 것을 정겹게 일컬어 '원시적 우정'이라했습니다. 오늘 세계 각지에서 모인 우리들의 우정이 강원도의 추위 속에서 더욱 굳건해지리라 믿습니다.

존경하는 내외 귀빈 여러분,

근대 올림픽은 위대한 한 사람의 열정에서 출발했습니다. 19세기말, 피에르 드 쿠베르탱은 스포츠라는 공정한 경쟁을 통해 육체적·도덕적 능력은 물론 평화를 향한 의지를 향상시킬 수 있다고 굳게 믿었습니다. 근대 올림픽이 시작된 지 120여 년이 흐른 지금 세계인들은 다시 공정한 사회의 중요성을 깨닫고 스포츠에 주목하고 있습니다. 스포츠는 이념과 체제, 종교, 문화의 차이를 뛰어넘는 몸과 마음, 의지의 향연을 펼쳐줍니다. 많은 사람들이 스포츠라는 공정한 경쟁을 통해 도전 정신과 용기, 상대에 대한 존중, 공동체 정신과 자기 절제의 미덕을 익혀왔습니다. 여러분께 30년 전 1988년, 서울 올림픽의 한 장면을 말씀드리고 싶습니다. 그 대회의 요트 경기가 제가 자란 부산의 바다에서 열렸습니다. 경기 중 갑자기 불어온 강풍으로 싱가포르 선수들이 바다에 빠지고 말았습니다. 그때 선두에서 2위를 달리고 있던 캐나다의 로렌스 르뮤는 주저하지 않고 그 선수들로 향했습니다. 물에 빠진 선수들을 구한 그는 결국 22위로 시합을 마쳤습니다. 그의 목에 메달은 걸리지 않았지만, 세계는 그에게 스포츠맨십이라는 위대한 메달을 수여했습니다. 1964년 인스부르크 동계 올림픽에서는 공정한 경쟁에 대한 소중한 답을 보여주었습니다. 이탈리아 봅슬레이 팀의 주장 에우제니오 몬티는 강력한 경쟁 상대였던 영국팀에게 봅슬레이 썰매의 부품을 빌려주었습니다. 썰매를 고칠 수 있었던 영국팀은 금메달을 목에 걸었습니다. 경기 후 영국팀의 우승에 대한 소감을 묻는 언론에게 에우제니오 몬티는 말했습니다. "내가 부품을 빌려준 덕에 우승한 것이 아니다. 영국팀이 가장 빨리 달렸기 때문에 우승했을 뿐이다." 그는 국제페어플레이위원회가 수여하는 '피에르 드 쿠베르탱 페어플레이 트로피'를 받은 최초의 선수가 되었습니다. 세계와 마찬가지로 한국은 지금 공정한 사회를 꿈꿉니다. 우리는 지난 겨울, 공정하고 정의로운 나라를 위해 촛불을 들었고 이번 동계 올림픽을 준비하면서 공정함에 대해 다시 성찰하게 되었습니다. 우리는 평창의 눈과 얼음 위에서 위험에 처한 선수를 도운 또 다른 로렌스 르뮤와 경쟁팀이 자신과 같은 조건에서 시합할 수 있게 도운 또 다른 에우제니오 몬티를 만날 것이라 믿습니다.

존경하는 내외 귀빈 여러분,

지금도 우리의 딸과 아들, 손녀손자들은 놀이터에서, 학교 운동장에서, 체육관에서 자신들만의 작은 올림픽을 열고 있습니다. 우리의 아이들이 스포츠를 통해 규칙과 공정함을 익힌다면 피에르 드 쿠베르탱이 꿈꾸었던 우정과 평화의 세계는 성큼 다가올 것입니다. 미래 세대에게 스포츠를 통한 도전과 성취의 즐거움, 공정한 세계에 대한 비전을 보여주는 일은 올림픽의 지속가능성을 보장하는 길이기도 합니다. 나와 우리 국민은, 평창 동계 올림픽과 패럴림픽을 아이들의 믿음에 답하는 축제의 장으로 만들기 위해 최선을 다할 것입니다. 선수들의 공정한 경쟁이 다시 일상의 확고한 상식으로 스며들 수 있게 우리 모두 힘과 지혜를 모아 나갈 수 있길 바랍니다.

존경하는 내외 귀빈 여러분,

오늘 이 자리에는 세계 각국의 정상과 지도자들이 함께하고 있습니다. 저는 이 순간 갈등과 대립이 상존하는 지구촌에 이런 스포츠 대회가 있다는 것이 얼마나 의미 있고 다행스런 일인지 깊이 실감하고 있습니다. 만약 올림픽이라는 마당이 없었다면 어느 자리에서 지구촌의 많은 나라들이 이렇게 즐거운 마음으로 함께할 수 있겠습니까? 이 자리에 함께하고 있지만 세계 각국은 서로 간에 풀어야 할 어려운 문제들이 있습니다. 한국도 몇몇 나라들과 사이에 해결해야 할 어려운 숙제가 있습니다. 평창 동계 올림픽이 아니었다면 한자리에 있기가 어려웠을 분들도 있습니다. 그러나 그 무엇보다 중요한 것은 우리가 함께하고 있다는 사실입니다. 우리가 함께 선수들을 응원하며, 우리의 미래를 얘기할 수 있다는 사실입니다. 우리가 함께하고 있다는 사실 그 자체가 세계의 평화를 향해 한 걸음 더 다가갈 소중한 출발이 될 것입니다. 남과 북은 1991년 세계 탁구 선수권 대회에서 단일팀을 구성해 여자 단체전에서 우승했습니다. 2.7그램의 작은 공이 평화의 씨앗이 되었습니다. 오늘 이곳 평창에서는 올림픽 역사상 최초의 남북 단일팀, 여자 아이스하키팀이 출전을 준비하고 있습니다. 2.7그램의 탁구공이 27년 후 170그램의 퍽으로 커졌습니다. 남북은 내일 관동 하키센터에서 하나가 될 것입니다. 남과 북의 선수들이 승리를 위해 서로를 돕는 모습은 세계인의 가슴에 평화의 큰 울림으로 기억될 것입니다. 선수들은 이미 생일 촛불을 밝혀주며 친구가 되었습니다. 스틱을 마주하며 파이팅을 외치는 선수들의 가슴에 휴전선은 없습니다. 여러분을 그 특별한 빙상 경기장으로 초대하고 싶습니다. 남북의 여자 아이스하키 선수들은 작은 눈덩이를 손에 쥐었습니다. 한 시인은 "눈사람은 눈 한 뭉치로 시작한다"고 노래했습니다. 지금 두 손안의 작은 눈뭉치를 우리는 함께 굴리고 조심스럽게 굴려가야 합니다. 우리가 함께 마음을 모은다면 눈뭉치는 점점 더 커져서 평화의 눈사람으로 완성될 것입니다.

존경하는 내외 귀빈 여러분,

이제 몇 시간 뒤면 평창의 겨울이 눈부시게 깨어납니다. 아름다운 개막식과 함께 우정과 평화가 시작됩니다. 여러분 모두가 공정하고 아름다운 경쟁을 보게 될 것이며, 한반도 평화의 주인공이 될 것입니다. 나는 우리의 미래 세대가 오늘을 기억하고 '평화가 시작된 동계 올림픽'이라고 특별하게 기록해주길 바랍니다. 나와 우리 국민들은 평창으로 세계가 보내온 우정을 결코 잊지 않을 것입니다. 평화의 한반도로 멋지게 보답하겠습니다. 우리는 준비되어 있습니다. 감사합니다.

UNIST 졸업식 축사

| 2018-02-12 |

여러분, 축하합니다.

먼저 UNIST(울산과학기술원) 졸업생 여러분의 새로운 출발을 마음으로 축하합니다. 오늘의 또 다른 주인공인 학부모님들, 총장님과 교수님들께도 감사와 축하의 인사를 드립니다. UNIST의 성장을 위해 지원을 아끼지 않으신 울산시와 울산 시민 여러분도 오늘 이 졸업식의 주인공들이십니다.

UNIST에 와보니 과학의 미래로 성큼 들어선 것 같은 기분이 듭니다. 캠퍼스에 있는 아홉 개의 다리 하나하나에, 우리 학생들이 노벨상을 받으면 그의 이름을 붙일 것이라 들었습니다. 오늘 과학의 열정으로 빛나는 여러분의 모습을 보니, 멀지 않은 날 새로운 다리를 더 많이 놓아야 할 것 같습니다. 그런 다리라면, 정부가 얼마든지 비용을 대겠습니다. 여러분은 자신 있습니까?

자랑스러운 졸업생 여러분,

UNIST는 울산 시민의 염원과 국가 균형 발전의 꿈으로 설립되었습니다. 13년 전, 울산 시민들은 '울산국립대 설립추진위원회'를 구성하여 지역 국립대 설립 운동에 본격적으로 팔을 걷어붙였습니다. 그때까지 울산은 전국 광역시도 가운데 유일하게 국공립 대학이 없는 곳이었고, 지역 국립대 설립은 울산 시민들의 숙원이었습니다. 당시 이미 대학 정원이 초과된 상황이어서 국립대 신설은 쉬운 일이 아니었습니다. 그러나 노무현 정부는 국가 균형 발전의 국정 철학에 따라, 많은 반대에도 불구하고 울산 시민들의 여망을 받아들여 울산과기대를 설립했습니다. 그리고 제가 더불어민주당 당대표를 할 때 울산과기대를 과기원으로 승격시킬 수 있었습니다. 그 이후 이루어진 UNIST의 도약은 참으로 눈부십니다. 울산 시민들은 지금도 UNIST를 울산광역시 승격 이후의 역사에서 가장 자랑스러운 성과로 기억하고 있습니다. 저 역시, UNIST의 설립과 도약에 힘을 보탠 것에 커다란 보람을 느끼고 있습니다. 지금까지 여러분은 비약적인 발전으로 국가와 울산 시민들의 기대에 충분히 부응했습니다. 참으로 자랑스럽고 대견합니다.

사랑하는 졸업생 여러분,

세계는 지금 인류사에 유례없는 지식의 폭발과 함께 4차 산업혁명 시대에 접어들고 있습니다. 여러분은 우리가 다 알지 못하는 새로운 시대 앞에 서 있습니다. 지금까지 여러분은 426명의 탁월한 교수님들과 함께 미래를 향한 과학기술의 항로를 따라왔습니다. 13만여 권의 종이책과 43만여 권의 전자책, 100여 대의 가상화 기기를 갖춘 UNIST의 학술정보관은 든든한 돛이 되어주었습니다. 세계에서 4대뿐인 투과전자현미경, 국내 최초 도입한 초정밀 나노가공기, 이미지 질량분석기는 정확한 나침반으로 길을 열어주었습니다. 여러분은 최고의 뒷받침 속에서 열심히 공부하고 연구해왔습니다.

하지만 새로운 출발에 나서는 여러분의 앞길이 순탄할 수만은 없습니다. 실패도 겪고 좌절도 겪을 것입니다. 때로는 실패가 성공보다 값진 경험이 될 수 있다는 것을 명심해주기 바랍니다. 저도 살면서 실패가 많았습니다. 대통령 당선도 재수로 되지 않았습니까? 우리를 주저앉히는 것은 결코 실패 그 자체가 아닙니다. 실패 때문에 희망을 잃지 않는다면, 실패는 오히려 우리를 더 성장시켜주는 힘이 될 수 있습니다. 또한 우리는 결코 혼자가 아니란 사실을 잊지 마시기 바랍니다. 저도 변호사로 사회에 첫발을 내딛고, 오늘에 이르기까지 헤아릴 수 없이 많은 분들의 도움을 받았습니다. 지금의 대통령 문재인은 제 개인의 힘으로 된 것이 아닙니다. 지금의 대통령 문재인은 마음을 나누고 도움을 준 수많은 '우리'의 다른 이름입니다. 오늘 여러분의 자리도 여러분 자신의 노력에 많은 도움이 더해져 함께 이뤄낸 것입니다. UNIST와 지역사회가 여러분을 키워주었습니다. 청소하는 분들, 경비원, 조리사, 영양사, 시설 관리자들이 흘린 땀도 여러분의 성취 속에 녹아들어 있습니다. 여러분이 그것을 잊지 않고, '나와 함께하는 우리'를 생각한다면 대한민국은 가장 성공적으로 4차 산업혁명 시대를 맞이할 수 있을 것입니다. 여러분이 힘들 때 오늘 UNIST에서 받은 격려와 응원을 떠올려주십시오. 외롭게 느낄 때가 있다면 오늘 저의 축사도 기억해주십시오. 여러분은 혼자가 아닙니다. 우리에게는 실패해도 다시 함께할 친구들이 있습니다.

사랑하는 졸업생 여러분,

저는 여러분에게서 사람을 생각하는 과학의 길을 봅니다. 2012년에 만난 UNIST 최초의 학생창업기업은 시각 장애인을 위한 오디오북 개발 기업이었습니다. 오늘 다시 만나보니, 모바일 광고 어플, 꽃배달 서비스의 아이디어를 더해 100만 명 이상의 고객을 확보하고 해외 투자금을 유치하는 회사로 성장해 있었습니다. 육아에 지친 부모와 신생아의 건강을 지켜주는 스마트 베개를 발명한 학생도 있고, 반려동물 용품 생산 업체를 운영하며 사회적 약자를 고용하는 학생도 있습니다. 대한민국 곳곳에는 여러분과 같은 열정으로 세계에 도전하는 다양한 전공의 청년들이 있습니다. 그 열정과 꿈들이 함께 손을 잡는다면, 사람을 위한 과학은 인류를 위한 대한민국의 과학 브랜드가 될 것입니다.

과학의 성취는 이제 우리의 일상생활과 연결되어 있습니다. 지금 대한민국과 세계인의 심장을 두근거리게 하고 있는 평창 동계 올림픽과 패럴림픽도 예외가 아닙니다. 지난 12월 진천 국가대표 선수촌을 방문했을 때 선수들을 돕고 있는 과학기술의 힘을 보았습니다. 지금 강원도 평창의 올림픽을 최첨단 ICT올림픽으로 만들고 있는 힘도 과학기술입니다. 우리는 평창 동계 올림픽 개막식에서 과학기술의 아름다움을 보았습니다. LED 디스플레이로 펼쳐진 디지털아트와 증강현실로 되살아난 〈천상열차분야지도〉 그리고 세계 최초로 시범을 보인 5세대 기술이 결합된 '평화의 비둘기' 공연은 정말 가슴 벅찬 ICT 기술의 향연이었습니다. 1218개의 드론이 밤하늘에 오륜기를 만들어냈을 땐 저게 그래픽이 아닌 현실인가, 탄성이 터져 나왔습니다. 우리의 전통 문화에 최첨단의 과학기술이 결합하면서, 우리는 전 세계가 경탄하는 환상적인 개막식을 만들어냈습니다. 여러분은 이렇게 세계를 전진시키고 있습니다. 여러분의 과학이 인류의 삶을 바꾸고, 사회를 개선하며, 역사를 새로 쓰고 있다는 것을 결코 잊지 않길 바랍니다.

사랑하는 졸업생과 UNIST 관계자 여러분,

이곳 울산은 대한민국 산업 수도입니다. 우리나라 총 수출액의 20%를 담당하는 우리 경제의 젖줄입니다. UNIST를 통해 유능한 인재들이 울산에서 자랐습니다. 그 인재들이 다시 지역에서 취직하고 연구하고 창업해서 울산 경제의 새로운 주역이 되고 있습니다. 여러분의 무대는 세계입니다. 그러나 한편으로 여러분을 키워준 지역에 기여하는 것도 여러분의 몫입니다. 지역 발전이 대한민국 발전의 동력이라는 사실을 잊어서는 안 됩니다. UNIST는 지역 인재 전형을 통해 울산의 인재들을 미래 과학자로 길러왔습니다. 창업 캠프를 운영하며, 재학생은 물론 울산지역의 청년 예비 창업자들에게도 기업가로서의 협력 정신과 도전 정신을 북돋아왔습니다. UNIST를 졸업한 후 울산에 자리 잡고 취직과 연구, 창업을 하는 인재들이 늘고 있다고 들었습니다. 참으로 훌륭하고 고마운 일입니다. 앞으로도 우리 정부는 UNIST와 같은 과학기술 특성화 대학이 지역 인재 양성과 산학 협력을 이끌도록 할 것입니다. 지역 대학과 공공기관, 지역 기업들의 연계를 통해 지역 인재들이 지역을 떠나지 않아도 대한민국 산업을 이끌어갈 수 있도록 아낌없이 지원할 것입니다. 울산의 제조업에 4차 산업혁명을 접목시켜 산업 수도 울산의 경쟁력을 높여나가는 데 UNIST가 앞장서주시기 바랍니다.

사랑하는 졸업생 여러분, 학부모님, 교수 여러분,

우리의 소중한 딸과 아들들이 이곳 UNIST에서 공부하여 대한민국의 희망이 되었습니다. 이제 각자 새로운 길을 걷게 됩니다. 설레는 세상이 우리의 졸업생들을 기다리고 있습니다. 여러분이 자기만의 길을 걸어가기 바랍니다. 그러나 나만을 위한 길이 아니라 우리 모두를 위한 길이기 바랍니다. 여러분의 과학이 공동체의 삶 속에서 빛나기 바랍니다. 더 많이, 더 자주 친구의 손을 잡을 때 여러분의 성취도 더 아름답게 빛나게 될 것입니다. 그리하여 여러분이 더불어 잘사는 대한민국의 미래가 되어주기 바랍니다. 여러분, 새로운 시작을 맞는 우리의 젊은이들에게 다 함께 축복을 보냅시다. 감사합니다.

2018 무술년 설날 인사 메시지

| 2018-02-15 |

사랑하는 국민 여러분, 재외 동포 여러분,

새해 복 많이 받으십시오. 이번 설날은 평창 올림픽과 함께해서 더욱 특별합니다. 세계에서 반가운 손님들이 찾아와 제대로 된 까치설날을 맞았습니다. 선수들은 지금 평창에서 운동복 대신 한복을 입고, 윷가락을 던지며 친구가 되고 있습니다. 남북의 선수들은 "반갑습니다, 안녕하세요?" 정겨운 우리말로 서로의 안부를 묻습니다. 너무나 오래 기다려온 민족 명절의 모습입니다. 남북 선수들의 값진 도전을 넉넉한 마음으로 응원해주신 국민들께 깊은 감사의 인사를 올립니다.

사랑하는 국민 여러분,

지금도 가족들과 둘러 앉아 올림픽 이야기를 나누며 이야기꽃을 피우고 계시겠지요. 우리 선수들의 선전을 기뻐하면서 한 해의 꿈과 포부도 나누고 계시리라 생각합니다. 저도 새해를 맞아 각오를 새롭게 하고 있습니다. 가족이 행복해야 나라가 행복합니다. 우리는 날마다 설날처럼 행복해지기 위해 노력합니다. 그 노력이 이뤄지도록 정부가 할 수 있는 모든 힘을 다해 뒷받침하겠습니다. 올림픽으로 여는 희망찬 새해, 여러분 가정에 늘 웃음과 행복이 가득하시길 기원합니다. 감사합니다.

수석 · 보좌관회의 모두 발언

| 2018-02-19 |

한국 GM 군산공장 폐쇄 결정으로 군산 지역 경제에 큰 타격이 예상됩니다. 지난해 조선소 가동 중단에 이어 군산 지역으로서는 설상가상의 상황입니다. 특히 협력 업체들까지 이어질 고용의 감소는 군산시와 전북도 차원에서는 감당하기가 어려울 것입니다. 범정부 차원에서 기획재정부, 산업통상자원부, 고용노동부, 중소벤처기업부 등이 함께 군산 경제 활성화 TF를 구성하고, 군산 지역 경제를 살리기 위한 특단의 대책을 마련해주길 바랍니다. 산업 위기 대응 특별 지역과 고용 위기 지역 지정 등 제도적으로 가능한 대책이 있다면 적극적으로 검토하고, 실직자 대책을 위해서는 응급 대책까지 함께 강구하기 바랍니다.

지난해 우리나라는 수출 규모가 15.8% 증가하여 10대 수출국 가운데 가장 높은 증가율을 기록함과 동시에 수출 순위에 있어서도 2016년보다 두 단계 상승한 세계 6위를 달성했습니다. 이러한 수출의 증가는 지난해 경제성장의 회복에 큰 기여를 했습니다. 하지만 최근 환율 및 유가 불안에 더해 보호무역주의가 강화되고 있습니다. 특히 철강, 전자, 태양광, 세탁기 등 우리 수출 품목에 대한 미국의 수입 규제 확대로 해당 산업의 국제경쟁력에도 불구하고 수출 전선의 이상이 우려됩니다. 정부는 그러한 조치들이 수출에 미칠 영향을 면밀히 검토하고 종합적인 대책을 강구하기 바랍니다. 불합리한 보호무역 조치에 대해서는 WTO 제소와 한미 FTA 위반 여부 검토 등 당당하고 결연히 대응해나가고, 한미 FTA 개정 협상을 통해서도 부당함을 적극 주장하기 바랍니다. 무엇보다 그와 같은 도전들에 대해서도 지금까지 우리가 많은 도전을 이겨냈듯이 정부와 기업이 합심하여 노력하면 얼마든지 극복할 수 있다는 자신감을 갖고 대응해나가야 할 것입니다. 또한 우리 기업의 수출 경쟁력을 높일 수 있도록 혁신 성장을 더욱 속도감 있게 추진하는 한편 신북방 정책과 신남방 정책의 적극적인 추진을 통해 수출을 다변화하는 기회로 삼아나가야 할 것입니다. 이상입니다.

정책기획위원회 오찬 간담회 모두 발언

| 2018-02-22 |

존경하는 정해구 위원장님 그리고 정책기획위원회 위원 여러분,

반갑습니다. 출범식 때 영상으로만 인사를 드렸는데 오늘 드디어 이렇게 한자리에서 뵙게 돼서 매우 기쁩니다. 무거운 짐을 흔쾌히 허락해주신 정해구 위원장님과 위원 여러분께 진심으로 감사드립니다. 10년 만에 부활된 정책기획위원회에 대한 우리 국민들의 기대가 무척 큽니다. 국민들이 촛불로 만든 새 정부 국정 운영의 방향을 설계해줄 싱크탱크로서 정책기획위원회의 역할을 기대하기 때문입니다. 각 분야 최고의 전문가들이 모인 만큼 국민들의 기대가 더욱 클 것입니다. 저도 참으로 마음 든든합니다. 위원회가 명실상부하게 대한민국 최고의 싱크탱크로서

역할을 해나갈 때 국민들의 삶이 실질적으로 달라지고 우리 정부의 성공도 가까워질 것이라고 믿습니다.

존경하는 위원 여러분,

우리 정부는 국민의 희망과 힘이 모여서 출범한 정부입니다. 국민의 나라, 정의로운 대한민국이라는 국가 비전에 국민의 엄중한 뜻이 담겨 있습니다. 우리 정부의 목표이자 실천 약속인 100대 국정 과제도 국민들의 참여 속에서 만들어졌습니다. 국민들이 선정한 국정 과제라는 100개의 구슬을 하나로 꿰어주실 분들이 바로 여러분들입니다. 여러 정책들을 하나로 잇는 정책 허브로서 정책기획위원회의 역할이 중요합니다. 여러분이 정부와 각계 전문가 그리고 국민들을 연결하는 다리가 되어주셔야 합니다. 정부국정과제위원회와 정부 각 부처가 국민의 눈높이에서 국정 과제를 충실히 이행할 수 있도록 적극적으로 뒷받침해주시기 바랍니다. 특히 정부 출범 1년에 즈음하여 국민들께 그간의 국정 과제의 성과와 이후 방향을 보고드릴 것입니다. 얼마 남지 않았습니다. 국민들께 내실 있는 보고를 할 수 있도록 각별한 준비를 당부드립니다.

긴 역사의 흐름 속에서 장기적인 안목으로 주춧돌을 놓아야 할 정책 과제들도 있습니다. 이러한 정책 과제를 발굴하고 기획하는 것 역시 정책기획위원회가 맡아야 할 일입니다. 미래의 경제와 사회 변화에 대응하기 위한 중장기 비전을 수립하고 그 비전을 실현할 전략을 마련하는 데 있어서도 여러분들의 활약을 기대합니다. 올해는 특히 정책기획위원회에 여러 중차대한 과제들이 맡겨져 있습니다. 국민헌법자문특위가 이미 바쁘게 활동 중이고 이달 중에 재정개혁특위의 출범이 예정돼 있습니다. 또한 내년은 3·1운동, 그리도 또 임시정부 수립 100주년입니다. 우리는 이를 기념하면서 새로운 100년을 준비해가야 합니다. 각기 다른 과제들이지만 크게 보면 모두 나라의 근간을 바로 세우는 일들입니다. 미래 세대를 위해 지금 우리가 해야 할 마땅한 역할이라고도 할 수 있을 것입니다.

특별히 한 가지만 강조해서 당부드리고 싶습니다. 모든 과제의 출발도 과정도 마무리도 그 생각의 중심에는 국민이 있어야 합니다. 국회와 협의하고 개헌안을 마련하는 것도, 또 조세·재정 정책의 근본적 혁신안을 마련하는 것도 그리고 대한민국의 새로운 100년을 준비하는 것도 모두 우리 국민의 역량, 지혜, 열정을 모아가는 일이 돼야 합니다. 개헌이야말로 국민이 중심이어야 합니다. 국민의 뜻과 의사를 존중하는 개헌이어야 합니다. 과정과 내용 모두에서 국민의 생각이 모아질 때 비로소 국민 헌법이 될 것입니다. 시간이 짧지만 가급적 국민들의 의견을 폭넓게 수렴하여 국민 개헌안을 마련해주실 것을 당부드립니다. 누구나 이상적인 개헌을 꿈꿀 수 있습니다. 그러나 한술에 배부를 수는 없을 것입니다. 무엇보다 국민 대다수가 공감하고 합의할 수 있는 내용이어야 합니다. 우리의 정치 현실을 외면할 수 없습니다. 이런 점들을 잘 감안해서 국민 공감대가 높고 현실적인 개헌안을 준비해주시기 부탁드립니다.

조세·재정 정책의 혁신이 지향하는 것도 국민입니다. 정부 정책의 지향점은 조세와 재정에서 드러납니다. 우리의 눈높이 맞는 공평하고 정의로운 조세 정책이어야 합니다. 우리 사회가 직면한 저성장과 양극화의 구조적 한계를 극복하고 국민의 삶을 실질적으로 개선하기 위한 재정 정책이 필요합니다. 반드시 근본적인 혁신안을 만들어주시기 바랍니다.

존경하는 정책기획위원회 위원 여러분,

송구스러운 말씀이지만 여러분의 어깨가 많이 무거울 수밖에 없습니다. 하지만 국민의 나라, 정의로운 대한민국으로 가는 길이고 국민과 함께하는 길입니다. 저는 그 길을 여러분과 동행하게 된 것이 매우 기쁩니다. 자주, 또 직접 뵙지는 못하더라도 위원회의 자문 의견에 늘 귀 기울일 준비가 돼 있다는 것을 약속드리면서 인사말을 마치겠습니다. 감사합니다.

수석 · 보좌관회의 모두 발언

| 2018-02-26 |

어제 폐막식을 끝으로 평창 동계 올림픽이 성공적으로 마무리되었습니다. 역대 최고의 환상적인 올림픽이었다고 전 세계가 찬사를 보내고 있습니다. 평화 올림픽, 안전 올림픽, 문화 올림픽, ICT 올림픽 등 대한민국의 저력을 보여주기에 충분했습니다. 우리 국민들에게도 많은 감동과 즐거움, 자신감을 주었습니다. 저는 팍팍한 일상과 국정 농단 사태, 촛불집회 등으로 힘들었던 우리 국민들에게 모처럼 즐거움과 위안을 주는 치유의 올림픽이 되길 바랐는데 그 목표도 실현된 것 같습니다. 올림픽의 큰 성공을 거둘 수 있게 해준 조직위와 강원도 관계자, 자원봉사자 그리고 대한민국 선수단 여러분의 열정과 헌신에 감사드립니다. 함께해

주시고, 아낌없이 박수를 보내주신 강원 도민과 국민들께도 깊은 감사의 말씀드립니다. 이제 얼마 후 시작될 패럴림픽의 성공을 위해서도 또다시 힘을 모아주실 것을 당부드립니다.

우리 사회 전 분야로 미투 운동이 확산되고 있습니다. 곪을 대로 곪아 언젠가는 터져 나올 수밖에 없었던 문제가 이 시기에 터져 나온 것이라고 생각합니다. 특히 촛불혁명으로 탄생한 우리 정부의, 성평등과 여성 인권에 대한 해결 의지를 믿는 국민의 기대감이 반영된 것이라고 생각합니다. 미투 운동을 무겁게 받아들입니다. 피해 사실을 폭로한 피해자들의 용기에 경의를 표하며, 미투 운동을 적극 지지합니다. 우선 사법 당국은 피해자들의 용기 있는 행동에 호응해서 적극적으로 수사에 나서야 할 것입니다. 피해자의 폭로가 있는 경우 형사 고소 의사를 확인하고, 친고죄 조항이 삭제된 2013년 6월 이후의 사건은 피해자의 고소가 없더라도 적극적인 수사를 당부합니다. 특히 강자인 남성이 약자인 여성을 힘이나 지위로 짓밟는 행위는 어떤 형태의 폭력이든, 어떤 관계이든, 가해자의 신분과 지위가 어떠하든 엄벌에 처해야 할 것입니다.

젠더 폭력은 강자가 약자를 성적으로 억압하거나 약자를 상대로 쉽게 폭력을 휘두르는 사회구조적인 문제입니다. 그래서 부끄럽고 아프더라도 이번 기회에 실상을 드러내고, 근본적인 대책을 마련하는 계기로 삼아야 할 것입니다. 법만으로 해결할 수 없고, 문화와 의식이 바뀌어야 하는 문제인 만큼 범사회적인 미투 운동의 확산과 각 분야 별 자정 운동이 필요하다고 생각합니다. 정부도 모두가 존엄함을 함께 누리는 사회로 우리 사회 수준을 높인다는 목표로 근원적인 대책을 마련해주기 바랍니다. 정부도 모두가 존엄함을 함께 누리는 사회로 우리 사회 수준을 높인다는 목표로 근원적인 대책을 마련해주기 바랍니다.

지금까지 정부는 공공 부문의 성희롱, 성폭력부터 먼저 근절한 다음 민간 부문까지 확산시킨다는 단계적인 접근을 해왔습니다. 그러나 이번 미투 운동을 보면서, 공공 부문, 민간 부문을 가릴 일이 아니라는 것을 분명하게 인식하게 됐습니다. 사회 곳곳에 뿌리박힌 젠더 폭력을 발본색원한다는 자세로 유관 부처가 범정부 차원의 수단을 총동원해주기 바랍니다. 특히 용기 있게 피해 사실을 밝힌 피해자들이 그 때문에 2차적인 피해나 불이익을 받는 일이 없도록 하는 데 대해서도 꼼꼼하게 대책을 마련해주기 바랍니다.

제58주년 2·28민주운동 기념식 기념사

| 2018-02-28 |

존경하는 국민 여러분, 대구 시민 여러분,

대구의 자랑스러운 2·28민주운동이 국가 기념일로 지정되고 처음 치러지는 기념식입니다. 그 첫 기념식에 제가 대통령으로 기념사를 하게 됐으니 제 개인적으로도 더 없는 영광입니다. 정치권력이 국민 위에 군림하면서 행세했던 시절이 있었습니다. 민주주의가 억압되고 국민의 삶이 짓눌렸지만, 부패한 독재 권력은 마치 거대한 절벽 같아서 도저히 넘을 수 없을 것 같았습니다. 58년 전의 오늘도 그런 시절 중의 하루였습니다. 그러나 바로 이곳 대구에서 용기 있는 외침이 시작되었습니다. 그 외침이 오랫동안 온 나라를 가두었던 체념과 침묵을 깼습니다. "우리는 정당하다. 정의는 살아 있다. 횃불을 밝혀라. 동방의 빛들아." 대구의 고등학생들이었습니다. 엄혹했던 시절, 바위에 계란 치기 같았을 최초의 저항, 하지만 학생들은 두려움을 떨치고 거리로 나섰습니다. 그 용기와 정의감이 한국 현대사의 물줄기를 바꾸어놓았습니다. 당시 한 신문은, "천당에서 만나자"는 결연한 악수를 나누고 헤어진 학생 대표들의 모습을 전하기도 했습니다. 그것이 광복 이후 최초의 학생민주화운동, 2·28 민주운동입니다. 대구 학생들의 외침이 숨죽여 있던 민주주의를 깨웠습니다. 전국 곳곳에서 학생들의 항거가 잇따랐습니다. 2·28민주운동은 마치 들불처럼 국민들의 마음속으로 번져갔습니다. 그리하여 마침내 3·15의거와 4·19혁명의 기폭제가 되었습니다. 대한민국이 국민의 힘으로 독재를 무너뜨린 첫 번째 역사를 쓰는 순간이었습니다.

국민 여러분,

우리는 지난 촛불혁명을 통해 국민이 권력을 이길 수 있다는 것을 다시 증명했습니다. 돌이켜 보면 그 까마득한 시작이 2·28민주운동이었습니다. 그로부터 우리는 민주주의를 향한 숭고한 여정을 시작했고, 6월 민주항쟁으로 거대한 흐름을 만들어냈으며, 촛불혁명으로 마침내 더 큰 민주주의에 도달했습니다. 오늘 우리는 대구 학생들에 의해 처음으로 타오른 민주화의 횃불이 얼마나 위대한 시작이었는지 되새기고 있습니다. 2·28민주운동이 대구만이 아니라 우리 국민 모두의 역사임을 확인하고 있습니다. 국가 기념일이 돼야 한다는 대구 시민들의 염원이 이제야 이렇게 실현되었습니다.

국민 여러분,

저는 오늘 이 뜻깊은 자리에 참석하면서 2·28민주운동이 오늘의 우리에게 주는 또 하나의 의미를 생각했습니다. 그것은 연대와 협력의 힘입니다. 2·28민주운동은 대한민국 최초의 민주화운동이었지만, 오랜 기간 걸맞은 평가를 받지 못했습니다. 민주화운동으로서 법적 정통성을 확보한 것도 50년만인 2010년에 이르러서였습니다. 그러나 드디어 우리 국민은 연대와 협력의 힘으로 2·28 정신을 온전히 살려냈습니다. 그 연대와 협력의 바탕에는 2·28민주운동과 5·18민주화운동의 상호 교류가 있었습니다. '달빛동맹'이라는 이름으로 대구와 광주가 2·28민주운동을 함께 기념했습니다. 대구 시민과 대구시, 지역 정치권이 추진해 온 국가 기념일 지정이 드디어 국민적 공감과 지지를 넓혀나갈 수 있었습니다. 2·28정신은 대구를 한마음으로 묶었고, 멀게 느껴졌던 대구와 광주를 굳게 연결했습니다. 오늘 이 자리는 그렇게 만들어질 수 있었습니다. 우리 앞에는 함께 헤쳐나가야 할 많은 도전이 있습니다. 오늘 이 자리를 통해 저는, 2·28기념운동이 보여준 연대와 협력의 정신이 그 도전들을 이겨나가는데 나침반이 될 수 있기를 기대합니다.

특별히 대구 시민들께 말씀드리고 싶습니다. 국채보상운동의 유네스코 세계기록유산 등재와 신암 선열 공원 국립묘지 지정에 이어서 2·28민주운동이 국가 기념일이 되었습니다. 온 국민과 함께 축하합니다. 참으로 많은 시간이 걸렸습니다. 이제야 그날의 의로운 몸짓을 국가 기념일로 기리게 되었지만, 대구의 정신은 대한민국의 역사 속에서 늘 빛나고 있었습니다. 대구·경북은 대한민국에서 독립 유공자가 세일 많은 곳입니다. 대구·경북은 민족항쟁의 본거지였습니다. 혁신유림과 항일의병운동, 독립운동으로 면면히 이어진 역사는 대한민국의 뿌리이자 우리 국민 모두의 자부심입니다. 지금도 대구·경북은 선비 정신의 본거지입니다. 하지만 대구·경북의 선비 정신은 고루한 것이 아닙니다. 새로움과 정의로움을 추구하는 정신입니다. 그 정신이 2·28반독재민주운동을 낳았습니다. 이곳 대구에서 시작된 국채보상운동은 90년이라는 세월을 뛰어넘어 IMF 외환위기 때 금모으기 운동으로 이어졌습니다. 낙동강 방어 전선으로 대한민국을 지킨 보루가 되었던 곳도, 경제 발전을 이끈 산업화의 본거지가 되었던 곳도 이곳 대구입니다. 대구는 이렇듯 자긍심 높은 도시입니다. 저는 오늘 이 기념식을 통해 나라가 어려울 때마다 의롭고도 거대한 변화를 이끌어온 대구 시민들의 자긍심이 더 높이 빛나게 되기를 기대합니다. 정의와 자유를 향한 대구의 기개와 지조가 잠자는 정신적 자산에서 깨어나 정의로운 대한민국을 만드는 현실의 힘이 되기를 기원합니다.

　　존경하는 국민 여러분, 대구 시민 여러분,

　　우리가 함께 가는 길, 국민이 함께 걷는 길이 민주주의입니다. 우리가 가야 할, '더 넓고, 더 깊고, 더 단단한 민주주의', 그 길을 오늘 다시 다짐합시다. 2·28민주운동 유공자와 대구 시민 여러분, 위대한 국민 여러분께 다시 한번 존경을 바칩니다. 감사합니다.

평창 동계 올림픽 국가대표 선수 수상 축전

| 2018-02-10 ~ 28 |

쇼트트랙 임효준 선수 축전 2018-02-10

2018 평창 동계 올림픽에서 대한민국에 첫 메달을 안겨준 쇼트트랙 임효준 선수에게 축전을 보냈습니다. 국민들과 함께 축하를 드립니다.

많은 국민들이 임효준 선수를 응원했고 승리를 통해 힘을 얻었습니다. 특히 일곱 번의 부상을 딛고 금메달을 목에 걸게 된 것에 깊은 감동을 받았습니다. 대한민국 청년들에게도 큰 희망이 될 것입니다. 임 선수의 승리는 은사님과 후배들에게 행복한 선물이 되었을 것이며, 경기를 앞둔 다른 선수들에게도 용기를 불러일으킬 것입니다.

"다 같이 딴 메달이다"라는 임 선수의 소감이 참 인상적입니다. 나머지 경기에도 팀을 생각하는 마음으로 최선을 다해주시기 바랍니다.

스피드스케이팅 1500미터 김민석 선수 축전 2018-02-14

2018 평창 동계 올림픽 대회 스피드스케이팅 남자 1500m 종목에서 아시아 선수 최초로 동메달을 획득한 것을 진심으로 축하합니다.

설레고 긴장되는 첫 올림픽 무대에서 국민들에게 큰 기쁨을 주어 정말 장하고 대견합니다. 성적으로 보여주겠다는 자신감 넘치는 약속을 지켜줘서 고맙습니다.

어린 나이에도 꾸준히 노력하고 겸손한 선수로 기억되고 싶다는 다짐이 놀랍습니다. 남은 경기 일정에도 최선을 다하여 더 좋은 성적을 거두기를 응원하겠습니다.

스켈레톤 윤성빈 선수 축전 2018-02-16

윤성빈 선수의 스켈레톤 금메달을 축하합니다. 국민들에게 최고의 설 선물이 되었습니다. 윤 선수는 새로운 분야에서도 도전하고 노력한다면 얼마든지 세계 최고가 될 수 있다는 것을 우리에게 보여주었습니다. 용기와 자신감이 생깁니다.

추억의 놀이였던 썰매는 윤 선수 덕분에 더 즐거운 놀이가 될 것입니다. 이제 우리를 썰매 강국으로 이끌어줄 것 같습니다.

94년 개띠 윤 선수가 장담했듯, 황금 개띠 해에 황금개가 되어 국민들에게 가슴 벅찬 희망을 주었습니다. 스켈레톤 황세 윤성빈 선수 고생 많았습니다. 고맙습니다.

쇼트트랙 1500미터 최민정 선수 축전 2018-02-17

최민정 선수의 웃는 모습을 보게 되어 기쁩니다. 쇼트트랙 500미터 결승의 아쉬움을 딛고 일궈낸 1500미터의 금메달이라 더욱 값집니다. "가던 길 마저 가자" 했던 다짐을 훌륭한 결과로 보여주었습니다.

시원시원하게 아웃코스로 추월하는 모습에서 최 선수는 역시 세계 최고의 실력임을 증명했습니다. 흔들리지 않는 스케이팅으로 한국인의 강한 정신력을 전 세계에 확인해주었습니다. 너무나 자랑스럽습니다.

지금까지 응원했듯 앞으로의 도전에도 국민들은 함께할 것입니다. 최 선수의 마지막 스퍼트의 장면은 평창 동계 올림픽과 함께 영원할 것입니다. 고생하셨습니다. 고맙습니다.

쇼트트랙 1000미터 서이라 선수 축전 2018-02-17

서이라 선수의 쇼트트랙 1000미터 동메달을 축하합니다. 다시 일어나 끝내 달려 이뤄낸 결과입니다. 멋진 모습이었습니다.

서 선수는 국가대표라는 책임감을 가지고 고된 훈련을 견뎌냈습니다. 극한의 긴장 속에서도 늘 웃음을 잃지 않으며 실력을 키워왔습니다.

오늘의 동메달은 새로운 시작의 힘이 될 것입니다. 쇼트트랙 하면 가장 먼저 떠오르는 선수가 되겠다는 서 선수의 꿈을 늘 응원합니다. 고생하셨습니다. 고맙습니다.

스피드스케이팅 여자 500미터 이상화 선수 축전 2018-02-19

이상화 선수의 스피드스케이팅 여자 500미터 은메달은 평창에서 가장 아름다운 메달입니다. 그동안 흘린 땀방울과 오늘 흘린 눈물이 은메달로 하얗게 빚어져 빙판처럼 빛납니다.

고맙습니다. 그동안 이상화 선수는 국민들에게 많은 기쁨을 주었습니다. 아름다운 도전이 무엇인지를 우리에게 가르쳐주었습니다. 힘들수록 빙판을 달리고 또 달리며 이상화 선수는 끊임없이 도전했습니다. 벤쿠버에서는 도전자로 금메달을 목에 걸었고, 소치에서는 챔피언으로 수성을 이뤘습니다. 이번 평창은 "우리나라 올림픽"이라고 남다른 애정으로 다시 도전했습니다. 그것만으로도 우리 국민들은 이상화 선수를 사랑합니다.

이상화 선수는 국민들의 마음속에 언제나 세계 최고의 빙속 여제입니다. 수고하셨습니다. 오늘 처음 딸의 경기를 현장에서 지켜본 가족들께도 감사드립니다.

스피드스케이팅 남자 500미터 차민규 선수 축전 2018-02-20

차민규 선수의 스피드스케이팅 남자 500미터 은메달을 축하합니다. 0.01초의 간발의 차가 너무 아까웠지만 어려운 종목에서 기적 같은 기록을 냈습니다. 참으로 장합니다.

의외의 메달은 없습니다. 차 선수는 어린 시절 겨울이면 코피를 흘리곤 했다고 들었습니다. 차 선수가 얼음 위에서 쏟은 땀이 귀한 결실을 맺었습니다. 종목을 바꾸는 도전과 부상의 아픔을 극복한 투지가 깊은 감동을 줍니다.

후배들을 잘 지켜봐달라는 모습도 순박하고 듬직합니다. 기억에 남는 순간을 만들겠다는 차 선수의 각오가 국민들에게 멋진 선물을 안겨주었습니다. 고맙습니다. 앞으로의 활약도 기대합니다.

여자 쇼트트랙 3000미터 계주 국가대표 김아랑 선수 축전 2018-02-21

여자 쇼트트랙 대표팀의 3000미터 계주 금메달을 축하합니다. 선수 각자의 출중한 기량과 단합된 힘이 함께 이뤄낸 성취여서 더욱 값집니다. 최고라는 부담감을 떨치고 펼친 박진감 넘치는 결승전 역주는 국민들에게 큰 감동을 주었습니다.

맏언니로 팀을 든든히 이끌어준 김아랑 선수에게 특별히 감사의 인사를 전합니다. 늘 환하게 웃으며 동생들을 다독이던 김 선수가 경기 직후 눈물을 쏟는 모습에 뭉클했습니다. 김 선수가 쭉쭉 뻗으며 시원스럽게 펼친 스케이팅은 멋진 날개 같았습니다.

경기 시작 전 함께 맞잡았던 우리 선수들의 손이 참으로 듬직했습니다. 서로를 격려하며 0.1초라도 더 빨리 달리고자 했던 모습이 오래도록 기억에 남을 것 같습니다. 여러분 덕분에 국민 모두가 행복합니다. 그동안 수고 많았습니다.

여자 쇼트트랙 3000미터 계주 국가대표 김예진 선수 축전 2018-02-21

여자 쇼트트랙 대표팀의 3000미터 계주 금메달을 축하합니다. 선수 각자의 출중한 기량과 단합된 힘이 함께 이뤄낸 성취여서 더욱 값집니다. 최고라는 부담감을 떨치고 펼친 박진감 넘치는 결승전 역주는 국민들에게 큰 감동을 주었습니다.

김예진 선수는 후회하지 않는 경기를 보여주고 싶다고 했는데 ,정말 멋진 경기를 펼쳐주었습니다. 일곱 살 때 스케이트장에 데려간 사촌 오빠도 고맙습니다. 김 선수에게도 이번 올림픽이 잊지 못할 경험이 되길 바랍니다.

경기 시작 전 함께 맞잡았던 우리 선수들의 손이 참으로 든든했습니다. 서로를 격려하며 0.1초라도 더 빨리 달리고자 했던 모습이 오래도록 기억에 남을 것 같습니다. 여러분 덕분에 국민 모두가 행복합니다. 그동안 수고 많았습니다.

여자 쇼트트랙 3000미터 계주 국가대표 심석희 선수 축전 2018-02-21

여자 쇼트트랙 대표팀의 3000미터 계주 금메달을 축하합니다. 선수 각자의 출중한 기량과 단합된 힘이 함께 이뤄낸 성취여서 더욱 값집니다. 최고라는 부담감을 떨치고 펼친 박진감 넘치는 결승전 역주는 국민들에게 큰 감동을 주었습니다.

심석희 선수의 쇼트트랙에 대한 자부심이 멋진 메달로 결실을 맺었습니다. 그동안 고생한 동생들과 함께여서 더욱 기쁘다는 심 선수의 예쁜 마음도 잊지 않을 것입니다. 정말 장하고 고맙습니다.

경기 시작 전 함께 맞잡았던 우리 선수들의 손이 참으로 든든했습니다. 서로를 격려하며 0.1초라도 더 빨리 달리고자 했던 모습이 오래도록 기억에 남을 것 같습니다. 여러분 덕분에 국민 모두가 행복합니다. 그동안 수고 많았습니다.

여자 쇼트트랙 3000미터 계주 국가대표 최민정 선수 축전 2018-02-21

여자 쇼트트랙 대표팀의 3000미터 계주 금메달을 축하합니다. 선수 각자의 출중한 기량과 단합된 힘이 함께 이뤄낸 성취여서 더욱 값집니다. 최고라는 부담감을 떨치고 펼친 박진감 넘치는 결승전 역주는 국민들에게 큰 감동을 주었습니다.

단숨에 추월해내는 최민정 선수의 폭발적인 실력에 국민들은 환호했습니다. 팀원들을 믿었기에 해낼 수 있었다는 말에 자신감이 넘쳤습니다. 위대한 선수의 탄생을 축하합니다.

경기 시작 전 함께 맞잡았던 우리 선수들의 손이 참으로 듬직했습니다. 서로를 격려하며 0.1초라도 더 빨리 달리고자 했던 모습이 오래도록 기억에 남을 것 같습니다. 여러분 덕분에 국민 모두가 행복합니다. 그동안 수고 많았습니다.

여자 쇼트트랙 3000미터 계주 국가대표 이유빈 선수 축전 2018-02-21

여자 쇼트트랙 대표팀의 3000미터 계주 금메달을 축하합니다. 선수 각자의 출중한 기량과 단합된 힘이 함께 이뤄낸 성취여서 더욱 값집니다. 최고라는 부담감을 떨치고 펼친 박진감 넘치는 결승전 역주는 국민들에게 큰 감동을 주었습니다.

이유빈 선수는 첫 올림픽 출전이어서 많이 떨렸을 텐데, 잘 극복해주어 고맙습니다. 사명감과 자신감으로 이겨낸 이 선수의 도전은 우리 청년들에게 큰 용기가 될 것 같습니다. 넘어져도 당황하지 않고 손을 내밀던 모습은 아직도 생생합니다.

경기 시작 전 함께 맞잡았던 우리 선수들의 손이 참으로 듬직했습니다. 서로를 격려하며 0.1초라도 더 빨리 달리고자 했던 모습이 오래도록 기억에 남을 것 같습니다. 여러분 덕분에 국민 모두가 행복합니다. 그동안 수고 많았습니다.

스피드스케이팅 남자 팀추월 국가대표 이승훈 선수 축전 2018-02-22

스피드스케이팅 남자 팀추월 은메달을 축하합니다. 앞에서 끌어주고 뒤에서 밀어주는 모습이 너무 좋았습니다. 한 몸처럼 달리기까지 얼마나 많은 땀과 노력이 있었을지 생각해봅니다.

이를 꽉 깨물며 동생들을 잘 리드해 달려준 이승훈 선수를 보며 우리 국민들은 든든했습니다. 어려운 순간마다 선두로 나와 시원하게 팀을 이끌어주어 고맙습니다.

힘든 훈련의 시간을 잘 견뎌준 덕분으로 국민들은 큰 힘을 얻었습니다. 우리에게 "함께"의 가치를 다시 한번 일깨워주었습니다. 그동안 수고 많았습니다.

스피드스케이팅 남자 팀추월 국가대표 김민석 선수 축전 2018-02-22

스피드스케이팅 남자 팀추월 은메달을 축하합니다. 앞에서 끌어주고 뒤에서 밀어주는 모습이 너무 좋았습니다. 한 몸처럼 달리기까지 얼마나 많은 땀과 노력이 있었을지 생각해봅니다.

처음 출전한 올림픽에서 두 개의 메달을 수확했습니다. 패기와 열정으로 쉬지 않고 달려준 덕에 얻은 소중한 결과입니다. 멋진 스케이팅으로 앞으로 쭉쭉 나가주세요.

힘든 훈련의 시간을 잘 견뎌준 덕분으로 국민들은 큰 힘을 얻었습니다. 우리에게 "함께"의 가치를 다시 한번 일깨워주었습니다. 그동안 수고 많았습니다.

스피드스케이팅 남자 팀추월 국가대표 정재원 선수 축전 2018-02-22

스피드스케이팅 남자 팀추월 은메달을 축하합니다. 앞에서 끌어주고 뒤에서 밀어주는 모습이 너무 좋았습니다. 한 몸처럼 달리기까지 얼마나 많은 땀과 노력이 있었을지 생각해봅니다.

우리나라 스피드스케이팅 최연소 메달리스트가 된 정재원 선수. 이제 부모님께 얼른 가서 메달을 걸어주세요. 첫 올림픽이지만 마지막인 것처럼 간절한 마음으로 달려주어 고맙습니다.

힘든 훈련의 시간을 잘 견뎌준 덕분으로 국민들은 큰 힘을 얻었습니다. 우리에게 "함께"의 가치를 다시 한번 일깨워주었습니다. 그동안 수고 많았습니다.

쇼트트랙 남자 500미터 황대헌 선수 축전 2018-02-23

황대헌 선수의 쇼트트랙 남자 500미터 은메달을 축하합니다. 마음의 부담을 떨치고 좋은 성적을 거두었습니다.

처음 빙판을 만난 다섯 살때부터 너무 재밌어서 울지도 않고 탔다는 황 선수, 좋아하는 분야에서 최고의 실력을 갖추고 즐기는 모습이 당당합니다. 이제 곧 대학생이 되면 더 훌륭한 선수가 될 것입니다. 친구들에게도 평창 이야기를 많이 들려주시기 바랍니다.

지금처럼 빙판을 좋아하면 베이징에서 가장 우뚝 설 것으로 기대합니다. 황 선수의 도전을 앞으로도 계속 응원하겠습니다. 정말 수고 많았습니다.

쇼트트랙 남자 500미터 임효준 선수 축전 2018-02-23

임효준 선수의 쇼트트랙 남자 500미터 동메달을 축하합니다. 다시 한번 임 선수의 저력을 보여준 경기였습니다.

준준결승에서 넘어져 아픈 듯 어깨를 움켜잡았을 때 걱정이 많이 되었지만 역시 임 선수는 다시 힘차게 달렸습니다. 부상이나 좌절이 결코 걸림돌이 되지 않는 임 선수, 이제 임효준은 우리 국민들에게 용기와 극복의 이름이 되었습니다.

가족, 코칭스태프, 동료, 국민들과 메달의 영광을 나누는 모습도 너무나 훈훈합니다. 앞으로 더욱 성장할 임 선수를 응원합니다. 정말 수고 많았습니다.

스피드스케이팅 남자 1000미터 김태윤 선수 축전 2018-02-24

김태윤 선수의 스피드스케이팅 남자 1000미터 동메달을 축하합니다. 얼음에 맞춰 가벼운 몸을 만든 김 선수의 뜨거운 투지가 차가운 공기를 가르고 귀한 결실을 맺었습니다.

메달이 결정되는 순간 국민들도 두 손을 번쩍 들고 기쁨을 나누었습니다. 한 주를 마치고 가족들에게 돌아가는 길들이 환하고 포근해졌습니다. 김 선수 덕분입니다. 정말 고맙습니다.

새로운 환경을 기회로 생각하고 자신 있게 도전한 김 선수의 모습이 대견하고 자랑스럽습니다. 그동안 빙판 위에 쏟은 김 선수의 땀과 노력에 큰 박수를 보냅니다.

스노보드 평행대회전 이상호 선수 축전 2018-02-24

하얀 눈 위를 거침없이 내려온 이상호 선수에게 강원도의 겨울 산들이 일제히 박수를 쳤습니다. 이 선수의 스노보드 평행대회전 은메달이 너무나 대단합니다. 축하합니다.

저는 오늘, 불가능을 가능으로 만들어 모두에게 희망을 주고 싶다던 소년의 질주를 떨리는 마음으로 보았습니다. 이 선수로 인해 우리나라 설상 스포츠가 새로운 역사를 쓰게 되었습니다. 우리 전통 스키인 고로쇠 썰매의 역사도 살아났습니다.

어린 아들은 배추밭에서 눈썰매 타기를 좋아했고 부모님께서는 즐겁게 이끌어주셨습니다. 눈 위에 남긴 가족들의 행복한 모습이 오늘 우리 모두의 자긍심으로 돌아왔습니다. 깊이 감사드립니다. 정말 수고 많았습니다.

스피드스케이팅 매스스타트 이승훈 선수 축전 2018-02-25

이승훈 선수가 평창 동계 올림픽에서 처음으로 열린 스피드스케이팅 남자 매스스타트의 첫 금메달리스트가 되었습니다. 자랑스럽습니다. 이 선수의 그림과 같은 곡선 질주로 평창도 우리도 모두 더 빛났습니다.

이승훈 선수는 이번 대회 동안 37.4킬로미터를 달렸습니다. 우리나라 장거리 스케이트를 지키기 위해 5000미터, 1만 미터를 뛰는 모범도 보여주었습니다. 놀라운 정신력입니다. 정재원 선수의 손을 들어준 모습에서 국민들은 후배를 아끼는 맏형의 마음도 느꼈습니다.

"스케이트를 벗는 날까지 빙판 위에서 가장 뜨거운 선수가 되겠다"는 이 선수의 다짐이 감격스럽습니다. 다음 베이징 대회에서 또 축전을 쓰게 될 것 같습니다. 꼭 신혼여행부터 가시기 바랍니다. 고맙습니다.

스피드스케이팅 매스스타트 김보름 선수 축전 2018-02-25

동계 올림픽 스피드스케이팅 여자 매스스타트의 첫 메달리스트 김보름 선수 자랑스럽습니다. 김 선수의 은메달은 고된 훈련을 견뎌낸 당연한 결과입니다. 축하합니다.

김보름 선수는 고등학교 3학년 때 쇼트트랙에서 스피드스케이팅으로 종목을 바꾸면서 누구보다 열심히 노력했습니다. 앞만 보고 치열하게 달려오느라 많이 힘들었을 것입니다. 부상과 부진도 극복했습니다. 이제 동료들의 손을 잡고 맘껏 기쁨을 누리시기 바랍니다.

김 선수는 조용한 기부로 이웃들의 아픔과 함께해온 선수입니다. 오늘은 국민들께서 김 선수에게 마음을 많이 나눠주시기 바랍니다. 앞으로도 눈부시게 활약해주세요. 고생 많았습니다. 고맙습니다.

남자 봅슬레이 4인승 국가대표 원윤종 선수 축전 2018-02-25

아시아 최초의 남자 봅슬레이 4인승 은메달을 축하합니다. 한 사람씩 건곤감리 4괘를 이뤄 태극기를 완성한 선수들의 모습이 자랑스럽습니다. 백두대간처럼 웅장한 경기였습니다.

환상적인 주행으로 레이스를 이끈 파일럿 원윤종 선수, 스물여섯 살 늦은 나이에 봅슬레이를 시작했지만 최고의 선수가 되었습니다. 원 선수의 개척 정신과 투지가 감동을 더합니다.

우리 봅슬레이팀의 노력으로 평창 슬라이딩센터는 영광의 장소가 되었습니다. 무에서 유를 창조하고 싶다던 선수들의 열망대로 무엇이든 할 수 있다는 용기를 국민들에게 나눠주어서 고맙습니다. 베이징에서도 함께합시다.

남자 봅슬레이 4인승 국가대표 서영우 선수 축전 2018-02-25

아시아 최초의 남자 봅슬레이 4인승 은메달을 축하합니다. 한 사람씩 건곤감리 4괘를 이뤄 태극기를 완성한 선수들의 모습이 자랑스럽습니다. 백두대간처럼 웅장한 경기였습니다.

든든한 브레이크맨 서영우 선수, 봅슬레이의 거친 매력 속으로 우리 국민들을 빠져들게 했습니다. 앞으로도 멋진 활약으로 국민들의 마음을 붙잡아주시기 바랍니다.

우리 봅슬레이팀의 노력으로 평창 슬라이딩센터는 영광의 장소가 되었습니다. 무에서 유를 창조하고 싶다던 선수들의 열망대로 무엇이든 할 수 있다는 용기를 국민들에게 나눠주어서 고맙습니다. 베이징에서도 함께합시다.

남자 봅슬레이 4인승 국가대표 김동현 선수 축전 2018-02-25

아시아 최초의 남자 봅슬레이 4인승 은메달을 축하합니다. 한 사람씩 건곤감리 4괘를 이뤄 태극기를 완성한 선수들의 모습이 자랑스럽습니다. 백두대간처럼 웅장한 경기였습니다.

김동현 선수의 강력한 푸시에서 눈물과 결의, 봅슬레이를 즐기는 마음을 보았습니다. 온몸이 마비되는 부상까지 이겨내고 모든 힘을 다해 이룬 성취입니다. 정말 장합니다.

우리 봅슬레이팀의 노력으로 평창 슬라이딩센터는 영광의 장소가 되었습니다. 무에서 유를 창조하고 싶다던 선수들의 열망대로 무엇이든 할 수 있다는 용기를 국민들에게 나눠주어서 고맙습니다. 베이징에서도 함께합시다.

남자 봅슬레이 4인승 국가대표 전정린 선수 축전 2018-02-25

아시아 최초의 남자 봅슬레이 4인승 은메달을 축하합니다. 한 사람씩 건곤감리 4괘를 이뤄 태극기를 완성한 신수들의 모습이 자랑스럽습니다. 백두대간처럼 웅장한 경기였습니다.

한 사람의 도전 정신이 끝내 성취를 이룰 수 있다는 것을 전정린 선수가 보여주었습니다. 혼신의 힘으로 밀어준 썰매에 우리는 환호했습니다. 전 선수에게 영감을 준 무한도전팀에도 감사드립니다.

우리 봅슬레이팀의 노력으로 평창 슬라이딩센터는 영광의 장소가 되었습니다. 무에서 유를 창조하고 싶다던 선수들의 열망대로 무엇이든 할 수 있다는 용기를 국민들에게 나눠주어서 고맙습니다. 베이징에서도 함께합시다.

여자 컬링 국가대표 김은정 선수 축전 2018-02-25

시골길을 손잡고 걷던 친구들이 올림픽에서 은메달을 땄습니다. 함께하니까 용감해지고 서로를 아끼니까 강해졌습니다. 평창 동계 올림픽 여자 컬링 은메달은 국민 메달입니다. 우리들의 비석치기 놀이가 국가대표를 만들었습니다. 모두 축하합니다.

매 경기 진지하게 임한 김은정 선수에게 온 국민이 마음을 빼앗겼습니다. 김 선수가 "영미"를 외칠 때마다 한마음으로 외쳤습니다. 김 선수의 바람대로 우리 모두가 컬링의 매력에 푹 빠지게 되었습니다.

평범한 소녀가 평범한 친구들을 만나 대단한 일을 이뤘습니다. 우리 모두에게 큰 희망이 되었습니다. 고맙습니다. 여자 컬링 '팀킴'으로 인해 행복한 이야기가 많은 올림픽이 되었습니다. 경기하는 모습을 오래오래 보고 싶습니다.

여자 컬링 국가대표 김경애 선수 축전 2018-02-25

시골길을 손잡고 걷던 친구들이 올림픽에서 은메달을 땄습니다. 함께하니까 용감해지고 서로를 아끼니까 강해졌습니다. 평창 동계 올림픽 여자 컬링 은메달은 국민 메달입니다. 우리들의 비석치기 놀이가 국가대표를 만들었습니다. 모두 축하합니다.

어려운 순간 김경애 선수의 손끝에서 나온 정확한 더블테이크아웃에 우리 모두 환호성을 질렀습니다. 언니와 항상 의지하고 격려하며 앞으로도 최선을 다하는 선수로 남길 바랍니다. 김 선수 자매의 효성이 아주 예쁩니다.

평범한 소녀가 평범한 친구들을 만나 대단한 일을 이뤘습니다. 우리 모두에게 큰 희망이 되었습니다. 고맙습니다. 여자 컬링 '팀킴'으로 인해 행복한 이야기가 많은 올림픽이 되었습니다. 경기하는 모습을 오래오래 보고 싶습니다.

여자 컬링 국가대표 김영미 선수 축전 2018-02-25

시골길을 손잡고 걷던 친구들이 올림픽에서 은메달을 땄습니다. 함께하니까 용감해지고 서로를 아끼니까 강해졌습니다. 평창 동계 올림픽 여자 컬링 은메달은 국민 메달입니다. 우리들의 비석치기 놀이가 국가대표를 만들었습니다. 모두 축하합니다.

김영미 선수는 쉴 새 없는 스위핑으로 스톤을 정성스럽게 정확한 자리에 보냈습니다. 그 모습을 결코 잊지 못합니다. 전국의 '영미님'들이 올림픽 내내 어깨가 으쓱했을 것입니다. 김 선수 아동 후원 봉사도 감탄스럽습니다.

평범한 소녀가 평범한 친구들을 만나 대단한 일을 이뤘습니다. 우리 모두에게 큰 희망이 되었습니다. 고맙습니다. 여자 컬링 '팀킴'으로 인해 행복한 이야기가 많은 올림픽이 되었습니다. 경기하는 모습을 오래오래 보고 싶습니다.

여자 컬링 국가대표 김선영 선수 축전 2018-02-25

시골길을 손잡고 걷던 친구들이 올림픽에서 은메달을 땄습니다. 함께하니까 용감해지고 서로를 아끼니까 강해졌습니다. 평창 동계 올림픽 여자 컬링 은메달은 국민 메달입니다. 우리들의 비석치기 놀이가 국가대표를 만들었습니다. 모두 축하합니다.

김선영 선수가 일본 경기에서 보여준 95% 샷 성공은 환상적이었습니다. '거북선 샷'이라 부르고 싶습니다. 스위핑으로 어깨가 아파도 행복하다는 김 선수는 진정한 분위기메이커입니다. 할머니가 기뻐하실 것을 생각하면 저도 즐겁습니다.

평범한 소녀가 평범한 친구들을 만나 대단한 일을 이뤘습니다. 우리 모두에게 큰 희망이 되었습니다. 고맙습니다. 여자 컬링 '팀킴'으로 인해 행복한 이야기가 많은 올림픽이 되었습니다. 경기하는 모습을 오래오래 보고 싶습니다.

여자 컬링 국가대표 김초희 선수 축전 2018-02-25

시골길을 손잡고 걷던 친구들이 올림픽에서 은메달을 땄습니다. 함께하니까 용감해지고 서로를 아끼니까 강해졌습니다. 평창 동계 올림픽 여자 컬링 은메달은 국민 메달입니다. 우리들의 비석치기 놀이가 국가대표를 만들었습니다. 모두 축하합니다.

컬링을 너무나 사랑하는 김초희 선수가 있어서 '팀킴'이 완성되었습니다. 의성 소녀들과 만난 의정부 소녀가 중국과의 경기에서 86%의 드로샷 성공률로 실력을 보여주었습니다. 베이징까지 언니들과 즐겁고 당당하게 걸어가주길 바랍니다.

평범한 소녀가 평범한 친구들을 만나 대단한 일을 이뤘습니다. 우

리 모두에게 큰 희망이 되었습니다. 고맙습니다. 여자 컬링 '팀킴'으로
인해 행복한 이야기가 많은 올림픽이 되었습니다. 경기하는 모습을 오래
오래 보고 싶습니다.

3월

제34회 한국여성대회 축사

| 2018-03-04 |

3·8 세계 여성의 날을 맞이하며 여러분께 따뜻한 축하의 인사를 전합니다. 이날을 기념해 열리는 한국여성대회가 올해로 34회를 맞았습니다. 세계 여성의 날이 한국 사회에서 의미 있는 날로 자리 잡기까지 많은 분들의 수고와 노력이 있었습니다. 한국여성단체연합과 한국여성대회조직위원회 그리고 모든 여성운동가들께 감사의 인사를 드립니다.

110회를 맞는 여성의 날이 올해는 여러모로 더욱 뜻깊은 날로 기억될 것 같습니다. 지난 2월, 여성의 날이 대한민국의 법정 기념일이 되었습니다. 우리 헌법의 양성평등 이념을 실현하기 위한 노력의 일환이라는 점에서 의미가 큽니다. 최근 우리 사회는 미투 운동과 함께 중요한 변화의 한가운데 있습니다. 110년 전 미국 여성 노동자들의 절박한 외침과 연대가 세계 여성의 날로 이어진 것처럼, 지금 대한민국에서 미투 운동의 확산이 가리키는 방향도 명확합니다. 미투 운동은 우리 사회를 성평등과 여성 인권이 실현되는 사회, 나아가 모두가 존엄한 사회로 나가자고 이끌고 있습니다. 아픈 현실을 드러내고, 공감하고, 함께 변화를 만들어갈 것을 촉구하고 있습니다. 촛불시민의 한 사람이자 대통령으로서 사명감을 느낍니다. 2차 피해와 불이익, 보복이 두려워 긴 시간 가슴속에만 담아두었던 이야기를 꺼낸 피해자들에게 경의를 표합니다. 여러분들의 용기 있는 행동은 성폭력이 민주주의와 공동체를 위협하는 중대한 범죄임을 증언했습니다. 이제 우리는 우리 사회 안의 성차별적인 구조가 얼마나 깊이 뿌리박혀 있는지 다시금 성찰하게 되었습니다. 그리고 그것이 본질적으로 약자에 대한 일상화된 차별과 억압의 문제라는 사실을 직시하게 되었습니다.

정부는 성차별적인 사회구조를 개선하고 사회 곳곳에서 실질적 성평등이 이루어지도록 더욱 노력하겠습니다. 용기 있는 행동에 호응하는 분명한 변화를 만들어내겠습니다. 젠더 폭력에는 한층 더 단호하게 대응하겠습니다. 여성들이 공정한 기회를 갖고 지속적인 경제활동을 할 수 있도록 만들겠습니다. 사회 모든 분야에서 여성들의 역량이 충분히 발휘될 수 있도록 하겠습니다. 이를 위한 법 제도의 개선은 물론, 사회 전반의 문화와 의식 변화를 위해 시민들과 함께 노력할 것입니다. 성평등이 모든 평등의 출발입니다. 더 좋은 민주주의도, 지속가능한 경제성장도 성평등의 기반 위에서 가능합니다. 내 삶을 바꾸는 시작이 성평등입니다. 지난 수십 년 동안 현장을 지켜주신 여러분들과 함께한다면 여성들이 일터와 일상에서 느끼는 변화가 한 걸음 더 빨리 오리라 믿습니다. 지금까지처럼 여러분의 힘과 지혜를 모아주시기 바랍니다. 여성이 행복한 사회, 모두가 더불어 행복한 사회를 만들어나가는 길에 언제나 함께하겠습니다. 굳건한 연대의 손을 내밀며, 제34회 한국여성대회를 다시 한번 축하합니다. 감사합니다.

수석·보좌관회의 모두 발언

| 2018-03-05 |

노동시간 단축으로 국민의 삶이 달라지게 되었습니다. 여야가 끈질긴 논의와 타협으로 근로기준법 개정 법안을 처리한 것을 감사드립니다.

이제 우리 사회는 OECD 최장 노동시간과 과로사회에서 벗어나 인간다운 삶으로 나아가는 대전환의 첫걸음을 내딛게 됩니다. 과거 주 40시간 노동제를 시행할 때도 많은 우려가 있었지만 주 5일 근무의 정착으로 우리 경제와 국민의 삶에 매우 긍정적으로 작용한 바 있습니다. 정부, 기업, 노동자 등 우리 사회 구성원 모두가 함께 부담을 나누면서 조기에 안착시켜나가기 바랍니다. 노동시간 단축은 일자리를 늘릴 수 있는 절호의 기회입니다. 정부는 노동시간 단축이 일자리 나누기와 청년 고용으로 이루어지도록 적극적인 지원 방안을 마련해주기 바랍니다. 또한 일과 생활의 균형, 일과 가정의 양립을 이룰 수 있는 중요한 기회입니다. 일하는 사람들이 가족과 함께하는 저녁을 가지고, 또 부모가 아이를 함께 키울 수 있게 하는 것은 심각한 저출산 문제를 해결하기 위해서도 반드시 필요한 일입니다. 관련 대책을 하루빨리 마련하기 바랍니다. 단기적으로는 기업의 부담이 증가하고 노동자의 임금이 감소하는 현실적인 어려움이 있을 수 있습니다. 임금체계 개선, 생산성 향상 등 노동시간 단축과 함께 기업과 노동자가 상생할 수 있는 제도적 방안을 강구해주기 바랍니다. 보건, 운송 등 남게 되는 업종의 경우에도 과로를 방지할 수 있는 대책을 함께 마련해야 할 것입니다. 최저임금 인상에 따른 일자리 안정자금 신청 인원이 100만 명에 달하게 되었습니다. 신청 인원이 빠르게 늘고 있어서 더 많은 사람들이 혜택을 보게 될 것으로 전망됩니다. 정부의 지원에 의해 지금까지 100만여 명의 저소득 노동자가 최저임금 인상에 실질적 혜택을 받게 되었다는 것만 해도 작지 않은 성과입니다. 4대 보험 미가입 노동자들의 4대 보험 가입이 늘어난다면 그만큼 사회안전망이 강화되는 효과도 생기게 될 것입니다.

일부에서 최저임금 인상이 고용 불안을 야기할 것이라는 우려가 있었지만 고용도 안정 추세를 유지하고 있고, 곳곳에서 상생의 사례가 늘어나고 있습니다. 최저임금은 노동자들의 최소한의 인간다운 삶을 지켜주는 버팀목입니다. 최저임금 인상을 통해 일자리의 질을 높이는 것은 국민들의 삶을 지키기 위해 반드시 필요한 정책입니다. 가계소득 증대를 통해 내수와 소비를 확대하고, 소득 주도 성장을 이루는 길이기도 합니다. 최저임금 인상으로 인한 중소상공인들의 부담이 일자리 안정자금만으로 다 해소되지는 않을 것입니다. 임대료, 원하청 간 불공정 거래 문제, 카드 수수료 인하 등 중소상공인들에 대한 지원 정책에 더욱 박차를 가해주시기 바랍니다. 관련한 각종 민생 법안이 2월 임시국회에서 처리되지 못했는데 국회에서 시급하게 처리될 수 있도록 함께 노력해주기 바랍니다. 이상입니다.

육군사관학교 제74기 졸업 및 임관식 축사

| 2018-03-06 |

자랑스러운 육군사관학교 74기 졸업생 여러분, 가족 여러분, 내외 귀빈 여러분,

오늘 223명의 졸업생이 대한민국 육군 장교로 명예로운 첫걸음을 내딛습니다. 앞으로 우리 군을 이끌어갈 젊은 장교들의 모습이 참으로 당당하고 늠름합니다. 귀한 딸·아들들이 위국헌신의 길을 갈 수 있도록 뒷받침해주신 가족들께 깊이 감사드립니다. 호국간성의 양성을 위해 혼신의 노력을 다해주신 교직원, 훈육관 여러분께도 특별히 감사드립니다. 이곳 화랑 연병장은 대한민국 수호의 요람입니다. 청춘의 땀방울이 애국과 충성으로 다져진 곳입니다. 고된 훈련 뒤에도 졸업생들은 무거운 눈

꺼풀을 참아가며 밤새워 공부했습니다. 화랑관 기숙사에는 고군분투의 날들이 남겨져 있습니다. 20킬로그램 장비를 매고 300미터 상공에서 뛰어내린 공수낙하훈련도 멋지게 이겨냈습니다. 조국을 지킨다는 불타는 의지와 사명감으로 어려운 교육과정을 훌륭하게 이수해냈습니다. 자랑스럽습니다. 축하합니다. 군에 몸담고 있는 동안 여러분 스스로를 더욱 강하게 단련하는 바탕이 될 것입니다.

사랑하는 졸업생과 사관생도 여러분,

지난 3·1절, 육군사관학교 교정에 독립군과 광복군을 이끈 영웅들의 흉상이 세워졌습니다. 신흥무관학교 설립자 이회영 선생과 홍범도, 김좌진, 지청천, 이범석 장군의 정신이 여러분들이 사용한 실탄 탄피 300킬로그램으로 되살아났습니다. 조국을 위해 몸 바친 선열들의 숭고한 애국정신을 군인정신으로 이어가겠다는 다짐입니다. 참 뜻깊은 일입니다. 애국애민, 자유와 평화를 향한 우리의 군의 역사는 한 순간도 끊어진 적이 없습니다. 일제에 의한 강제 군대 해산과 동시에 군인들은 국민과 함께 새로운 독립투쟁을 전개했고, 독립군과 광복군이 되어 불굴의 항전을 이어갔습니다. 우리 대한민국 국군의 뿌리는 깊고 강인합니다. 오늘 명예 졸업증서를 받는 독립군 광복군 대표 김영관 애국지사를 비롯한 광복군 생존자와 유가족 여러분께 이 자리를 빌려 깊은 경의를 표합니다.

자랑스러운 청년 장교 여러분,

우리의 목표는 분명합니다. 한반도의 평화와 번영입니다. 그리고 그것을 뒷받침하는 튼튼한 안보입니다. 면책이 허용되지 않는 나와 군의 사명입니다. 평화는 바로 우리의 생존이며, 번영의 조건입니다. 그러나 강한 군대, 튼튼한 국방 없이는 평화를 지킬 수도, 만들 수도 없습니다. 평화는 저절로 주어지지 않습니다. 평화를 만들어가는 근간은 바로 도발을 용납하지 않는 군사력과 안보 태세입니다. 우리는 한반도 비핵화를 위해 북한과 대화해야 합니다. 그러나 동시에 우리는 북핵과 미사일 대응 능력을 조속히 그리고 실효적으로 구축하는 데 총력을 기울여야 합니다. 4차 산업혁명 시대에 맞는 장비와 인력 체계, 새로운 국방 전략을 발전시켜나가는 것은 우리에게 주어진 새로운 과제입니다. 사이버 안보에서도 독자적인 역량을 갖춰야 할 것입니다. 국방 개혁은 엄중한 안보 환경 속에서 더 이상 지체할 수 없는 국민의 명령이자 소명입니다. 국방 개혁은 군이 스스로 당당해지는 길입니다. 군이 국방 개혁의 진정한 주체가 될 때 우리 군의 영광스러운 역사를 더욱 빛낼 수 있습니다. 청년 장교들이 이 길의 주역이 되어야 한다는 것을 명심하기 바랍니다. 나는 한미 연합 방위 태세를 더욱 견고하게 발전시켜갈 것입니다. 한반도 평화를 위해 주변국을 비롯한 국제사회로부터 전폭적인 지지를 이끌어내는 노력도 계속해나갈 것입니다.

나는 어제 북한에 특사단을 보냈습니다. 한반도의 비핵화와 평화를 우리 힘으로 만들어낼 수 있다는 자신감으로 평화와 번영을 위한 여정을 시작했습니다. 우리에게는 청년 장교들의 불타는 애국심이 있습니다. 또한 북핵보다 강한 민주주의가 있고, 민주주의를 지켜낸 자랑스러운 국민들이 있습니다. 나는 온몸으로 조국의 안보를 책임지는 청년 장교들의 꿈이 평화를 향한 국민들의 꿈과 하나가 되어 "평화와 번영의 한반도라는 원대한 목표"에 도달하게 되길 바랍니다.

사랑하는 졸업생과 사관생도 여러분,

군인이 바라보아야 할 곳은 오직 국가와 국민뿐입니다. 여러분이 바라보아야 할 국가는 목숨을 걸고 지킬 만한 나라다운 나라, 정의로운 나라여야 합니다. 강한 군대가 되기 위해서는 국민의 한결같은 사랑과 지지를 받아야 합니다. 장교의 길을 걷는 여러분뿐만 아니라 병역의무를 이행하는 병사에게도 마찬가지입니다. 누구에게나 군 복무가 자랑스럽고 보람 있어야 합니다. 장병들의 가슴에 내가 꼭 지키고 싶은 나라가 있을 때 장병 한 명 한 명의 사기와 전투력이 최고로 높아질 것입니다. 진정으로 충성하고 싶은 나라를 함께 만듭시다. 이 길에 여러분이 주춧돌이 되어줄 것을 당부합니다. 여러분이 아주 귀한 존재이듯 여러분이 지휘하게 될 부하 장병들 또한 누군가의 소중한 딸이자 아들입니다. 젊은 장병들에게 군대는 새로운 관계를 맺고 새롭게 자신을 키워가는 또 다른 사회입니다. 부하 장병들은 몸과 마음이 더 건강해져서 가족의 품, 사회의 품으로 돌아가야 합니다. 그것이 국민의 군대입니다. 지휘관부터 병사까지 서로 존중하고 사기가 충만한 군을 만들어나갑시다. 국민으로부터 사랑받고 적과 싸워 반드시 이기는 강한 군대의 초석이 되어줄 것을 당부합니다.

자랑스러운 육군사관학교 74기 졸업생 여러분,

오늘 새로 임관하는 장교들의 긍지 넘치는 위풍당당한 모습을 보면서 나는 마음이 든든합니다. 이 자리에 계신 모든 분들의 마음도 그러할 것입니다. 지금의 대한민국은 '위국헌신 군인 본분의 자세'로 나라를 지켜 온 군인들의 헌신과 희생 위에 서 있습니다. 국민들은 결코 그 사실을 잊지 않을 것입니다. 육군사관학교의 역사가 곧 대한민국 수호의 역사입니다. 힘든 군인의 길이지만 자랑스럽게 걸어갈 수 있도록 나도 항상 여러분과 함께하겠습니다. 여러분의 장도에 무운과 영광이 늘 함께하기를 기원합니다. 감사합니다.

제50회 국가 조찬 기도회 축사

| 2018-03-08 |

존경하는 한국 교회 지도자와 성도 여러분, 내외 귀빈 여러분,

반갑습니다. 전국 각지뿐만 아니라 해외에서도 오셨다고 들었습니다. 뿐만 아니라 해외에 있는 5500여 개 한인 교회에서도 이 시간 같은 기도회가 열리고 있다고 들었습니다. 아침을 깨우며 나라를 위해 기도하는 분들이 이렇게 많으니, 우리 대한민국이 잘될 것 같습니다.

올해로 50주년을 맞는 국가 조찬 기도회에 따뜻한 감사의 인사를 드립니다. 특별히 올해는 희년의 해를 축복하는 자리여서 더욱 뜻깊습니다. 성경에서 희년은 죄인과 노예, 빚진 사람 모두 본래의 자리로 돌아가는 해방과 안식의 해였습니다. 약자는 속박으로부터, 강자는 탐욕으로부터 해방되어 다시 공동체가 건강해질 수 있었습니다. 경계와 벽을 허무는 포용과 화합의 정신이 희년을 통해 나타난 하나님의 섭리라고 생각합니다. 오늘, 우리 사회에서 희년의 의미를 되새기고 실천을 다짐하는 기도회가 되었으면 합니다.

성도 여러분,

30여 년 전, 이 땅에 기독교가 전파되고 대한민국은 자유와 진리를 향한 길을 걸어왔습니다. 부당한 침략과 지배로부터 진정한 자유를 찾고 불평등과 억압으로부터 정의로운 나라를 세우는, 숭고한 여정이었습니다. 그 길에서 한국 교회는 참으로 큰 힘이 되었습니다. 나라가 위기에 처할 때, 꺼지지 않는 촛불이 되어, 공의를 선포하고 실천했습니다. 지치고 힘든 국민들을 생명과 사랑으로 품어주었습니다. 특히 한국 교회와 대한민국의 성장에는 여성들의 기도와 눈물이 녹아 있습니다. 가장 약하고 낮은 곳으로 향했던 이분들의 사랑이 기독교 정신을 이 땅에 뿌리내리게 했습니다. 부드럽지만, 강한 힘이었습니다. 조수옥 전도사는 신사참배 거부로 온갖 고초를 겪었습니다. 평양 형무소에서 만난 아이들이 눈에 밟혀 자신의 쇠약한 몸을 돌보지 않고, 1946년 9월 고아원인 마산 인애원을 세웠습니다. 그 후 부모 잃은 아이들을 돌보고 교육하는 데 평생을 바쳤습니다. 문준경 전도사는 병든 자의 의사, 문맹 퇴치 선봉자이자 "우리들의 어머니"라 불렸습니다. 1950년 순교하기까지 생명을 다해 이웃을 사랑한 흔적들이 전남 신안군 곳곳에 남아 있습니다. 이 땅의 여성들은 정말 강합니다. 신앙과 사랑에 있어서는 더욱 그러합니다. 요즘, 미투 운동으로 드러난 여성들의 차별과 아픔에 대해 다시 한번 위로와 격려의 말씀을 드리고 싶습니다. 고통받은 미투 운동 피해자들에게 따뜻한 기도를 부탁드립니다.

이 땅에 기독교가 들어오면서 근대 교육과 근대 의료가 시작됐습니다. 사회적 약자들에게 배움과 치료의 기회가 열렸습니다. 약하고 가난한 사람들이 학교, 교회, 병원, 지역사회 각 분야에서 자신들의 목소리를 낼 수 있게 되었고, 우리 사회를 깨어나게 하는 힘이 되었습니다. 그리하여 기독교는 대한민국 근대화와 민주화의 원동력이 되었습니다. 오늘날 한국 교회는 하나님의 말씀과 봉사가 필요한 곳이면 세계 어디든지 달려갈 정도로 성장했습니다. 대북 인도적 지원과 북한 이탈 주민 지원에서도 한국 교회의 역할과 기여가 아주 큽니다. 묵묵히 하나님의 사랑을 전하고 실천해온 성도 여러분의 발자취가 너무나 자랑스럽습니다.

존경하는 성도 여러분,

지난달 평창 동계 올림픽은 전 세계를 감동시켰습니다. 선수들의 노력과 성취에 우리의 가슴도 뜨거워졌습니다. 남과 북의 선수들은 함께 빙판 위에서 땀 흘리며 언니, 동생이 되었습니다. 국민들의 성원과 성도 여러분의 기도 덕분입니다. 이틀 전에는 대북 특사단이 평양을 다녀왔습니다. 한반도의 비핵화와 평화를 위한 큰 발걸음이 됐습니다. 남북 간의 대화뿐 아니라 미국의 강력한 지원이 함께 만들어낸 성과입니다. 기대

반 걱정 반으로 지켜보신 분들이 많으실 것입니다. 나라를 위하는 같은 마음이라고 생각합니다. 이제 한고비를 넘었습니다만, 한반도 비핵화와 항구적인 평화에 이르기까지 넘어야 할 고비들이 많습니다. 오랜 반목과 갈등으로 인해 아물지 않은 상처가 우리 안에 있는 것도 사실입니다. 그러나 우리의 운명을 남에게 맡길 수는 없는 노릇입니다. 미국을 비롯한 국제사회와 함께 손잡고, 북한과 대화하며 한 걸음 한 걸음씩 한반도의 평화와 번영을 위한 초석을 놓겠습니다. 그것이 진정으로 상처를 치유하는 길이라고 믿습니다. 포용하고 화합하는 예수님의 사랑을 실천하는 여러분께서 우리나라와 한반도의 미래를 위해 기도해주십시오. 하나님께서 우리에게 지혜와 용기를 주시도록 기도해주십시오.

존경하는 성도 여러분, 국민 여러분,

이제 내일부터 열흘간 평창 동계 패럴림픽이 개최됩니다. 넘어지고 일어서기를 반복하며 오직 이 순간을 기다려 온 선수들입니다. 뜨거운 박수로 응원해주십시오. 전 세계의 장애인 선수들과 함께 다시 한번 평창이 가장 아름답게 빛날 것입니다. 저는 오늘 여러분의 기도 덕분에 아주 좋은 기운을 듬뿍 받아갑니다. 감사합니다.

북미 정상회담 성사에 대한 입장

| 2018-03-09 |

    트럼프 대통령과 김정은 국무위원장이 5월 이전 만날 것이라는 소식을 들었습니다. 남북 정상회담에 이어 두 분이 만난다면 한반도의 완전한 비핵화는 본격적인 궤도에 들어설 것입니다. 5월의 회동은 훗날 한반도의 평화를 일궈낸 역사적인 이정표로 기록될 것입니다.

    어려운 결단을 내려준 두 분 지도자의 용기와 지혜에 깊은 감사의 마음을 전합니다. 특히 김정은 위원장의 초청 제의를 흔쾌히 수락해준 트럼프 대통령의 지도력은 남북한 주민, 더 나아가 평화를 바라는 전 세계인의 칭송을 받을 것입니다.

    우리 정부는 기적처럼 찾아온 기회를 소중하게 다뤄나가겠습니다.

성실하고 신중히, 그러나 더디지 않게 진척시키겠습니다. 오늘의 결과가 나오기까지 관심과 애정을 표현해준 세계 각국의 지도자들에게도 고마움을 전합니다.

IPC 집행위원 소개 행사 환영사

| 2018-03-09 |

존경하는 앤드류 파슨스 IPC 위원장님, 세계 각국에서 오신 집행위원 여러분,

우리 국민들과 함께 따뜻한 환영의 인사를 드립니다. 정말 잘 오셨습니다. IPC 집행위원 한 분 한 분과 마음의 손을 잡고 평창 패럴림픽의 서막을 열게 되어 아주 기쁩니다. 작년 10월, 우리 파슨스 위원장님과의 첫 만남을 생생히 기억합니다. 위원장님은 패럴림픽 경기가 "사람을 움직이는 힘"이 있다고 강조하셨습니다. 평화롭고 안전한 패럴림픽을 만들기 위한 한국의 노력을 지지하며, 같이 협력해나가자고 말씀하셨습니다. 당시만 해도 한반도 정세는 꽁꽁 얼어붙어 있었습니다. 평화를 기대

하는 것이 무모해보이기도 했습니다. 그러나 평창 패럴림픽을 정성스럽게 준비한 IPC의 협력과 지원이 빛을 발하고 있습니다. 역경을 넘어 전진한다는 '아지토스' 정신이 한반도에 실현되고 있습니다. 한반도에 평화가 다가오고 있습니다. 이제 잠시 후면 남과 북 선수들이 성화를 들고 경기장에 함께 입장할 것입니다. "용기, 투지, 감화, 평등"이라는 패럴림픽의 불꽃을 함께 밝힐 것입니다. 한결같은 신뢰와 지지를 보내 주신 파슨스 위원장님과 집행위원 여러분께 깊이 감사드립니다. 평창 동계 올림픽에서 시작된 화합의 물줄기가 패럴림픽을 통해 더 큰 화합의 강이 되고, 한반도 평화와 번영의 바다로 이어지도록 계속 성원해주시기 바랍니다.

IPC 집행위원 여러분,

저와 국민들은 대회를 준비하면서 패럴림픽이 가진 역동적인 힘과 무한한 잠재력을 확실히 믿게 되었습니다. 한계를 넘어선 선수들의 용기와 투지는 우리의 생각과 시선을 변화시켰습니다. 우리들이 살아가는 도시의 모습이 바뀌었습니다. 대회가 개최되는 평창과 정선, 강릉은 이제 누구나 접근 가능한 친근한 도시가 되었습니다. 국민들은 선수들의 경기를 즐길 준비가 되었고 선수들의 역경을 자신들의 역경으로 생각하게 되었습니다.

앞으로 열흘간 우리는 상상을 뛰어넘는 정신력과 실력을 갖춘 선수와 용기와 영감으로 충만해진 관중을 만나게 될 것입니다. 저는 대한민국이 1988년 서울 패럴림픽에 이어 장애인 스포츠의 새로운 지평을 열고 있다는 사실이 너무나 자랑스럽고 가슴 벅찹니다. 인간이 인간으로서 가장 아름다울 수 있는 순간을 여러분과 함께 기뻐하고 싶습니다. 선수들의 땀방울은 환희의 결정체가 되어, 평창을 더욱 빛나게 할 것입니다. 대한민국은 IPC와 함께 평등하고 통합된 세계를 향한 전진을 결코 멈추지 않을 것입니다. 감사합니다.

평창 동계 패럴림픽 개회식 사전 리셉션 환영사

| 2018-03-09 |

존경하는 내외 귀빈 여러분,

평창의 설원과 빙판이 여러분을 오래도록 기다렸습니다. 대한민국 강원도 평창에 오신 것을 환영합니다. 평창의 새로운 감동들이 우리를 기다리고 있습니다. 이제 곧 평창 동계 패럴림픽이 시작됩니다. "용기, 투지, 감화, 평등"의 축제가 열립니다. 패럴림픽이 더욱 흥겨운 세계인의 축제가 되어야 평창의 겨울 축제는 진정으로 성공했다 할 수 있을 것입니다. 우리 국민과 강원 도민들도 뜨거운 마음으로 패럴림픽을 준비했습니다. 여러분, 패럴림픽을 즐길 준비가 되셨습니까?

내외 귀빈 여러분,

평창 동계 올림픽은 세계인들의 참여 속에 성공적으로 마무리 되었습니다. 선수들은 혼신의 힘을 다해 기량을 펼쳤고 명승부로 대회를 빛내주었습니다. 세계인들은 대한민국의 전통문화와 첨단 기술이 어울린 대회에 갈채를 보냈고, 대회 운영에 있어서도 '흠 없는 것이 흠'이라는 찬사를 보내주었습니다. 무엇보다 평창 동계 올림픽이 '평화 올림픽'으로 성공한 것은 대한민국에게 너무나 큰 선물이 되었습니다. 여자 아이스하키 단일팀으로 시작된 작은 평화가 눈덩이처럼 빠르게 커져가고 있습니다. 남북은 4월 말 남북 정상회담을 개최하기로 했고 오늘 트럼프 대통령은 5월 안에 김정은 위원장을 만나겠다고 약속했습니다. 한반도의 비핵화와 평화는 현실이 되어가고 있습니다. 저는 평창에서 열린 올림픽과 패럴림픽, 또 평화를 위한 우리의 노력이 새로운 세계 평화를 만들어낼 것이라고 믿습니다. 모두 평화를 바라는 세계인들의 마음 덕분입니다. 이 자리를 빌려 감사의 말씀을 드립니다. 이제 곧 패럴림픽 개회식장에 남과 북 선수들이 함께 성화를 들고 입장합니다. 평화 올림픽에 이어 '평화 패럴림픽'의 메시지가 또다시 울려 퍼질 것입니다. 패럴림픽의 불꽃을 함께 밝힐 것입니다. 계속 성원해주시기 바랍니다. 특히 동계 패럴림픽에 처음으로 참가하는 북한 선수들을 따뜻하게 환대해주시기 바랍니다.

존경하는 내외 귀빈 여러분,

올림픽과 패럴림픽이 한 장소, 같은 시기에 동반해서 치러진 최초의 올림픽이 1988년 서울 올림픽입니다. 대한민국이 장애인과 비장애인이 함께 즐기는 현대 패럴림픽의 문을 활짝 열었습니다. 우리 국민들은 한계를 뛰어넘은 선수들의 도전을 보았고 벅찬 감동을 느끼며 용기를 얻었습니다. 이후 서울 엠블럼은 IPC의 상징이 되었습니다. 장애인 재활에 평생 헌신한 황연대 여사를 기려 제정한 '황연대 성취상'도 이어지고 있습니다. 이번 대회에도 남녀 선수 한 명씩에게 이 상이 수여될 것입니다. 저는 IPC와 대한민국, 장애인과 비장애인이 하나가 되어 이룬 이 모든 성취가 매우 자랑스럽습니다. 대한민국이 모든 사람을 존중하는 힘이 되었습니다. 평등과 통합의 나라로 발전하는 동력이 되었습니다. 그래서 우리에게 다시 찾아온 평창패럴림픽은 더욱 특별합니다. 평창은 장애인과 비장애인이 완전히 하나로 어울리는 대회가 될 것입니다. 평등과 화합이 평화와 함께하는 대회가 될 것입니다.

평창은 패럴림픽 역사상 최초로 '등급 분류 제로 정책'이 시작됩니다. 가장 투명하고 공정한 패럴림픽이 될 것입니다. 또한 모든 경기장을 30분 안에 갈 수 있습니다. 선수와 경기가 중심이 되는 최적의 환경을 만들었습니다. 교통 이용이 어려운 분들을 위한 시설을 준비했고, 전담 봉사팀도 구성했습니다. 6000명의 자원봉사자들도 한 명 한 명 자신들이 대한민국의 국가대표라는 마음가짐으로 손님 맞을 채비를 마쳤습니다. 이제 곧 선수들이 눈과 얼음 위에서 혼신의 힘을 다할 것입니다. 그들은 도전하는 것만으로도 이미 희망의 역사를 써왔고, 우리들에게 무한

한 용기를 주었습니다. 한 명 한 명이 금메달이고 챔피언입니다. 선수들이 경기장에서 보여주는 이 아름다운 모습이 경기장 밖에서도 이어지도록 해야 합니다. 그것이 국가와 사회, 우리 모두가 해야 할 일입니다. 그들의 성취와 자긍심이 우리 일상의 삶 속으로 스며들 수 있어야 합니다. 30년 전 서울 패럴림픽이 장애에 대한 우리 사회의 인식을 크게 바꿔놓았듯, 저는 이번 대회를 통해 구별 없이 어울려 사는 대한민국으로 한 걸음 더 다가서고 싶습니다. 우리는 분명, 장애인과 비장애인 구분 없이 서로가 서로에게 희망과 용기가 될 수 있다는 것을 확인하게 될 것입니다.

존경하는 내외 귀빈 여러분,

대한민국 노르딕스키 국가대표 신의현 선수는 대학 졸업 하루 전 교통사고로 두 다리를 잃었습니다. 그러나 신 선수는 지금 온갖 고난과 역경을 극복하고 노르딕스키 세계 랭킹 1위로 우뚝 섰습니다. 절망에 빠진 그를 세상으로 이끈 것이 바로 스포츠였습니다. 새로운 삶의 기회였습니다. 스포츠는 도전 정신과 용기를 주며 우리의 가슴을 고동치게 합니다. 평창 패럴림픽이 세계의 장애인들과 용기를 잃은 모든 분들에게 희망과 활력이 되길 바랍니다. 더 평등한 세상을 꿈꾸는 우리에게도 새롭게 용기를 불어넣어주길 기대합니다. 감사합니다.

고(故) 안병하 경무관의 치안감 추서를 맞이하며

| 2018-03-10 |

고(故) 안병하 경무관의 치안감 추서식이 오늘 국립 현충원에서 열렸습니다. 안병하 치안감은 5·18민주항쟁 당시 전남 경찰국장으로 신군부의 발포 명령을 거부하였습니다. 시민의 목숨을 지키고 경찰의 명예를 지켰습니다. 그러나 이를 이유로 전두환 계엄 사령부에서 모진 고문을 받았고 1988년 그 후유증으로 사망했습니다.

그 뒤 오랫동안 명예 회복을 못했던 안 치안감은 2003년 참여정부에서 처음 순직 판정을 받았습니다. 2006년에는 국가유공자가 되었고 2017년 경찰청 최초의 경찰 영웅 칭호를 받았습니다. 위민 정신의 표상으로 고인의 명예를 되살렸을 뿐 아니라 고인의 정신을 우리 경찰의 모범으로 삼았습니다. 그 어느 순간에도 국민의 안전보다 우선되는 것은 없습니다. 시민들을 적으로 돌린 잔혹한 시절이었지만 안병하 치안감으로 인해 우리는 희망의 끈을 놓지 않을 수 있었습니다.

뒤늦게나마 치안감 추서가 이뤄져 기쁩니다. 그동안 가족들께서도 고생 많으셨습니다. 안병하 치안감의 삶이 널리 알려지길 바랍니다.

대통령 주재 수석·보좌관회의 모두 발언

| 2018-03-12 |

한반도 비핵화와 항구적 평화 체제, 남북 공동 번영의 길을 열 수 있는 소중한 기회가 마련됐습니다. 앞으로 두 달 사이에 남북 정상회담, 북미 정상회담 등이 연이어 개최되면서 중대한 변화가 있을 것입니다. 우리가 성공해낸다면 세계사적으로 극적인 변화가 만들어질 것이며 대한민국이 주역 될 것입니다.

지금 세계는 우리의 역량을 주목하고 있습니다. 이 기회를 제대로 살려내느냐 여부에 대한민국과 한반도의 운명이 걸려 있습니다. 정권 차원이 아닌 대한민국이라는 국가 차원에서 결코 놓쳐선 안 될 너무나 중요한 기회입니다. 우리가 이런 기회를 만들어낼 수 있었던 것은 결코 우연이 아니라 그 길이 옳은 길이기 때문입니다. 전쟁이 아닌 평화를, 군사적 해법이 아닌 외교적 해법을 전 세계가 바라고 있기 때문입니다. 그러나 우리가 두 달이라는 짧은 기간에 이루려는 것은 지금까지 세계가 성공하지 못한 대전환의 길입니다. 그래서 결과도 낙관하기가 어렵고 과정도 조심스러운 것이 현실입니다. 국민 여러분의 지지와 성원만이 예측 불가한 외부적인 변수들을 이겨내고 우리를 성공으로 이끄는 힘이 될 것입니다. 부디 여야, 보수와 진보, 이념과 진영을 초월하여 성공적 회담이 되도록 국력을 하나로 모아주시길 국민들께 간곡히 부탁, 당부드립니다.

지하철 2호선과 6호선이 만나는 신당역에서 비장애인일 경우 환승하는 데 약 7분이 걸리는 데 비해 휠체어를 이용할 경우 약 40분이 소요된다는 언론 보도를 보았습니다. 30년 전 서울 패럴림픽을 계기로 우리 사회의 장애인에 대한 인식이 크게 바뀐 것처럼, 평창 패럴림픽이 다시 한번 우리 사회의 인식을 크게 높여주는 계기가 되길 바랍니다. 평창 올림픽을 성공시키려는 우리 국민들의 노력은 아직 끝나지 않았습니다. 장애인과 비장애인의 더불어 살아가는 아름다운 세상을 구현하려는 패럴림픽까지 성공시켜야 올림픽의 진정한 성공을 말할 수 있을 것입니다. 패럴림픽에서 활약하며 감동을 주는 장애인 선수들의 아름다운 모습이 우리의 일상생활 속에서도 구현될 수 있어야 비로소 성공한 패럴림픽이 될 것입니다.

국민들께서 평창 올림픽을 성원해주신 것처럼, 평창패럴림픽 성공을 위해서도 다시 한번 성원을 모아주시기 바랍니다. 그런 면에서 보면 우리 방송의 패럴림픽 대회 중계가 외국에 비해 많이 부족한 실정입니다. 장애인 크로스컨트리 스키 15킬로미터 종목에서 동메달을 딴 신의현 선수가 호소한 것처럼, 우리 방송들도 국민들께서 패럴림픽 경기를 더 많이 볼 수 있도록 더 많은 중계방송 시간을 편성해줄 수 없는지 살펴주시길 바랍니다.

제11회 국무회의 모두 발언

| 2018-03-13 |

제11회 국무회의를 시작하겠습니다. 최근 우리 경제는 수출, 산업 생산, 투자 소비 등 실물경제지표에서 지속적으로 회복 흐름을 보이고 있으나 중소기업과 소상공인들이 피부로 느끼는 경기 체감 지수는 여전히 어려움이 있습니다. 중소기업, 소상공인들, 창업자들이 실질적으로 체감할 수 있도록 금융 부담 경감을 위해 준비해온 금융 혁신 과제들을 속도감 있게 추진해주기 바랍니다.

먼저 지난 3월 8일 발표한 정책 자금 연대보증 폐지 방안을 차질 없이 시행하여 창업을 활성화하는 촉매제가 될 수 있게 해주기 바랍니다. 창업과 성장에 필요한 자금을 공급하는 성장지원펀드와 보증·대출 프로그램도 조속히 마련하여 혁신 성장을 뒷받침해주기 바랍니다. 또한 그 동안 중소기업과 소상공인에게 큰 부담이 되어왔던 약속어음 제도를 폐지하는 방안을 조속히 마련해주기 바랍니다. 약속어음은 기업 간 결제 수단이면서 신용 수단이지만 납품에 대한 결제 기간 장기화, 연쇄 부도 위험 등으로 인해 중소기업과 소상공인들의 경영을 어렵게 만드는 중요한 요인이 되어왔습니다. 한편으로 약속어음 폐지에 따라 일시적으로 중소기업이나 소상공인에게 자금 경색이 발생하지 않도록 세심하게 대책을 함께 마련해주기 바랍니다. 이와 함께 부동산 중심의 낡은 담보 관행에서 벗어나 편리하고 다양하게 자금을 조달할 수 있는 방안도 마련할 필요가 있습니다. 매출 채권, 기계 설비, 재고 상품 원부자재, 지적재산권 등 기업이 보유한 채권과 각종 동산, 무체재산권 등을 담보로 활용하여 기업이 자금을 조달할 수 있도록 비부동산담보 활성화 방안을 속도감 있게 추진해주기 바랍니다. 금융 선진화 방안이 멀리 있는 게 아니라 이런 것이 바로 금융 선진화 방안이라고 생각합니다.

새만금 개발 공사 설립을 위한 새만금특별법 개정안 공포안을 오늘 의결하게 됩니다. 새만금 개발 공사의 설립은 개발 전담 기관을 통해 안정적이고 책임감 있게 사업을 수행하겠다는 국민과 전북 도민들에 대한 약속이었습니다. 새만금개발청은 새만금 개발 공사와 역할 분담을 통해 총괄적으로 사업을 계획·관리하도록 하고, 공사 설립 이전이라도 새만금 지역 매립 및 개발을 위한 계획을 미리 준비하여 공사가 설립되면 속도감 있게 사업이 시행될 수 있도록 해야 할 것입니다.

최근 현대 중공업 군산 조선소 가동 중단, 한국 GM 군산 공장 폐쇄 등으로 군산을 포함한 전북 지역 경제가 큰 어려움을 겪고 있고, 많은 지역 주민들이 큰 충격과 상실감을 느끼고 있습니다. 새만금 개발 사업의 속도를 더욱 높여 지역 발전의 비전을 가시적으로 보여줌으로써 지역민들이 빠른 시간 내 안정을 되찾고 일자리와 지역 경제의 활력을 회복할 수 있도록 노력해주시기 바랍니다.

2018년 경찰대 학생 및 간부 후보생
합동 임용식 축사

| 2018-03-13 |

자랑스러운 청년 경찰 여러분, 가족 여러분, 내외 귀빈 여러분,

오늘 경찰의 길을 선택한 청년들의 용기가 뜨거운 사명감으로 담금질되어 눈부신 결실을 맺었습니다. 힘들고 치열한 교육, 훈련을 잘 이겨냈습니다. 늠름하고 당당한 169명 청년 경찰의 탄생을 진심으로 축하합니다. 명예로운 경찰의 길을 걸어갈 수 있도록 뒷바라지해준 가족들께도 깊이 감사드립니다. 청년들의 가슴에 국가와 국민을 향한 뜨거운 충성심과 사명감을 키워준 교직원 여러분의 열정도 잊지 않겠습니다. 경찰은 국민의 동반자이자, 사회의 어두운 곳을 밝히는 등대입니다. 여러분을 향한 국민의 사랑과 신뢰는 여러분에게 최고의 보람과 가치가 될 것

입니다.

　　청년 경찰 여러분,

　　오늘 여러분은 국민의 자유와 권리를 수호하는 인권 경찰, 공정하고 따뜻한 국민의 경찰이 되겠다고 다짐했습니다. 자긍심과 책임감으로 빛나는 모습이 듬직합니다. 이제 여러분의 몫이 될 경찰의 역사에는 자랑스러운 경찰 영웅들이 있었습니다. 3일 전 국립 서울현충원에서 고(故) 안병하 치안감의 추서식이 열렸습니다. 5·18광주민주화운동 당시 경무관으로서, 전라남도 경찰국장이었던 안 치안감은 신군부의 발포 명령을 거부했습니다. 부상당한 시민들을 돌보았습니다. 보안사령부의 고문 후유증으로 1988년 세상을 떠났지만, 그는 정의로운 경찰의 표상이 되었습니다. 그가 있어 30년 전, 광주 시민도 민주주의도 외롭지 않았습니다. 오로지 국민을 위해 헌신한 경찰은 고(故) 안병하 치안감 말고도 많습니다. 그동안 경찰이 권력의 벽이었던 시절도 있었기 때문에, 그 벽에 가려져 잘 보이지 않았을 뿐입니다. 그러나 국민들은 정의로운 경찰을 믿었습니다. 경찰 스스로 개혁하도록 오래 기다려주었습니다. 지난해 촛불광장은 민주주의의 길을 밝히며 경찰이 국민의 품으로 다가오는 길도 함께 비추었습니다. 단 한 건의 폭력도 없었던 평화의 광장은 국민과 경찰이 협력하여 함께 만들어낸 것입니다. 국민과 경찰 사이에 믿음이 자랐습니다. 완벽한 안전 관리로 평창 동계 올림픽도 잘 치러냈습니다. 경찰이 국민들 앞에서 위상을 바로 세울 수 있게 되었습니다. 이제 여러분이 경찰의 역사를 새로 써야 할 시간입니다.

자랑스러운 청년 경찰 여러분,

지금 경찰은 새롭게 태어나고 있습니다. 국민의 인권과 안전만을 바라보는 국민 경찰로 거듭나고 있습니다. 경찰 스스로에게도 아주 명예로운 길입니다. 검·경 수사권 조정은 경찰이 수사기관으로서 본연의 역할을 다하도록 하는 일입니다. 경찰이 더 큰 권한을 가질수록 책임도 더 커집니다. 여러분이 전문적인 수사 역량을 발휘할 수 있어야 합니다. 국민의 안전과 인권 보호에 빈틈이 없어야 합니다. 자치경찰제는 지역의 특성에 맞게 지역 주민의 안전과 치안을 책임지고자 하는 것입니다. 국민 모두가 안전을 피부로 느낄 수 있게 해야 합니다. 새로운 시대를 이끈 주인공은 언제나 청년들이었습니다. 여러분이 경찰 개혁의 주역이 되길 바랍니다. 국민을 위한 경찰이 되겠다는 여러분의 다짐이 경찰 개혁을 힘차게 이끌어가는 강력한 힘이 되리라 믿습니다. 경찰이 긍지를 가지고 업무에 전념할 수 있도록 나와 정부도 힘껏 지원할 것입니다.

청년 경찰 여러분,

오늘 여러분이 받은 가슴 표장에는 해와 달을 뜻하는 두 개의 동그라미가 그려져 있습니다. 낮에는 해가 되고, 밤에는 달이 되어 국민의 인권과 안전을 지켜달라는 의미입니다. 무엇보다 여성, 아동, 장애인, 어르신 범죄와 폭력에 취약한 국민들의 곁으로 더 다가가십시오. '미투'를 외친 여성들의 용기는 인간의 존엄성과 평등을 바로 세워달라는 간절한 호소입니다. 그 호소를 가슴으로 들어주십시오. 수사 과정에서 발생할 수 있는 '2차 피해 방지'에도 최선을 다해줄 것을 당부합니다. 4차 산업혁명 시대를 맞아 경찰의 역할도 새롭게 정립될 필요가 있습니다. 사이버 범죄가 급격히 증가하고 있고, 드론과 자율주행차 같은 무인수송 수단의 보급으로 교통안전의 규칙이 크게 달라질 것입니다. 4차 산업혁명이 가져올 상상을 넘어서는 변화에 경찰은 선제적으로 대응해가야 합니다. 전문성과 책임감 못지않게 청년으로서의 정의감과 공감 능력이야말로 국민의 삶을 지키는 중요한 역량입니다. 매일 아침 경찰복을 입을 때마다 불의에 맞서고 약자를 보호하겠다는 오늘의 각오를 새롭게 다져주십시오. 힘들고 고된 경찰의 길을 흔들림 없이 걸을 수 있는 지표가 되어줄 것입니다.

자랑스러운 청년 경찰 여러분,

이제 여러분은 교정을 떠나 국민의 삶 속으로 뛰어들게 됩니다. 이상과 달리 현실은 녹록지 않습니다. 경찰관의 인력은 부족하고, 처우와 근무 환경은 열악합니다. 한마디로 박봉에 격무입니다. 그러나 여러분은 국가와 국민에게 무한한 책임을 져야합니다. 그것이 공직자에게 주어진 숙명임을 한시라도 잊지 말기 바랍니다. 하지만 여러분에게는 값진 보상이 있습니다. 여러분이 가진 능력으로 누군가를 도울 수 있다는 사실입니다. 그보다 더 큰 보람과 행복이 어디에 있겠습니까? 여러분을 가장 애타게 필요로 하는 사람은 바로 우리 사회의 약자들입니다. 여러분이 국민의 가장 든든한 동반자이듯, 국민들은 불의와 범죄에 맞서 싸우는 여러분에게 가장 큰 응원 부대가 되어줄 것입니다. 정의롭고 공정한 대한민국이 여러분의 명예로운 성취가 될 수 있도록 나도 여러분과 함께 노력하겠습니다. 여러분이 걸어가는 길에 국민들의 사랑이 언제나 함께하길 기원합니다. 감사합니다.

청년 일자리 대책 보고대회 겸
제5차 일자리위원회회의 모두 발언

| 2018-03-15 |

저는 지난 대선 때부터 청년 일자리에 대한 특단의 대책 필요성을 기회 있을 때마다 강조해왔습니다. 그러나 아직도 상황이 별로 나아진 것 같지 않습니다. 오늘 이 자리는 지난 1월 말 청년 일자리 점검회의 이후 범정부 차원에서 준비한 청년 일자리 대책을 국민들께 보고하기 위해 마련됐습니다. 오늘 정부가 발표하는 대책이 그야말로 청년 일자리 문제를 해결하는 특단의 대책이 되길 기대합니다. 청년 실업 문제는 우리 사회 청년들이 겪는 모든 불행과 고통의 근원입니다. 우리 사회의 당면 현안인 과열 입시와 사교육의 원인이며 저출산 고령화 문제의 해법과도 직결돼있습니다. 우리 사회의 지속가능성을 위해 최우선으로, 청년

일자리 문제를 해결하지 않으면 안 됩니다.

　지금 우리 사회는 인구 구조상의 변화로 인해 청년 일자리가 가장 어려울 수밖에 없는 시기입니다. 작년부터 시작해 2021년까지 노동시장에 진입하는 20대 후반 인구가 무려 39만 명이 늘어나게 됩니다. 우리의 통상적인 경제 성장으로 소화할 수 있는 규모를 넘어섭니다. 특별한 대책을 별도로 마련하지 않는다면, 2021년에는 지금보다 청년 실업자가 10만 명 넘게 늘어나고, 청년 실업률이 2% 포인트 이상 올라간 12% 수준까지 치솟을 수 있습니다. 청년 시기에 제대로 된 일자리를 찾아야 평생에 걸쳐 인생을 설계할 수 있습니다. 지금 청년들에게 일자리를 찾아주지 못하면 우리 사회는 한 세대를 잃게 될 수도 있습니다. 그 후유증은 한 세대에 거치지 않을 것입니다. 그만큼 우리가 당면 상황이 매우 위중합니다. 청년 일자리 대책에 있어 4차 산업혁명에 대응하는 산업 정책까지 포함한 근본적이고 구조적인 대책이 중요한 것은 두말할 나위 없습니다. 그러나 지금 상황은 그것만으로 부족합니다. 현재의 고용 절벽 상황과 인구 구조 변화까지 겹친 어려운 상황을 즉각적으로 타개하는 특단의 한시적 대책을 함께 강구하지 않으면 안 됩니다. 청년 일자리 문제를 일거에 해결하는 요술 방망이 같은 대책이 있을 리 없습니다. 수십 개 수백 개, 수천 개의 일자리를 늘리는 정책들을 모아갈 수밖에 없을 것입니다. 그러나 핵심은 분명합니다. 청년들은 고용 절벽에 아우성인데 중소·중견기업들은 인력난에 시달리는 모순된 현상을 해결하는 것입니다. 오늘 정부 대책도 여기에 모아져 있습니다. 중점만 말씀드리면 첫째는 정부의 모든 정책 수단을 총동원해서 중소·중견기업 취업자와 대기업 취업자 간의 실질 소득 격차를 해소하는 것입니다. 둘째는 중소·중견기업의 신규 고용에 대한 지원을 파격적으로 늘려 신규 고용의 여력을 만들어주는 것입니다. 셋째는 지자체 및 민간과 협력하여 청년 창업을 획기적으로 활성화함으로써 개방적 혁신 국가를 건설하는 것입니다. 넷째, 중소·중견기업 취업을 거쳐 대학 진학 등을 할 수 있게 선취업 후학습의 기회와 지원을 대폭 확대하는 것입니다. 한마디로 청년들이 더 이상 중소·중견기업 취업을 회피하거나 망설이지 않도록 정부가 할 수 있는 모든 대책을 강구해나가겠습니다. 이번 대책들을 통해 기존의 중소기업 청년 인턴제처럼 단기 일자리가 아닌 정규직의 질 좋은 청년 일자리를 획기적으로 늘려갈 수 있기를 기대합니다.

아울러 몇 가지 당부를 드리겠습니다. 이번 청년 일자리 대책은 특단의 한시적 대책인 동시에 민간 고용 시장을 활성화하는 데 중점을 두고 있습니다. 지난해 추경과 올해 예산으로 마련하는 공공 부문 일자리와 더불어, 이번 대책이 조속히 집행되고 안착되어야 청년 일자리에 좀 숨통이 트일 것입니다. 정부 각 부처는 이번에 마련된 대책들에 대한 구체적인 추진 방안을 조속히 마련해주기 바랍니다. 특히 이번 대책이 노동시간 단축에 따른 일자리 확대와 잘 결합되어 시너지를 낼 수 있도록 하는데 역점을 두기 바랍니다. 이번 대책은 노동시간 단축에 따른 기업들의 부담을 경감해주는 방안이기도 합니다. 또한 이번 대책 대상이 되는 중소·중견기업들과 청년들이 누구나 정부의 지원 대책을 알고 혜택을 받을 수 있도록 정책 홍보와 정보 제공에 더욱 노력해주기 바랍니다. 아울러 청년들이 누구나 투명하고 공정한 채용 기회를 갖도록 채용 비리 근절과 함께 블라인드 채용제를 확산시켜나가는 데도 범정부적인 각별한 노력을 당부합니다. 이 대책을 통해 국가 재난 수준인 청년 고용 상황을 반전시키기 위해서는 재원 대책이 필요합니다. 군산, 통영을 비롯한 구조 조정으로 인한 고용 위기 지역에서 새로운 일자리 만들기 위해서도 필요한 일입니다. 그 재원 대책으로 청년 일자리 추경이 불가피하다는 판단입니다. 마침 국채 발행 없이도 초과 세수에 인한 결산 잉여금을 활용하면 추경예산을 편성할 수 있는 여건이 갖춰져 있습니다. 청년 일자리 추경의 편성을 국회와 긴밀히 협의해주기 바랍니다. 아시는 바와 같이 작년 추경은 경제성장률의 상승에 큰 역할을 했습니다. IMF 등의 국제기구들도 매우 긍정적으로 평가한 바 있습니다. 국회에서도 청년 일자리 추경에 대해 적극적으로 그리고 긍정적으로 검토해주시길 당부드립니다. 오늘 보고되는 청년 일자리 대책이 잘 실현돼 청년들에게 희망이 되도록 노력합시다. 한 사람 한 사람의 청년이 우리 모두의 딸과 아들이라는 생각으로 진심을 다해 걱정하고 정책을 현실화해주시기 바랍니다. 감사합니다.

부산항 미래 비전 선포식 축사

| 2018-03-16 |

존경하는 국민 여러분, 부산 시민, 경남 도민 여러분, 해운 항만 종사자 여러분,

부산항의 바닷바람이 시원합니다. 쉴 새 없이 오르내리는 컨테이너들을 보니 가슴이 뜁니다. 전 세계가 여기 부산항에 있는 것 같습니다. 우리 무역과 해운 항만의 힘찬 기상이 느껴집니다. 부산항이 활기차야 우리 경제가 살아납니다. 지금까지 그랬고, 앞으로도 그럴 것입니다. 작년 한 해, 4억 톤이 넘는 화물이 부산항을 오갔습니다. 컨테이너만 해도 2000만 개(TEU)를 돌파했습니다. 부산항은 세계 2위 환적항, 동북아 최대 환적 중심항으로 우뚝 섰습니다. 여러분이 이 항구에서 밤낮없이 흘

린 구슬땀이 세계 6위 수출대국의 위업으로 돌아왔습니다. 정말 장하고 자랑스럽습니다. '해운 경기 침체'라는 위기 속에서 이루어낸 너무나 값진 성과입니다. 해운 항만 관계자 여러분께 깊은 존경과 감사의 말씀을 드립니다.

부산 시민 여러분,

저는 부산항과 조선소를 보면서 자란 부산의 아들입니다. 바다를 보며 꿈을 키웠고 부산의 발전과 함께 저도 성장했습니다. 부산항은 부산을 넘어 대한민국의 희망입니다. 부산항의 역사가 곧 대한민국 경제발전의 역사였습니다. 부산항의 현대화가 시작된 70년대로부터 우리 기술과 자본으로 본격적으로 개발된 80년대를 거쳐, 90년대에는 아시아의 대표적 항만이 되었습니다. 원조 물자가 들어오던 부산항이 이제는 최첨단 우리 제품을 전 세계로 보내고 있습니다. 부산항은 세계 100개 국, 500개 항만을 직접 연결하는, 명실상부한 세계적인 물류 허브 항만으로 성장했습니다. 이제 저는 해양 강국 대한민국, 해양 수도 부산의 꿈을 여러분의 열정을 모아 다시 일으켜 세우고자 합니다.

국민 여러분, 부산 시민 여러분,

바다를 포기하고 강국이 된 나라는 세계 역사에 없습니다. 해양 강국은 포기할 수 없는 대한민국의 미래입니다. 그 중심에 바로 부산항이 있습니다. 대한민국은 대륙과 해양을 이을 때 원대한 꿈을 꿀 수 있습니다. 북쪽으로 유라시아의 광대한 대륙, 남쪽으로 아세안과 인도에 이르는 광활한 대양, 이 대륙과 대양을 잇는 다리가 바로 부산항입니다. 지금 우리는 남북 정상회담, 북미 정상회담을 앞두고 있습니다. 세계사적인 대전환을 준비하고 있습니다. 우리가 이 기회를 잘 살려내 남북한을 잇는다면 한반도의 운명도 극적으로 변하게 될 것입니다. 세계로 도약하는 대한민국의 꿈이 현실이 될 것입니다. 부산은 대한민국 해양 수도를 넘어 아시아의 해양 수도가 될 것입니다. 철도, 공항과 함께 육해공이 연계되는 동북아 물류 거점 도시가 될 것입니다.

오늘 우리는 부산항의 미래 혁신 비전을 선포했습니다. 문재인 정부의 신북방 정책과 신남방 정책의 성공 여부도 부산항의 혁신에 달려 있습니다. 다시 힘을 모읍시다. 부산의 열정과 대한민국의 소망을 담아 세계 최고의 물류 허브 부산항을 만들어냅시다.

존경하는 해운 항만 종사자 여러분,

지금 세계는 물류 허브가 되기 위해 치열하게 혁신하고 있습니다. 상하이, 싱가폴, 로테르담 같은 권역별 허브 항만들은 선제적으로 터미널의 대형화를 추진하고 있습니다. 첨단 정보통신 기술을 활용해 완전자동화 터미널을 구축하고 스마트 항만으로의 전환에 박차를 가하고 있습니다. 저는 오늘 우리 부산항이 결코 뒤지지 않는다는 사실을 확인했습니다. 컨테이너를 원격으로 빠르게 싣고 내리며, 무선 인식 기술로 항만을 드나드는 컨테이너를 실시간으로 파악했습니다. 첨단 항만 기술이 잘 구현되고 있었습니다. 그러나, 한 걸음 더 나갑시다. 세계 최고 수준의 정보통신 기술을 활용하여 스마트 해상 물류 시스템을 만들어냅시다. 자율 운항 선박, 초고속 해상 통신망, 스마트 항만을 연계한, 4차 산업 혁명 시대의 세계적인 항만 모델을 우리가 선도합시다. 정부가 나서 핵심 기술에 대한 연구 개발을 아낌없이 지원하겠습니다. 부산항의 첨단화를 위해 적극적으로 투자하겠습니다. 부산 신항이 메가포트로 발전할 수 있도록 시설 확충도 본격적으로 시작하겠습니다. 현재 21선석 규모를 2022년까지 29선석, 2030년에는 총 40선석으로 확대하겠습니다. 연간 컨테이너 3000만 개(TEU)를 처리할 수 있는 초대형 터미널로 발전시켜 나가겠습니다. 선박용 LNG 공급 기지, 대형 선박 수리 조선 단지 조성은 부산항의 새로운 부가가치를 창출하고, 일자리를 늘릴 것입니다. 항만 배후 단지도 지금보다 여덟 배 넘는 규모로 확대하여 생산과 가공, 물류와 비즈니스가 서로 연계된 종합 물류 허브를 구축해나갈 것입니다.

부산 시민 여러분,

도심에 위치한 북항은 부산 발전의 새로운 비전이 될 것입니다. 북항 구역은 서울 여의도보다 2.5배 큽니다. 관광, 문화, 해양 산업 비즈니스로의 성장 가능성이 풍부합니다. 북항이 개발되면 시민들은 자연과 문화와 첨단 시설이 어우러진 친수 공간을 즐길 수 있습니다. 오페라하우스와 해양 공원이 부산의 새로운 명소가 될 것입니다. 북항 재개발 1단계 사업은 11년 전 노무현 정부 때 기획하여 시작되었습니다. 그동안 착실히 지반을 다져왔고, 국제 여객 터미널도 새로 개장했습니다. 이제 더욱 속도를 내서 제 임기인 2022년까지 마무리하겠습니다. 노무현 정부가 시작한 일, 문재인 정부가 끝내겠습니다. 장기적으로는 철도 부지, 조선소 부지까지 통합적으로 개발하여 해양 산업과 해양 금융의 중심지로 육성하겠습니다. 침체되었던 원도심도 활력을 되찾을 것입니다. 통합 개발의 방향과 계획은 부산 시민들이 주도하게 될 것입니다. 중앙과 지방 정부, 시민이 함께 만들어가는 도시 재생의 모범 사례가 될 것으로 기대합니다.

해운 항만 종사자 여러분,

항만의 지속가능한 발전을 위해 해운 산업 되살리기에도 최선을 다하겠습니다. 상황이 녹록지는 않습니다. 생존을 건 치열한 경쟁이 세계 해운 시장에서 전개되고 있습니다. 우리는 지난 정부 시기 구조 조정에서 실패한 경험이 있습니다. 그럼에도 저는 희망적입니다. 우리의 해운 산업은 중고선 한두 척에서 시작해 세계 5위의 선대 규모를 이뤄냈습니다. 기술뿐 아니라 열정과 저력에서 세계 최고입니다. 정부도 필요한 지원을 다할 것입니다. 고효율 선박 발주를 위한 금융 지원, 안정적인 화물 확보와 국적 선사 경영 안정을 위한 대책도 적극 추진하겠습니다. 오는 7월에 설립되는 해양진흥공사는 해운 산업의 든든한 지원군이 될 것입니다.

존경하는 국민 여러분, 부산 시민 여러분, 경남 도민 여러분,

지금 우리는 부산을 '해양 수도'라고 부르지만, 10여 년 전만 해도

'항도 부산'이라 했습니다. 부산항이 부산의 심장이기 때문입니다. 이제 부산항은 대한민국의 심장이 되고 아시아의 심장으로 세계경제를 활기차게 뛰게 할 것입니다. 대륙과 해양이 만나는 부산항, 사람과 사람이 만나 꿈을 꾸는 부산항, 더 큰 희망을 키우는 부산항으로 만들어내겠습니다. 부산의 꿈이 대한민국의 꿈입니다. 오대양 육대주를 누비는 우리 해운 항만의 기상이 바로 여기 부산항에 있습니다. 부산 시민의 열정과 함께, 해운 항만인들의 저력과 함께 해양 강국을 향해 힘차게 나가겠습니다. 감사합니다.

제1회 정부혁신 전략회의 모두 발언

| 2018-03-19 |

반갑습니다. 오늘 회의는 우리 정부가 강조하고 있는 정부 혁신의 종합 추진 계획을 발표하는 자리입니다. 관계 부처들이 합동으로 국민이 주인인 정부를 실현하는 정부 혁신 종합 추진 계획을 잘 준비해주셨습니다. 많은 국민들과 공무원들이 직접 참여해서 의견을 모아서 이렇게 준비를 하셨다고 들었는데 정말 수고들 하셨습니다.

정부 혁신의 설계도가 잘 구비된 것 같습니다. 이 계획대로 정부 혁신이 잘 실현돼서 국민들께서 달라진 정부를 체감할 수 있길 바랍니다. 대통령이 바뀌니 공직자 모두가 달라지고 공직 문화도 확 바뀌었다는 평가를 받길 바랍니다. 정부의 종합 계획이 잘 마련됐기 때문에 나는 혁신 과제들을 관통하는 정부 혁신의 목표를 다시 한번 강조하고 싶습니다. 정부 혁신의 목표는 정부마다 다를 수 있다고 생각합니다. 시대의 요구가 다르기 때문입니다. 우리 정부가 받고 있는 시대의 요구도 과거 정부와 다릅니다. 지난 두 정부에서 국민들은 위로는 청와대부터 아래는 공기업에 이르기까지 공적인 지위와 권한이 사익을 위해 사사롭게 행사되는 것을 많이 보았습니다. 그 결과는 대통령의 탄핵으로 귀결됐고 우리 정부는 촛불정신의 구현을 국정 목표로 삼고 있습니다. 그런 까닭에 우리 정부의 최우선의 혁신 목표를 한마디로 압축하면 정부와 공직의 공공성을 회복하는 것이라고 할 수 있습니다. 국민과 정부, 국민과 공직의 관계를 바르게 세우는 것입니다. 진정으로 국민을 위해 존재하는 정부, 진정으로 국민의 공복이 되는 공직 문화를 바로 세우는 것이 우리 정부가 추구하는 정부 혁신의 근본이라는 것을 강조하고 싶습니다. 정부와 공직의 공공성 회복은 부패를 막는 것이 출발일 것입니다. 그러므로 과거의 부패를 바로잡는 것에서부터 혁신을 시작할 수밖에 없습니다. 채용비리에 있어서도 적어도 성적이나 순위가 조작이 돼 부정하게 합격한 사람들은 채용 취소하거나 면직하고, 그 때문에 순위가 바뀌어서 억울하게 불합격한 사람들은 구제해줘야 할 것입니다. 그것이 채용의 공정성과 중립성을 바로 세우는 출발입니다. 여성들의 고위 공직 진출을 확대하는 한편, 권력관계에 의한 성폭력의 피해를 근절하는 것이 새로운 시대적 과제가 됐습니다. 공직에서부터 모범을 보여야 여성의 유리천장을 깨고 누구나 존엄하고 차별받지 않는 세상을 만들 수 있을 것입니다. 나아가서 어려운 한자와 일본식 또는 외래어 법령이나 행정 용어로 법령이나 행정행위의 해석을 공무원과 전문가가 독점하는 권위적인 면도 시정돼야 합니다. 일반 국민들도 법령이나 행정행위를 쉽게 이해할 수 있게 하는 것이야말로 국민을 위한 행정의 중요한 출발이라고 할 것입니다.

지금까지 모두들 아주 잘해왔습니다. 적폐 청산과 부패 척결, 또 공직 내 성폭력 행위에 대한 엄단, 행정 용어 개선과 쉬운 법령 만들기 작업 등 정부 혁신을 열심히 해오고 있습니다. 모두의 수고 성과에 대해 감사드리고 치하하고 싶습니다. 그러나 우리가 잊어선 안 될 것은 국민의 눈이 높아졌다는 사실입니다. 개혁의 역설이란 말이 있듯이 개혁을 하면 할수록 국민 기대는 더욱 높아지는 법입니다. 우리 정부가 정의와 도덕성을 강조하는 만큼, 작은 도덕성의 흠결조차 정부에 대한 신뢰에 큰 타격이 될 수 있다는 점을 경계하지 않을 수 없습니다. 우리 국민들의 수준은 매우 높습니다. 정치와 행정 수준이 오히려 크게 뒤떨어진다고 생각합니다. 국민은 수준에 맞는 정부 가질 자격 있고, 또 요구할 권리가 있습니다. 국민의 수준과 요구에 부응하는 것이 정부 혁신이라는 점을 다시 한번 되새겨주길 바랍니다. 감사합니다.

남북 정상회담 준비위원회 제2차 회의 모두 발언

| 2018-03-21 |

　오늘 두 번째 회의죠. 남북 정상회담, 역사적인 회담 준비하시느라고 수고들 많으십니다. 남북 정상회담이 판문점에서, 그것도 군사분계선 남쪽 우리 땅에서 열리는 것은 사상 최초입니다. 아주 중요한 의의가 있습니다. 또 대통령 취임 1년 이내에 남북 정상회담이 열리는 것도 사상 최초이고, 역시 매우 중요한 의미가 있습니다. 남북 정상회담에 이어서 북미 정상회담은 회담 자체가 세계사적인 일입니다. 장소에 따라서는 더욱 극적인 모습이 될 수도 있습니다. 그리고 진전 상황에 따라서는 남·북·미 3국 정상회담으로 이어질 수도 있을 것입니다.

　이번 회담들과 앞으로 이어질 회담들을 통해 우리는 한반도 핵과 평화 문제를 완전히 끝내야 합니다. 남북이 함께 살든 따로 살든 서로 간섭하지 않고 서로 피해주지 않고 함께 번영하며 평화롭게 살 수 있게 만들어야 합니다. 우리가 가보지 않은 미답의 길이지만 우리는 분명한 구상을 가지고 있고, 또 남·북·미 정상 간 합의를 통해 이루고자 하는 분명한 목표와 비전을 가지고 있습니다. 한반도 비핵화, 한반도의 항구적 평화 체제와 북미 관계의 정상화, 남북 관계의 발전, 북미 간 또는 남·북·미 간 경제 협력 등이 될 것입니다. 준비위원회가 그 목표와 비전을 이룰수 있는 전략을 담대하게 준비해주기 바랍니다. 그리고 목표와 비전 전략을 미국 측과 공유할 수 있도록 충분히 협의하기 바랍니다.

한 가지만 좀 더 당부하자면 회담 자료를 준비할 때 우리 입장에서가 아니라 중립적인 입장에서 각각의 제안 사항들이 남북과 미국에 각각 어떤 이익이 되는지, 우리에게는 어떤 이익이 있고 북한에게는 어떤 이익이 있고, 또 미국의 이익은 무엇인지, 그리고 그 이익들을 서로 어떻게 주고받게 되는 것인지 이런 것을 설명하고 설득할 수 있도록 그렇게 준비를 해주시기 바랍니다.

VKIST 착공식 축사

| 2018-03-22 |

　베트남에 도착한 첫날, 한-베트남 과학기술연구원(VKIST) 착공식에 참석하게 되어 매우 기쁩니다. 오늘에 이르기까지 많은 분들의 수고와 노력이 있었습니다. 관계자 여러분께 감사드립니다. 초대원장으로 선출된 금동화 원장님과 이사회 여러분께도 축하와 격려의 마음을 전합니다. 한-베트남 과학기술연구원은 양국 정부와 국민들의 꿈과 의지가 만나는 곳입니다. 꿈은 상상을 현실로 만드는 힘이고, 의지는 현실을 더 나은 미래로 이끕니다. 과학기술연구원 착공으로 베트남은 '현대화된 산업국가 건설'이라는 꿈을 향해 한 걸음을 더 내딛게 되었습니다. 반세기만에 산업화를 이룬 한국의 경험이 베트남의 꿈을 현실로 만드는 일에 쓰

이고 있습니다. 한국의 꿈도 함께 커지게 되었습니다. 지난 25년간 항상 그래왔듯이 앞으로도 한국은 베트남과 굳게 손잡고 더 나은 미래로 나아갈 것입니다. 그 길에서, 지금 우리가 서 있는 이 넓은 땅은 양국의 과학기술 인재들과 기업이 함께 미래를 도모하는 교류 협력의 산실로 우뚝 설 것입니다. 그 모습을 상상하니 벌써부터 가슴이 뜁니다.

"친구와 의지가 있으면 외롭지 않고 성공할 수 있다"는 베트남 속담이 있습니다. 베트남과 한국은 이미 서로에게 없어서는 안 될 친구가되었습니다. 양국의 공동 프로젝트로 설립하는 한-베트남 과학기술연구원은 우리의 신뢰와 협력 의지가 얼마나 굳건한지 보여줍니다. 이제남은 것은 더욱 풍요로워질 양국의 미래입니다. 저는 한국과 아세안의공동 번영 청사진으로 '더불어 잘사는, 사람 중심의 평화 공동체'를 제시한 바 있습니다. 한-베트남 과학기술연구원이 베트남의 산업과 미래 성장 동력을 이끄는 동시에, 한 걸음 더 나아가 '한-아세안 미래 공동체'를실현하는 데 크게 기여할 것이라 확신합니다. 한-베트남 과학기술연구원 착공을 다시 한번 축하합니다. 감사합니다.

베트남 동포 간담회 인사말

| 2018-03-22 |

동포 여러분,

반갑습니다. 작년 11월 다낭을 찾았을 때 여러분을 만나지 못해 아쉬웠는데, 오늘 이렇게 뵙게 되어 정말 기쁩니다. 먼저, 평창 동계 올림픽과 패럴림픽을 아주 잘 마쳤다는 보고를 드립니다. 전 세계가 대한민국을 주목하고 있습니다. 흠이 없는 것이 흠이라는 최고의 찬사를 세계로부터 받았습니다. 이제 곧 남과 북, 미국과 북한의 정상이 연이어 만나게 됩니다. 결코 놓쳐서는 안 될 소중한 기회입니다. 과정도 조심스럽고 결과도 낙관하기 어렵지만, 저는 대한민국의 저력을 믿습니다.

사랑하는 동포 여러분,

베트남에 대한 제 마음은 아주 각별합니다. 서로 닮은 양국이 손잡은 지난 26년 동안 기적 같은 일들이 일어났습니다. 지난해 양국 간의 교역액 규모는 640억 불에 달했고, 작년 상호 방문자 수는 270만 명으로 늘었습니다. 베트남은 한국의 4대 교역국이 되었고, 한국은 베트남의 2대 교역국이면서 최대 투자국이 되었습니다. 우리 정부는 대한민국의 외교적, 경제적 지평을 아세안과 인도양으로 넓히는 신남방 정책을 추진하고 있습니다. 그중에서 베트남은 가장 핵심적인 협력 파트너입니다. 신남방 정책은 양국 모두에게 공동 번영을 가져올 것입니다. 동포 여러분 한 분 한 분이 대한민국의 외교관입니다. 저는 동남아 최대 규모를 자랑하는 베트남 동포 사회의 단합된 힘을 믿습니다. 우리 정부도 신남방 정책의 성공을 넘어 동포 여러분이 베트남에서 더욱 행복하게 살아갈 수 있도록 적극 지원하겠습니다. 최근 인적 교류가 늘어나면서 사건 사고도 많아지고 있습니다. 외교적 노력과 함께 베트남 치안 기관과도 적극 공조하겠습니다. 동포 사회의 성장을 위해서도 정성을 다하겠습니다. 한국 학교와 한글학교의 지원과 함께 모국 연수를 늘려 미래 세대들의 정체성과 소속감을 키우겠습니다. 아울러, 다문화 가정이 양국의 가교가 되고, 2세들이 멋진 인재로 성장하도록 정책적 노력을 다하겠습니다.

대한민국은 지금 중대한 전환을 앞두고 있습니다. 거대한 물줄기를 바꾸는 역사적인 순간입니다. 그러나 저는 걱정하지 않습니다. 민주주의를 지켜낸 국민들이 함께하고 있습니다. 한반도 비핵화와 항구적 평화도, 나라의 기틀을 새롭게 하는 개헌도 잘 이뤄내겠습니다. 여러분이 "내가 바로 한국인이야.", 자긍심을 가지고 사실 수 있도록 자랑스러운 대한민국을 만들어내겠습니다. 동포 여러분의 지지와 성원이 큰 힘이 될 것입니다. 동포 여러분, 사랑합니다. 감사합니다.

한-베트남 공동 언론 발표문

| 2018-03-23 |

먼저 저와 우리 대표단을 초청해주신 쩐 다이 꽝 주석님, 감사합니다. 따뜻하게 환대해주신 베트남 국민 여러분께도 각별한 감사의 인사를 드립니다. 작년 11월 다낭에서 꽝 주석님과의 짧은 만남이 아쉬웠는데, 4개월 만에 다시 뵙게 되어 매우 기쁩니다. 주석님께서는 오늘 이른 아침부터 저와 일정을 함께해주셨습니다. 진심 어린 마음을 느낄 수 있었습니다.

베트남과 한국은 서로에게 아주 특별합니다. 무엇보다 역사, 문화, 사회적으로 많이 닮아 있습니다. 고대로부터 내려오는 교류의 역사와 특히 사람과 사람으로 이어지는 인연은 두 나라 사이를 더욱 가깝게 하고 있습니다. 저는 뿌리 깊은 양국 관계가 교역, 투자, 개발 협력 발전의 기반이 되었다고 생각합니다. 베트남과 한국은 서로에게 핵심적인 협력 파트너입니다. 한국 정부가 추진하고 있는 신남방 정책에 있어서도 베트남이 가장 중심에 있습니다. 우리 두 정상은 오늘 회담을 통해 서로 간의 깊은 우정을 확인했고, 양국의 번영을 위해 협력을 확대해나가기로 합의했습니다. 실질 협력 방안들에 대해서도 폭넓게 논의했습니다.

첫째, 정상회담을 연례적으로 개최하기로 했습니다. 상호 양자 방문 또는 다자회의와 같은 다양한 계기를 활용할 것입니다. 정상 간의 허심탄회한 대화를 통해 두 나라 사이의 신뢰가 더욱 깊어지길 기대합니다. 둘째, 양국 간 경제협력을 더욱 호혜적으로 발전시켜 나가기로 했습니다. 한국은 베트남의 소재·부품 산업에 대한 지원을 강화하여, 호혜적인 무역을 위한 기반을 마련하기로 했습니다. 또한 양국 기업이 안심하고 상대국에 투자할 수 있도록 이번에 타결된 사회보장협정과 같은 제도적 기반을 확대해나가기로 했습니다. 꽝 주석님께서는 2020년까지 "현대화된 산업 국가를 건설하고자 한다"고 말씀하셨습니다. 저는 양국의 긴밀한 상생 협력이 베트남의 산업화 목표와 '2020년까지 교역액 1000억 불'이라는 공동의 목표 달성에 크게 기여하리라는 점을 강조했습니다. 이를 위해 우리 두 정상은 교통·인프라 건설 분야와 미래 성장을 위한 협력을 확대해나가기로 했습니다. 첨단 기술과 스마트 시티 등 신성장 동력 창출을 통해 4차 산업혁명 시대에 함께 대응해나가기로 했습니다.

셋째, 양국 국민 간의 특별한 인연을 더욱 두텁게 하기 위한 노력을 강화해나가기로 했습니다. 우리 두 정상은 베트남-한국 다문화 가정이 양국 관계를 친밀하게 이어주는 소중한 자산이라는데 인식을 같이했습니다. 한국은 다문화 가정에 대한 지원과 보호를 강화할 것입니다. 다문화 가정이 안정적으로 정착할 수 있도록 한글 교육과 취업 지원을 확대하고, 콜센터, 보호시설, 임대주택 지원 등을 통해 결혼 이주 여성의 인권을 적극 보호하겠습니다. 한편, 한국은 베트남 중부 지역을 중심으로 한 협력도 확대해나가기로 했습니다. 지뢰 및 불발탄 제거, 병원 운영, 학교 건립 등을 통해 양국 국민 사이의 우의가 깊어지길 바랍니다. 넷째, 저는 꽝 주석님께서 우리의 한반도 정책에 적극적인 지지를 보여주신 데 대해 깊은 사의를 표했습니다. 앞으로도 우리 양국은 한반도의 비핵화와 항구적 평화 정착을 위해 긴밀히 협력해나가기로 했습니다. 마지막으로, 저는 양국 관계를 더욱 발전시키기 위해 꽝 주석님께서 편한 시기에 한국을 방문해주실 것을 요청했습니다.

오늘 회담이 양국 관계를 미래지향적으로 한 단계 더 격상시키는 중대한 이정표가 되기를 바라며, 다시 한 번 꽝 주석님과 베트남 국민들의 환대에 깊이 감사드립니다. 씽 깜 언(감사합니다).

UAE 동포 간담회 인사말

| 2018-03-26 |

　요즘 한국에서는 건배할 때도 '영미!', 사진 찍을 때도 '영미!' 하는 사람들이 많습니다. 컬링팀뿐만 아니라 올림픽에도, 패럴림픽에도 뜨거운 감동들이 많았습니다. 최근 우리와 UAE 사이에 관련된 뉴스들이 많았습니다. 왜곡된 보도들이 많아 혹시나 현지 동포 여러분들이 불안해하지 않으실까 염려가 되기도 했습니다. 그러나 여러분, 두 나라 사이의 우정을 걱정 안하셔도 됩니다. 양국 간의 특사가 오가고, 제가 올해 첫 해외 순방지로 UAE를 선택했을 만큼 두 나라 관계는 특별하고 굳건합니다. 한국은 UAE에게 동아시아 최고의 협력 파트너이고, UAE는 한국에게 중동 지역 최고의 협력 파트너입니다. 지난 일로 양국은 더욱 신뢰하

는 관계가 됐습니다.

　오늘 오전에는 모하메드 왕세제와 정상회담에서, 양국 관계를 '특별 전략적 동반자 관계'로 격상시켰습니다. 중동 국가 가운데 최초입니다. 양국은 이제 '아크 부대'의 이름처럼 100년을 내다보는 진정한 형제 국가가 될 것입니다. 함께 개척할 새로운 분야에 대해서도 많은 이야기를 나누었습니다. 그 범위가 지식재산, 의료, 관광, ICT, 스마트 인프라부터 우주탐사에까지 이릅니다. 양국 사이에 튼튼한 가교가 놓여 있었기에 가능했습니다. 바로 동포 여러분입니다. 1970년대 아부다비에 진출한 건설 노동자들은 뜨거운 태양을 이겨내며 사막 위에 도시를 세웠습니다. 1세대의 땀으로 빚어진 결실이 조국으로 전해졌고, 오일쇼크의 위기를 경제 도약의 기회로 바꾸어냈습니다. 그 도전과 열정이 지금 UAE 사회에 뿌리를 내리고 있습니다. 원전, 병원, 호텔, 항공사, 학계, 체육계 등 다양한 분야에서 멋진 활약을 보여주며, 양국을 서로 없어서는 안 되는 동반자로 묶어주고 있습니다. 저는 미래 산업에 대한 투자를 아끼지 않는 UAE의 지혜와 한국이 가진 정보통신 역량과 첨단 기술력이 합쳐질 때, 지능정보화 시대를 선도해나갈 수 있다고 믿습니다. 우리 정부는 여러분에 대한 지원을 아끼지 않을 것입니다. 양국 정상 간 두터운 우정과 신의를 바탕으로 모든 실질 협력 분야들을 세심하게 챙기고 확대해나가겠습니다.

　동포 여러분,

재외 국민의 생명과 안전을 지키는 일은 모든 것에 우선합니다. 정부가 해야 할 첫 번째 일입니다. 특히, 과격 이슬람 무장 단체가 활동하고 있는 중동은 각별히 안전에 유의해야 하는 지역입니다. '해외안전지킴센터'를 통해, 다양한 위기 상황에 대비하도록 하겠습니다. 365일 24시간 쉬지 않고, 해외 체류 국민의 안전을 지키겠습니다. 여러분의 권익도 지키겠습니다. 여러분이 어디에 계시든지 충분한 영사 조력을 받으실 수 있도록 하겠습니다. 직접 체감할 수 있는 생활 밀착형 영사 서비스를 계속 발굴해나가겠습니다. 현지에 진출한 우리 기업의 애로 사항도 꼼꼼히 챙길 것입니다. 더욱 적극적으로 지원하겠습니다. 이제 우리는 평창에서의 감동을 한반도의 비핵화와 함께 항구적 평화와 번영으로 가져가는 위대한 여정에 함께해야 합니다. 앞으로 남은 고비들을 잘 넘을 수 있도록 힘과 지혜를 모아주십시오. 여러분의 지지와 성원은 가장 큰 디딤돌이 될 것입니다. 여러분께서 자긍심을 가득 품을 수 있는 평화와 번영의 대한민국을 완성하겠습니다. 감사합니다.

개헌안 발의 관련 입장

| 2018-03-26 |

국민 개헌안을 준비했습니다. 오늘 저는 헌법 개정안을 발의합니다. 저는 이번 지방선거 때 동시 투표로 개헌을 하겠다고 국민들과 약속했습니다. 이 약속을 지키기 위해 헌법이 대통령에게 부여한 개헌 발의권을 행사합니다. 저는 그동안 국민헌법자문특별위원회를 구성하여 국민들의 의견을 수렴한 개헌 자문안을 마련했습니다. 이 자문안을 수차례 숙고하였고 국민 눈높이에 맞게 수정하여 대통령 개헌안으로 확정했습니다. 국민들께서 생각하시기에, 왜 대통령이 야당의 강한 반대를 무릅쓰고 헌법 개정안을 발의하는지 의아해하실 수 있습니다. 그 이유는 네 가지입니다.

첫째, 개헌은 헌법 파괴와 국정 농단에 맞서 나라다운 나라를 외쳤던 촛불광장의 민심을 헌법적으로 구현하는 일입니다. 지난 대선 때 모든 정당, 모든 후보들이 지방선거 동시 투표 개헌을 약속한 이유입니다. 그러나 1년이 넘도록 국회의 개헌 발의는 아무런 진척이 없었습니다. 따라서 지금 대통령이 개헌을 발의하지 않으면 국민과의 약속을 지키기 어렵게 되었기 때문입니다.

둘째, 6월 지방선거 동시 투표 개헌은 많은 국민이 국민투표에 참여할 수 있는 다시 찾아오기 힘든 기회이며, 국민 세금을 아끼는 길입니다. 민생과 외교, 안보 등 풀어가야 할 국정 현안이 산적해 있는데, 계속 개헌을 붙들고 있을 수는 없습니다. 모든 것을 합의할 수 없다면, 합의할 수 있는 것만이라도 헌법을 개정하여 국민과의 약속을 지켜야 합니다.

셋째, 이번 지방선거 때 개헌하면, 다음부터는 대선과 지방선거의 시기를 일치시킬 수 있습니다. 따라서 전국 선거의 횟수도 줄여 국력과 비용의 낭비를 막을 수 있는 두 번 다시 없을 절호의 기회입니다.

넷째, 대통령을 위한 개헌이 아니라 국민을 위한 개헌이기 때문입니다. 개헌에 의해 저에게 돌아오는 이익은 아무 것도 없으며, 오히려 대통령의 권한을 국민과 지방과 국회에 내어놓을 뿐입니다. 제게는 부담만 생길 뿐이지만 더 나은 헌법, 더 나은 민주주의, 더 나은 정치를 위해 개헌을 추진하는 것입니다. 제가 당당하게 개헌을 발의할 수 있는 이유입니다.

헌법은 한 나라의 얼굴입니다. 그 나라 국민의 삶과 생각이 담긴 그릇입니다. 우리 국민의 정치의식과 시민 의식은 다른 나라의 모범이 되는 수준에 이르렀습니다. 국가의 책임과 역할, 국민의 권리에 대한 생각도 30년 전과는 비교가 되지 않습니다. 기본권, 국민주권, 지방분권의 강화는 국민들의 강력한 요구이며 변화된 국민들의 삶과 생각입니다. 헌법의 주인은 국민이며 개헌을 최종적으로 완성하는 권리도 국민에게 있습니다. 제가 오늘 발의한 헌법 개정안도 개헌이 완성되는 과정에 불과합니다. 국민 한 사람 한 사람의 삶과 국가의 미래를 위해 개헌 과정에 끊임없는 관심을 가져주시리라 믿습니다. 국회도 국민들께서 투표를 통해 새로운 헌법을 품에 안으실 수 있게 마지막 노력을 기울여주시길 바랍니다. 감사합니다.

평창 동계 패럴림픽 국가대표 선수 수상 축전

| 2018-03-10~17 |

크로스컨트리 남자 15킬로미터 좌식 부문 신의현 선수 축전 2018-03-11

신의현 선수의 평창 동계 패럴림픽 크로스컨트리 남자 15킬로미터 좌식 부문 동메달을 축하합니다. 태극기를 두른 이마와 터질 듯한 두 어깨에서 불굴의 인생을 보았습니다. 우리들에게 용기를 주어 감사합니다.

언덕도 있고 긴 평지도 있는 15킬로미터의 눈길은 신 선수의 삶처럼 느껴집니다. 절망을 이겨내고 여기 오기까지 상상할 수 없는 고통을 견뎌냈습니다. 하지 절단 동의서에 이름을 적어야만 했던 어머니는 "다리가 없어도 행복하게 살 수 있다"고 하셨습니다. 참으로 숙연해집니다.

'철인'은 이제 국민 모두의 자랑이 되었습니다. 사랑하는 딸 은겸이와 아들 병철에게는 이미 최고의 아빠입니다. 신의현 선수에게 인생 최고의 순간은 아직 오지 않았습니다. 끝까지 응원하겠습니다.

크로스컨트리 남자 7.5킬로미터 좌식 부문 신의현 선수 축전 2018-03-17

신의현 선수의 크로스컨트리 남자 7.5킬로미터 좌식 부문 금메달을 축하합니다. 시상대 가장 높은 곳에서 듣고 싶다던 애국가가 평창의 하늘에 울려 퍼졌습니다. 불굴의 용기와 의지가 벅찬 선율이 되어 모두의 가슴에 고동쳤습니다.

신 선수가 혼신의 힘을 다해 달려온 61.7킬로미터 슬로프는 가족과 함께 걸어온 인생의 길입니다. 아들을 일으킨 어머니 이회갑 님, "신의현"을 연호하는 소리에 눈물을 쏟아낸 아버지 신만균 님, 남편의 도전을 응원한 아내 김희선 님, 아빠가 더 힘들까 봐 속으로 눈물을 꾹 참았다던 은겸 양과 병철 군, 모두의 승리입니다.

신의현 선수가 쓴 희망의 역사가 국민들께 큰 기쁨과 용기를 주었습니다. 수고 많으셨습니다.

파라아이스하키 대표 한민수 선수 축전 2018-03-17

승리를 가져온 단 하나의 골에 17명 선수의 인생이 응축되어 있습니다. 저마다의 사연과 간절한 노력이 빙판을 달려 모두의 염원을 이뤘습니다. 멋집니다. 파라아이스하키팀의 평창 패럴림픽 동메달을 축하합니다.

18년 전 푸르른 서른 살에 왼쪽 다리를 잃은 청년은 이제 우리의 든든한 캡틴이 되었습니다. 오늘 우리 안의 모든 좌절과 절망을 한 선수의 눈물에 실어보냅니다. 시련의 날들을 견뎌주고 이겨내준 한 선수, 정말 고맙습니다.

한민수 선수의 곁을 늘 지켜준 아내 민순자 님과 소연, 소리 자매는 맘껏 자랑스러워하시길 바랍니다. 아빠가 너무나 자랑스럽다고 이야기해준 따님들 덕분에 국민 모두가 큰 힘을 얻었습니다.

파라아이스하키 대표 최시우 선수 축전 2018-03-17

승리를 가져온 단 하나의 골에 17명 선수의 인생이 응축되어 있습니다. 저마다의 사연과 간절한 노력이 빙판을 달려 모두의 염원을 이뤘습니다. 멋집니다. 파라아이스하키팀의 평창 패럴림픽 동메달을 축하합니다.

최시우 선수는 추락 사고와 절단, 절망의 시간을 뚫고 빙판 위에서 새로운 삶을 멋지게 시작해냈습니다. 3년 전만 해도 평범한 고등학생이었지만 지금은 동계 패럴림픽 역사에 남을 주인공이 되었습니다.

원주 치악산의 정기를 받아 힘이 넘치는 아들을 아버지 최성민 님이 잘 보듬어주셨습니다. 아이스하키의 세계로 이끌어준 김정호 코치에게도 감사드립니다. 대표팀 막내는 꼭 세계적인 선수로 성장할 것입니다.

파라아이스하키 대표 최광혁 선수 축전 2018-03-17

승리를 가져온 단 하나의 골에 17명 선수의 인생이 응축되어 있습니다. 저마다의 사연과 간절한 노력이 빙판을 달려 모두의 염원을 이뤘습니다. 멋집니다. 파라아이스하키팀의 평창 패럴림픽 동메달을 축하합니다.

최광혁 선수는 운동을 시작한 지 4년 만에 위대한 결실을 이뤘습니다. 남과 북, 장애와 비장애라는 두 개의 벽을 넘어 인간이 가장 아름다울 수 있는 곳에 도달했습니다. 그 도전과 성취에 큰 박수를 보냅니다.

최 선수와 함께 어려운 시간을 이겨낸 아버님과 동생도 훌륭합니다. 아들같이 품어준 여명학교 조명숙 선생님과 운동을 권유해주신 한국복지대학교 교직원께도 감사드립니다. 최 선수의 도전은 계속될 것입니다.

파라아이스하키 대표 조영재 선수 축전 2018-03-17

승리를 가져온 단 하나의 골에 17명 선수의 인생이 응축되어 있습니다. 저마다의 사연과 간절한 노력이 빙판을 달려 모두의 염원을 이뤘습니다. 멋집니다. 파라아이스하키팀의 평창 패럴림픽 동메달을 축하합니다.

조영재 선수는 어릴 적 물놀이 사고로 온전한 걸음은 잃었지만 좌절하지 않았습니다. 그 투지를 빙판 위에 새겨 거친 몸싸움에도 물러서지 않았고 빛나는 메달과 함께 우리 국민들의 힘과 용기가 되었습니다.

아버지 조제성 님, 어머니 고광숙 님, 동생 조영채 님에게 빛나는 메달을 걸어주기 바랍니다. 좋아하는 낚시로 휴식을 취하고 다시 강한 슈팅을 보여주길 바랍니다. 포기하지 않는 조 선수의 정신은 늘 빛날 것입니다.

파라아이스하키 대표 조병석 선수 축전 2018-03-17

승리를 가져온 단 하나의 골에 17명 선수의 인생이 응축되어 있습니다. 저마다의 사연과 간절한 노력이 빙판을 달려 모두의 염원을 이뤘습니다. 멋집니다. 파라아이스하키팀의 평창 패럴림픽 동메달을 축하합니다.

패럴림픽 출전 세 번째인 베테랑 조병석 선수가 있어 마음이 놓였습니다. 조 선수의 스틱에 닿은 퍽은 어김없이 우리 편으로 왔습니다. 함께 얼음을 지친 우리의 마음은 편해졌고 동료들의 스케이팅은 자유롭고 빨라졌습니다.

네 살 어린 나이에 겪은 교통사고와 장애를 이겨낼 수 있도록 힘이 되어주신 부모님께 감사드립니다. 오늘 환희와 감동의 드라마는 아내 하경희 님과 함께 완성된 것입니다. 가족들과 행복한 시간 보내기 바랍니다.

파라아이스하키 대표 정승환 선수 축전 2018-03-17

승리를 가져온 단 하나의 골에 17명 선수의 인생이 응축되어 있습니다. 저마다의 사연과 간절한 노력이 빙판을 달려 모두의 염원을 이뤘습니다. 멋집니다. 파라아이스하키팀의 평창 패럴림픽 동메달을 축하합니다.

로켓맨, 빙판 위의 메시. 모두 정승환 선수의 별명입니다. 작은 체구를 가져 보다 빠르게, 민첩하게 움직이기 위해 피나는 노력을 했을 것입니다. 베이징에서도 정 선수 인생 최고의 애국가를 다시 한번 듣길 기원합니다.

아들이 고향에 오면 무안 뻘낙지를 차려주셨다는 어머니 고영엽 님, 다섯 살에 다리를 잃은 아들은 전 세계가 주목하는 선수가 되었습니다. 정 선수에게 큰 힘이 되어준 여자 친구 송현정 님께도 감사드립니다.

파라아이스하키 대표 장종호 선수 축전 2018-03-17

승리를 가져온 단 하나의 골에 17명 선수의 인생이 응축되어 있습니다. 저마다의 사연과 간절한 노력이 빙판을 달려 모두의 염원을 이뤘습니다. 멋집니다. 파라아이스하키팀의 평창 패럴림픽 동메달을 축하합니다.

열일곱 어린 나이에 하반신이 마비됐지만 장종호 선수는 훌훌 털고 일어섰습니다. 장 선수는 쉴 새 없이 상대편 골문으로 퍽을 날리면서 자신감을 보여주었고 그 자신감이 동료들에게 이어져 골이 되었습니다.

두 번의 올림픽을 함께 준비해준 아내 강시영 님께 고마운 마음을 전합니다. 아들 나음이가 자라 아빠의 메달을 목에 걸고 뛰어다닐 모습을 생각하면 흐뭇합니다. 장 선수의 자신감이 국민 모두의 자신감이 되길 바랍니다.

파라아이스하키 대표 장동신 선수 축전 2018-03-17

승리를 가져온 단 하나의 골에 17명 선수의 인생이 응축되어 있습니다. 저마다의 사연과 간절한 노력이 빙판을 달려 모두의 염원을 이뤘습니다. 멋집니다. 파라아이스하키팀의 평창 패럴림픽 동메달을 축하합니다.

열릴 듯 열리지 않던 이탈리아 골문이 열렸습니다. 이번 올림픽 첫

골도, 마지막 골도 장동신 선수의 손끝에서 나왔습니다. 여름에는 펜싱 검, 겨울에는 스틱을 쥐고 대한민국 국가대표로 뛰었습니다. 그 투혼이 훌륭합니다.

오늘의 이 기쁨은 아내 배혜심 님이 함께 만들었습니다. 인터넷에 아빠 이름이 나오는 게 자랑스럽다는 딸 가연 양. 학교 친구들에게 메달리스트 아빠를 큰 소리로 자랑하기 바랍니다. 아빠는 자랑스러운 우리의 국가대표입니다.

파라아이스하키 대표 이해만 선수 축전 2018-03-17

승리를 가져온 단 하나의 골에 17명 선수의 인생이 응축되어 있습니다. 저마다의 사연과 간절한 노력이 빙판을 달려 모두의 염원을 이뤘습니다. 멋집니다. 파라아이스하키팀의 평창 패럴림픽 동메달을 축하합니다.

18년, 이해만 선수가 빙판을 활보한 시간입니다. 장애인 아이스하키 1세대 선수로서 열악한 환경에서 긴 시간 애써주었습니다. 5년의 공백기가 전혀 느껴지지 않는 멋진 활약을 보여주었습니다.

TV에 나오는 아빠 모습을 보며 기뻐할 딸 서하 양과 아들 성율 군, 묵묵히 남편을 응원해준 아내 국정란 님께도 축하의 말을 전합니다. 투잡 '이 과장'을 흔쾌히 공가 보내준 대한장애인체육회 관계자분들께도 감사드립니다.

파라아이스하키 대표 이지훈 선수 축전 2018-03-17

승리를 가져온 단 하나의 골에 17명 선수의 인생이 응축되어 있습니다. 저마다의 사연과 간절한 노력이 빙판을 달려 모두의 염원을 이뤘습니다. 멋집니다. 파라아이스하키팀의 평창 패럴림픽 동메달을 축하합니다.

요리사가 꿈이었던 이지훈 선수는 장갑차 조종수로 군 생활 중 사고로 다리를 잃었습니다. 그러나 그 무엇도 "가슴 떨리는 일이 하고 싶었다"는 이 선수의 낙관을 이기지 못했습니다. 우리에게 큰 희망을 주었습니다.

이제 조정 코치 선생님에서 아내가 된 황선혜 님에게 한 약속을 지키게 되었습니다. 인생 최고의 선물이 될 것입니다. 오늘 경기장에 함께 응원해준 아버지 이성욱 님, 어머니 최일분 님께도 감사를 전합니다.

파라아이스하키 대표 이주승 선수 축전 2018-03-17

승리를 가져온 단 하나의 골에 17명 선수의 인생이 응축되어 있습니다. 저마다의 사연과 간절한 노력이 빙판을 달려 모두의 염원을 이뤘습니다. 멋집니다. 파라아이스하키팀의 평창 패럴림픽 동메달을 축하합니다.

선천성 척수염을 안고 태어났지만 이주승 선수는 체력과 승부욕에서 누구 못지않았습니다. 휠체어 럭비와 육상을 거쳐 아이스하키 스틱을 잡은 지 5년 만에 최고의 선수가 되었습니다. 이 선수의 질주는 이제 시작입니다.

언제나 이 선수에게 든든한 버팀목이 되어주었던 아버지 이택원 님과 어머니 송경숙 님, 형 이주헌 님께도 국민들을 대표해 축하드립니다. 항상 최선을 다하는 이 선수는 앞으로도 우리에게 더 많은 것을 보여줄 것입니다.

파라아이스하키 대표 이종경 선수 축전 2018-03-17

승리를 가져온 단 하나의 골에 17명 선수의 인생이 응축되어 있습니다. 저마다의 사연과 간절한 노력이 빙판을 달려 모두의 염원을 이뤘습니다. 멋집니다. 파라아이스하키팀의 평창 패럴림픽 동메달을 축하합니다.

유망한 회사원 이종경 선수에게 패러글라이딩 추락 사고로 인한 하반신 마비는 청천벽력과 같았을 것입니다. 그러나 특유의 긍정적 사고와 뛰어난 운동신경으로 자신이 좋아하는 스포츠를 통해 다시 일어섰습니다.

이 선수와 최민희 님의 사랑은 국민 러브 스토리가 되었습니다. 장인, 장모님께서도 자랑스러워하실 것입니다. 지난 대회까지 대표 팀 주장으로 팀을 이끌었던 이 선수가 있어 국민 모두가 든든했습니다.

파라아이스하키 대표 이재웅 선수 축전 2018-03-17

승리를 가져온 단 하나의 골에 17명 선수의 인생이 응축되어 있습니다. 저마다의 사연과 간절한 노력이 빙판을 달려 모두의 염원을 이뤘습니다. 멋집니다. 파라아이스하키팀의 평창 패럴림픽 동메달을 축하합니다.

이재웅 선수는 선천성 뇌병변 장애로 학창 시절 운동장을 뛰어보는 게 꿈이었습니다. 그 꿈을 작년 장애인체전 육상 2관왕으로 이루었고 오늘은 차세대 골리로 어떤 장애도 꿈을 막을 수 없다는 것을 보여주었습니다.

이 선수는 생일날 동메달을 걸었습니다. 스스로의 힘으로 최고의 선물을 안았습니다. 어려서부터 사랑과 헌신으로 뒷바라지해주신 어머니 송경순 님에게도 최고의 기쁨을 주었을 것입니다. 인생도 항상 선방하길 바랍니다.

파라아이스하키 대표 이용민 선수 축전 2018-03-17

승리를 가져온 단 하나의 골에 17명 선수의 인생이 응축되어 있습니다. 저마다의 사연과 간절한 노력이 빙판을 달려 모두의 염원을 이뤘습니다. 멋집니다. 파라아이스하키팀의 평창 패럴림픽 동메달을 축하합니다.

사고로 두 다리를 잃은 이용민 선수를 8년 만에 집 밖으로 데려나온 것이 바로 파라아이스하키였습니다. 열한 번이나 전국장애인동계체전에 출전한 노련함이 오늘 승리의 원동력이 되었습니다. 이 선수의 지난 시간들이 오늘 우리에게 가슴 벅찬 감동을 안겨주었습니다.

청춘 같은 이 선수의 힘은 어머니 김영숙 님과 동생 이현수 님의 응원 덕분입니다. 장애인 스포츠 지도자로서 이 선수의 청춘도 빛날 것입니다.

파라아이스하키 대표 유만균 선수 축전 2018-03-17

승리를 가져온 단 하나의 골에 17명 선수의 인생이 응축되어 있습니다. 저마다의 사연과 간절한 노력이 빙판을 달려 모두의 염원을 이뤘습니다. 멋집니다. 파라아이스하키팀의 평창 패럴림픽 동메달을 축하합니다.

유만균 선수는 고등학교 때 야구부 포수 유망주였습니다. 지금은 파라아이스하키의 세계적인 골리가 되었습니다. 유 선수의 높은 방어율로 대표팀은 승리를 거듭할 수 있었습니다.

"희망의 증거가 되고 싶다"고 한 유 선수의 의지가 새 역사를 썼습니다. 아버지 유광수 님, 아내 이태현 님, 딸 윤서 양과 아들 현진 군 축하합니다. 세계 최고의 골리를 향한 유 선수의 꿈은 이제 우리 모두의 꿈이 될 것입니다.

파라아이스하키 대표 김영성 선수 축전 2018-03-17

승리를 가져온 단 하나의 골에 17명 선수의 인생이 응축되어 있습니다. 저마다의 사연과 간절한 노력이 빙판을 달려 모두의 염원을 이뤘습니다. 멋집니다. 파라아이스하키팀의 평창 패럴림픽 동메달을 축하합니다.

대포알 슈터 김영성 선수는 사고를 당했지만 새로운 도전으로 이겨냈습니다. 수영과 휠체어 펜싱 선수에서 뒤늦게 아이스하키를 시작해 더 많은 땀을 흘렸고 큰일을 해냈습니다. 우리들에게 벅찬 감동을 주었습니다.

여덟 살 어린 아들이 한쪽 다리를 잃었을 때 부모님의 심정이 어땠을지 생각해봅니다. 김민옥 아버지, 정현옥 어머니, 고맙습니다. 국민과 함께 존경의 인사를 전합니다. 짜장면 맘껏 드시고 다시 도전해주시기 바랍니다.

파라아이스하키 대표 김대중 선수 축전 2018-03-17

승리를 가져온 단 하나의 골에 17명 선수의 인생이 응축되어 있습니다. 저마다의 사연과 간절한 노력이 빙판을 달려 모두의 염원을 이뤘습니다. 멋집니다. 파라아이스하키팀의 평창 패럴림픽 동메달을 축하합니다.

김대중 선수의 등 번호 "26"에는 시련을 극복한 인내와 의지의 시간이 담겨 있습니다. 그 인내와 의지로 우리 국민 모두의 자부심이 되었습니다. 장애를 이겨낸 26년과 함께 오늘의 감동을 늘 기억하겠습니다.

김 선수는 삶의 원동력이 되어준 가족들 앞에서 메달을 걸고 싶다고 했습니다. 소망이 실현되었습니다. 버팀목이 되어준 아내 이찬숙 님 고맙습니다. 선준, 한빛, 한별, 세 아이들에게는 이 세상 최고의 아빠입니다.

4월

예비군의 날 축전

| 2018-04-06 |

자랑스러운 예비군 여러분, 전국 각지의 예비군부대 지휘관과 지역 및 직장방위협의회 관계자 여러분,

국민의 일상과 한반도의 평화, 국가 안보를 지켜온 예비군 창설 50주년을 진심으로 축하합니다. 275만 예비군 모두는, 병역의 의무를 성실히 이행한 당당한 대한민국의 청년들입니다. 지난 50년간 예비군은 동원 훈련, 일반 훈련, 작계 훈련, 동미참 훈련 등 국민의 생명과 안전을 지키기 위한 일에 자신의 소중한 일상을 내어주었습니다. 대통령으로서 예비군 여러분의 헌신과 노고에 깊이 감사드립니다. 예비역 한 사람 한 사람이 평화를 지키고 만드는 일당백의 전력입니다. 군 복무 기간 익힌 여

러분의 경험은 국가의 소중한 자산입니다. 또한 여러분은 애국자입니다. 가족과 친구, 사랑하는 사람들을 지키기 위해 다시 한번 군복을 입고 총을 드는 훈련에 참여해주셨습니다. 국가는 마땅히 훈련에 참여한 예비군 모두가 자부심과 긍지를 가질 수 있도록 노력해야 합니다. 그것이 국가의 책무입니다.

정부는 예비군 창설 50주년 기념일인 오늘, '육군동원전력사령부'를 창설했습니다. 예비군 역사의 새로운 50년, '예비 전력 정예화'의 길을 함께 열어가고자 합니다. 275만 예비군 한 사람 한 사람이 오늘의 훈련이 보람되고 알찼다고 느낄 때 비로소 대한민국 예비 전력은 정예가 되었다 말할 수 있을 것입니다. 예비역들이 갖추고 있는 전투 능력을 제대로 발휘하기 위해서는 자발적이고 효율적인 훈련 시스템이 갖춰져야 합니다. 국방부는 훈련 대기 시간과 인도 인접 시간을 획기적으로 줄일수 있는 '스마트 훈련 관리 체계'를 지속적으로 확대해나가야 할 것입니다. 실내 사격장과 영상 모의 사격장과 같은 안전하고 과학적인 훈련 시설을 확충하는 한편, 잠자리와 식사 등의 생활 여건을 지속적으로 개선해줄 것을 당부합니다.

예비군들은 유사시 전력이기 이전에, 일상의 민주주의와 공동체의 삶을 건강하게 만드는 우리 사회의 주역입니다. 예비군 훈련은 군 생활을 마치고 사회생활을 시작한 청년들에게 힘이 되고 보탬이 되어야 합니다. 이를 위한 다양한 교육과정을 개발하는 데도 힘써주길 바랍니다.

전국 260여개 예비군 훈련장에서 한반도의 평화를 수호하는 우렁찬 함성이 울려 퍼질 때까지 저와 정부는 최선을 다하겠습니다. 예비군 여러분이 자부심을 가지고 지킬 만한 나라다운 나라, 정의롭고 공정한 대한민국을 향해 나아가겠습니다. 오늘 함께하고 계신 모든 분들의 건강과 행복을 기원합니다. 감사합니다.

수석·보좌관회의 모두 발언

| 2018-04-09 |

　원래 오늘 국회에서 국무총리 시정연설이 예정돼 있었습니다. 국민들께서 국무총리의 시정연설에 주목해 주시길 바라는 마음에서 수석·보좌관회의 시간을 늦췄는데 시정연설을 언제하게 될지 모르는 유감스러운 상황이 됐습니다.

　이번 추경은 국가 재정의 부담을 주지 않도록 작년의 결산 잉여금 2조 6000억 원과 기금 여유 재원으로 활용해서 편성했습니다. 국채를 발행하지 않는 것은 물론 금년도 초과 세수를 미리 사용하지도 않습니다. 그래서 최근 십 수 년 동안 가장 규모가 작은 이른바 미니 추경으로 편성됐습니다. 그러나 용도로 보면 청년 일자리 대책과 군산, 통영 등 특정 지역 대책으로만 사용되기 때문에 결코 작은 규모가 아닙니다. 그래서 제때에 집행이 되면 두 가지 용도에서 상당한 효과를 거둘 수 있을 것으로 기대합니다.

청년 취업난의 해결을 위해 특단의 대책이 필요하다는 것과 특정 산업의 구조 조정 때문에 극심한 어려움을 겪고 있는 지역에 대해 특별한 재정 대책이 필요하다는 점에 대해서는 국회의 의견도 같으리라고 봅니다. 특히 국가의 재정 여유 자금을 활용하여 청년 고용난과 특정 지역의 구조 조정 피해에 대한 대책을 마련하겠다는 추경의 목적에 대해선 아무도 반대하지 않을 것입니다. 다만 지방선거를 앞두고 있기 때문에 시기상의 반대가 있으리라고 이해되지만 그렇다고 해서 지방선거 이후에 추경을 편성해서는 추경의 목적을 달성하기가 어렵습니다. 국무총리 시정연설을 통해 추경의 구체적 용도와 기대효과에 대해 상세히 설명을 드릴 것입니다. 4월 임시국회에서 추경예산안이 의결돼서 정부가 신속히 집행할 수 있도록 국회의 대승적인 결단을 부탁드립니다. 감사합니다.

제16회 국무회의 모두 발언

| 2018-04-10 |

부처별 적폐 청산 TF가 조사 결과를 발표하는 과정에서 일부 혼선이 있었습니다. 국민들은 TF의 권고를 정부 입장으로 인식하기가 쉽습니다. 그로 인한 혼선이 생기지 않도록 각별한 주의를 당부합니다. 여러 차례 강조한 것처럼 적폐 청산의 목적은 공정하지 않고 정의롭지 못한 정책과 제도와 관행을 바로잡는 데 있는 것이지, 공직자 개개인을 처벌하는 데 목적을 두고 있지 않습니다. 따라서 명백한 위법 행위는 사법 처리가 불가피하겠지만 단지 정책상의 오류만으로는 사법 처리의 대상이 될 수 없을 것입니다. 또한 정책상의 오류가 중대한 경우 정책 결정권자들에 대해서는 책임을 묻는 경우가 있을 수 있겠지만 당시 정부의 방침

을 따랐을 뿐인 중하위직 공직자들에 대해서는 불이익을 줘서는 안 될 것입니다. 각 부처는 그런 방침을 분명히 밝혀서 공직 사회가 과도하게 불안을 느끼지 않도록 유의하기 바랍니다.

지난 주 일부 아파트 단지에서 폐비닐과 페트병 등 재활용 폐기물이 제대로 수거되지 못하면서 큰 혼란이 있었습니다. 국민들께 불편을 끼쳐드려 송구스러운 마음입니다. 폐기물의 수거는 지자체가 관장하는 업무입니다. 하지만 혼란이 발생했을 때 중앙정부가 수수방관하지 않고 팔을 걷어붙이고 나서서 지자체 및 수거 업체 등과 협의하여 비교적 빠른 시일 안에 비상 처리 계획을 발표한 것은 다행스러운 일입니다. 그러나 이번의 혼란이 발생하기에 이르기까지 중앙정부의 대응에 대해서는 부족했다고 여겨지는 점이 많습니다. 대표적으로 중국이 재활용 폐기물의 수입 중단을 예고한 것은 작년 7월이고, 실제로 수입 금지를 시행한 것은 올해 1월부터입니다. 따라서 중국의 수입이 중단될 경우 일어날 수 있는 상황에 대해서는 충분히 예상할 수 있었는데도 관계 부처들이 미리 대처하지 못한 측면이 있습니다. 또 작년 9월부터 미세먼지 등 대기오염에 대한 대책으로 고형 연료 제품, 'SRF'라고 부르는 고형 연료 제품의 사용을 제한하고, 사용허가제를 도입하고, 안전 기준을 대폭 강화했습니다. 그랬으면 재활용 폐비닐에 대한 수요 감소를 예상해야 했을 텐데, 그에 대해서는 대안을 제대로 마련하지 못한 거 아닌가 생각합니다. 외국에서 상대적으로 질이 좋은 재활용 폐기물들이 들어오기 시작하면서 국내 폐기물 가격이 크게 떨어지고 있었는데도 별도의 대책이 있었던 것 같지도 않습니다. 이런 점들을 성찰하면서 재활용 폐기물에 대한 근본 대책을 마련해주기 바랍니다. 세계 각국은 환경오염을 유발하는 플라스틱 저감을 위해 다양한 정책적 노력을 하고 있습니다. 반면 '연간 1인당 플라스틱 소비량 세계 1위'라는 우리나라는 최근 수년간 일회용품 사용 규제 완화 등으로 이 문제에 대한 인식이 낮고 대책도 충분하지 못한 상황입니다. 따라서 우리는 이번 사건을 생활 폐기물 관련 정책을 종합적으로 재정립하는 계기로 삼아야 할 것입니다. 단지 수거 처리뿐만 아니라 생산, 소비, 배출, 수거, 선별, 재활용 등 순환 사이클 단계별로 개선 대책을 마련해주기 바랍니다. 나아가서 생활 폐기물과 관련한 생활 문화와 생태계를 재정립하기 위한 근본적인 중장기 종합 계획을 범부처적으로 마련해줄 것을 당부합니다. 이상입니다.

남북 정상회담 준비위원회 5차 회의 모두 발언

| 2018-04-11 |

남북 정상회담까지 이제 보름 남짓 남았죠. 그동안 준비위원회에서 의제와 협상 전략, 행사 운영, 또 대국민 소통 등을 잘 준비를 해왔습니다. 수고들 많이 하셨습니다. 지금부터가 더 중요합니다. 회담이 열리는 날까지 의제와 전략을 더 다듬고 또 세부 일정 하나하나까지 빈틈없이 준비해야 하겠습니다. 오늘부터 남북 정상회담 준비위원회 산하에 회담 준비를 위한 종합 상황실을 꾸리고 종합 상황실을 중심으로 부서별로 일일 점검 태세를 갖추길 바랍니다.

지금 우리는 한반도 평화와 번영을 위한 긴 여정의 출발선에 서 있습니다. 우리가 앞장서서 한반도의 완전한 비핵화와 항구적 평화, 남북 관계의 지속가능한 발전이라는 세계사의 대전환을 시작하려 합니다. 모두가 꿈꿔왔지만 아직 아무도 이루지 못했던 목표입니다. 우리가 분열과 대립을 넘어 평화의 새 역사를 쓰겠다는 비상한 각오와 자신감이 필요합니다. 그러나 한번에 모든 문제를 다 해결하겠다는 지나친 의욕으로 접근하기보다는 이번 남북 정상회담을 계기로 오랜 기간 단절되었던 남북 관계를 복원하고 평화와 번영의 한반도로 나아가는 튼튼한 디딤돌을 놓는다는 생각으로 임해주길 바랍니다.

우리 앞에 놓인 기회가 큰 만큼 도전도 엄중하다는 인식을 가지고 마지막 순간까지 긴장하면서 절실한 마음으로 신중하고 착실하게 준비해가야 할 것입니다. 특히 이번 남북 정상회담은 사상 최초의 북미 정상회담으로 이어질 예정입니다. 미국과 북한은 시기, 장소, 의제 등을 구체적으로 논의하면서 서로 의지와 성의를 가지고 정상회담을 준비하고 있다고 듣고 있습니다. 북미 정상회담은 열리는 것 자체로 세계사적 의미를 가지고 있습니다. 특히 양국이 의지를 가지고 준비하고 있는 만큼 북미 정상회담에서 한반도 비핵화 목표의 달성과 이를 통한 항구적 평화 정착에 큰 걸음을 떼는 성과가 있을 것으로 기대합니다. 그 목표를 위해서 우리는 남북 정상회담이 북미 정상회담의 성공으로 이어지는 좋은 길잡이 역할을 할 수 있도록 준비해나가야 할 것입니다.

남북 정상회담 자체의 성공뿐 아니라 북미 정상회담의 동반 성공으로 이어지게 하면서 역할을 다하는 유기적 관계에 대해서 각별한 관심을 가져주길 바랍니다. 외교부와 안보실 등 관련 부서는 미국과 긴밀하게 정보를 교환하고 소통하고 또 협의해주길 바랍니다. 이상입니다.

남북 정상회담 원로자문단 오찬 간담회 모두 발언

| 2018-04-12 |

남북 정상회담 원로자문단 여러분,

뵙게 돼서 반갑습니다. 자문위원직을 흔쾌하게 수락해주시고, 오늘도 귀한 시간 내주셔서 깊이 감사드립니다. 좌장 역할을 맡아주신 임동원 한반도 평화 포럼 명예 이사장님을 비롯해 한 분 한 분이 남북 문제 전문가를 넘어서서 남북 회담에 직접 참여하는 등 남북 관계 발전을 이끌어오신 분들입니다. 이번 남북 정상회담을 성공시키기 위한 준비에 여러분의 경륜과 지혜가 꼭 필요해서 원로자문단으로 모셨습니다.

이제 남북 정상회담이 보름 앞으로 다가왔습니다. 이어 북미 정상회담도 예정돼 있습니다. 한반도의 완전한 비핵화, 항구적인 평화 구축,

그리고 남북 관계가 지속 가능한 발전의 길로 나아갈 수 있는 두 번 다시 오기 힘든 그런 기회가 될 것입니다. 반드시 이 기회를 살려내야 합니다. 우리에게는 두 차례의 남북 정상회담의 경험과 7·4남북공동성명, 남북기본합의서, 6·15공동선언, 10·4정상선언이라는 소중한 남북 합의의 성과들이 있습니다. 이번 남북 정상회담도 그런 경험과 성과들이 있었기에 추진할 수가 있었습니다. 그러나 지금의 상황은 과거 어느 때보다 엄중합니다. 남북 관계는 지난 10여 년간 파탄 난 상태에서 군사적 긴장이 최고로 고조가 됐고, 북한의 핵과 미사일은 미국조차 위협을 느낄 만큼 고도화하고 있습니다. 또한 남북 간의 합의만으로는 남북 관계를 풀 수 없고, 북미 간이 비핵화 합의가 이행돼야 남북 관계를 풀 수 있게 됐습니다. 우리는 반드시 남북 정상회담을 성공시켜 북미 정상회담의 성공까지 이끌어내야 하는데 그 어느 것도 쉬운 과제가 아닙니다. 그래서 남북 정상회담의 성공뿐 아니라 그것이 북미 정상회담 성공으로 이어질 수 있도록 하는데 원로 여러분의 경륜과 지혜가 더욱 절실하다는 말씀을 드립니다.

한편으로 오늘날 남북 관계는 정부가 독단으로 풀어갈 수가 없습니다. 정부의 대북 정책에 대한 국민들의 공감과 지지가 있어야만 남북 관계를 풀어갈 수 있습니다. 정부가 앞장서서 국민과 소통하겠습니다만 남북 관계에 있어서 누구보다 설득력을 갖고 계신 원로자문위원님들께서도 국민들 마음을 하나로 모으는 데 많은 역할을 해주시기를 부탁드립니다.

　지금 우리에게 부여된 시대적 소임은 평화와 번영의 한반도를 만들어 다음 세대에게 물려주는 것이라 생각합니다. 국민의 마음과 역량을 하나로 모아 이번 정상회담을 통해 그 소임을 다할 수 있기를 기대합니다. 저는 오늘 듣는 자리로 생각하고 있습니다. 가능하다면 자문위원님들 모두가 고견을 들려주시길 기대합니다. 의제든 전략이든, 또는 합의에 담을 내용이든, 또는 일정이든 뭐든지 편하게 말씀해주시길 바랍니다. 경청하겠습니다. 감사합니다.

세월호 4주기 메시지

| 2018-04-15 |

　　내일 세월호 4주기를 맞아 합동 영결식이 있습니다. 온 국민이 유가족들과 슬픔을 나누고 있습니다. 모두 우리의 아이들입니다. 별이 된 아이들의 이름을 한 명 한 명 불러주고 싶습니다.

　　세월호의 비극 이후 우리는 달라졌습니다. 생명을 우선하는 가치로 여기게 되었고, 이웃의 아픔을 공감하게 되었습니다. 촛불도, 새로운 대한민국의 다짐도 세월호로부터 시작되었습니다. 저로서는 정치를 더 절박하게 생각하게 된 계기가 됐습니다. 그 사실을 결코 잊지 않을 것입니다. 우리가 달라질 용기를 낼 수 있었던 것은 아이들이 우리 가슴속에 묻혀 있기 때문입니다. 아이들이 가슴속에서 살아날 때마다 우리는 이대로는 안 된다는 것을 생각하고 또 생각하게 되었습니다. 앞으로도 그럴 것입니다. 우리가 아이들을 기억해야 하는 이유는 여전히 우리 사회가 죽음을 바라보며 생명의 존엄함을 되새겨야 하기 때문입니다.

합동 영결식에서 다시 한번 깊은 슬픔에 빠질 유가족들과 국민들 앞에서 세월호의 완전한 진실 규명을 다짐합니다. 선체조사위와 세월호 특조위를 통해 세월호의 진실을 끝까지 규명해낼 것입니다. 미수습자 수습도 계속해나갈 것입니다. 세월호를 바로 세우는 대로 하지 못했던 구역의 수색을 재개하겠습니다. 미수습자 가족들과 우리 모두에게 아쉬움이 남지 않도록 끝까지 최선을 다하겠습니다.

'4·16생명안전공원'은 세월호의 아픔을 추모하는 그 이상의 상징성을 가집니다. 생명과 안전을 최고의 가치로 선언하는 대한민국의 소망이 담기게 됩니다. 안산시와 함께 안산 시민과 국민들이 자부심을 가질 수 있는 세계적인 명소로 만들어 보겠습니다. 바로 세운 세월호도, 가능한 한 같은 용도로 활용될 수 있도록 유가족과 국민의 여론을 수렴하겠습니다. 지난 4년의 시간은 시시때때로 가슴이 저려오는 시간이었습니다. 그렇지만 아픔을 견디며 미래를 이야기할 수 있었던 시간이었습니다. 세월호의 슬픔을 나눠 함께 아파해주신 국민들께 감사드립니다. 합동 영결식에 몸으로, 마음으로 함께해주실 것이라 믿습니다.

유가족들께서는 슬픔을 이겨내며 우리들에게 생명과 안전의 가치를 건네주셨습니다. 대통령으로서 숙연한 마음을 전합니다. 이제 유가족들은 생명과 안전의 가치를 위해 대통령인 저보다 더 큰 걸음을 걷고 계십니다. 저도 아이들이 우리에게 남겨준 가치를 소중히 품고, 생명과 안전이 모든 국민의 가장 고귀한 기본권이 되도록 노력하겠습니다.

세월호를 기억하고 안전한 대한민국을 만들겠다는 저의 약속을 반드시 지킬 것입니다. 시간이 흘러도 줄어들지 않을 유가족들의 슬픔에 다시 한번 위로를 보냅니다. 합동 영결식에 아이들이 바람으로 찾아와 그리운 엄마, 아빠의 손을 잡아줄 것입니다. 봄바람이 불거든 눈물 대신 환한 웃음을 보여주시기 바랍니다.

대통령 주재 수석 · 보좌관회의 모두 발언

| 2018-04-16 |

　오늘은 세월호 참사 4주기면서 제4회 '국민안전의 날'입니다. 오늘을 국민안전의 날로 정한 것은 온 국민이 세월호 아이들에게 한 약속, 미안하다고, 잊지 않겠다고, 또 반드시 대한민국을 안전한 나라로 만들겠다고 한 약속을 지키기 위한 것입니다.

　그러나 최근 여론조사에 의하면 우리 국민의 51%가 세월호 이후 재난·재해 대응 체계가 크게 달라지지 않았다고 응답을 했습니다. 정부도 그렇지 않다고 자신 있게 말할 수 없을 것입니다. 세월호 4주기를 맞아 우리가 여전히 아이들을 기억해야 하는 이유입니다. 세월호 희생자들을 진정으로 추모하는 길은 안전한 대한민국을 만드는 것이라는 다짐을 다시 되새겨야 하겠습니다.

국민안전의 날을 앞두고 지난 2개월 간 실시된 국가안전대진단이 지난주 마무리되었습니다. 30여만 개의 다중이용 시설 등 안전 사각지대를 현장 점검한 관계 부처와 지자체, 공공기관 등 모두들 수고가 많았습니다. 5월로 예정된 결과 보고 때 현장에서 확인한 문제점들을 종합 검토하여 국민들이 공감하고, 또 정부의 노력을 인정할 수 있는 개선 방안을 마련해서 함께 보고해주기 바랍니다. 이번 주 금요일 4월 20일은 '제38회 장애인의 날'입니다. 그동안 장애인의 인권과 복지가 꾸준히 개선되었다고는 하지만 장애인들은 아직도 많은 불편과 차별 속에서 고통 받고 있습니다. 장애인의 인권과 복지는 그 사회의 수준을 가늠하는 척도라고 할 수 있습니다. 정부는 장애인의 완전한 통합과 참여를 목표로 지난 3월 5일 장애인 정책 종합 계획을 발표한 바 있습니다. 장애 등급제의 단계적 폐지, 장애인의 소득 보장과 자립 지원, 탈시설을 통한 지역 사회 정착 등 주요 국정 과제가 차질 없이 추진될 수 있도록 노력해주기 바랍니다.

새로운 정책들을 잘 추진하는 것도 중요하지만 과거부터 관련법에서 의무 사항으로 되어 있는 각종 제도를 내실 있게 시행하는 것도 매우 필요합니다. 예를 들자면 장애인 의무 고용 사업체 2만 8000여 개 가운데 의무 고용률을 달성한 업체 비율은 절반 정도 밖에 되지 않고, 특히 대기업은 대부분 부담금 납부로 의무 고용을 대체하고 있어서 이행률이

20%에 불과합니다. 또한 한 장애인 단체 조사에 따르면 시각 장애인 중 혼자 온라인 쇼핑이 가능하다고 답변한 비율이 17%에 지나지 않고, 국립 장애인 도서관에서 전체 신간 도서 중 점자 등 대체 자료를 제공하는 비율이 10%에 머무는 등 기본적인 정보 접근권조차 보장받지 못하고 있는 실정입니다. 장애인차별금지법에 규정된 권리 구제 수단인 시정 명령도 2008년도에 제도가 도입된 후 지난 10년 간 단 2건에 불과합니다. 관계 부처는 이처럼 유명무실하게 운영되는 정책이나 제도는 없는지 장애인의 입장에 서서 철저히 점검하고 보완해주기 바랍니다.

한반도 평화와 안정을 위한 기원법회 축사

| 2018-04-17 |

존경하는 불교 지도자와 불자 여러분, 내외 귀빈 여러분,

반갑습니다. 남북 정상회담을 앞두고, 한반도 안정과 평화를 기원하는 큰 법회를 열어주신 한국불교종단협의회 설정 큰스님과 여러 종단 총무원장 스님들께 각별한 감사 인사를 드립니다. 설정 큰스님의 봉행사를 감명 깊게 들었습니다. 오늘 법회로 그치지 않고, 이번 주말부터 일주일간 전국 사찰에서 조석으로 축원하시겠다는 말씀에 큰 힘을 얻었습니다.

저는 이번 정상회담을 준비하면서, 우리 불교의 소중한 유산인 '화쟁'을 깊이 생각해보았습니다. 서로 간의 차이와 다름을 넘어, 서로 존중하고 이해하며 화합을 이루는 것이 화쟁사상이라 이해하고 있습니다. 한반도의 완전한 비핵화는 지금 우리 앞에 놓인 가장 시급한 과제이고, 반드시 평화적으로 해결해야 할 과제입니다. 화쟁의 정신이 한반도에 실현되어 갈등과 분열이 해소되도록 간절한 원력으로 기도해주시기 바랍니다. 우리 안의 화쟁도 중요합니다. 국민의 공감과 지지가 있어야만 남북관계를 풀어갈 수 있습니다. 국민의 마음을 하나로 모으는 데 사부대중이 앞장서주시기 바랍니다.

남북 정상회담에 이어서 북미 정상회담도 예정되어 있습니다. 새로운 국제 질서를 만들어낼 수 있는 세계사의 대전환이 시작되고 있습니다. 부처님의 가르침 속에서 지속가능한 평화의 지혜를 찾습니다. '자타불이'의 깨달음에서 나오는 '자비'의 실천이 아닐까 합니다. 남과 북 사이의 담을 허물고, 상생과 공존의 길을 내는 것입니다. 이산가족이 상봉하고, 소식을 주고받고, 자유롭게 왕래할 수 있어야 합니다. 사회, 경제, 문화적 교류가 이어져야 합니다. 불교계가 바라는 묘향산 보현사, 금강산 신계사, 개성 영통사 관련 사업 등 종교적 교류도 큰 힘이 될 것입니다.

한반도가 세계에서 마지막 남은 냉전 구도를 해체하여 전 세계 평화의 주역이 되길 간절히 기원합니다. '세계일화'를 이루기 위해 어느 때보다 불교의 역할이 중요합니다. 여러분 한 분 한 분이 '빈자일등'이 되어주십시오. 여러분의 지극한 서원과 정성으로 밝힌 등불이 한반도를 넘어 전 세계에 평화의 길을 밝힐 것입니다. 불자 대중이 모아주신 염원을 되새기며, 저도 더욱 지혜롭고 담대하게 걸어가겠습니다.

존경하는 고승대덕 스님들과 불자 여러분,

불교는 오랜 세월 우리 민족과 함께 해왔습니다. 불교는 우리가 국난을 겪을 때 더욱 빛나는 모습을 보였습니다. 임진왜란이 일어나자 서산대사는 전국에 격문을 돌리고 승병을 일으켰습니다. 서산대사의 제자 사명대사는 전란 후에 사신으로 일본에 건너가 3000여 명에 이르는 포로들을 데리고 귀국했습니다. 진정으로 나라와 국민을 위하는 길이 무엇인지 불교가 앞장서 보여주었습니다. 불교의 가르침은 오늘날까지 이어집니다. 불교 신도가 아니어도, 불교의 정신은 알게 모르게 국민들의 의식 속에 뿌리 깊게 배어 있습니다. 잘못된 것을 바로잡고 올바름을 실천하는 '파사현정'과 생명과 사람을 귀하게 여기는 '자비행'은 우리 사회를 성숙시키고 민주주의를 발전시키는 저력이 되었습니다. 전 세계 어려운 이웃을 돕는 데에도 불자들이 발 벗고 나서고 있습니다. 활동 범위가 아시아, 아프리카, 중남미에 이르고, 사업 분야는 식수, 교육, 지역개발에서 지뢰 제거까지 다양합니다. 고맙고 자랑스럽습니다.

그러나 한국 불교는 군부독재 시절 국가권력에 의해 종교의 성역을 침탈당하는 가슴 아픈 일을 겪었습니다. 38년 전 신군부가 전국의 사찰을 짓밟고 무고한 스님들을 연행했던 10·27법난이 그것입니다. 불교계에 여전히 남아 있는 깊은 상처에 대해 이 자리를 빌려 심심한 유감의 뜻을 전합니다. 또한 불교계의 명예가 온전히 회복되어, 한국 불교가 더욱 화합하고 융성하길 기원합니다. 부처님께서는 한 사람이 청정하면 여러 사람이 청정해지고, 여러 사람이 청정해지면 온 세상이 맑아진다고 하셨습니다. 그런 원력으로 불교가 한국 사회를 정의롭게 이끄는 힘이 되길 바랍니다.

사랑하는 불자 여러분,

저는 불교의 가르침을 좋아합니다. 《벽암록》과 조사들의 선문답을 읽으며 접한 불교의 세계관이 저의 세계관의 한 축으로 깊숙이 자리 잡고 있음을 느낍니다. 오늘 여러분의 맑은 기운을 듬뿍 받으니, 남북 정상회담과 북미 정상회담이 잘될 것 같습니다. 한반도에 다사로운 봄이 왔습니다. 진정한 평화와 화합이 이루어지도록 계속 함께해주시기 바랍니다. 감사합니다.

청렴사회민관협의회 합동회의 모두 발언

| 2018-04-18 |

　오늘 청렴사회민관협의회 위원 여러분들과 함께 반부패정책협의회를 개최하게 되어서 뜻깊게 생각하며 기대가 매우 큽니다. 반부패 개혁은 우리 정부의 핵심 목표입니다. 국민은 공정과 정의를 실현하기 위해 부정부패부터 척결하라고 요구하고 있습니다. 그런 간절한 열망으로 우리 정부가 출범했습니다. 반부패 개혁은 우리가 내려놓을 수 없는 시대적 사명입니다.

　그동안 중요한 진전이 있었습니다. 우선 큰 틀에서 범국가적 차원의 반부패 개혁 시스템을 갖춰가고 있습니다. 반부패정책협의회를 가동해 그동안 무너졌던 범정부 반부패 컨트롤 타워를 복원했고, 반부패 정책 수립부터 부패의 감시와 통제에 이르기까지 민관이 협력하는 체제를 구축하게 되었습니다. 부패에 둔감했던 의식이나 문화를 개선하기 위해서는 정부와 민간의 협력, 또 시민사회의 지지와 참여가 반드시 필요합니다. 새롭게 출범한 청렴사회민관협의회가 사회 전반에서 반부패 개혁을 이끈다는 엄중한 사명감을 가져주시길 바랍니다.

내용적으로도 개별 범죄나 현안에 대한 일회성 대응을 넘어서는 구조적이고 근본적인 접근을 하고 있습니다. 오늘 논의하는 5개년 반부패 종합 계획은 주로 공공 부문만을 대상으로 했던 과거의 반부패 정책과 달리 국민의 일상생활과 밀접한 민간 부패에 대한 대책을 포함했습니다. 우리 사회 부패 범죄의 90%는 리베이트, 납품 비리 같은 민간 부문 부패입니다. 민간에서의 부패는 우리 사회의 공정성을 파괴해 국민의 삶을 무너뜨리고 있습니다. 특히 민간의 부패와 공공 분야의 유착은 국민 안전과 시장 질서를 위협하는 반국가적 위험입니다. 공공과 민간을 아우르는 반부패 개혁 로드맵을 마련한 것은 부패 구조의 근절을 위한 아주 의미 있는 변화라고 생각합니다.

개별 반부패 의제의 경우에도 국정 과제에 포함시켜 범정부 차원의 대책을 추진하고 있습니다. 예를 들어 채용 비리 문제는 공공기관에서부터 새로운 제도와 기준을 마련해가고 있습니다. 정부가 비리에 연루된 임직원의 책임을 묻는 것에서 한 걸음 더 나아가 부정 채용된 당사자를 퇴출하고, 억울한 탈락자를 구제하기로 한 것은 돈과 연줄에 기댄 불공정 채용이 발붙일 틈을 아예 없애고 출발선에서의 기회의 공정을 확실하게 지키기 위한 것입니다. 기회의 공정성을 해치는 채용 비리는 무관용 원칙이 확고하게 뿌리내려야 합니다. 채용 비리 근절과 공정한 채용 문화의 확립을 위해 민간 기업까지 확산시켜나가기 위해 공공기관에서부터 분명하게 보여줄 필요가 있습니다. 그리고 그 원칙은 공공기관뿐만 아니라 국가의 재정이 지원되는 모든 기관과 시설로 확장되어야 할 것입니다. 정부가 많은 노력을 하고 있지만 부정부패 청산에 대한 국민의 요구는 여전히 높습니다. 이 자리에 계신 여러 위원님들의 노고로 반부패 종합 계획이 잘 마련됐습니다. 이를 실천하기 위해 몇 가지 원칙을 한 번 더 강조하고자 합니다.

첫째, 반부패의 기준은 변화하는 국민의 눈높이입니다. 그간 관행으로 여겼던 것도 국민이 용납하지 않는다면 그에 맞게 개선해야 합니다. 민간과 공공을 막론하고 뿌리 깊게 만연한 '갑질 문화'가 대표적입니다. 갑질 문화는 채용 비리와 함께 국민의 삶과 자존심을 무너뜨리는 불공정 적폐로 국민의 눈높이와 제도, 관행 사이의 괴리가 아주 큰 분야입니다. 공공이든 민간이든 우월적 지위를 내세워 상대를 무시하거나 인격적 모독을 가하거나, 부당한 요구나 처우를 하는 것은 이제 국민이 용납하지 않습니다. 이 사실을 분명하게 인식하고 이에 맞는 기준을 세워야 하겠습니다.

둘째, 적폐 청산과 반부패 개혁은 국민과 함께, 국민의 힘으로, 정의롭고 공정한 나라를 만들자는 원대한 목표의 일환입니다. 그렇기 때문에 인적 청산이나 처벌이 목적이 아닙니다. 핵심은 제도와 관행의 혁신입니다. 국민 눈높이에 맞는 새로운 정책과 제도, 인식과 행동의 새로운 기준을 만들어 사회 각 분야에 뿌리내리는 것이 적폐 청산이고 반부패 개혁입니다.

셋째, 공공과 민간이 함께 가고, 함께 변화해야 합니다. 새로운 원칙과 기준을 만드는 데에는 진통이 있을 수밖에 없습니다. 오랜 세월 동안 우리 사회에 만연한 관행, 당연하게 여겨질 만큼 공고하게 구조화된 관행을 바로잡는 노력은 여러 기득권의 이해와 충돌하지 않을 수 없습니다. 그래서 위에서의 개혁만으로는 어렵습니다. 사회 각 분야의 자정 노력과 자체적인 제도 개선이 병행돼야 합니다. 구체적이고 실현 가능한 개혁부터 시작해서 민간, 공공을 막론하고 국민이 구체적인 변화를 체감해야 국민의 지지와 참여를 바탕으로 반부패 개혁을 지속할 수 있을 것입니다.

반부패 개혁은 한 달, 두 달, 또 1년, 2년에 끝날 일이 아니라 우리 정부 임기 내내 계속해야 할 일입니다. 반부패정책협의회와 청렴사회민관협의회가 앞장서주시기 바랍니다. 두 기구는 우리 정부의 사명인 촛불 정신을 구현해낼 핵심 기관입니다. 특히 오늘 함께하고 있는 청렴사회민관협의회 위원들께서는 5개년 반부패 종합 계획의 공동 설계자입니다. 앞으로 정책 설계자를 넘어 정책의 추진자, 감시자, 평가자 역할까지 해주길 당부하고 기대합니다. 부패 척결은 국민의 지지와 참여가 있어야만 성공할 것입니다. 반부패정책협의회 위원들께서도 항상 민간의 의견을 경청하고 정책에 적극 반영해주길 바랍니다. 마지막으로 강조하고 싶은 것이 있습니다. 정권이 바뀔 때마다 사정과 개혁의 바람이 붑니다. 그러나 국민은 곧 지나갈 바람이라는 것을 압니다. '바람이 지나갈 때까지 수그리고 있으면 되는 거야' 그것이 일반적인 인식이 아닐까 합니다. 각 분야마다 개혁을 바라는 자생적인 힘들이 있는데 그 힘들이 일어서기도 전에 개혁의 바람은 지나가 버리고 맙니다. 우리가 이 전철을 되풀이하지 않는 것이 무엇보다 중요하다고 생각합니다. 반부패 개혁은 5년 내내 끈질기게 계속되어야 한다는 것을 오늘 저와 여러분이 다시 한번 굳게 결의했으면 합니다. 감사합니다.

언론사 사장단 오찬 간담회
모두 발언 및 마무리 발언

| 2018-04-19 |

여러분 반갑습니다.

중요한 시기에 귀한 시간 내어주셔서 감사합니다. 남북 정상회담이 일주일 앞으로 다가왔습니다. 이어서 북미 정상회담도 열리게 됩니다. 누구보다도 국제 정세에 밝은 곳이 언론이지만, 여기 계신 분 가운데 지금의 상황을 예상하신 분은 아마도 거의 없을 것입니다. 그만큼 극적인 변화라고 할 수 있습니다. 남북 정상회담을 통해서 우리는 한반도 비핵화와 항구적 평화 체제 구축, 지속 가능한 남북 관계 발전의 길을 여는 확고한 이정표를 만들어야 합니다. 북미 정상회담의 성공을 이끌어내는 길잡이가 되어야 합니다. 65년 동안 끌어온 정전 체제를 끝내고 종전 선언을 거쳐 평화협정의 체결로 나아가야 합니다. 한반도의 미래를 결정하게 될 이런 국가 중대사를 앞두고 대한민국 공론의 장을 이끄는 언론사 대표 여러분에게 도움이 되는 말씀들을 청하고자 이렇게 모셨습니다.

되돌아보면 불과 몇 달 전만해도 한반도 군사적 긴장이 극도로 고도화되어 전쟁의 그림자가 어른거렸습니다. 대다수 국내외 언론은 북한이 결코 핵을 포기하지 않을 것이고, 핵보유국 지위를 인정받아 미국과 맞서려 한다고 예측했습니다. 심지어 북한의 평창 동계 올림픽 참가로 남북한 간 대화가 시작된 후에도 올림픽 끝나고 4월 한미 군사훈련이 시작되면 남북 관계가 다시 파탄날 것이라는 '4월 위기설'이 국민들 불안하게 했습니다. 어쩌면 상황이 그렇게 흘러갔을지도 모릅니다. 그러나 흘러가는 정세에 우리 운명을 맡기지 않고 우리가 주도적으로 원하는 상황을 만들어내려는 의지와 노력이 상황을 반전시켰습니다.

작년 7월 저의 베를린 선언을 두고도 꿈같은 얘기라고 하는 사람이 많았지만, 그 꿈이 지금 현실로 다가오고 있습니다. 대담한 상상력과 전략이 판을 바꾸고 오늘의 상황을 만들어낼 수 있었습니다. 지금 북한은 국제사회에 완전한 비핵화의 의지를 표명하고 있습니다. 또한 우리에게 적극적인 대화 의지를 보여주고 있습니다. 북미 간에도 서로 적극적인 대화 의지 속에서 정상회담을 준비하고 있고, 회담의 성공을 위해 좋은 분위기를 만들려는 성의를 서로에게 보여주고 있습니다. 그리고 지금까지 오는 동안 우리는 미국과 완벽하게 정보 공유하고 협의하고 공조해왔습니다. 제가 여러 번 언명한 바와 같이 비핵화를 전제로 한 대화에 대한 트럼프 대통령의 절대적 지지와 격려가 극적인 반전을 이뤄내는 결정적인 힘이 되었습니다. 그러나 냉정하게 말하면 지금 우리는 대화의 문턱을 넘고 있을 뿐입니다. 대화의 성공을 장담하기엔 아직 이릅니다. 게다가 남북 정상회담뿐만 아니라 사상 최초로 열리는 북미 정상회담까지 성공해야만 대화의 성공을 말할 수 있습니다. 과거의 실패를 되풀이하지 않고 두 정상회담을 성공시키기 위해서는 대담한 상상력과 창의적인 해법이 필요할 것입니다.

그동안 우리 언론은 남북 관계에서 많은 역할을 했습니다. 정부보다 먼저 남북 교류를 시작한 것이 언론이었습니다. 1990년대 후반에 있었던 여러 언론사들의 잇따른 방북과 교류, 북한 문화유산 답사기를 연재하는 등 언론의 선구적인 노력이 역사적인 6·15선언으로 이어졌습니다. 6·15선언 이후인 2000년 8월에는 언론사 사장단 마흔여섯 분이 북한을 방문해 북측과 함께 남북 언론기관들의 공동 합의문을 발표하기도 했습니다. 그런 일이 있었던가 할 정도로 잊혀진 게 오늘의 현실입니다. 여러분도 새삼스럽게 느껴질 것입니다. 언론이 먼저 지난날처럼 국론을 모으고 한반도 평화의 길잡이가 되어줄 때 두 정상회담의 성공은 물론 한반도의 완전한 비핵화와 항구적 평화 정착이 더 빨리 다가오리라 생각합니다.

정상회담에 있어서 언론은 정부의 동반자입니다. 저와 정부의 상상력과 해법이 충분하지 않을 수 있습니다. 기대가 큰 만큼 부담도 큽니다. 언론사 대표 여러분의 지혜를 모아주시기 바랍니다. 오늘 이 자리는 제가 언론사 대표님들 고견과 조언을 경청하고자 이렇게 마련한 자리입니다. 기탄없는 말씀들 부탁드립니다. 가급적 많은 분들 말씀해주시길 바랍니다. 감사합니다.

오늘 좋은 말씀들 고맙습니다. 의견을 말씀해 주셨든 또는 질문의 형식으로 말씀을 하셨든 다들 마음은 하나라고 그렇게 느꼈습니다. 특별히 관심을 가지고 있는 부분이나 고민하는 지점들도 다 비슷하고요. 그런 가운데 함께 또 같은 기대들을 가지고 있는 것으로 생각이 됩니다.

저는 10·4정상회담 때 제가 준비위원장을 맡았습니다. 제가 직접 회담을 한 것은 아니지만 회담의 전 과정, 의제, 전략, 일정, 여러 가지 이벤트까지 전체, 그 다음에 후속 회담들까지 쭉 전체를 관장했기 때문에 정상회담의 경험, 또 정상회담을 성공시킨 그런 경험도 가지고 있다고 말할 수 있습니다. 그러나 지금은 그때하고는 상황이 아주 판이하게 다릅니다. 그때는 북핵에 대해서는 6자 회담에서 9·19공동성명, 또 2·13합의로 말하자면 핵의 방안에 대해서 합의가 된 상황이었고, 남북 간에는 그에 대한 아무런 부담 없이 남북 관계 발전을 위한 상황만 협의하면 되었습니다. 그때 우리의 목표는 6·15선언을 어떻게 더 구체적으로 실천하는 사업들을 최대한 많이 합의하느냐, 북한이 어디까지 수용할 것이냐였고, 또 그때는 아무런 국제적인 제재 같은 것도 없는 상황이었기 때문에 오로지 북한을 설득해서 수용하게 만드는 그것이 과제였고, 기대 이상으로 아주 풍성한 성과를 이룰 수 있었습니다.

그러나 지금은 북한의 핵과 미사일이 그때하고는 비교할 수 없을 정도로 고도화된 상황 속에서 북한 핵과 미사일에 대한 어떤 합의부터 우리가 먼저 시작을 해야 되는, 그리고 그것이 북미 정상회담의 성공으로 이어져야 되는 상황입니다. 국제적인 제재, 또 미국의 제재가 강력하게 지금 진행 중인 상황이어서 그 제재를 넘어서서 남북이 따로 합의할 수 있는 그런 식의 내용도 크게 많지 않습니다. 이 북핵 문제가 풀려나가서 국제적인 제재가 해소돼나가야 또 남북 관계도 그에 맞춰서 발전할 수 있는 그런 상황, 남북 간의 대화가 잘되는 것만 가지고 남북 관계를 풀 수가 없는 상황, 북미 관계도 풀려야 되고, 북일 관계도 풀려야 되고, 이런 부분이 다 함께 풀려가야 남북 관계도 따라서 발전할 수가 있는 그런 상황입니다.

비핵화의 어떤 개념에서 차이가 있다고 생각하지는 않습니다. 북한은 비핵화에 대해서 과거에 많은 분들이 예상을 했던 것은 북한이 핵보유국으로서의 지위를 주장하면서 말하자면 핵 확산을 금지한다든가, 동결한다든지 그런 정도 선에서 미국과 협상하려고 할 것이다, 또는 미국도 그런 선에서 북한하고도 합의할 수 있는 것 아니냐, 그런 점에서 우리하고 차이가 있는 것도 아니냐, 이런 식의 예측하시는 분들도 있었는데,

북한은 완전한 비핵화를, 의지를 표명하고 있습니다. 거기에 대해서 주한 미군 철수라든지 미국이 받아들일 수 없는 그런 조건을 제시하지도 않습니다. 오로지 북한에 대한 적대 정책의 종식, 그 다음에 자신에 대한 안전보장, 그것을 말할 뿐입니다. 그 점에 대해서 확인되었기 때문에 지금 북미 간에 회담을 하겠다고 하는 것이라고 봐야 될 겁니다. 그래서 저는 남북 정상회담이나 북미 정상회담을 통해서 비핵화라든지, 비핵화가 될 경우에 평화 체제를 한다든지, 북미 관계를 정상화한다든지, 또는 그 경우에 북한의 경제 발전을 위해서 무슨 국제적으로 돕는다든지, 이런 식의 큰 틀의 원론적인 합의 부분들은 크게 어려울 것 같지 않습니다.

과거에 9·19공동성명이든 2·13합의든 다 종전 것이었기 때문에 종전에 대한 합의들은 그렇게 어려울 것이라고 생각하지 않지만, 그러나 이제 다들 염려하시는 바와 같이 과연 그 목표를 구체적으로 어떻게 실현시켜 나갈 것인가, 이 방안들은 이게 쉽지 않습니다. 과거의 방안을 되풀이할 수도 없는 것이고, 새로운 방안들을 찾아야 되고, 또 그 방안들에 대해서 서로 간에 다, 말하자면 합의가 이루어져야만 전체적인 회담의 성공이 되는 것, 게다가 문제는 그 부분은 궁극적으로는 북미 간에 합의가 필요한 부분, 그것은 우리하고 북한 사이에 합의할 수 있는 내용이 아닙니다. 다만 북미 간에 합의가 잘 되도록 우리가 중간에서 북미 간의 생각의 간극을 좁혀가고, 양쪽이 다 수용할 수 있는 현실적인 방안들을 모색하고, 또는 제시한다든지 하는 노력들을 우리가 할 수는 있겠습니다.

어쨌든 그런 고민들이 있어서 그런 부분에 대해서 사실 누가 다 완벽한 해답을 가지고 있겠습니까. 저도 고민하고 있고, 정부도 모색하고 있는 바지만 그런 부분에 대해서 우리 언론에서도 또 새로운 좋은 방안들이 있다면 언제든지, 오늘 이 자리가 아니더라도 그렇게 언론의 지면을 통해서 제시해주셔도 좋고, 또는 개인적으로 뜻을 알려주셔도 좋겠습니다.

어쨌든 궁극의 목적은 남북의 공동 번영이죠. 우리가 비핵화든 평화든 그것을 통해서 가려고 하는 것은 남북 공동 번영이고, 아까 말씀드린 대로 그 부분은 북미 관계 발전, 북일 관계 발전, 다 이렇게 함께 가야되는 것이고, 아마도 중국까지도 지지하면서 동참해야만 가능할 것이라고 생각합니다. 그리고 또 그럴 경우에 북한의 어떤 경제개발이라든지 발전 이런 부분에 대해서도 이제는 남북 간에 협력한다는 차원을 넘어서서 국제적인 참여 같은 것이 이루어져야만 현실성이 있을 것이라고 그렇게 생각합니다. 보수, 진보 이런 문제는 아니라고 생각합니다. 아까 보수층하고의 소통, 당연히 노력을 하겠습니다. 그러나 이 문제는 보수든 진보든 생각이 다를 바가 없고, 특히 남북 간의 회담만 하는 것이 아니라 바로 이어서 북미 간 회담이 이어지게 되고, 북미 회담의 성공을 통해서 이것이 완성되는 것이기 때문에 아마 그 과정을 통해서 설령 보수적인 생각을 갖고 계신 분들이더라도 다 같은 공감을 하게 되리라고 생각합니다. 어쨌든 '디테일의 악마' 그것을 우리가 넘어서는 것이 가장 과제일 것 같고요.

역시 이것은 또 새로운 시작이겠습니다. 한꺼번에 다 해결될 것이라고 생각하지 않습니다. 특히 남북 정상회담의 경우에는 아까 말씀드린대로 지금은 많은 제약이 있습니다. 북미 회담하고 무관하게 남북이 따로 진도를 낼 수도 없고, 또 국제 제재를 넘어서서 합의할 수 있는 것도 아니고, 그래서 우선 남북 정상회담은 일단 좋은 시작을 하고, 아마 북미 정상회담의 성과를 보면서 남북 간의 대화가 이어져나가야 되리라고 생각합니다. 다만 남북 정상회담이든 북미 정상회담이든 그것을 통해서 한꺼번에 큰 그림에 대해서 합의가 되면 제일 좋겠지만 설령 그렇게 되지 않는다 하더라도 적어도 계속 대화할 수 있는 동력은 마련되어야 되겠다라는 것은 분명할 것 같습니다. 그렇게 될 수 있도록 노력을 하겠고요. 아까 이산가족 상봉, 이런 부분도 공감합니다. 중국도 함께 참여해야 된다는 것도 마찬가지이고요. 아마도 합의는 우선 남북 간에, 그 다음에 북미 간에 이렇게 합의가 이뤄져도, 또 합의를 말하자면 실행해나가는 이행 과정은 주변의 여러 나라들이 다 동참해야만 가능하게 될 것이라고 생각합니다.

대체로 일일이 더 구체적인 부분에 대한 말씀도 계셨는데, 더 구체적으로 말씀드리는 것이 또 이 시기에 적절하지 못한 면도 있어서 이 정도로 말씀드리고, 일단 최선을 다하고, 반드시 우선 남북 정상회담에서부터 좋은 출발을 하도록 하겠습니다. 오늘 이렇게 귀한 시간 내주시고, 힘들 모아주셔서 다시 한번 감사드립니다. 고맙습니다.

민간 주도 혁신 성장 격려사

| 2018-04-20 |

강서 구민 여러분, 서울시민 여러분, LG 임직원 여러분,

반갑습니다. LG사이언스파크 개장을 축하합니다. 서울시는 오래 전부터 이곳 마곡 지구에 한국의 실리콘밸리를 세우겠다고 꿈꿔왔습니다. 오늘 서울시의 꿈에 기업인들의 노력이 더해져 훌륭한 연구 단지가 조성되었습니다. 이제 더 이상 실리콘밸리를 부러워하지 않아도 될 것 같습니다. 이 연구 단지는 대한민국 혁신 성장의 미래이기도 합니다. 전자, 정보통신, 바이오 분야의 연구 기관들이 서로의 장점을 살리며 혁신을 이뤄낼 것입니다. 주변 단지에 100여 개 대·중소기업의 연구 기관까지 입주하면 서로 협업하여 더 많은 새로운 기술과 신제품을 쏟아낼 것입

니다. 문화예술 공연장과 과학체험관도 들어섭니다. 뮤지컬을 보고, 인공지능 로봇 체험을 한 아이들이 창의적인 미래 과학자로 커가리라 생각하면 벌써부터 마음이 설렙니다. 구본준 부회장님을 비롯한 LG 임직원 여러분, 박원순 서울시장님과 노현송 강서구청장님을 비롯한 관계자 여러분의 노고에 깊이 감사드립니다.

강서 구민 여러분, 서울 시민 여러분,

우리 경제가 한 단계 더 성장하기 위해서는 새로운 성장 동력이 필요합니다. 바로 '혁신 성장'입니다. 혁신은 새로운 아이디어와 기술 개발에서 시작합니다. 스마트폰은 첨단 정보통신 기술과 창의적인 디자인, 다양한 콘텐츠가 만나 탄생했습니다. 중국의 중관촌에는 수많은 청년들이 도전 정신과 아이디어를 무기 삼아 창업에 뛰어들고 있습니다. 우리도 새로운 아이디어와 기술을 가지고 혁신적인 창업을 이뤄내야 합니다. 융합적인 사고와 산업 간의 협업도 중요합니다. 드론은 우주 항공과 정보통신 기술을 융합한 결과물입니다. 인공지능은 의학, 기계공학과 결합할 때 우리의 실생활에 유용한 결과물로 탄생될 것입니다. 기존 산업도 혁신을 통해 새로운 분야를 개척하고, 생산성과 부가가치를 높여야 합니다. 세계적인 기업, 젊은 창업자, 기술자, 연구자가 모여야 융합과 협업이 가능합니다. LG사이언스파크는 그 시작을 알리는 민간 주도 혁신 성장의 현장입니다.

연구원 여러분은 신기술·신제품 개발에 최선을 다해주십시오. 입주한 기업들은 창의와 도전 정신으로 사업에 성공하기 바랍니다. 정부는 여러분이 마음껏 연구하고 사업할 수 있도록 혁신 성장 생태계를 조성하겠습니다. 신기술·신제품을 가로막는 규제를 풀겠습니다. 우선 시범 사업이 가능하도록 규제 샌드박스를 도입할 것입니다. 기술 개발과 창업 지원을 대폭 확대하겠습니다.

사이언스파크의 주인공, LG 임직원 여러분께도 기대합니다. 첫째, 혁신 성장의 모범을 보여주십시오. 여러분이 추진하는 가정용 사물인터넷, 인공지능, 빅데이터, 모바일 플랫폼 개발에서 획기적인 성과를 이루기 바랍니다. 이 분야는 4차 산업혁명 시대에 대비해 정부가 중점적으로 육성하는 분야이기도 합니다. LG화학은 2025년까지 신약 15개를 개발해 바이오 분야 글로벌 경쟁력을 확보한다는 목표를 이루기 바랍니다. 정부도 혁신형 기술 개발 자금, 혁신 신약 창출 지원 등 정책적 지원을 아끼지 않겠습니다. 둘째, 우수한 연구자를 키우고, 좋은 일자리를 만드는 데 더욱 노력해주십시오. LG사이언스파크에만 2만 2000명의 연구원이 근무하게 됩니다. 앞으로 연 4조 6000억 원의 연구 개발비 투자로 연 19만 명의 고용 창출과 30조 원의 생산 유발 효과를 기대합니다. 정부는 기초연구 예산을 임기 내에 현재의 두 배 수준인 2조 5000억으로 대폭 확대할 것입니다. 지원 방식도 연구자 중심으로 개편할 것입니다. 셋째, 대기업과 중소기업이 상생 협력하고, 창업이 활발히 이루어지는 동반 성장의 모범이 되어주십시오. 중소벤처기업에 대한 인력 교육, 기술 지원,

창업 보육 같은 상생 협력이 활발하게 이루어지길 바랍니다. 예비 창업인 교육과 창업 지원 프로그램도 다양하게 준비하고 있다고 들었습니다. 젊은이들이 창업으로 희망을 갖고, 중소벤처기업들이 함께 성장하면 LG는 국민들에게 더욱 사랑받는 대기업이 될 것입니다.

존경하는 서울 시민 여러분, 국민 여러분,

내일은 과학의 날이고, 4월은 과학의 달입니다. 그동안 대한민국의 경제 발전을 이끈 원동력은 바로 과학기술의 힘이었습니다. 세계 최고수준의 GDP 대비 연구 개발비가 그 힘의 근간이 되었습니다. 70년대에는 우리 기술로 포니 자동차를 생산했습니다. 90년대에는 우리나라 최초의 인공위성을 개발했습니다. 2000년대 세계 최초로 선보인 CDMA 상용화 기술은 우리나라가 정보통신 강국으로 도약하는 출발점이 되었습니다. 세계적 경쟁력을 갖춘 반도체, 조선, 디스플레이 산업의 버팀목도 연구 개발이었습니다. 그동안 국가 발전에 크게 기여한 과학기술인 여러분께 깊은 존경과 감사를 드립니다. 과학기술인들이 연구에 전념하고 그 결과에 자부심을 가질 수 있도록 정부가 뒷받침하겠다고 약속드립니다.

어린 시절, 모두 한번쯤은 과학자를 꿈꾸었을 것입니다. 우리 아이들이 장래 희망으로 과학자를 얘기하고 또 그 꿈을 행복하게 이뤄갈 수 있도록 함께 노력합시다. LG사이언스파크가 아이들에게 희망의 산실이 되길 바랍니다. 연구자와 기업인 모두의 큰 성취를 기원합니다. 감사합니다.

대통령 주재 수석 · 보좌관회의 모두 발언

| 2018-04-23 |

지난 21일 북한은 핵실험과 대륙간 탄도미사일 중지를 선언했습니다. 그에 대한 실천적 조치로 풍계리 핵 실험장 폐기 선언은 남북 정상회담과 북미 정상회담을 앞두고 북한의 성의 있는 조치로 높이 평가합니다. 전 세계가 전향적 조치를 환영하고 있습니다. 트럼프 대통령도 매우 좋은 소식으로 큰 진전이라고 평가했고, 중국, 러시아, 일본 등 이웃 국가들도 좋은 평가와 지지를 표명하고 있습니다. UN 사무총장도 평화로운 비핵화의 긍정적 진전으로 평가했습니다.

북한의 핵 동결 조치는 한반도의 완전한 비핵화를 위한 중대한 결정입니다. 남북 · 북미 정상회담의 성공 가능성을 높이는 청신호입니다.

북한이 핵 동결로부터 출발해 완전한 핵 폐기의 길로 간다면 북한의 밝은 미래가 보장될 수 있습니다. 북한의 선행 조치로 그 속도가 더 빨라질 것이라는 기대를 낳고 있습니다.

이제 남북 정상회담이 나흘 앞으로 다가왔습니다. 군사적이 아닌 평화적 방법에 의한 비핵화와 항구적 평화의 기로에 서 있습니다. 전 세계가 주목하고 전 세계가 성공을 기원하고 있습니다. 우리 정치권도 정상회담 기간까지만이라도 정쟁을 멈춰줄 것을 당부드립니다. 정상회담의 성공을 위해 다함께 힘을 모아주시기 바랍니다. 핵과 전쟁 걱정이 없는 한반도를 위해 초당적 협력을 간곡히 요청드립니다. 여야가 협력해준다면 그에 상응하는 무거운 책임감을 갖고 회담에 응하겠습니다.

제18회 국무회의 모두 발언

| 2018-04-24 |

제18회 국무회의를 시작하겠습니다.

국민투표법이 끝내 기간 안에 개정되지 않아 지방선거와 개헌 국민 투표의 동시 실시가 무산되고 말았습니다. 국회는 대통령이 국민의 뜻을 모아 발의한 헌법 개정안을 단 한 번도 심의조차 하지 않은 채 국민투표 자체를 할 수 없게 만들었습니다. 이로써 이번 지방선거 때 개헌을 하겠 다고 국민께 다짐했던 저의 약속을 지킬 수 없게 되었습니다. 국민들께 매우 유감스럽고 안타깝다는 말씀을 드립니다.

지방선거 동시 개헌은 저만의 약속이 아니라 우리 정치권 모두가 국민들께 했던 약속입니다. 이런 약속을 마치 없었던 일처럼 넘기는 것도, 또 2014년 7월 헌법재판소의 결정으로 위헌 법률이 된 국민투표법을 3년 넘게 방치하고 있는 것도 저의 상식으로는 도저히 납득할 수 없는 일입니다. 그와 같은 비상식이 아무런 고민 없이 그저 되풀이되고 있는 우리의 정치를 저로서는 이해하기가 참으로 어렵습니다. 제가 발의한 헌법 개정안에 대해서는 남북 정상회담 후 심사숙고해 결정하도록 하겠습니다. 다만 제가 발의한 개헌안은 대통령과 정부를 위한 것이 아닙니다. 오히려 국민의 안전과 생명 보호 등 기본권 확대, 선거 연령 18세 하향과 국민 참여 확대 등 국민주권 강화, 지방재정 등 지방분권 확대, 3권 분립 강화 등 대통령과 정부의 권한 축소를 감수하고자 하는 것입니다. 이러한 개헌안의 취지에 대해서는 개헌과 별도로 제도와 정책과 예산을 통해 최대한 구현해나가겠습니다.

이를 위해 정부 각 부처에 특별히 당부드립니다. 각 부처별로 개헌안에 담긴 취지를 반영한 제도와 정책을 적극적으로 마련하고 추진해주기 바랍니다. 그렇게 하는 것이 개헌을 통해 삶이 나아질 것을 기대했던 국민들께 대한 도리라고 생각합니다.

한반도의 평화와 번영, 통일을 위한 판문점 선언

| 2018-04-27 |

　　대한민국 문재인 대통령과 조선민주주의인민공화국 김정은 국무위
원장은 평화와 번영, 통일을 염원하는 온 겨레의 한결같은 지향을 담아
한반도에서 역사적인 전환이 일어나고 있는 뜻깊은 시기에 2018년 4월
27일 판문점 평화의 집에서 남북 정상회담을 진행하였다. 양 정상은 한
반도에 더 이상 전쟁은 없을 것이며 새로운 평화의 시대가 열리었음을
8000만 우리 겨레와 전 세계에 엄숙히 천명하였다. 양 정상은 냉전의 산
물인 오랜 분단과 대결을 하루빨리 종식시키고 민족적 화해와 평화 번
영의 새로운 시대를 과감하게 열어나가며 남북 관계를 보다 적극적으로
개선하고 발전시켜나가야 한다는 확고한 의지를 담아 역사의 땅 판문점

에서 다음과 같이 선언하였다.

1. 남과 북은 남북 관계의 전면적이며 획기적인 개선과 발전을 이룩함으로써 끊어진 민족의 혈맥을 잇고 공동 번영과 자주 통일의 미래를 앞당겨나갈 것이다. 남북 관계를 개선하고 발전시키는 것은 온 겨레의 한결같은 소망이며 더 이상 미룰 수 없는 시대의 절박한 요구이다.

① 남과 북은 우리 민족의 운명은 우리 스스로 결정한다는 민족 자주의 원칙을 확인하였으며 이미 채택된 남북 선언들과 모든 합의들을 철저히 이행함으로써 관계 개선과 발전의 전환적 국면을 열어나가기로 하였다.

② 남과 북은 고위급 회담을 비롯한 각 분야의 대화와 협상을 빠른 시일 안에 개최하여 정상회담에서 합의된 문제들을 실천하기 위한 적극적인 대책을 세워나가기로 하였다.

③ 남과 북은 당국 간 협의를 긴밀히 하고 민간 교류와 협력을 원만히 보장하기 위하여 쌍방 당국자가 상주하는 남북공동연락사무소를 개성 지역에 설치하기로 하였다.

④ 남과 북은 민족적 화해와 단합의 분위기를 고조시켜나가기 위하여 각계각층의 다방면적인 협력과 교류 왕래와 접촉을 활성화하기로 하였다. 안으로는 6·15를 비롯하여 남과 북에 다같이 의의가 있는 날들을 계기로 당국과 국회, 정당, 지방자치단체, 민간단체 등 각계

각층이 참가하는 민족 공동 행사를 적극 추진하여 화해와 협력의 분위기를 고조시키며, 밖으로는 2018년 아시아경기대회를 비롯한 국제경기들에 공동으로 진출하여 민족의 슬기와 재능, 단합된 모습을 전 세계에 과시하기로 하였다.

⑤ 남과 북은 민족 분단으로 발생된 인도적 문제를 시급히 해결하기 위하여 노력하며, 남북적십자회담을 개최하여 이산가족·친척 상봉을 비롯한 제반 문제들을 협의 해결해나가기로 하였다. 당면하여 오는 8·15를 계기로 이산가족·친척 상봉을 진행하기로 하였다.

⑥ 남과 북은 민족 경제의 균형적 발전과 공동 번영을 이룩하기 위하여 10·4선언에서 합의된 사업들을 적극 추진해나가며 1차적으로 동해선 및 경의선 철도와 도로들을 연결하고 현대화하여 활용하기 위한 실천적 대책들을 취해나가기로 하였다.

2. 남과 북은 한반도에서 첨예한 군사적 긴장 상태를 완화하고 전쟁 위험을 실질적으로 해소하기 위하여 공동으로 노력해나갈 것이다. 한반도의 군사적 긴장 상태를 완화하고 전쟁 위험을 해소하는 것은 민족의 운명과 관련되는 매우 중대한 문제이며 우리 겨레의 평화롭고 안정된 삶을 보장하기 위한 관건적인 문제이다.

① 남과 북은 지상과 해상, 공중을 비롯한 모든 공간에서 군사적 긴장과 충돌의 근원이 되는 상대방에 대한 일체의 적대 행위를 전면 중

지하기로 하였다. 당면하여 5월 1일부터 군사분계선 일대에서 확성기 방송과 전단 살포를 비롯한 모든 적대 행위들을 중지하고 그 수단을 철폐하며 앞으로 비무장지대를 실질적인 평화 지대로 만들어나가기로 하였다.

② 남과 북은 서해 북방 한계선 일대를 평화 수역으로 만들어 우발적인 군사적 충돌을 방지하고 안전한 어로 활동을 보장하기 위한 실제적인 대책을 세워나가기로 하였다.

③ 남과 북은 상호 협력과 교류, 왕래와 접촉이 활성화되는 데 따른 여러 가지 군사적 보장 대책을 취하기로 하였다. 남과 북은 쌍방 사이에 제기되는 군사적 문제를 지체 없이 협의·해결하기 위하여 국방부장관회담을 비롯한 군사당국자회담을 자주 개최하며 5월 중에 먼저 장성급 군사회담을 열기로 하였다.

3. 남과 북은 한반도의 항구적이며 공고한 평화 체제 구축을 위하여 적극 협력해나갈 것이다. 한반도에서 비정상적인 현재의 정전 상태를 종식시키고 확고한 평화 체제를 수립하는 것은 더 이상 미룰 수 없는 역사적 과제이다.

① 남과 북은 그 어떤 형태의 무력도 서로 사용하지 않을 데 대한 불가침 합의를 재확인하고 엄격히 준수해나가기로 하였다.

② 남과 북은 군사적 긴장이 해소되고 서로의 군사적 신뢰가 실질적으로 구축되는 데 따라 단계적으로 군축을 실현해나가기로 하였다.

③ 남과 북은 정전협정 체결 65년이 되는 올해에 종전을 선언하고 정전협정을 평화협정으로 전환하며 항구적이고 공고한 평화 체제 구축을 위한 남·북·미 3자 또는 남·북·미·중 4자 회담 개최를 적극 추진해나가기로 하였다.

④ 남과 북은 완전한 비핵화를 통해 핵 없는 한반도를 실현한다는 공동의 목표를 확인하였다. 남과 북은 북측이 취하고 있는 주동적인 조치들이 한반도 비핵화를 위해 대단히 의의 있고 중대한 조치라는데 인식을 같이하고 앞으로 각기 자기의 책임과 역할을 다하기로 하였다. 남과 북은 한반도 비핵화를 위한 국제사회의 지지와 협력을 위해 적극 노력하기로 하였다. 양 정상은 정기적인 회담과 직통전화를 통하여 민족의 중대사를 수시로 진지하게 논의하고 신뢰를 굳건히 하며, 남북 관계의 지속적인 발전과 한반도의 평화와 번영, 통일을 향한 좋은 흐름을 더욱 확대해나가기 위하여 함께 노력하기로 하였다. 당면하여 문재인 대통령은 올해 가을 평양을 방문하기로 하였다.

2018년 4월 27일

판 문 점

대 한 민 국 　　조 선 민 주 주 의 인 민 공 화 국
대 　 통 　 령 　　국 무 위 원 회 　 위 원 장
문 　 재 　 인 　　김 　 정 　 은

남북 정상 공동선언 발표문

| 2018-04-27 |

존경하는 남과 북의 국민 여러분, 해외 동포 여러분,

김정은 위원장과 나는 평화를 바라는 8000만 겨레의 염원으로 역사적 만남을 갖고 귀중한 합의를 이뤘습니다. 한반도에 더 이상 전쟁은 없을 것이며 새로운 평화의 시대가 열리고 있음을 함께 선언하였습니다. 긴 세월 동안 분단의 아픔과 서러움 속에서도 끝내 극복할 수 있다고 믿었기에 우리는 이 자리에 설 수 있었습니다. 오늘 김 위원장과 나는 완전한 비핵화를 통해 핵 없는 한반도를 실현하는 것이 우리의 공동 목표라는 것을 확인했습니다. 북측이 먼저 취한 핵 동결 조치들은 대단히 중대한 의미를 가지고 있습니다. 한반도의 완전한 비핵화를 위해 남과 북이 더욱 긴밀히 협력해나갈 것을 분명히 밝힙니다. 우리는 또한 종전 선언과 평화협정을 통해 한반도의 불안정한 정전 체제를 종식시키고 항구적이고 공고한 평화 체제를 구축해나가기로 합의했습니다. 한반도를 둘러싼 국제 질서를 근본적으로 바꿀 수 있는 매우 중요한 합의입니다. 이제 우리가 사는 땅, 하늘, 바다, 어디에서도 서로에 대한 일체의 적대 행위를 하지 않을 것입니다. 우발적 충동을 막을 근본 대책들도 강구해나갈 것입니다. 한반도를 가로지르고 있는 비무장지대는 실질적인 평화 지대가 될 것입니다. 서해 북방 한계선 일대를 평화 수역으로 만들어 우발적인 군사적 충돌을 방지하고 남북 어민들의 안전한 어로 활동을 보장할 것입니다.

나는 대담하게 오늘의 상황을 만들어내고 통 큰 합의에 동의한 김정은 위원장의 용기와 결단에 경의를 표합니다. 우리는 주도적으로 우리 민족의 운명을 결정해나가되 국제사회의 지지와 협력을 위해 함께 노력하기로 했습니다. 김정은 위원장과 나는 서로에 대한 굳건한 믿음으로 평화와 번영, 통일을 위해 정기적인 회담과 직통전화를 통해 수시로 논의할 것입니다. 이제 우리는 결코 뒤돌아가지 않을 것입니다.

존경하는 남북의 국민 여러분, 해외 동포 여러분,

나는 김 위원장과 함께 남북 모두의 평화와 공동의 번영과 민족의 염원인 통일을 우리의 힘으로 이루기 위해 담대한 발걸음을 시작했습니다. 남과 북의 당국자들은 긴밀히 대화하고 협력할 것입니다. 민족적 화해와 단합을 위해 각계각층의 다양한 교류와 협력도 즉시 진행할 것입니다. 더 늦기 전에 이산가족들의 만남이 시작될 것이며 고향을 방문하고 서신을 교환할 것입니다. 남과 북의 당국자가 상주하는 남북공동연락사무소를 개성에 설치하기로 한 것도 매우 중요한 합의입니다. 여기서 10·4정상선언의 이행과 남북 경협 사업의 추진을 위한 남북공동조사 연구작업이 시작될 수 있기를 기대합니다. 또한, 여건이 되면 각각 상대방 지역에 연락사무소를 두는 것으로 발전해갈 수도 있을 것입니다.

오늘 김정은 위원장과 나는 한반도의 비핵화와 항구적 평화, 민족 공동 번영과 통일의 길로 향하는 흔들리지 않는 이정표를 세웠습니다. 김정은 위원장의 통 큰 결단으로 남북 국민들과 세계에 좋은 선물을 드릴 수 있게 되었습니다. 오늘의 발표 방식도 특별합니다. 지금까지 정상회담 후 북측의 최고 지도자가 직접 세계의 언론 앞에 서서 공동발표를 하는 것은 사상 처음인 것으로 압니다. 대담하고 용기 있는 결정을 내려준 김정은 위원장에게 박수를 보냅니다.

수석·보좌관회의 모두 발언

| 2018-04-30 |

　판문점 선언은 새로운 한반도 시대를 여는 역사적 출발입니다. 국제사회도 정상회담의 성과에 많은 지지를 보내고 있습니다. 특히 트럼프 대통령은 한국전쟁은 끝날 것이라고 언급하면서, 이번 회담을 역사적 만남으로 평가했습니다. 중국, 일본, 러시아 등 주변국은 물론 전 세계가 정상회담 결과에 환영의 뜻을 표하며 지지 의사를 밝혀주었습니다. 이번 정상회담에 많은 분들이 마음을 모아주신 덕분입니다. 무엇보다 뜨거운 지지와 성원을 보내주신 국민 여러분께 감사드립니다. 성공적 회담을 위해 진심과 성의를 다해준 김정은 위원장의 노력에도 다시 한번 감사를 표합니다.

이번 판문점 선언은 한반도에 더 이상 전쟁과 핵 위협은 없을 것이라는 것을 전 세계에 천명한 평화 선언입니다. 비무장지대의 평화지 대화 등 군사적 긴장 완화를 위한 남북의 노력과 신뢰 구축을 통해 새로운 한반도 평화 시대가 펼쳐질 것이라 확신합니다. 또한 남북 공동 번영을 위한 획기적 계기가 마련됐습니다. 분야별 대화 체계의 전면 복원과 함께 남북공동연락사무소를 통해 상시 협의의 틀을 마련하고, 지속가능한 관계 개선이 정착되도록 할 것입니다. 이번 판문점 선언을 통해 남과 북은 완전한 비핵화와 핵 없는 한반도를 공동 목표로 합의하였습니다. 이는 전 세계가 바라던 일로 한반도는 물론 세계사적 대전환의 출발점이 될 것이라 확신합니다. 이번 판문점 선언으로 한반도 평화와 번영의 시대를 되돌릴 수 없는 역사로 만들어야 합니다. 그러나 우리는 이제 첫발을 내디뎠을 뿐입니다. 그야말로 시작을 시작했을 뿐입니다. 새로운 각오로 후속 조치에 만전을 기해주시기 바랍니다.

첫째, 남북 정상회담 준비위원회를 남북 정상회담 이행추진위원회로 개편하고, 범정부 차원의 후속 조치가 차질 없이 추진되도록 준비해 주기 바랍니다.

둘째, 후속 조치를 현실적 여건을 감안하면서 속도감 있게 추진해 주기 바랍니다. 당장 시작할 수 있는 일이 있고, 또 여건이 갖춰지기를 기다려야 하는 것도 있습니다. 잘 구분해 당장 시작할 수 있는 것은 빠르게 추진하고, 여건이 갖춰져야 하는 것은 사전 조사 연구부터 시작하기 바랍니다.

셋째, 북미 정상회담의 성공을 위해 미국과의 긴밀한 협의 등 정부가 할 수 있는 필요한 노력을 다하기 바랍니다. 남·북·미 간의 3각 대화 채널을 긴밀히 가동하고, 국제사회의 지지 확보를 위한 노력도 병행해줄 것을 당부합니다.

마지막으로 남북 관계 발전에 관한 법률이 정한 남북합의서 체결 비준 공포 절차를 조속히 밟아주시기 바랍니다. 정치적 절차가 아니라 법률적 절차임을 명심해주기 바랍니다. 다만 국회의 동의 여부가 또 다시 새로운 정쟁거리가 되는 것은 바람직하지 않습니다. 북미 정상회담 일정을 감안하면서 국회의 초당적 지지를 받을 수 있도록 잘 협의해주기 바랍니다. 이상입니다.

대통령 문재인의 1년 : 촛불혁명으로 태어난 대통령 문재인

초판 1쇄 펴낸 날 2018년 5월 30일

엮 은 이   편집부
펴 낸 이   장영재
펴 낸 곳   (주)미르북컴퍼니
자 회 사   더휴먼
전   화   02)3141-4421
팩   스   02)3141-4428
등   록   2012년 3월 16일(제313-2012-81호)
주   소   서울시 마포구 성미산로32길 12, 2층 (우 03983)
E-mail   sanhonjinju@naver.com
카   페   cafe.naver.com/mirbookcompany